오 마이
갓!뎀
아메리카

Oh my Goddamn America

ⓐ Copyright 2010 by Matt Taibbi

Originally published by Spiegel & Grau as Griftopia: Bubble Machine, Vampire Squids, and The Long Con That Is Breaking America.

All right reserved including the right of reproduction whole or in part any from.
This Korean Translation published by arrangement with Matt Tabbi c/o Lydia wills LLc through Milkwood Agency.

이 책의 한국어판 저작권은 Milkwood 에이전시를 통해 Lydia wills LLc와 독점계약한 서해문집에 있습니다.
저작권법에 의해 한국 내에서 보호를 받는 저작물이므로 무단전재와 복제를 금합니다.

오 마이 갓!뎀 아메리카

초판 1쇄 인쇄 2012년 5월 25일
초판 1쇄 발행 2012년 5월 30일

지은이   매트 타이비
옮긴이   유나영

펴낸이   이영선
펴낸곳   서해문집
이 사   강영선
주 간   김선정
편집장   김문정
편 집   허 승 임경훈 김종훈 김경란 정지원
디자인   오성희 당승근 안희정
마케팅   김일신 이호석 이주리
관 리   박정래 손미경

출판등록 1989년 3월 16일 (제406-2005-000047호)
주 소   경기도 파주시 교하읍 문발리 파주출판도시 498-7
전 화   (031)955-7470 | 팩스 (031)955-7469
홈페이지 www.booksea.co.kr | 이메일 shmj21@hanmail.net

ISBN   978-89-7483-528-6   03300

이 도서의 국립중앙도서관 출판시도서목록(CIP)은 e-CIP 홈페이지(http://www.nl.go.kr/ecip)에서 이용하실 수 있습니다. (CIP제어번호: CIP2012002191)

오 마이 갓!뎀 아메리카

Oh my God!damn America

★★★★★★★★
미국을 무너뜨리는 **거품기계**와
흡혈오징어,
그리고 **고도의 금융사기**

매트 타이비 지음 ★ 유나영 옮김

서해문집

★ 추천사 ★

신의 지위에서 그들을 끌어내리자!

이원재(한겨레경제연구소장)

　2004년 여름, 나는 뉴욕 월가의 한 헤지펀드 컨설팅 회사에서 인턴 연구원으로 일하고 있었다. 금융 뉴스를 모니터하는 시스템에 뉴스가 하나 떴다. 월가에서는 누구나 선망하던 투자은행 골드만삭스의 보고서였다. 내용은 한마디로 충격적이었다. 유가가 향후 몇 년에 걸쳐 배럴당 100달러로 오를 것이라는 전망이었다. 당시 유가는 배럴당 30~40달러대였다. 모니터를 바라보던 모두가 경악했다. 하지만 이 글을 쓰고 있는 2012년 3월 현재, 유가는 배럴당 120달러대까지 왔다. 골드만삭스가 옳았다.

　지금 세계경제가 직면한 위기의 본질은 무엇일까? 그것은 한마디로 요약할 수 있다. 인류가 미래의 자원을 너무 많이 끌어다 쓴 것이다. 후손들이 생산할 부를 미리 끌어다 쓰는 바람에 모두가 빚더미에 올라앉았다. 그게 금융위기와 재정위기다. 후손들이 누려야 할 자연자원을 지나치게 많이 사용해 버리는 바람에 너무 많은 탄소를 배출했다. 그게 기후변화 위기다.

　사실 지나친 생산과 지나친 소비는 일부가 아닌 우리 모두의 문제다. 우리는 너무 많은 자동차를 샀고, 너무 많은 빚을 끌어다 집을 샀으며, 너무 많은 물건을 사서 냉장고에 쌓아 두었다가 버리며, 너무 많은 전기를 쓰고 있다. 그래서 변화는 우리 모두에게서 일어나야 한다.

그런데 그전에, 한 가지 생각해야 할 것이 있다. 이 모든 것을 작동한 운영자가 있었다는 사실이다. 월가의 글로벌 투자은행, 즉 골드만삭스 같은 곳들이다. 더 많은 빚을 끌어다 쓰고 더 많은 자동차를 사들였던 개인들이 파산해 몰락하는 동안에도, 이 금융사들은 사상 최대 순이익 잔치를 벌였다.

한 사회에서 금융은 중요한 자원 배분자 역할을 한다. 중립적 위치에서 돈이 더 필요한 사람들에게 적절한 가격(이자)에 배급되고, 나중에 이들이 돈을 벌게 되면 제대로 갚도록 조정자 역할을 해야 한다. 그러나 시장만능주의가 세계적으로 퍼진 1990년대 이후, 글로벌 투자은행들이 했던 일은 사익을 추구하는 것이었다. 이들은 중립적 배분자 역할을 저버리고 자신의 이윤을 극대화하는 영리기업의 역할에 충실했다. 상장되어 주주들의 이익을 극대화하고 주가를 올려야 하는 금융사가 대다수였으니 그럴 만도 하다.

이들은 개인들의 주택담보대출이 거품처럼 부풀어 오르도록 부추겼으며, 받을 수 없는 빚을 증권화해 전 세계 주요 금융사들의 계좌에 보이지 않게 구겨 넣었다. 게다가 석유값—나와 내 동료들을 놀라게 했던—이 가파르게 뛰어오르도록 투기 거래를 부추겼다. 세계경제가 파국으로 다다르는 동안, 정말 금융이 필요하고 석유가 필요한 이들은 사용할 수 없게 만들었다.

알고 보면 그들은 석유값을 예측했던 것이 아니다. 오르도록 만들었던 것이다. 신의 지위에 올라앉아 있었다. 그들을 신의 지위에서 끌어내리는 것이, 세계가 위기를 극복하기 위해 가장 먼저 해야 할 일인지 모른다.

이 책은 그동안 내가 접한 어떤 책보다도 쉽고 재미있게 그들이 벌였던 일을 설명하고 있다. 그들을 신의 지위에서 끌어내리려면, 그들이 무엇을 했는지 먼저 이해해야 한다. 이 책은 그 길을 가는 데 아주 좋은 가이드북이 될 것이다.

★
내 아내 진에게
To my wife, jeanne

추천사 ★ 신의 지위에서 그들을 끌어내리자!
page: 5

서문 ★ 감옥에 보내야 될 사람들
page: 10

1. 사기꾼 집단, 혹은 티파티가 문제가 아닌 이유
page: 29

2. 우주 최고의 악질, 앨런 그린스펀
page: 75

3. 뜨거운 감자: 미국의 거대한 모기지 사기극
page: 129

4. 흥청망청 파티: 상품 버블
page: 193

5. 외국에 팔아넘긴 고속도로: 국부펀드
page: 237

6. 1조 달러짜리 미봉책: 건강보험 개혁
page: 261

7. 미국의 거대한 거품 기계: 골드만삭스
page: 309

8. 에필로그
page: 361

이 책에 인용한 정보의 출처에 대해
page: 377

옮긴이의 말
page: 380

★ 서문 ★

감옥에 보내야 될 사람들•

2011년 2월 초에 나는 한 가지 흥미로운 경험을 했다. 이는 언론계 뒷얘기로, 안타깝게도 독자들에게는 거의 공유되지 않았다. 어떤 기사를 쓰기 시작한 지 불과 며칠 만에, 월가가 돌아가는 방식에 대해 내가 그때까지 수년간 취재하면서 체득한 것만큼의 지식을 새로 쌓게 되었다.

당시 내가 쓰려던 기사는 한 가지 단순한 질문으로 되어 있었다. 그것은 "왜 월가에서 금융위기와 관련해 감옥에 간 사람이 한 명도 없었을까?"였다. 법률적 관점에서 봤을 때 이는 쓰기 난감한 주제였다. 기사 작성의 전제에 불편한 함의가 담겨 있기 때문이다. 명예훼손 소송을 방어하는 평균적인 변호사들 입장에서, 어떤 부유하고 주목받는 인물을 가리켜 마땅히 감옥에 가야 할 범죄자라고 떠드는 것보다 더 진땀나는 일은 없을 것이다.

내가 쓴 기사는 월가 유력 인사들이 관련된 여러 사건들에 초점을 맞추고 있었다. 이 인물들은 스캔들에 말려들었고 이를 뒷받침하는 내부고발자와 증인들도 있었지만, 증권거래위원회SEC와 법무부는 결국 이들을 혐의

• 이 책(원제:《Griftopia》)의 하드커버판은 2010년 12월에 출간되었고, 페이퍼백은 2011년 9월에 출간되었다. 이 서문은 페이퍼백판에 실린 것이다. (이하 '원주' 표시를 제외한 모든 각주는 옮긴이 주.)

에서 풀어주었다. 이제는 파산한 리먼브라더스의 리처드 풀드Richard Fuld, AIG 금융상품 부문 책임자였던 겁쟁이 조 카사노Joe Cassano(그는 이 책의 3 장에 등장하는 주요 인물이기도 하다.), 그리고 2011년 현재 모건스탠리 회장인 존 맥John Mack 등이 그 대표적인 예다.

   그것은 장문의 기사였고 사실확인 작업도 유달리 힘들었다. 우리는 이 사건들을 다루면서 정확하면서도 법적 분쟁의 소지가 없는 단어를 찾아 넣느라 무진 애를 썼다. 일이 순조로울 때에도 사실확인 단계에서 신경이 너덜너덜해지는 게 보통인데, 알고 보니 이 경우에는 특수한 문제점이 한 가지 더 있었다. 우리가 특정 은행이 저지른 이런저런 못된 짓들에 대해 쓸라치면, 자료조사 기자 중 한 명이 얼핏 듣기에 매우 지당한 반론을 제기하곤 했던 것이다.

   "하지만 문제가 있는데, 엄밀히 따지면 그건 불법이 아니었어요."

   일례로 리먼브라더스가 '리포 105Repo 105s'라는 수단을 이용해 수십억 달러의 손실을 은폐한 사건을 보자. 여기서 이 은행은 증권 뭉치 같은 자산을 자기네 대차대조표에서 들어다 UBS 등 특정 비즈니스 파트너들의 손에 꽂아 넣었고, 상대방들은 그 대가로 리먼에 수십억 달러의 현금을 빌려주었다. 이런 일은 주로 분기 말경에 행해졌으며, 리먼은 이런 거래들을 '진성 매각true sales'으로 기재하여 정당한 비즈니스 거래상 수익으로 유입된 현금인 양 위장했다. 투자자들은 이 은행이 자산 매각으로 수백억 달러의 현금 수익을 거두었다고 여겼을 것이다.

   하지만 리먼은 해당 분기가 끝나자마자 돈을 반환하고 자산을 되찾아왔다. 상대방이 감수해 준 불편의 대가로서 약간의 보관료를 송금하고 말이다. 말하자면 이는 당신이 매달 말 자신의 30년 된 고물차를 이웃집 주차

$$

장에 맡기고 그 이웃에게서 1500달러를 빌려 새 차를 렌트했다가, 그다음 달 초에 그 돈을 서둘러 갚고 자기 차를 되찾아 오는 일과 같다.

그러니까 리포 105라는 이 '환매조건부채권repurchase agreements'은 매각이 아닌 대출이었다. 다시 말해 리먼은 매 분기 말, 투자자들에게 보여 줄 분기별 보고서 발표를 앞둔 시점마다 수백억 달러씩을 빌려와서는 그 현금으로 자기들의 불안한 대차대조표를 두텁게 화장하여 얼버무린 것이다. 비유하자면 리먼은 자기들이 그 고물차를 진짜로 1500달러에 팔았다고 주장한 셈이다. 사실 그 차는 이웃집에 담보로 잡혀 있는 것일 뿐인데 말이다.

버블 시대가 절정을 지나면서 이 은행의 미친 부채와 레버리지 수준은 회사의 역량을 넘어서기 시작했고, 리먼은 이 리포 105 거래를 이용하여 자기들의 진짜 상황을 바깥 세계의 눈으로부터 은폐하길 거듭했다. 하지만 그렇게 하기 위해서는 이 엉터리 산수를 승인해 줄 공범들이 필요했다. 이 은행은 여러 회계 법인들을 상대로 거래를 타진했다가 번번이 퇴짜를 맞았는데, 마침내 '언스트 앤 영'이라는 한 회사에서 이런 거래가 합법이라는 의견을 내주는 데 동의했다(하지만 그들도 이 거래를 축복해 줄 로펌을 찾기 위해서는 해외로 나가야 했다). 그래서 리먼브라더스가 매 분기 족히 500억 달러씩의 부채를 은폐하기로 했을 때, 그들은 이것이 합법이라는 한 유력 로펌(영국 회사인 링클레이터스)과 한 메이저 회계 법인(언스트 앤 영)의 의견을 확보해 놓은 상태였다. 물론 그 임원들은 자기들이 매우 미심쩍은 길을 가고 있음을 내부적으로 인식하고 있었지만 말이다. 당시 이 회사의 최고운영책임자COO였던 바트 맥도날드Bart Mcdonald는 리포 105를 가리켜 '우리가 중독된 또 하나의 마약'이라고 말하기도 했다.

$$

$$$

내가 앉아서 이런 것들에 대해 쓰고 있던 시점은 이미 이 사건이 언론에서 매우 자세히 다루어진 후였다. 또 리먼 파산 조사관인 안톤 발루카스 Anton Valukas가 2009년 3월 발표한 2200쪽짜리 보고서에서 그 모든 전말을 밝혀 놓은 터였다. 하지만 우리는 "리먼이 나쁜 짓을 했다."라는 평범한 주장을 게재할 방도를 찾느라, 심지어《롤링스톤》편집실 내부에서부터 힘겨운 시간을 보내야 했다. 이 은행이 한 짓이 합법이라는 의견을 그들이 매수해 놓았기 때문이었다.

이 사건의 전모―리먼브라더스가 거짓 거래를 동원해 대차대조표를 손질했다는 것―에 대해서는 사실 확인을 전담하는 직원들부터 기자들에 이르기까지 우리 편집실 모두가 잘 알고 있었지만, 여기서 문제는 진실이 아니라 법적 여파였다. 리먼에 대한 증권거래위원회의 조사도 제대로 이루어지지 않았고 형사 기소도 성공하지 못한 상태에서, 리먼과(또는) 언스트 앤 영이 범죄를 저질렀다는 글을 지면에 싣고도 상대측의 소송 가능성을 피해 갈 손쉬운 길은 없었다.

게다가 우리는 이 사건의 또 다른 중요한 측면과 부딪치게 되었다. 그것은 이런 은행과 금융사에서 고용한 변호사들이 미국 최고일 뿐만 아니라 그들 자신이 고위 검사나 규제관 출신들이란 사실이었다. 이런 사람들과 맞선다는 건 생각만 해도 긴장되는 일이다. 그들은 사법 체계(혹은 그 잔여물) 안에서 홈 어드밴티지를 지니고 있다. 판사부터 현직 관료와 규제관에 이르기까지 모두가 그들의 예전 동료들인 까닭이다.

어쨌든 "월가는 왜 감옥에 가지 않는가?"라는 제목의 기사를 발표하기 며칠 전, 나는 기사 작성 절차의 일부로서 이 기사에서 다룬 특정 인물의 변호사에게 전화를 걸어 지금 우리가 쓰고 있는 글에 대해 코멘트할 것이

$$$

$$

있는지 물었다. 우리가 이런 코멘트를 항상 요구하는 것은 아니지만 이번 경우에 이는 필수적인 절차에 속했다. 사안의 법률적 민감성을 감안할 때, 우리가 쓴 내용에 전혀 오류가 없음을 확실히 해두고 싶었다. 그리고 그건 사실이었다. 비록 그 기사가 새로운 특종은 아니었지만 말이다. 우리가 한 일이라곤 금융위기에 대한 정부 측 공식 자료―금융위기조사위원회 보고서―에서 이 사람에 대해 이미 다 적혀 있는 내용을 다시 풀어 쓴 것이 전부였다.

이런 사례에 관여하는 많은 변호사들이 그렇듯이 문제의 변호사도 사법 관료 출신이었고, 이 경우에는 전직 연방 검사였다. 첫 번째 전화 통화에서 그는 《롤링스톤》이 자기 고객 입장을 대변한 해명서의 전문을 "반드시 게재해야 할 것"이라고 말했다. 뭐 좋다, 그것도 고려해 보겠다고 나는 말했다.

그러자 그 변호사는 곧 감정적으로 나왔다. 그는 만약 내가 자기 해명서 전문을 싣는 데 동의하지 않는다면 편집장과의 직접 면담을 "강력히 요구하겠다."고 말했다. 그리고 만약 내가 이에 응하지 않으면 우리는 '피차 도움 될 일이 없는' 상황에 처하게 될 것이라고 했다. 이 마지막 문장을 듣자 나는 곧바로 항문이 쫑긋해졌다. 전직 연방 검사가 매트 타이비(저자)라는 자연인을 상대로 '도움 될 일이 없는' 상황에 빠져 든다는 것은 별로 생각하기 싫은 일이다.

관련 당사자 모두의 견해를 끝까지 듣고 우리 기사의 사실관계가 옳다는 것을 확인하기 위해, 결국 우리는 이 변호사와 그의 조수를 《롤링스톤》 편집실에서 알현했다. 재차 밝히지만 새로 발굴한 뉴스라고는 하나도 없는 잡지 기사 한 꼭지 중의 비교적 짤막한 한 절을 놓고 벌인 것치고는 과도한 법석이었다. 우리가 이 변호사의 고객에 대해 쓴 내용 중에서 곤란한 부분

$$

$\$$

은 단순했다. 그 월가의 전직 경영자가 어떤 통상적 금융 거래에 관여했으며 이 사실을 투자자들에게 호도했다고 주장한 대목이었다. 이 책에서 말하려는 요지에 집중하기 위해, 그 경영자가 해당 분기의 어떤 시점에 자기 응접실에서 '일어나' 있었는데 투자자들한테는 자기가 그 기간 내내 '앉아만' 있었다고 말했다, 이렇게 썼다고만 해두자.

그 변호사는 가능한 온갖 주장들을 망라한 서류 뭉치를 꺼냈다. 그의 말은, 여기 이 1번 서류에 의하면 이 응접실 사진 속에 보이는 가구는 '의자가 아니라' 실제로는 '지속적 휴식을 위한 용품'이라는 데 모든 관련 당사자들이 동의했다는 것이었다. 그리고 이어서 여기 2번 서류에도 나와 있듯이 연방법 105-D/97. X절에 의하면 '앉다'가 '의자에서 일어나는 일'로 정의되어 있는데, 이 사진에 찍힌 가구가 사실은 '의자가 아니라'는 데 여기 서명한 당사자들이 처음부터 동의했으므로 내 고객이 실제로 앉아 있었다고 말할 수 없음은 당신들도 수긍하리라 여긴다고 그는 말했다. 그리고 3번 서류로 넘어가면, 앉는 것에 대해서는 내 고객이 전문가가 아니므로 자신이 앉았다는 진술을 공개적으로 한 데 대해 그에게 책임을 물을 수 없다고 독립된 회계 감사관이 확인해 준 내용을 볼 수 있으며….

이런 소리가 거의 20분 가까이 계속되었다. 이 변호사의 말에서 우리 기사와 관련된 내용은 거의 하나도 없었지만, 순수하게 구경꾼의 시각으로 봤을 때 이는 넋을 쏙 빼놓는 곡예였다. 말짱 다 헛소리지만, 마치 법조계의 코비 브라이언트나 마이클 조던이 상대 수비를 돌파하고 레이업 슛을 날리는 광경을 보는 것 같은 눈이 부신 헛소리였다. 미팅이 이어지는 동안, 이 변호사가 작년 어느 시점에 그의 그 부자 고객을 겨냥한 정부 조사관들을 상대로도 똑같은 주장을 펼쳤고 그들을 확실히 설득시켰다는 생각이 내

$\$$

머리를 스쳤다. 다시 말해서 이런 헛소리가 먹혀 들어간 것이다! 분명히 이는 고위 규제 관료들 중 누군가에 대한 믿어지지 않는 고발이었다.

그의 고객이 미심쩍은 행동을 취한 반박의 여지 없는 사례를 우리가 기회를 보아 재차 들이밀며 그를 압박하자 그는 얼굴을 찌푸렸다. "이봐요, 당신들은 사회정의에 헌신하는 잡지 아니요." 그는 말했다. "그건 부자와 빈자를 가리지 않고 모든 사람한테 적용되어야죠." 변호사가 주장하는 논점들을 전부 청취하고 난 뒤, 우리는 다시금 기사의 해당 부분을 이 잡듯이 뜯어보았다. 사실관계들은 이미 심혈을 기울여 확인해 놓았으므로 필요한 것은 몇 군데 어구를 고치는 것이 전부였다. 하지만 여기서 중요한 문제는, 이 월가 인사에 대해 정부 스스로가 이미 결론 낸 내용을 반복하는 일마저도 믿어지지 않을 만큼 주의해야 한다는 것이다.

규제나 사법 처리에서의 관건은 누가 최고의 변호사를 확보했느냐, 그리고 그 변호사가 '누구인가'의 문제다. 단순한 진실은 바로 월가가 최고의 변호사들을 싹쓸이하고 있으며, 심지어는 지금 개업 변호사가 아닌 이들도 조만간 그쪽으로 가리란 것을 그들 스스로가 잘 알고 있다는 것이다. 그들이 얼핏 보통 사람들을 대변하는 듯 보이는 검사로 출발했다 할지라도, 우리 편집실을 방문한 그 사람처럼 백만장자를 변호하는 홍보 요원이 되는 것은 시간문제일 뿐이다. 그리고 그의 드높은 법률적 기량은, 고객의 비행을 폭로하는 온갖 주장에 대항한 교묘한 방어 논리로 꽉 들어찬 두꺼운 서류철들을 꾸역꾸역 토해 내는 데 활용될 것이다.

이 이야기를 하는 이유는 너무나 많은 일들이 잘못 돌아가고 있는데 아무도 이에 대해 책임지지 않는 현실을 설명하기 위해서다. 법은 가변적인 도구다. 책에 실제로 쓰여 있는 내용이야 어떻건, 법이 실질적인 효력을 지니려면 책임 있는 자리에 앉은 사람들이 최소한 일반적인 수준에서라도 그 법에 동의해야 한다. 그리고 수십억 달러의 부채를 투자자들에게 숨기거나 약탈적 담보 대출로 집주인들을 사취하거나 처음부터 잃게 돼 있는 파생상품을 고안하고 이를 AAA등급 투자로 위장하여 외국 은행에 팔아먹는 행위가 그 자체로 불법이 아니라고 충분히 많은 수의 영향력 있는 이들이 집단적으로 판단한다면, 이런 컨센서스는 모든 사람에게 영향을 미친다. 이는 먼저 증권거래위원회와 법무부로 침투해 들어간다. 애초 이런 컨센서스의 모태가 된 대형 로펌들에 몸담았거나 앞으로 몸담을 사람들이 이곳에 포진해 있는 까닭이다.

그리고 이는 대중의 의식 속으로, 심지어는 《롤링스톤》 같은 잡지사의 담장 안으로까지 번져 나간다. 이런 사기와 도둑질이 나쁜 짓이고 불법이며 처벌받아 마땅하다고 발언하는 단순한 결정마저도 매우 큰 논란의 소지가 있다. 그런 걸음을 내딛기란 심지어 우리 머릿속에서도, 아니 정치의식과 인문적 교양을 갖춘 좌파들의 머릿속에서도 힘겨운 일이다. 물론 소송 위협도 충분히 현실적인 문제지만, 우리가 극복해야 하는 것은 단지 그것만이 아니다. 이런 컨센서스가 지적 환경을 너무 오래 지배하면서, 상층부의 범죄상에 대한 그 어떤 종류의 비난도 일단 내뱉기 전에 자기들 스스로 두 번 세 번 검열하게 되는 것이다. 한편 뒷골목에서 코카인 8분의 1온스씩을 팔거나 자동차에서 카스테레오를 뜯어 가는 길거리 잡배들의 범죄에 대해 생각할 때 우리의 생각은 곧 처벌과 체포 쪽으로 이동한다. 여기에는 처벌 본능과 정의감을 억압하는 지적 장애물이 없기 때문이다.

갑자기 딴 얘기로 빠지는 것 같지만, 비교 삼아 일례로 마약 판매에 대한 미국인들의 태도를 생각해 보자. 길거리 마약 거래는 서로 합의한 두 성인에 의해 자발적으로 이루어지는 엄밀한 경제활동이다. 물론 현재는 불법이지만 혹자는 이를 순전한 역사의 우연이라 주장할 수도 있다. 이것이 세계 어디에서나 불법인 것은 아니며, 심지어 이 나라에서도 100년 전에는 똑같은 몇몇 마약을 파는 일이 합법이었기 때문이다. 그러나 대체로 지난 세기에 들어 미국에서 마약류의 판매는 광범위하게 법으로 금지되었고, 이제는 불법이 된 이 비즈니스를 둘러싸고 경찰 조직이 비대하게 성장했다. 그리고 매우 편리하게도 이는 빈곤층 유색인종 거주 지역의 경제를 움직이는 주된 상업활동인 경우가 많다.

마약 판매 및 복용 자체가 본질적으로 '나쁜 일'이라는 인식이 보편화되어 있지 않다는 것은, (몇몇 대통령들을 포함한) 미국인들 절대다수가 별 죄의식 없이 이런 활동에 참여한다는 사실로도 입증된다. 만약 당신이 백인이고 돈이 있다면, 고등학교 때부터 마리화나를 피워 봤고 그 이후의 어느 시점에 적어도 어쩌다 한 번은 그보다 더 센 것에도 손을 대 보았을 확률이 매우 높다. 하지만 그렇다고 해서 자신이 범죄자라고 생각하는가? 천만의 말씀이다. 특정 유형의 비폭력적 경제활동이 우리 사회에선 엄밀히 따져 불법이며 이에 따른 처벌을 확실히 피하고 싶다면, 하버드 대학이나 펜실베이니아 주립대 캠퍼스 같은 곳에서는 공공연히 할 수 없는 것은 물론, 브롱크스나 이스트 세인트루이스같이 경비가 삼엄한 거리에서는 절대 안 될 것이라는 정도의 인식이 공유되어 있을 뿐이다.

내게 있어 이는 토끼털 모자나 청바지 판매, 혹은 환전을 금지하는 법률과 다를 것이 없다. 이는 내가 소련에서 대학을 다니던 시절에 경험했던 것이다. 암시장 제품의 매매가 너무나 성행하고 윤리적으로도 용인되었기에 당원이나 고위 관료들도 공개석상에 서구산 옷을 입고 나오는 데 전혀 주저함이 없었다.(고르바초프의 맞춤 정장과 그 부인 라이사의 모피 옷이 내 머리에 떠오른다.) 그럼에도 당신이 붉은광장에서 관광객들을 상대로, 예를 들어 네덜란드산 정장용 양말을 팔다가 걸렸다 치면, 당장 당신을 잡아 가둘 태세를 갖춘 대규모 경찰 병력이 대기하고 있었다. 대다수 러시아 시민들은 이런 활동에 윤리적으로 잘못된 점이 없음을 잘 알고 있었지만, 경찰이 '파르소브시크farsovshik(암거래상)'들을 차에 태워 연행해 갈 때 여기에 의문을 제기하는 사람은 거의 없었다. 그건 그저 원래부터 죽 그랬던 일이었다. 암시장 소비재 매매에 관해서는, '돔 모델레이Dom Modeleli'•의 뒷방에서 당 비서가 그러는 건 괜찮고 레닌그라드 뒷골목에서 스무 살 난 빈털터리 고학생이 그러는 건 안 괜찮다는 인식이 보편적으로 공유되어 있을 뿐이었다.

이런 것들이 현대 미국의 금융 범죄와 무슨 관련이 있을까? 위기가 닥치고 실업과 주택 압류와 상품 가격 폭등으로 나라 전체가 흔들린 이후에도, 일반 대중의 압도적 다수는 책임자들에 대한 처벌을 요구하길 주저했다. 투자자들에게 거짓말하고 손실을 은폐하고 고객의 거래정보를 이용해 선행매매하는 등의 기술적 규정 위반 때문에 힘 있는 은행가들이 감옥에 가야 한다는 암시만으로도 미국 어디에서든 대중의 회의라는 부동의 벽에 부딪쳤다. "그런 활동이 정말로 범죄인가요?" 사람들은 끊임없이 물었다. "그건 그냥 욕심을 부린 것 아닌가요? '돈을 벌려고 노력'했다고 해서 정말로 사람을 감옥에 가둘 수 있나요?"

다시금 이를 마약 거래와 대조해서 생각해 보자. 어떤 남자가 할렘 거리에서 마약 한 봉지를 판다. 이는 어느 모로 보나 제3자의 피해를 수반하지

• 1935년 모스크바에 세워진 패션 디자인 기관.

않는, 합의된 두 성인 간의 경제적 거래다. 그러나 어떤 은행가가 허위 표시된 모기지 은행 채권 100만 달러어치를 연기금에 팔 때, 여기에는 합의한 두 성인이 존재하지 않는다. 분명 채권 매수자는 자신이 본질적으로 위조 자산을 취득하는 것이며 자기네 기금이 그 돈을 날리리란 것을 알지 못한다. 또 제3자로서 피해를 입는 사람들도 무수히 많다. 연금 수급자와 투자자들은 자기 예금이 사라지는 꼴을 지켜보게 될 것이다.

하지만 사람들은 이 고도로 파괴적인 거래가 감옥에 갇힐 범죄라는 개념을 아직도 충분히 이해하지 못한다. 이런 행위에 관여한 은행가들을 변호하는 주장의 극단적 형태로서, 이 쓰레기를 판매한 은행가들 스스로가 자신이 거래한 상품의 무가치함과 위험성을 알았는지 여부를 입증할 수 없기 때문에 이 거래들은 합법이라는 말이 나오고 있다.

경험적으로 볼 때, 자신이 독극물을 팔고 있음을 이 은행가들이 몰랐다는 발상은 완전히 터무니없다. 골드만 등의 은행에서 팔았던 모기지 집합(풀pool) 중에는, 대출받을 때 신분증도 보여 주지 않은 대출자가 50% 이상인 것, 집을 사면서 현금을 채 1%도 지불하지 않은 대출 건이 무더기로 도합 10억 달러에 육박하는 것도 있었다. 가장 멍청한 트레이더라도, 신분증 하나 없이 내 돈 한 푼 안 들이고 집을 산 대출자들로 꽉 찬 풀의 60~70%가 투자 등급 증권이 될 수 있다고 진지하게 믿을 순 없었을 것이다. 그러나 아직까지도 이 은행가들의 변호사들은, 이런 자산을 판매할 당시 이 은행가들의 정신 상태에 대한 구체적인 증거 없이는 범죄가 성립될 수 없다고 주장하고 있다.

어떤 마약 딜러가 하수구 세정제 한 봉지를 헤로인으로 속여 팔다 걸렸는데, 자기는 그 물건이 매수자에게 해로운 줄 '몰랐다'며 정색을 하고 주

$$

장한다고 상상해 보자. 과연 그 말이 먹힐 것인가? 그가 판 물건 때문에 여남은 명이 복통을 일으키고 병원에서 중태에 빠져 있다고 해보자. 그래도 그 딜러의 정신 상태에 대한 증거 없이는 그를 기소할 수 없다며 누군가 주장하는 것을 당신은 상상할 수 있는가? 이것이 바로 금융 범죄와 관련한 우리의 현주소다. 이런 금융상품들 때문에 전 세계에서 수백만 명이 자기 노후 대비 예금의 엄청난 몫을 날렸는데, 아직도 우리는 그 딜러들이 우리한테 그 하수구 세정제를 팔 때 그의 머릿속에 뭐가 들어 있었는지 확실히 알지 못하므로 그들을 처벌할 수 없다고 고집하고 있다.

뭐, 그렇다고 해두자. 그들의 정신 상태에 대한 증거가 있어야 된다고 치자. 증거는 도처에 있다. 결국 자기 회사를 통째로 날려 버린 베어스턴스의 두 서브프라임 헤지 펀드 관련자들 말이다. 재판에서 증거 자료로 인정된 이메일 내용을 통해 우리는 알게 되었다. 랠프 치오피Ralph Cioffi와 매튜 탠닌Matthew Tannin은 투자자들을 상대로 이 펀드의 판매를 중단하기 훨씬 전부터 서브프라임 쓰레기로 꽉 찬 자신들의 펀드가 독성임을 알고 있었다. 이 펀드가 파산하기 훨씬 전인 2007년 4월, 탠닌은 치오피에게 이런 이메일을 보냈다. "내 생각에는 이 펀드를 폐쇄해야 될 것 같습니다… 서브프라임 시장 전체가 터지기 일보 직전입니다."

그는 또 이렇게 썼다. "서브프라임 시장이 험악하게 돌아가는 것 같습니다… AAA 채권들이 구조적으로 등급 강등된다면 우리는 돈을 벌어들일 방법이 전혀 없습니다." 3일 뒤, 그는 투자자들에게 자신이 "현 위치에서 매우 편안한 상태"이며 "이것을 큰 재난으로 여길 만한 근거가 없다."고 말했다.

결국 베어스턴스 헤지 펀드의 투자자들은 도합 160'억' 달러를 잃었다.

$$

$$$

이 사례는 월가 범죄의 실체를 정확히 보여주었다. 금융가가 투자자들에게 거짓말을 했고, 이를 입증하는 서류 증거도 있다. 그런데 배심원 한 명이 치오피와 탠닌에게 무죄 의견을 냈다. 이는 막강한 정치적 이익 집단과 그 포로인 규제 관료들의 음모 탓이 아닌 사법 실패의 희귀한 예로, 배심원석의 일반인들이 베어스턴스 펀드의 붕괴를 처벌 가능한 범죄로 인식하지 못함으로써 저지른 낭패였다.

치오피와 탠닌이 판매한 서브프라임 증권이 애초부터 본질적으로 무가치한 위조품이었음에도, 바위처럼 안전하고 완벽하게 헤지된 투자 상품인 양 광고되었다는 — 헤로인으로 위장한 하수구 세정제였다는 — 사실은 이 방정식에 끼지도 못했다. 정부는 온통 '정신 상태' 문제에만 초점을 맞췄고 배심원들은 범죄를 보지 못했다. 심지어 정부는, 자기들이 타이타닉을 조종 중임을 이 부자 사기꾼들이 알았으면서 승객들에게 구명보트로 가라는 안내를 계속 방기했음을 입증하는 이메일까지 손에 쥐고 있었다. 하지만 그것으로도 충분치 않았던 모양이다.

베어스턴스 사건의 무죄 선고 이후 법무부를 겨냥한 광범위한 비판이 일었는데, 불쌍한 치오피와 탠닌을 재판정에 세웠다는 것이 그 이유였다. 자신들의 펀드가 파산하는 수치를 겪은 것만으로 충분치 않은가?(첨언하자면, "월가가 겪는 수치는 이것으로 충분하다."라는 주장은 믿기 힘들 만큼 흔히 마주칠 수 있다. 한 고위급 금융 규제관은, 부채 수십억 달러를 숨겼다가 적발된 시티그룹의 두 임원에게 8만 달러와 10만 달러라는 터무니없이 적은 벌금이 부과된 데 대해 "사실 시티그룹 같은 회사의 재무책임자CFO를 법정에 세운 것만으로도 엄청난 일"이기 때문에 그 정도면 합당한 액수라고 내게 말하기도 했다.)

일리노이대 법대의 한 교수는 베어스턴스 사건에 대한 금융계의 컨센서

$$$

$$

스를 멋지게 요약했다. 그는 베어스턴스 재앙이 '일반적인 비즈니스 거래'와 관련된 것이라고 했다. "비즈니스 거래에서 시장의 관점은 빠르게 변하는데, 이 사람들은 어느 시점에 자기 관점을 표명했다가 그 뒤의 어느 시점에 다른 행동을 취했다는 이유로 형사처벌 대상이 되었다."는 것이다. "이런 일이 형사 기소의 대상이 돼서는 안 된다."라고 그는 덧붙였다.

결국 대중이 이 사람들의 범죄를 똑바로 보기 힘들었던 이유는 딱 하나, 바로 이 잠재적 피고인들의 신분이었다. 대개의 다른 분야에서 사기는 혐오와 경멸의 대상이 된다. 이는 붉은광장에서 토끼털 모자를 파는 것처럼 단지 서류상으로 불법인 경제활동이 아니라, 실제로 고통받는 희생자들이 발생하는 위험하고 파괴적인 범죄로 인식된다.

심지어 에디 안타르Eddie Antar*가 회계 감사관들이 '재고' 조사차 왔을 때 창고에 빈 상자들을 잔뜩 갖다 놓는 식으로 투자자들에게 사기를 치다가 적발되었을 때도, 그가 '그저 돈을 벌려고 했을 뿐'이며 '시장의 관점이 빠르게 변화하는 일반적 비즈니스 거래'에 관여했다는 이유로 에디를 풀어 줘야 한다는 대중적 요구 따위는 없었다. 사람들은 에디 안타르가 전문 사기꾼임을 이해했고, 그가 재정 보고서의 자릿수를 조작하고 신상품 박스에 중고품을 넣는 등 온갖 종류의 다른 범죄에도 연루되었음이 밝혀졌을 때도 놀라지 않았다.

그러나 월가 범죄 물결의 주목할 부분은, 어떻게 이런 범법을 저지른 사람들을 대중이 거의 만장일치로 변명해 주려 달려오는가이다. 이 금융가들

● 1970년대 미국에서 대규모 전자제품 유통 사업을 벌였으며, 1987년 재고 조작, 사기, 주가 조작 등의 혐의로 기소되어 1999년까지 복역했다.

$$

이 행한 몇몇 일들에 수상한 구석이 있으며 어쩌면 불건전할 만큼 큰 탐욕을 전시하고 있긴 하지만, 그들의 거래는 기술적으로 합법이며 감옥에 가둬야 될 만큼 나쁜 짓은 분명 아니라는 거의 보편적인 믿음이 존재한다.

월가 비즈니스 모델의 본질적 합법성에 대한 대중의 믿음 덕분에 금융가들은 모기지 거품의 광범위한 사기적 책략에 대한 수사를 피해갈 수 있었다. 그뿐만이 아니다. 에디 사건 때와 똑같이 그들 대부분이 다른 범죄에도 연루되었음이 곧이어 드러난 뒤에도, 그들을 수사로부터 막아 준 것은 바로 그런 대중의 믿음이었다. 그 범죄들은 노골적인 뇌물(일례로 앨라배마 주 제퍼슨 카운티, 339쪽 참조.)부터 시작해서 내부자 거래(갤리온 펀드를 위시하여 무수한 사례들), 수익 은폐(개중에서도 리먼 CEO 딕 풀드), 엔론식 회계 부정(리포 105 거래), (구제 금융 시기에 만연하게 된) 체계적 선행매매, 그리고 뉴센추리와 컨트리와이드 같은 회사들이 저지른 거의 코믹한 사기—말 그대로 모기지 딜러들이 고정 금리 대출 계약서 몇 장을 손에 들고 그 밑에 치명적인 변동 금리 계약서를 깐 뒤 순진한 흑인 할머니들에게 "여기 서명"하고 노후 예금을 넘길 것을 종용했다—에 이르기까지 온갖 종류를 망라한다.

이 자들은 말 그대로 '할머니들을 털어먹었는데', 그들이 감옥에 가야 마땅하다는 믿음은 설 자리가 없다. 이는 부자들이 더 유능한 변호사를 고용하므로 법정에서 유리하다는 낡은 클리셰를 훌쩍 뛰어넘는 것이다. 이는 대중의 의식 깊숙이 묻힌 인지적 문제다. 우리는 이 사람들이 한 짓을 범죄로 판단할 방법을 찾을 수가 없었다. 하지만 만약 우리가 몸소 동네 거리와 상점에서 그에 상응하는 범법 행위를 저질러 이득을 보았다면, 나라에서 우리를 감옥에 가둘 때 그런 논리를 주장할 사람은 아마 거의 없을 것이다.

그레이엄 그린Graham Green은 〈아바나의 사나이Our Man in Havana〉(1958)

에서 이런 현상에 대해 썼다. 그는 바티스타 정권 치하의 쿠바 사회를 묘사하면서 '고문해도 되는 계급torturable class'의 존재에 대해 이야기한다. 이 소설에는 부패한 경찰대장이며 사람 피부로 만든 담배 케이스를 가진 한 고문 기술자, 그린이 창조한 영국인 반영웅인 웜홀드를 상대로 차별을 설명하는 장면이 나온다.

"그를 고문했소?"

세구라 대장은 웃었다.

"아뇨, 그는 고문해도 되는 계급이 아니오."

"고문에도 계급 차별이 있다는 건 몰랐는데."

"친애하는 웜홀드 씨, 자기가 고문당할 것을 예상하는 사람들이 있고, 그런 생각 자체에 격분하는 사람들이 있음을 당신도 확실히 알 것이오. 일종의 상호 합의에 의거하지 않은 채로 고문하는 일은 절대 없소."

현재 미국에서 우리가 처한 상황도 이와 똑같다. 우리에게는 구금해도 되는 계급과 구금해선 안 되는 계급이 있다. 순순히 감옥에 가고 가출옥 뒤에도 교도소에 충실히 보고하는 길거리 좀도둑들은 일종의 상호 합의에 의거해서 그렇게 하는 것이다. 자신이 세상의 딕 풀드들보다 더 감옥에 갈 만하다는 생각을 은연중에 받아들임으로써 말이다. 한편 그보다 훨씬 나쁜 도둑질로도 감옥에 가지 않는 월가의 고위층 도둑들은, 어쩌면 자기들이 그래야 될 것이라는 생각만 접해도 정말로 격분한다. 그리고 그들은 격분하는 데서 그치는 게 아니라, 스스로를 방어하고 자기들이 나쁜 짓을 했다는 암시마저 부당함을 맹렬히 주장하기 위해 무시무시한 법률적 맹견들을 배치해 놓는다. 그들은 감옥에 가지 않기 위해서만이 아니라 이 상호 합의 구조를 보존하기 위해서 싸우고 있다.

우리 모두는 이 두 계급 사이에 놓여 있다. 그리고 우리 중 너무나 많은 수가 이 기괴하고 비밀스럽고 양극화된 신념 체계를 은연중에 받아들이고 있다는 사실은, 이번 금융위기를 겪고도 전혀 바뀐 것이 없는 큰 이유이기도 하다. 내가 보기에 절대다수의 미국인은 월가가 처벌받거나 개혁되어 마땅하다는 데 그들 스스로 동의하기를 기다리고 있는 것 같다. 그러나 그런 일은 절대로 일어나지 않을 것이다. 나는 이 사실을 더 많은 사람들이 깨닫기만 한다면, 그래서 월가의 허락을 구하지 않고도 지난 10년간 그들의 돈과 담보 대출과 신용등급에 벌어진 일에 대해 화낼 수 있게 된다면, 우리 경제를 지배하는 정치학이 바뀌게 될 것이라고 생각한다. 사람들이 허락을 구해야 한다고 여기는 이유는 벌어지는 일의 태반을 이해하지 못하기 때문이다. 돌아가는 일이 너무 복잡해 보이고, 그 책임자인 은행가들은 끊임없이 쟁점을 흐려 놓는 유능한 변호사들을 보유한 까닭이다.

물론 실제 상황은 보기만큼 복잡하지 않다. 그 모든 장광설과 길고 지루한 설명과 매수된 법률가와 회계사들의 견해를 걷어 내고 나면, 여기서 우리가 다루는 것은 단순한 도둑질과 거짓말과 사기다. 이것은 범죄고 이 사람들은 감옥에 가야 한다. 얘기는 여기서 끝이다. 이 책의 이슈들은 사실 사법적 이슈들이고 그 이야기는 바로 경찰과 도둑 이야기다. 이를 어떤 방식으로든 달리 묘사하는 것은 사실상 이슈를 흐리는 일이다.

금융위기가 처음 닥쳤을 때, 대다수 사람들에게 이는 무섭고 암울하고 혼란스러운 무엇이었다. 수년이 흐른 지금, 이는 최소한 그 정도로 혼란스럽지는 않다. 문제는 사실 그토록 난해하지는 않다. 그자들은 당신이 그렇

$$

게 믿길 그들이 바라는 만큼 그 정도로 똑똑하지는 않다. 그들의 변호사가 무슨 용어를 택하든 그건 그저 도둑질일 따름이다. 그리고 이 위기에 대해 무엇을 할 것인가 하는 질문에 절망하는 일이 많지만—이슈들은 믿기 어려울 만치 복잡해 보이고 경제와 규제 시스템은 너무 망가져 있다—내가 보기에 그 첫 번째 수순은 아주 간단한 것이다. 도둑질하는 사람들을 찾아서 그들을 감옥에 보내자. 그것부터 시작하자.

여러분은 금융 범죄의 처벌 문제에 대해 전문가들이 정색을 하고 이런 수사적 질문을 던지는 광경을 많이 보았을 것이다. 이런저런 금융사 CEO를 사기죄로 감옥에 쳐 넣어서 "무슨 이득이 있는가?"라고 그들은 묻는다. 그들은 딕 풀드나 존 테인을 감옥에서 썩게 해봤자 "아무것도 바뀌지 않는다."고 말한다.

이는 재미있는 지적이지만 이 점을 한 번 생각해 보자. 자동차 털이범의 재판정에서 벌떡 일어나, 피고를 감옥에 넣어도 '차량 절도는 없어지지 않을 것'이므로 징역형이 타당하지 않다고 주장하는 사람을 본 적이 있는가? 우리가 그런 주장을 하지 않는 이유는 그게 말이 안 되기 때문이다. 우리는 정의를 그런 식으로 평가하지 않는다. 금융위기의 주된 문제는, 그것이 불평등을 구조화시켰고 월가와 그 나머지 모든 사람, 즉 경제적으로 고문해도 되는 계급을 위한 두 개의 정치 체제를 만들어 놓았다는 것이다. 분명 이 나라는 근본적인 경제 문제를 안고 있으며 이는 풀기 어려운 것이지만, 불평등이라는 문제는 그에 비하면 비교적 빠른 시간 내에 고칠 수 있다. 월가 사람들이 우리의 법률과 우리의 사법 체계 아래서 살아가도록 우리가 힘을 행사한다면, 또 누가 알겠는가? 그들이 스스로를 심지어는 우리와 같은 국적의 시민으로 인식하기 시작할지. 또 거기에 맞추어 처신하게 될지.

$$

1.
사기꾼 집단, 혹은 티파티가 문제가 아닌 이유

두 개의 미국이 있다.

사기꾼계급의 미국,
그리고 나머지
모든 사람들의 미국이다.

★ 2008년, 무슨 일이 벌어지고 있었나 ★

"의장님, 대의원님들, 그리고 동료 시민 여러분…."

군중들의 함성 소리에 귀가 멍멍하다. 흥분한 군중들이 거칠게 밀고 당기는 틈바구니에서 양손을 허리에 짚고 버티던 나는 가까스로 수첩에 글씨를 휘갈겼다.

이곳 전체가… 완전히 미쳐 날뛰고 있다.

2008년 9월 3일, 나는 미네소타 세인트폴의 엑셀 센터에서 공화당 부통령 후보로 새로 지명된 세라 페일린의 수락 연설을 듣고 있었다. 이 연설은 비논리적 진영론이 판 쳤던 2008년 대선을 통틀어 최고의 정서적 클라이맥스였다. 이 을씨년스런 비즈니스를 취재하면서 길고 긴 18개월을 보낸 내 눈에 비친 이번 선거판은, 인터넷에서 불붙은 허튼 소문들을 놓고 서로 뜯고 할퀴는 길고도 지루한 싸움이었다.

대개의 기자들이 그랬듯이 나도 누가 누구를 밥 돌과 비교했는지, 누구네 목사가 미국을 욕한 테이프가 공개되었는지, 누가 아프리카 민속 의상을 입은 사진을 매트 드러지에게 보냈는지… 따위를 뒤쫓는 데 에너지를 바쳐야 했다.* 그리고 바로 그것 때문에 오늘 밤 역사적인 페일린의 연설장으로 직행한 것이다. 그날 저녁 이후 2주 후면 미국 경제가 대공황 이후 최악의 금융 재앙을 맞아 붕괴할 것이라는 사실은 꿈에도 모른 채 말이다.

대개의 미국인들이 그렇듯 나도 복잡한 금융 거래에 대해서는 쥐뿔도 아는 게 없다. 금융 재앙의 소문은 이미 몇 달째 들려오고 있었다. 2008년 전반기에 우리는 이미 미국 5대 투자은행 중 하나인 베어스턴스의 죽음을 목격했고, 리먼브라더스는 이해 첫 6개월간 회사 가치의 73%를 날렸으며, 전 세계적 위기의 방아쇠가 될 파산을 불과 2주도 안 남겨 놓고 있었다. 바로 그 2주 동안, 역시 5대 투자은행 중 하나인 메릴린치는 여러 해 동안 쌓인 무모한 도박 빚으로 인해 리먼브라더스와 나란히 바다 밑바닥으로 가라앉게 될 터였다. 메릴린치는 음습한 밀실에서 정부가 주선한 뱅크오브아메리카와의 강제 결혼으로 삼켜질 운명이었지만, 대선 레이스에서 이는 주요 이슈 근처에도 가지 못했다. 이 재앙의 근본 원인은 미국 부동산 시장을 둘러싼 거대한 폰지 사기의 난맥상과 2000년대 초반까지 미국 경제를 띄워 놓았던 엄청난 투자 거품이었다.

이것은 매우 중요한 이야기였지만, 그 시점에 나는 이런 것들에 대해 전혀 알지 못했다. 2008년 대선 보도를 맡은 선거 취재단 중에서 그런 사람이 비단 나 혼자만이 아니었다는 사실은 미국 저널리즘에 대한 강렬한 고발로 받아들일 수 있을 것이다. 우리 중에 이런 일들을 이해하고 있었던 사람은 아무도 없었다. 우리는 X후보가 국기에 대한 맹세를 하는 동안 손을

$$$

● 2008년 선거 기간 중 공화당 대통령 후보 매케인이 1996년 클린턴과 맞섰던 공화당 대통령 후보 밥 돌과 비교된 일, 오바마의 정신적 스승으로 알려진 제레미 라이트 목사가 반미 발언을 하는 비디오테이프가 공개되어 파문을 일으킨 사건, 오바마가 아프리카를 방문했을 때 소말리아 족장 의상을 입고 찍은 사진이 매트 드러지가 운영하는 인터넷 가십 뉴스 사이트 〈드러지 리포트〉에 공개된 사건을 가리킨다.

32   오 마이 갓!뎀 아메리카

가슴에 대고 있는지, Y후보가 스스로 공언한 만큼 교회에 자주 출석하는지를 확인하느라 너무나 바빴다.

★ 세라 페일린이 말하는 '우리' ★

나는 페일린이 연단에 오르는 모습을 올려다보았지만 별로 인상적이지 않았다. 그녀는 아몬드 봉지와 폴리에스터 목수건만 빠졌을 뿐, 꼭 피드먼트 항공사 비행기의 수석 승무원 같았다. '청년반섹스연맹'● 회원임을 상징하는 무테안경을 쓰고 반 올림머리를 한 그녀가 싸구려 할로윈 복장 같은 것을 걸치고 걸어 나온다. 매케인의 부통령 간택 파티에 가려고 자정 너머 할인 매장에서 급하게 가방에 쑤셔 넣은 옷 같다. ─ 포 피스 의상, 짜증스런 교외 백인 여자. 세금 포함 19.99달러.

주마간산식으로라도 대선 레이스 전체를 처음부터 끝까지 겪어 본 기자들이라면 누구나 갖추게 되는 대강의 스포츠 기자적 감각만 가지고 봤을 때, 내가 처음 내린 결론은 존 매케인이 궁지에 몰려 절박한 나머지 예상을 뛰어넘는 선거 책략으로 마지막 용을 쓴다는 것이었다. 그런데 이건… 누구를 겨냥한 책략이지? 여자들? 심하게 밝히는 늙은 유부남들? 피드먼트 항공의 단골 승객들?

그 최종 목표가 뭔지는 확실히 모르겠지만, 매케인 진영의 우스꽝스러울 정도로 서투른 전략 수행 역량으로 미루어 봤을 때, 뭔가 대단히 정교한 것일 리는 없다. 그러니까 나는 이 천편일률적인 정치 유세 중 일부분을 잡아

$$
● 조지 오웰의 《1984》에 등장하는 어용 단체로, 여기서는 비꼬는 뜻.

서 우리 잡지 기사에 인용할 말이나 몇 마디 주워서 출구로 직행하면 된다. 호텔로 돌아가는 길에 치즈스테이크 먹어야지. 그런데 밖으로 나가면 그때까지 내 차가 자리에 있을까? 이런 생각을 하고 있을 때, 세라 페일린이 연설을 시작했다. 나는 귀를 기울이기 시작했다.

그녀는 자신의 개인 정보를 읊는 것으로 시작했다. 그녀의 아들과 조카가 군에 입대했다.—체크할 것. 전형적인 백인 이름(브리스톨, 윌로우, 거기다 파이퍼)들을 가진 애국적인 어린 자녀들.—체크할 것. 스노모빌을 타는 과묵한 마초 남편.—체크할 것. 여기까지는 표준 규격의 선거 캠페인용 장식물들이다. 하지만 그런 다음 그녀는 해리 트루먼에 대한 이야기를 시작했다.

제 부모님도 오늘 밤 이 자리에 오셨고, 저는 척 히스와 샐리 히스의 딸임을 자랑스럽게 여깁니다. 오래전 미주리 출신의 한 농부 겸 양복점 직원이 몸을 일으켜 부통령의 자리에까지 이르는 비범한 여정을 밟았습니다.

한 작가는 이렇게 말했습니다. "우리 작은 마을은 선한 사람들을 길러 낸다. 정직과 성실과 품위를 갖춘 이들을." 저는 이 작가가 해리 트루먼을 찬양하면서 염두에 두었던 바로 그런 종류의 사람들을 잘 알고 있습니다.

저는 그런 사람들과 더불어 성장했습니다. 그분들은 미국에서 가장 힘든 일을 감당하는 이들입니다. 우리의 식량을 거두고 우리의 공장을 돌리며 우리의 전쟁에서 싸우는 이들입니다.

좋은 시절이든 어려운 시절이든 그들은 나라를 사랑하며 언제나 미국을 자랑스러워합니다. 저는 삶의 대부분을 작은 마을에서 보내는 특권을 누렸습니다.

나는 1층 플로어에서—내 짐작에 콜로라도 주 대표단 무리 가운데 끼어—연설을 듣고 있었는데, "그분들은 미국에서 가장 힘든 일을 감당하는 이들입니다."라는 말이 나오자 사람들이 환호성을 질렀다.

페일린은 이제 자신만만한 미소를 머금고 있다. 기분 나쁜 웃음이라 한다면 편파적인 표현이겠지만, 그녀는 이 함축적인 말을 내뱉은 후 자신감을 내뿜고 있었다. 이 순간부터 연설을 마칠 때까지 그녀의 목소리에는 또렷한 날이 실릴 것이다.

내가 미처 눈치 채기도 전에 그녀는 돌연, 말하는 프로그램을 탈피해 별로 힘도 들이지 않고 발신 과정 깊숙이 진입했다. 이는 대부분의 정치인이 무진 애를 써서, 그것도 꼴사납게 도달하는 자리다. 그러나 페일린은 꼴사납기는커녕 그 반대였다. 그녀는 마치 개들 귀에만 들리는 호각을 불듯 지지자들끼리만 통하는 암호를 써 가며 트리플러츠와 백플립을 구사하고 있었다.

그녀는 알래스카 와실라 시의 시장으로 재직한 자신의 경험을 이야기하는 것으로 시작했다.

> 소도시의 시장이란 실질적 책임을 진다는 점을 제외하면 일종의 '지역 운동가 community organizer'(오바마는 지역 운동가 출신이었다—옮긴이)와 비슷하다고 저는 생각합니다. 저는 여기에 또 한 가지 사실을 덧붙이고 싶습니다. 소도시에 사는 우리는, 열심히 일하는 사람들이 듣는 자리에서는 그들에 대한 찬사를 남발하면서 또 듣지 않는 자리에서는 그들이 종교와 총기에 얼마나 지독히 집착하는지 떠벌리는 후보를 과연 어떻게 받아들여야 할지 모릅니다.
>
> 우리는 대체로 우리에 대해 스크랜턴에서는 이렇게 말했다가 또 샌프란시스코에 가서는 다른 말을 하지 않는 후보들을 좋아합니다.●

● IT 산업의 중심지인 샌프란시스코에는 진보적인 화이트칼라 계층이 많이 살며, 스크랜턴에는 보수적인 블루칼라 노동자가 많이 산다.

TV에 나와 떠드는 평론가들은 이 지점에서 분명 버락 오바마에 대한 험담에 초점을 맞추고 이 연설에서 훨씬 중요한 부분을 놓칠 것이다. 그것은 바로 페일린이 소도시 주민들을 몇 초 전까지 '그들'이라고 지칭했다가 이제는 '우리'라고 말하고 있다는 사실이다. '우리'는 어떻게 받아들여야 할지 모른다. '우리'는 좋아한다. 여기서 '우리'가 누구인지 아는 데는 깊은 생각이 필요치 않다. 이 연설을 듣는 이들이 '우리'에 속한다면 바로 알 수 있다. 그리고 나처럼 그들에 속하지 않는다면 더더욱 잘 알 것이다.

 세라 페일린의 '우리'는 대통령 선거전에서 대단히 이례적인 캐릭터다. 후보들은 자신이 미국인 전체를 향해 말하는 것이 아니라는 암시를 최후까지 조심스럽게 숨긴다. 포용성, 텔레비전에 맞춘 온화한 분위기, 비공격성이야말로 대통령 후보들이 보편적으로 띠는 경향이다. 말은 가능한 한 적게 하고, 상대방이 웃을 때 드러나는 치아보다 내 치아가 부동층 일부의 마음에 더 들길 바라는 것. 이것이 이 비즈니스가 돌아가는 방식이다.

 그러나 페일린은 이 모든 것을 내팽개쳐 버렸다. 그녀는 자신을 둘러싼 적들로 스스로를 규정하는 자의식 강한 '우리'들을 향해 맹렬한 벙커 연설을 하고 있었다. 페일린의 연설은 점점 더 뻔뻔스러워지고 탁월해졌으며, 이제 그녀는 오만한 태도로 적의 이름을 하나씩 거명하고 있었다.

 이미 그녀는 매케인을 무시한 '전문가들'과 '여론조사가 및 권위자들', '지역 운동가' 오바마, 심지어는 샌프란시스코('우리'는 스크랜턴 같은 곳에 살고 있을 가능성이 더 크다.)에 대한 공격을 끝냈다. 하지만 그보다 더 중요한 부분은 '가장 힘든 일을 감당하는' 소도시 사람들을 언급하는 도중에 나왔다. 이 부분에서 터진 환호성이 그것을 인정하는 신호였다. 분명히 페일린이 한 말은 이 자리의 청중들이 생각하기에 '가장 힘든 일'을 하지 않고, '우리'의 전쟁에서 싸우지 않고, '우리나라'를 사랑하지 않는 자들이 있다는 말이었기 때문이다.

그리고 '우리'는 '그들'이 누군지 알고 있다.

페일린이 하는 일은 새로운 것이 아니다. 이는 소위 침묵하는 다수―60년대의 문화 전쟁culture war*에서 방관자로 머무른 (특히 남부) 교외 지역의 백인 중저소득층―를 겨냥했던 리처드 닉슨의 '잊혀진 미국' 전략을 사실상 표절한 것이다. 이 전략에 힘입어 닉슨은 민주당으로부터 남부를 빼앗아 옴으로써 선거에서 휴버트 험프리Hubert Humphrey를 이길 수 있었고, 그때 이후로 이는 공화당 선거 기획의 시금석이 되었다.

야금야금 들어오는 이민자들, 옛 가치의 실종, 대중문화의 현혹, 정부 권력 등에 대한 교외 백인의 분노에 불을 붙이는 전략은 그동안 공화당원들에게 너무나 잘 먹혀 들어가, 힐러리 클린턴도 오바마와 맞붙은 당내 경선에서 이를 빌려다 썼을 정도였다.

지금 세인트폴에서 페일린이 말하는 '우리'는 그녀 이전에 등장했던, 줄잡아 반 다스의 정치인들이 이미 제시했던 것이다. 그러나 닉슨이나 힐러리, 심지어 로널드 레이건마저도 이 엑셀 센터 무대에서 갑자기 변신한 피드먼트 항공사 승무원 같은 정치적 숙련과 흡인력을 갖추고 이 메시지를 구사하지는 못했다.

그날 밤 페일린과 함께 그 건물에 있는 것은 기이하게 불안한, 주술적 경험이었다. 이는 마치 〈인디애나 존스와 죽음의 성전〉에서 지하 동굴을 통과해 맨손으로 심장을 뜯어내는 의식의 현장에 다가가는 장면과 비슷했다. 지옥같이 무시무시한 상황이었다. 카리스마 있는 여대제사장이 고

$$

* 미국 자유주의 좌파와 보수주의 우파 사이의 가치/이념 논쟁. 이 맥락에서는 60년대를 풍미한 문화적 신좌파 운동을 가리킴.

함을 내지르며 영도하는 가운데, 중서부 보수주의자들 수천 명이 '경제적 생산자의 제단' 앞에 경배하고 있었다. 페일린 연설의 분명한 의미는 바로 이거였다. '다른 정치가들은 저놈들과 싸우겠다고 말만 한다. 나는 정말로 싸우겠다.'

페일린은 국제적으로 경원시되고 있는 나라의 유권자들에게 말하고 있다. 미국은 더 이상 제조업 강국이 아니고, 중국과 사우디의 경제적 속국으로 전락 중이었으며, 철저한 금융 붕괴를 불과 일주일 남겨 놓고 있었다. 이곳에 있는 그 누구도 상황이 나아질 것이라 약속하는 연설을 진정으로 믿을 것 같지 않았다.

그러나 당신이 아무리 빈털터리일지라도 문화적 내전, 그 하나만은 당신의 몫이다. 그리고 당신이 원한다면 나 세라 페일린은 그것을 당신에게 주겠다. 이는 강렬하고 흡인력 있는 연설이지만, 이상한 부분은 여기서 표 계산이 빠져 있다는 점이다. 이는 적의와 불만을 대량으로 판촉하고 불평분자들의 집단 정체성을 강화해 이들 무리를 흥분시키려는 속이 뻔히 들여다보이는 시도다. 또 이는 이미 타락한 선거 과정의 더한 타락을 보여준다. 이제 선거의 장기적 성과는 무의미할 뿐만 아니라, 페일린 같은 신진 주자들에게는 선거 결과 자체도 무의미하다. 이 연설은 통상적인 선거 승리를 위해 고안된 것이 아니라 새로운 유명인, 환상 속의 국민의 종복을 데뷔시키기 위한 것이다. 그것은 가짜임이 너무 명백하기에 그녀는 이 새로운 경력을 이어나가면서 굳이 선출직을 차지하려 애쓰지도 않을 것이다.

이 연설은 엄청난 성공이었다. 건물 밖으로 나오는 도중에 나는 대표단 중 두 사람의 뒤편에 바짝 붙어 서게 되었다. 그들은 페일린의 연설 중에 나온 핵심 어구를 우려먹으며 즐거워하고 있었다.

나는 손을 뻗어 그중 한 명의 어깨를 톡톡 건드렸다.

"저기요, 만약 세라 페일린이 선출된다면 실질적으로 무슨 성과를 거둘 거라고 생각하시는지 여쭤볼 수 있을까요?"

그중 한 사람이 나를 빤히 바라보았다. "미국을 되찾아 오겠지요."

유세전에서 이런 식의 대답을 듣는 것은 누군가에게 왜 펩시가 좋으냐고 묻고 대답을 듣는 것과 같다. "이건 새로운 세대의 선택이니까요."

나는 말했다. "알겠습니다. 그런데 그녀가 실제로 어떤 정책을 실행하기를 바라시나요? 혹은 어떤 법률을 통과시킬 거라 여기시나요?"

두 사람은 얼굴을 찌푸리고 눈을 내리깔더니 내 기자증을 흘긋 보았다. 나는 곧바로 만사가 틀어졌음을 깨달았다. 나는 '우리'의 일원이 아니었다. 다른 한 사람이 방어적인 태도로 한 발 앞으로 나서더니 좌파 미디어에서 나온 외부인으로부터 자기 동료를 보호했다.

"잠깐만요. 정확히 어디서 일하시오?"

★ 미국인에게 대통령 선거란? ★

여기에 미국과 제3세계 사이의 큰 차이점이 있다. 미국의 지도자들은 우리 유권자들을 위해 엄청난 쇼를 벌이는 반면, 제3세계 국민들 대다수는 납작 엎드린 신세다. 제3세계 국민들 대부분은 자기가 서 있는 위치를 알고 있으며 이에 대해 어떠한 환상도 품지 않는다.

아마 그들도 가끔씩은 퍼레이드를 할 것이고, 깃발을 치켜들고 행진하는 돌격 부대를 향해 손을 흔들기도 할 것이다. 운이 좋다면 지도자가 헤비급 타이틀 매치 같은 것을 열어 줄 수도 있을 것이다. 그럼으로써 자기 나라가

지도 위에 존재한다는 것을 알리고 국가주의적 분위기를 고양하며, 맨발로 국제 자본주의라는 술통의 맨 밑바닥을 긁고 있는 민중들이 자신들의 처지를 잠시 잊도록 만들 것이다.

그러나 제3세계의 호구들은 대부분 부당한 대우를 받는다. 그들은 더러운 흙바닥 쓰레기 더미에 거주하고 유통기한이 지난 음식을 먹으며 겨우 자식을 볼 나이까지 살다가, 산업재해나 영양실조, 기타 과거의 잊혀진 질병으로 허무하게 죽는다. 한편 그 지도자와 그의 최고로 운 좋은 열여덟 명 정도의 친구들은, 시민들이 평생에 걸쳐 이룩한 경제 성과를 따 먹으며 스페인의 이비자 섬이나 남프랑스의 빌라에서 산다. 멋진 대양 크루즈선 몇 대와 스포츠카 여남은 대를 굴리기에 충분한 돈을 쥐고서 말이다.

미국의 우리는 그보다는 사정이 낫다. 우리 앞에는 4년마다 한 번씩 기가 막히게 안무된 18개월간의 오락이 대령된다. 어떤 짐승은 국민들을 집착 수준으로 몰두하게 만드는 이것을 대통령 선거라고 일컫기도 한다. 현재 진행형인 이 드라마는, 모든 사람들이 백악관을 향한 죽기살기식 전면전에 미래에 대한 꿈과 희망을 몰빵하도록 만든다. 이 나라에 사는 무지 많은 이들에게는 이 경쟁에서 누가 이기고 누가 지느냐야말로 최고로 중요한 문제다.

하지만 이것이 도대체 왜 그들에게 그토록 중요한가야말로 우리 시대의 가장 큰 미스터리다. 이 미스터리는 우리 정치의 중요하고도 무서운 진실에 뿌리박고 있다. 그 진실이란 바로, 그것이 알고 보면 우리에게 하나도 중요치 않다는 사실이다. 대통령 선거는 미국인들이 철저히 오락으로 소비하도록 길들여진 하나의 드라마로서, 우리 삶의 구체적 변화에 대한 일체의 전망과는 완전히 유리되어 버렸다. 이 나라에서 전국적 선거를 유심히 지켜보는 사람들이 특정 정치인을 지지하면서 얻는 보상이란 바로 자기 홈

팀이 큰 경기에서 이겼을 때—아니 더 중요한 측면을 들자면 미워하는 라이벌이 졌을 때—드는 막연하고 훈훈한 느낌이다. 이 선거 경기에 그들이 건 판돈은 시민의 이익이 아닌 응원 관중의 이익이다.

마음속 깊은 곳에서는 선거가 자신의 삶에 진정한 변화를 일으키지 않으리란 것을 알면서도 선거에 자신의 감정적 무게를 실어 몸을 던지는 유권자들은 일종의 판타지에 탐닉한다. 그래서 아직까지도 유권자들은 국제적으로 큰 야심을 품은 정치인, 번영하는 제1세계 사회를 효과적으로 통치·유지하는 것을 지고의 목표로 삼는 정치인을 꿈꾼다. 유권자들이 깨닫지 못하는, 아니 깨닫고 싶어 하지 않는 사실은 이 나라의 지도자들이 오래전에 이 꿈을 내팽개쳤다는 것이다. 그들은 건조한 현실을 알고 있으며 판타지 저 너머에서 제3세계 위치로 추락하는 미국의 미래를 빤히 보고 있다.

이 지도자들은 마약 범죄가 극성을 떨치던 시기에 미국의 게토들을 지배했던 마약왕들과 비슷하다. 이 남자들(일부 여자들)이 관심 있는 것은 딱 두 가지이다. 하나는 권좌를 유지하는 일, 그리고 여생이 얼마나 남았건 죽을 때까지 캐딜락 에스컬레이드나 BMW 633i를 몰고 돌아다닐 수 있을 만큼 충분한 현금을 남김없이 빨아들이는 일이다. 우리 지도자들은 미국이 거대한 게토로 바뀌고 있음을 알고 있으며, 우리가 잠에서 깨어 무슨 일이 벌어지는지 깨닫기 전에 손에 넣을 수 있는 마지막 한 개의 자동차 휠캡까지 낱낱이 거둬들이고 있다.

오래된 게토 동네를 약탈하는 엔진은 바로 마약 거래였다. 이는 다음 두 가지 목적에 무자비할 만큼 효율적으로 복무했다. 그 첫째로 마약 사업은 그 블록의 모든 돈을 고급 승용차에 굶주린 딜러의 손아귀로 집중시키는 메커니즘이었고, 둘째로 마약의 화학 작용은 그 블록 주민들을 무기력하고 좌절하게 만들어 아무 일도 못하게끔 하는 메커니즘이었다. 동네에 마약을 더 많이 주입할수록 그 동네 사람들은 갈수록 허약해지고 중독되고 지배되는 것이다.

새로 출현 중인 미국이라는 게토에서 이 악몽의 엔진은 바로 거품경제다. 이는 그 생산물이 크랙이나 헤로인이 아닌 신용이라는 점만 다를 뿐, 마치 마약처럼 사회를 목 졸라 죽이는 일종의 첨단 카지노 사기다. 마약 사업이 그렇듯 이것은 국민들의 돈을 극소수의 손아귀에 가차 없이 효율적으로 집중시킨다. 또 그 산물인 빚 역시 마약 사업처럼 소비자를 서서히 타락시켜, 계속 지배당하는 처지를 못 벗어나게 한다.

이 게토에서는 아무도 진정한 꿈을 갖지 않는다. 그들이 얻는 것은 진짜 꿈의 단기적 아류에 불과하다. 또 집, 신용, 마당, 자녀들 대학 등록금 같은 진짜 부는 갖지도 못한다. 금목걸이, 펜디 가방, 잔뜩 치장한 자동차 같은 가짜 부의 상징을 가질 뿐이다. 아무도 충분히 오랜 기간 '진짜로' 부유하지 못하고 그저 며칠, 몇 주, 기껏해야 몇 달 동안 부유한 척할 수 있을 따름이다. 금줄을 걸치면 기분은 나아지겠지만, 진짜 범죄자들은 그저 비웃을 것이다.

우리는 진정한 정치 운동과 진정한 변화를 이루어 내지 못했다. 대신 우리가 가진 것은 아둔한 쇼비즈니스 조작이며, 그 추종자들의 열망이란 금사슬을 목에 건 길거리 사기꾼의 대박 꿈만큼이나 우스꽝스럽고도 절망적이다. 다시 말해 우리가 가진 것은 버락 오바마처럼 혁명적 지도자의 외양을 갖췄지만 기업 컨센서스에 의문을 제기하지 않는 온건파들과, 티파티●

$$
● 미국 보수 유권자들의 정치결사체. 2009년 오바마 정부가 경제위기 해결을 위해 천문학적인 국민 세금을 쏟아부었는데, 이에 반발하는 시민들이 늘어나면서 전국적 조직으로 성장했다. 세금 인하, 작은 정부 지향, 의료보험 개혁안 폐지, 반이민 정책 등 보수적 가치를 지향하며, 상하원선거와 대통령선거에도 무시 못 할 정치적 영향력을 끼치고 있다.

처럼 놀랄 만큼 흡인력 있는 적대적 오락거리—바로 그날 밤 세인트폴에서 세라 페일린이 자신을 '우리'라고 지칭했을 때 탄생한, 진짜 시골뜨기들을 겨냥해 조작된 운동—뿐이다.

★ 악몽의 엔진, 거품경제 ★

미국 정치가 조금이라도 이치에 맞게 돌아갔다면 우리는 5~10%의 부동층을 놓고 끊임없이 다투는 비슷한 크기의 두 거대 정당을 갖지 않았을 것이다. 대신 정당들은 가진 자와 못 가진 자로 갈라져야 할 것이다. 맨해튼 중심가의 밉살스런 은행가들이 2억 8천만 명의 열 받은 신용카드 및 모기지 소비자들에 대항해서 출마해야 하는 것이다. 상위 1%가 국부 전체에서 차지하는 몫이 위기 이전인 2007년 34.6%에서 2009년 37.1%로 껑충 뛰어오른 이 나라에서는 그것이 인구통계학적으로 훨씬 정확한 구분법이다. 게다가 위기 기간에 평균적인 미국인의 부는 급감한 반면—미국 가구 순자산의 중간값은 2007년 10만 2500달러에서 2009년 6만 5400달러로 떨어졌다—상위 1%의 순자산은 1950만 달러에서 1650만 달러로 비교적 완만히 감소했다.

그러나 우리는 우리 정당들이 이 명백한 경제적 구분선에 따라 이치에 맞게 정렬하는 모습을 결코 보지 못할 것이다. 그것은 대규모 유권자 집단들이 미디어가 조작한 난센스에 반응해 맹렬히 자기 꼬리를 쫓도록 만드는 게 어처구니없을 정도로 쉽기 때문이다. 미국이 왜 이런 상류층 도적들의 낙원인지를 이해하고 싶다면, 티파티 같은 조작된 운동이 맨해튼 도심에 죽창을 던지고도 남았을 대중의 분노를 포위하고 무력화시킨 방법을 살펴보면 된다.

티파티 유권자들은 거품경제의 폰지 사기라는 현실을 절대 꿰뚫어 보지 못할 것이다. 여기에는 두 가지 이유가 있다. 하나는 티파티가 구사하는 세일즈 화법과 관계가 있다. 이들이 구사하는 수사는, 국가와 지방 정부가 중소 자영업자들의 호주머니에서 요금과 벌금, 수수료를 끊임없이 털며 과도하게 간섭하고 있다는 미국 중산층의 불만을 영리하게 이용한다.

또 다른 이유는 명백하다. 거품경제라는 것이 무지무지 이해하기 어렵기 때문이다. 설령 그것이 어떻게 돌아가는지 파악할 수 있다 하더라도, 유동화, 신용부도스와프CDS, 부채담보부증권CDO, 그 밖에 골이 지끈지끈할 만큼 복잡한 개념들에 대해 익히려면 엄청난 시간을 바쳐야 한다.

이런 개념들을 대중들이 쉽게 이해하지 않는 한, '사기꾼' 계급은 그 어떤 아슬아슬한 상황을 딛고서라도 곡예를 계속할 것이다. 대다수 유권자, 특히 보수적 유권자들은 월가가 그 돈을 정상적인 자본주의 비즈니스에 쓰고 있다고 생각하며 그런 경제 부문을 제약하려는 일체의 시도는 얄팍하게 위장한 사회주의라고 전제하는 경향이 있기 때문이다.

티파티가 우리 거대한 지구의 지도자로서 터무니없이 무식한 바보들을 내세운 것이 그토록 탁월한 전략인 이유가 바로 여기에 있다. 페일린과 미셸 바크먼Michele Bachman ― 영화 〈알라딘〉이 사악한 마법을 미화했다고 여기며, '이산화탄소는 자연적 물질이므로' 지구 온난화가 위협이 아니라고 주장하는 미네소타 주 하원의원 ― 같은 멍청이들을 지지함으로써, 티파티는 반지성주의를 하나의 강령으로 만들었다. 티파티는 거품경제를 이해하기 위해 질문을 해야 한다는 생각 자체에 반대한다.

바크먼은 복잡한 금융 경제에 대한 〈덤 앤 더머〉식 접근의 완벽한 상징이다. 예컨대 그녀는 미국 국가봉사단AmeriCorps이 '아이들을 좌파의 개조

수용소로 밀어 넣으려는 음모'라고 호들갑을 떨거나(말이 난 김에 덧붙이자면 바크먼의 아들은 국가봉사단 프로그램의 교사였다.) 버락 오바마가 선출되기 전까지 미국 경제가 '100% 민간 경제'였다고 주장하는 등, 유치원생이 했어도 놀림 받을 만한 말을 자랑스럽게 내뱉는다.(후에 그녀는, 버락 오바마가 취임 1년 반 만에 '미국 경제의 51%'를 수중에 장악했다고 말하기도 했다.)

중국이 달러를 대체할 세계준비통화를 제안했을 때, 바크먼은 이것이 달러화 자체가 다른 것으로 대체된다는—그래서 미국인들이 동네 편의점에서 여섯 개들이 스프라이트를 사기 위해 거액의 위안화를 지불해야 될 것이라는—뜻으로 여겼던 것이 분명하다. 이 엄청난 위협에 맞서 싸우기 위해 그녀는 '달러가 일체의 외국 통화로 대체되지 않도록 금지하는' 법안을 발의했다. 나와 비슷한 많은 기자들은 이 전직 세무 변호사이자 현직 하원의원이 '통화'와 '준비통화'의 차이를 이해는 하는 건지, 그리고 도대체 그녀가 무슨 소리를 하고 있는 건지 묻는 전화 공세를 퍼부었다. 그녀의 대변인은 "의원님은 미국에 대해 말한 것이고… 이 입법은 달러가 미국의 통화로서 지위를 유지하도록 하기 위한 것"임을 분명히 하는 성명을 발표해야 했다.

내가 아는 하원의 한 민주당 당직자는 바크먼의 통화 법안에 대해 낌새를 채고 내게 전화를 걸어왔다. "여기에 촌뜨기들이, 인디애나 주보다 더 동쪽으로는 생전 와보지도 않은 시골 변호사들이 좀 많긴 하지만, 미셸 바크먼은… 그 여자 같은 사람은 난생처음 봐요."

바크먼을 비판하는 이들은 많지만, 그들은 바크먼의 천재성을 간과하지 못하고 있다. 비록 그녀가 SAT 정치 과목 시험을 날이면 날마다 공개적으로 망치고 있긴 하지만 자신이 전달하려는 기본 메시지에 대해서만은 언제나 정확한 답을 내놓고 있다. 그 메시지란 항상 정부가 문제이며, 이 나라에서 기본 상식만 가지고 해결 못 할 문제는 없다는 것이다.(그래서 티파티 내의 많은 그룹들이 '상식적 애국자'라는 명칭을 갖고 '상식 캠페인'을 벌이는 것이다.)

상식이라고 하니 그럴 듯하게 들리지만, 하원의원이 될 때까지 이산화탄소의 미스터리와 '숨쉬기'의 개념을 온전히 터득하지 못했다면, 당연히 CDS·합성담보부증권·금리스와프에 대해서도 알지 못할 것이다. 게다가 이런 제도들을 단순히 이해하는 일과 그것이 어떻게 이용(혹은 오용)되었는가를 이해하는 일의 차이는, 바로 2000년대에 월가가 정상적인 자본주의 비즈니스로 돈을 벌었다고 믿는 일과 당시 실제로 빈번히 벌어졌던 일들의 진실―그것은 순수한 사기 및 범죄였다―을 꿰뚫어 보는 일 사이의 차이와 같다. 2010년 여름 바크먼이 (하원 내에 '티파티 코커스'라는 의원 소모임을 결성하면서) 금융 규제 개혁의 가장 맹렬한 반대파 중 한 사람으로 부상한 것은 우연이 아니다. 크리스 도드Chris Dodd 상원의원과 바니 프랭크Barney Frank 하원의원이 발의한 금융 개혁 법안은 근본적으로 결함이 있었지만, 이에 대한 그녀의 주된 불만은 바로 이것 때문에 "무료 당좌 예금 계좌free checking account•가 없어진다."는 것이었다.

우리 세계에서 더 이상 이데올로기는 중요하지 않다. 진짜 중요한 건 바로 우리 사회의 복잡성이다. 우리는 복잡한 법률과 복잡한 비즈니스 관행을 지닌 복잡한 관료제 국가에서 살고 있으므로, 이런 복잡성을 제어할 공동의 의지를 지닌 몇 안 되는 조직들이 정치권력을 소유하게 되는 일은 불가피하다. 반면 티파티 같은 운동들은 그 무엇보다도 좀 더 단순한 시절과

• 개인 수표를 발행할 수 있는 당좌 계좌 중에 최저 잔고나 수수료가 면제되는 계좌를 말한다. 개인 수표 사용이 일상화된 미국에서는 당좌 계좌가 필수이므로 이를 유료화하는 것은 생활과 밀착된 일이긴 하지만 비교적 사소한 문제에 속한다.

단순한 해결책을 향한 많은 이들의 욕망을 반영하고 있다.(미국 헌법만 쓰레기통에 던져 버리면 만사가 OK일 것이다. 불법 이주 문제는 튼튼한 담장을 치면 된다. 연방준비은행, 상무부, 교육부는 폐지해 마땅하다.) 티파티 리더들의 단순한 해답을 향한 노골적인 갈망이 너무나 열렬하고 감동적이어서, 그 해답이라는 것들 대부분이 얼마나 정신 나간 것인지를 망각해 버릴 지경이다.

티파티에 우호적인 네바다 주 공화당 상원의원 후보 빌 파슨Bill Parson의 말에 따르면, 그건 '미국 헌법에 명시된 권한 밖의' 문제다. 그는 2010년 봄 너그럽게도 나를 데리고 다니며 주 관내를 돌아보게 해주었다. 나는 CDS 같은 파생상품들이 주식처럼 장내에서 거래·관리되도록 의무화하는 등의 몇몇 금융 규제안에 대한 그의 입장을 물어 보았다.

해병대 출신인 파슨은 몸집이 크고 건장하며 서글서글한 성격이다. 퇴역 군인들이 흔히 그렇듯, 그도 남자 나이가 50을 넘어가면 상고머리가 괴상해 보인다는 사실을 까맣게 몰랐다. 그와 그의 선거 매니저가 네바다 주 공화당 경선장을 돌며 나의 여행 가이드 역할을 해주었다. 이 경선에는 최종 지명자가 된 샤론 앵글Sharron Angle을 비롯해 티파티 후보 여러 명이 출마했다.

내가 네바다에 간 순전한 목적은 경선에 나온 이들 중에서 금융위기에 대해 이야기할 용의가 조금이라도 있는 사람을 찾기 위한 것이었다. 건강보험과 이민자 문제에 대해서는 모두가 이야기하고 싶어 했지만, 내가 일부러 월가 얘기를 꺼냈을 때마저도 돌아오는 것은 잘해야 멍한 눈빛뿐이었다.(베거스 교외의 한 유권자 집회에서 마주친 어떤 남자는 화를 내면서 땅에 침을 뱉기까지 했다. 나는 그에게 AIG가 파산 위기에 몰린 원인에 대한 견해를 물었는데, 그는 내가 자신을 우롱한다고 생각한 것이 분명했다.) 한편 파슨은 나에게는 하등 무의미한 동네 차원의 온갖 보수주의 이슈들에 집착하고 있는 듯 보였다. 어느 날 그는 '자칭' 보수주의자와 '진짜' 보수주의자 사이의 차이점을 설명하기 위해 거의 한 시간이나 할애하기도 했다. "이런 사람들 있잖소. '난 보수주의자지만 우리는 사람들을 도와야 된다고 생각해요.' 하지만 이 말에서는 이 사람이 보수주의자임을 보여 주는 내용을 하나도 찾을 수가 없어요. 이 차이점을 아시겠소?"

나는 애써 미소 지으며 고개를 끄덕였다. 그러니까 사람들을 도와주는 것은 나쁜 일이다? 정말? 나는 파슨을 좋아해 보려고 정말로 노력했다. 그는 내가 밉살스런 《롤링스톤》지 기자임을 알면서도 믿기지 않을 만큼 친절했지만, 대개의 경우 나는 그가 하는 말을 거의 이해할 수가 없었다. 나는 그의 관심을 경제 현안으로 돌려놓으려 계속 노력했지만, 그는 에너지부와 노동부를 폐지해야 한다는 신념으로 일관되게 대응했다. 금융거래위원회와 상품선물거래위원회CFTC 같은 규제기관들은 더 말할 필요도 없었다. 에너지부와 노동부 따위는 헌법에 없다는 것이 그의 말이었다.

나는 말했다. "하지만 치약이나 항생제도 헌법에 없긴 마찬가지잖아요. 내 말은, 그 양반들이 헌법을 만든 게 옛날이었다고요. 당연히 빠진 것들이 있죠. 그 당시에는 금융 범죄라는 분야 자체를 생각조차 못 했던 거고요. 헌법에도 없는 그런 문제들은 어떻게 대처하나요?"

파슨은 얼굴을 잔뜩 찌푸린 채 눈앞에 펼쳐진 길을 바라보았다. 우리는 밤에 차를 몰고 네바다 사막을 건너는 중이었다. 그는 살짝 고개를 돌리더니 '머리가 출력 한계에 다다랐음'이라는 뜻의 눈빛으로 나를 쳐다보며 말했다. "음… 나는 그냥 헌법에 명시된 권한이 뭐냐, 그것을 돌아보자는 건데."

파슨의 경제 이론은 바크먼 등 기타 모든 티파티 회원들이 믿는 것과 똑같은 단순한 발상이다. 통상을 정부와 완전히 분리시키기만 하면 경제는 스스로 수정해 나갈 수 있다는 것이다. 이것이 객관적으로 불가능하며 민간 경제가 지금도 앞으로도 태산처럼 많은 국내 규제(앞으로 보겠지만 그중 절대다수는 시장 우위의 획득 및/또는 유지에 그것을 이용하려는 금융 회사들의 요구로 만들어졌다.)는 물론 다른 나라의 규제들과 손쓸 여지 없이 서로 얽혀 있다는 사실은, 아직까지도 순수한 자본주의의 이상을 신봉하는 티파티에서는 완전히 무시되고 있다.

바크먼은 글로벌 통합에 반대하는 잇따른 놀라운 발언을 통해 이 생각을 노골적으로 천명했다. 이로써 그녀가 캘리포니아의 일부를 거대한 장벽으로 멕시코와 차단한 것과 같은 방법으로 미국 경제를 불순한 외부 세력으로부터 어떻게든 차단할 수 있다고 믿는다는 사실이 드러났다. 그녀는 이렇게 말했다. "나는 미국이 글로벌 경제에 편입되길 원치 않습니다. 글로벌 경제하에서 우리의 경제적 미래는 짐바브웨처럼 되고 말 것입니다."

미셸 바크먼 같은 멍청이가 몇 가지 아둔한 생각을 하고 있다는 사실 자체는 전반적인 맥락에서 볼 때 그다지 중요치 않다. 중요한 것은 완전한 규제 철폐와 순수한 자본주의에 대한 이런 신념이 비단 티파티, 아니 공화당 내에서뿐만이 아니라, 버니 샌더스Bernie Sanders•보다 오른쪽에 위치한 미국의 정치 스펙트럼 전반에 걸쳐 아직까지 정치적 주류라는 사실이다. 평범한 미국인들이 은행가, 신용카드 대부업자, 모기지 채권자들의 정치적 소망에 감정적으로 동조하게 만드는 일은 간단한 일이 아니지만, 어떤 도움도 없이 그런 일이 일어났다.

$$
• 버몬트 주 무소속 상원의원으로 자칭 사회민주주의자이며 원내에서 드물게 진보주의적 견해를 대변하고 있다.

★ 티파티, 21세기의 시대착오 ★

나는 티파티에 대해 다소 급진적인 이야기를 하려고 한다. 그들은 몽땅 미친 것이 아니다. 심지어 항상 틀린 것도 아니다.

그들도 미처 깨닫지 못하는 그들의 실체는 바로 시대착오주의다. 그들은 21세기의 사기꾼들이 주무르는 세계에서 1960년대의 전투를 치르고 있다. 그들은 이미 패배한 문화 전쟁에서, 현실에서는 지난 수십 년간 한 번도 존재한 적이 없는—아니 좀 더 적당한 표현을 찾자면 실질적으로 중요치 않은—거대 정부 헤게모니에 대항해 큰 희생을 치르고 새로운 공세를 취해야 한다는 부추김을 받고 있다. 그러는 사이 정부와 민간 버블경제 재벌들 사이에 새롭게 진화된 공생은 아무도 모르게 기하급수적으로 성장하며 거액을 갈취하고 있다.

티파티는 하나의 동질적 실체가 아니다. 사실 여기에는 다양한 부류들이 한꺼번에 모여 있다. 네바다에 갔을 때 나는 광범위한 스펙트럼에 걸친 사람들이 하나의 깃발 아래 모여 있는 것을 보았다. 마약 규제법을 폐지해야 한다고 믿으며 이라크와 아프가니스탄 전쟁에 반대하는 론 폴Ron Paul•식 골수 자유방임주의자부터 시작해서, 정부 지출 극렬 반대론자로 자가 개조된 불만 많은 조지 부시/주류 공화당원들도 있고, 이 운동이 품은 반동적 분노에 자극받아 티파티 메시지의 '가치' 부분에 들러붙을 태세인 근본주의 기독교도, 그리고 필연적인 티파티 혁명이 일어나기에 앞서 자원해서 벙커를 손보고 비상식량을 준비하는 '검은 헬기'•• 유형과 총기광들에 이

$$

● 텍사스 지역구의 공화당 하원의원으로 개인의 자유 극대화와 최소 정부를 지향한다. 이라크 전쟁에 반대하는 등 공화당 내에서도 괴짜로 통하지만 티파티에서 큰 영향력을 행사하고 있으며 2012년 공화당 대선 후보 경선에 출마했다.

르기까지 천차만별이다.

그러므로 어떤 면에서 티파티를 통일되고 일관된 운동으로 보는 것은 잘 못이다. 한편 모든 티파티 회원들은 공통점이 하나 있다.(진정한 반체제 성향을 띠고 오랜 세월 정치 비주류에서 서식해 온 론 폴 유형은 예외일 수 있다.) 그들이 쇠스랑을 겨눠야 마땅할 바로 그자들에 의해 오히려 전투를 독려받고 있다는 점이다. 티파티를 느슨하게 정의하자면, 폭스와 CNBC에 광고를 넣는 극소수 은행과 투자회사들이 멕시코계 메디케이드Medicaid● 수급자들을 뒤쫓으러 풀어놓은 1500만 명의 열 받은 백인들이라 할 수 있을 것이다.

티파티의 공식적 시초는 하향식 미디어 선동의 대표적 사례다. 이것은 2009년 2월 20일 릭 샌텔리Rick Santelli라는 후안무치한 TV 얼간이가 CNBC에 나와 열변을 토한 이후 갑자기 떠올랐다. 오늘날 그는 티파티 운동의 선지자—실제 혁명이 도래하기 전 CNBC 시청자들의 머리에 중산층의 분노로 세례를 퍼부은 금융계의 세례 요한—로 대접받고 있다.

물론 CNBC는 금융업계의 광고 수익으로 먹고 사는, 탐욕스런 월가 은행들의 노골적인 선전 기관이다. 이 사실이 샌텔리를 인터넷 영웅으로 만든 티파티 회원들의 주의를 비껴 간 것은 놀랄 일이 아니다. 티파티의 주된 심리적 특징 중 하나는 권위자들에 대한 모순된 애정과 자신들의 '혁명적' 저항에 대한 자기도취적 찬양이 뒤섞여 있다는 점이다. 이 집단이 세라 페일린과 글렌 벡Glenn Beck 같은 부류의 손에 조종될 수 있는 것은 바로 이런 심리적 약점 때문이다. 이 집단의 강점은 그들이 명령을 자진해서 따르는 까닭에 효율적으로 조직화될 수 있다는 점이다.(모임에 참석한 100명의 진

$$

●● 연방 정부에 반대하고 총기 소유를 옹호하는 극우 성향의 민병대 운동 세력. UN이 이끄는 그림자 정부가 검은 헬기 부대를 파견해 미국을 군사적으로 접수하려 한다는 음모론을 신봉한다.
● 미국 정부가 보조하는 저소득층 대상 의료보험.

보주의자들을 뭐가 됐든 한 가지 주제에 집중시켜 보시라. 그게 가능한지.) 약점은 기본적으로 JP모건과 골드만삭스 같은 다국적 흡혈 거대 기업을 위해 프로파간다라는 석탄을 삽으로 퍼다 날라 주는 한 설익은 PR 앞잡이의 발광을 근거로 혁명에 착수한다는 것이 얼마나 기괴한 일인지 전혀 깨닫지 못한다는 사실이다.

★ 분노의 화살은 애먼 곳으로 ★

2009년 2월 20일 릭 샌텔리의 열변은 새로 출범한 버락 오바마 행정부가 '주택 소유자 안정화 대책'을 허가한다고 발표한 데 대한 반응이었다. 이는 압류 대상이 된 가구들이 자기 집에서 계속 살 수 있도록 750억 달러를 들여 구제하는 조치였다.

750억 달러는 부실자산구제 프로그램TARP 규모의 10분의 1에 불과했다. 부시 행정부 시기의 헨리 폴슨Henry Paulson• 재무장관이 내놓은 부실자산구제 프로그램은 파산 위기에 놓인 월가 기업들의 부실한 대차대조표에 직접 자본을 투입해 준 구제 프로그램이다. 그리고 비단 부실자산구제 프로그램만이 아니라 연준의 갖가지 구제 프로그램, AIG와 베어스턴스에 대한 자금 수혈, 연준의 재할인 창구와 기타 수단을 통해 은행들에 쏟아부은 막대한 무이자 대출 등 월가에 대한 총 구제 규모에 대면 이 750억 달러는 그 100분의 1, 어쩌면 200분의 1 정도밖에 안 된다.

오늘날 티파티는 부인하고 있지만 이런 온갖 구제책이 진행되던 와중에

$$

● 1999년부터 2006년까지 골드만삭스 CEO였고, 2006년 7월부터 2009년 1월까지 미국 재무장관을 지냈다.

그들은 대부분 잠잠했다. 티파티 운동을 선동한 바로 그 우익 세력들은 JP모건이 베어스턴스를 사들이는 데 연준이 수십억 달러를 내주었을 때 조용히 있었다. 프랑스와 유럽에 대한 그들의 천성적 반감이 무색하게도, 그들은 자기들 돈 수십억 달러가 AIG 구제 조치를 통해 프랑스 은행들에게 넘어갔을 때마저도 잠잠했다. 그들의 히로인인 세라 페일린은 부실자산구제 프로그램을 열렬히 지지했을 뿐만 아니라 그 사실을 빌미로 선거에서 눈곱만큼도 응징받지 않았다.

아니 티파티가 정말로 폭발한 것은, 바로 새 대통령―흑인 민주당 대통령―이 내놓은 총 구제책 규모의 지극히 일부분에 해당하는 어떤 구제 프로그램 때문이었다. 여기서 폭발성을 띤 이슈는 납세자들의 돈을 퍼준 것 자체가 아니라―퍼주기로 말하자면 불과 몇 달 전에 몇 조 달러씩 퍼준 터였다―그 돈을 주는 대상이 틀렸다는 점이었다.

요컨대 오바마 프로그램의 수혜 대상은 세라 페일린이 말한 '우리'― 가장 힘든 일을 감당하는 이들 ― 가 아니라, (불공평하게도) 가난한 소수자들이었다. 샌텔리가 시카고상품거래소CBOT 장내에서 열변을 토하는 장면이 TV로 중계되었을 때 그가 사용한 언어는 페일린의 것과 비슷했다.

"인터넷 투표 웹사이트를 개설해서 확인해 봅시다! 루저들의 대출 빚을 보조해 주는 게 우리가 정말로 바라는 일인지!" 그는 버럭 오바마를 향해 호통 쳤다. "아니면, 최소한 압류된 집과 차를 사들여서 그걸 장차 정말로 번영할 가능성이 있는 사람들에게 주어야 할지, 그래서 <u>물을 마시는 사람이 아니라 물을 나르는 사람들</u>에게 보상해 주어야 할지를요!"

이 장면은 대박이었다. 이 상징적인 대사를 친 직후 샌텔리 옆에 우연히 앉아 있던 시카고상품거래소의 한 트레이더가 끼어들어 빈정대는 말투로 한마디 했다. "그것 참 참신한 아이디어요!"

여기서 이 발언이 행해진 배경을 이해하는 것이 중요하다. 시카고상품거래소는 대두, 옥수수, 기타 농산물의 선물상품이 거래되는 곳이다. 샌텔리의 연설 상대가 된 이 넥타이 맨 백인들은 바로 2008년 여름에 상품 버블을 키워 놓은 주역들이었다. 당시 식료품, 원유, 천연가스 등의 상품 가격은 수요나 공급에 거의 변화가 없었는데도 전 세계적으로 치솟았다.

샌텔리의 열변이 행해지기 불과 1년 전, 밀과 쌀 같은 식량 가격의 급등으로 인해 인도, 아이티, 멕시코를 비롯한 세계 곳곳에서 폭동이 일어났다. 그리고 당시 거대 은행들 스스로도 투기 버블이 그 원인임을 인정했다.

"내가 보기에 시장은 버블과 비슷한 성격을 띠고 있는 것 같다." 식량 버블이 일어났을 때 짐 오닐Jim O'Neill 골드만삭스 수석 이코노미스트가 한 말이다. 골드만삭스의 상품지수는 세계에서 가장 많이 거래되는 지수인 데다 이 은행이 상품 버블로 가장 큰 이익을 보는 위치에 있기 때문에, 골드만은 당연히 이를 알고 있었다. 그들은 투기 거품을 키운다는 결정을 내림으로써 금융위기라는 인재人災에 주요한 역할을 했고, 이 위기로 인해 세계 곳곳의 사람들이 말 그대로 굶주리게 되었다. 샌텔리는 바로 그 도박꾼 무리를 상대로 연설하고 있었던 것이다.

TV 화면에서 샌텔리가 그 '즉흥적인' 열변을 토하는 동안, 그 뒷배경에서 불만에 찬 '미국' 역을 연기하기로 선택된 이들이 바로 그들이었다. 샌텔리의 청중인 상품 트레이더들이 '당신 손아귀에서 놀아나는 찰흙덩이'가 아니냐고 CNBC 앵커 조 커넌Joe Kernen이 농을 던지자 샌텔리는 고함을 질렀다. "이들은 내 손아귀의 찰흙덩이가 아녜요!"

그는 이어서 소리를 질렀다. "이들이 바로 미국이요!" 그리고 뒤를 돌아보면서 덧붙였다. "집에 욕실이 남아돌면서 할부금을 못 내는 이웃의 대출 빚을 갚아 주기 위해 돈을 내고 싶은 사람이 여러분 중에 몇이나 되죠? 손한번 들어 보세요!"

이 수사적인 질문에 대해 '미국'은 큰 소리로 야유를 보냈다. 그들은 저 게으른 흑인들을 위해 '물을 날라다 주는 데' 이제 질렸다!

"오바마 대통령, 듣고 있습니까?" 샌텔리는 호통을 쳤다.

이어서 샌텔리는 최초의 티파티를 위한 병력 소집에 착수했다. 일은 다음과 같은 식으로 전개되었다.

샌텔리 알다시피 쿠바는 대저택들과 비교적 건실한 경제를 보유하고 있었죠. 그런데 개인에서 집단으로 전환했죠. 지금 저들을 보세요. 54년형 셰비를 몰고 다닌다고요. 디트로이트에서 생산된 마지막 주력 차종이었죠, 아마?

커 넌 물속에서도 몰고 다닌다죠. 좀 보기 이상하긴 하지만.

샌텔리 바로 그거예요.

커 넌 이봐요 릭, 모기지 금리가 2%까지 내려갈 수 있다고 윌버가 지적한 것에 대해서는 어떻게 보세요?•

샌텔리 마이너스 2%까지 내려갈 수도 있죠. 그래도 그 사람들은 집을 감당할 능력이 안 될걸요?

커 넌 그러고도 40%가 남죠. 그렇게 해줘도 유지할 수 없는 집이 40%예요. 그 사람들은 왜 집에 눌러앉아 있죠? 그 사람들을 집에 계속 살게 해주려는 이유가 뭐죠?

샌텔리 서머스 (재무) 장관이 훌륭한 경제학자시긴 한데, 저도 그분이 여기에 대해 대답해 주셨으면 하네요.

$$
● WL로스앤코 회장이자 억만장자 투자자인 윌버 로스Wilbur Ross가 〈뉴욕포스트〉 기고문을 통해 오바마 행정부의 '주택 소유자 안정화 대책'을 비판한 내용을 가리킴. 그는 모기지 대출 상환금을 소득의 31% 이하로 제한한다는 이 정책안의 목표를 달성하려면 모기지 금리를 2%까지 낮춰야 한다고 주장했다.

퀵 와, 윌버. 당신이 사람들을 흥분시켰네요.

샌텔리 오는 7월에 시카고 티파티 집회를 가지려고 생각 중이에요. 미시건 호로 오고 싶은 자본주의자 여러분, 제가 조직의 첫발을 떼겠습니다.

이 부분에서 청중들이 환호성을 질렀다. 이 장면은 인터넷에서 곧바로 센세이션을 일으켰고, 티파티가 탄생했다. 그 결과물인 티파티를 지배하는 밈meme은 바로 '물을 마시는 이들'을 위해 부담을 지게 된 '물을 나르는 이들'의 분노였다. 이는 자연스레 새 민주당 행정부의 '사회주의'와 '마르크스주의'에 대한 히스테리로 변모했다.

티파티는 특히 건강보험 문제 같은 다른 명분들도 내세웠지만, 이 모든 것 밑에 놓인 근본적 발상은 바로 이 샌텔리의 해프닝 속에서 찾아볼 수 있다.

우리는 다시금 샌텔리가 열변을 토한 맥락에 대해 생각해 봐야 한다. 부시와 오바마 두 행정부는 사실상 동일한 정책을 통해 공히 역사적이고도 가공할 규모의 구제 프로그램을 승인했다. 그 지출 규모는 이 글을 쓰고 있는 현재 13조 내지 14조 달러에 이르렀다. 이 돈 나눠먹기의 근거로 동원된 낙수효과 이론은 바로 주택 거품에 판돈을 건 투기은행들의 부실 투자를 구제하기 위한 것이었다.

부시와 오바마 행정부에 의해 구제된 은행들은 완전히 정신 나간 행위에 가담했다. 2004년 미국 내 5대 투자은행(메릴린치, 골드만삭스, 모건스탠리, 리먼브라더스, 베어스턴스)은 당시 증권거래위원회SEC 위원장이던 윌리엄 도널드슨William Donaldson에게 개인적으로 로비를 벌여 부채에 대한 규제를 폐지하도록 했다. 그들 수중에 들어온 다른 사람들의 돈을 모기지담보부증권 같은 어처구니없는 투자에 더더욱 많이 쏟아붓기 위해서였다.

그들은 급성장하는 주택 거품에 너무나 많은 현금을 쏟아부어서, 그들이 실제로 소유한 1달러당 12달러—순자본규칙이라는 규제에 의해 당시 허용되었던 최대치—씩 빚을 내도 충분치 않았다.* 그래서 당시 골드만삭스 CEO였던 헨리 폴슨 같은 이들은 도널드슨에게 이 규칙을 완화하도록 했고, 이로써 이 5대 은행 모두는 부채 대 자기 자본 비율을 20:1 이상으로 높일 수 있게 되었다. 메릴린치의 경우는 40:1까지 높였다.

    이것은 그야말로 도박이었고 결국 역사상 가장 막대한 구제금융으로 보상받았다. 그 무책임이란 개별 집주인들 차원에서는 감히 상상조차 못 할 규모였다. 경제가 파탄 났을 때, 대중들은 누군가를 원망해야 하며 누군가가 무책임했음을 깨달았다. 하지만 그게 과연 누구였을까?

    샌텔리의 열변이 해낸 일은 이미 열 받을 대로 받은 시청자들의 분노를 금융 산업으로부터, 월가를 원조하기 위한 진짜 초당파적 노력으로부터 멀찍이 떨어뜨려, 엉뚱한 쪽으로 집중하도록 한 것이었다. 샌텔리의 연설은 이 위기가 가난한 자들에 의해 야기되었다는 착각을 조장했다. 이 나라에서 흔히 그렇듯이, 이런 착각은—빈곤한 백인이 얼마나 많은지는 생각지도 않고—소수인종들이 돈을 마구 빌려 너무 많은 집을 산다는 환상을 창조해 냈다. 이는 일찍이 가난한 백인들이 필연적으로 플랜테이션 소유주들의 배에 겨누어야 했을 갈퀴날을 가난한 흑인들 쪽으로 돌리게 만든 것과 비슷한 고전적 인종 정치였다. 그리고 그것은 대성공을 거두었다.

$$$
● 순자본규칙 net capital rule이란 증권사의 재무건전성을 유지하기 위해 제정된 규칙으로, 증권사가 투자에 동원할 수 있는 레버리지(부채)의 양을 실제 보유한 자본(순자본)의 최대 12배까지로 제한했다. 2004년 5대 투자은행은 로비를 벌여 이 규칙의 예외를 인정받았고 결국 부채 비율을 40배까지 늘렸다.

★ 티파티가 정부를 싫어하는 이유 ★

2010년 2월 27일 뉴욕 엘름스포드. 뉴욕 시 북쪽에 위치한 웨스트체스터 카운티의 아주 작은 도시다. 이날은 샌텔리가 처음 열변을 토하고 1주일 뒤 최초의 티파티가 출범한 날로부터 1주년 되는 기념일이었다.

이곳 웨스트체스터 시내 중심가 주변의 '알라로마 리스토란테'라는 한 평범한 이탈리아 식당에서 티파티 지역 지부인 '화이트 플레인스 티파티'는 술을 마시며 걱정을 토로하는 모임을 열었다.

원래는 이 자리에 들어가서 나를 《롤링스톤》 기자라고 솔직하게 소개할 계획이었지만, 창문도 없이 음울해 보이는 이 삼류 이탈리아 음식점에 들어서서 울긋불긋한 주름 종이 장식과 성난 중년 백인들의 얼굴을 마주하는 순간 나는 마음을 고쳐먹었다.

이 자리에 모인 모든 사람들이 나의 틀려먹은 정치적 견해를 알아챌 것만 같았다. 이 상황이 만약 영화 〈터미네이터〉였다면, 문 앞을 지키고 선 독일 셰퍼드가 내 인문학 교육 배경을 냄새로 눈치 채고 맹렬히 짖어 댔을 것이다.

식당 벽에는 티파티 지역 분회 임원들이, 글렌 벡의 《바보들과 논쟁하기Arguing with Idiots》(벡이 동독 군복을 입고 표지에 등장했다.), 전도양양한 마크 레빈Mark Levin의 《자유와 독재: 보수주의자 선언Liberty and Tyranny: A Conservative Manifesto》 같은, 요즘 잘 나가는 보수 성향의 두꺼운 책들을 죽 진열해 놓았다. 나는 척 슈머Chuck Schumer 뉴욕 민주당 상원의원에 반대하는 일종의 청원서에 서명해 달라는 요청을 받고 두말없이 서명했다. 물론 열성 가톨릭계처럼 보이는 이들에게, 내가 1년 전 교황의 사망을 축하하는 칼럼을 썼다는 이유로 슈머가 나를 비난했고 내가 그에게 악감정을 품고 있다는 사실은 밝히지 않았다.

잠시 후 연설 및 영화 상영을 위해 식당 중앙 홀로 모여 달라는 안내가 나왔다. 나는 멍청하게도 TV 옆 맨 앞줄에 앉았다. 만약에 일찍 자리를 뜨고 싶어진다면 일어나서 최소한 수십 명의 눈길을 받으며 걸어 나와야 된다는 뜻이었다. 자리를 잡은 나는 한 사람에게 한 부씩 배부된 〈패트리어트Patriot〉라는 신문을 집어 들었다. 그 주요 기사의 헤드라인은 이랬다.

흑인 역사의 달Black History Month*은 어디까지나 흑인 역사를 기념하는 달이어야 한다.

마커스는 현재 티파티의 주제가로 여겨지는 노래를 쓰기도 한 문화적 돌연변이다. 여러분이 아직 이 노래를 들어 보지 못했다면 찾아보길 바란다. 가사가 쇼킹하다. 첫 소절은 이렇게 시작된다.

대통령, 당신의 자극제는 완전 실패작. 사회주의식 책략.
그것이 하는 일이라곤 아메리칸 드림을 죽이는 것뿐.
당신은 성공한 이들의 것을 빼앗고 싶지. 그것이 공평하다며.
편안한 의자에서 안 일어나려는 이들에게 분배해 버리지.

분발해라, 밥 딜런! 어쨌든 간에 〈패트리어트〉에 실린 마커스의 기사는 자극적인 도입부로 페이지를 주름잡고 있었다.

$$$
● 미국에서는 매해 2월을 '흑인 역사의 달'로 지정해 흑인의 인권 향상을 위해 노력해온 인사나 사건을 기념한다.

그는 이렇게 썼다. "나는 '흑인 역사의 달'은 좀 더 정확히 하자면 '백인과 미국이 엿 먹는 달'이라 불러야 한다고 농담으로 말하곤 한다."

이 주장은 '흑인 역사의 달'이, 노예제와 고문 등 백인 미국인과 그 아프리카계 형제 사이의 어두운 면에 너무 많이 집착하며 그간 흑인들에게 좋은 일을 한 선한 백인들의 활동은 무시하고 있다는 것이다.(땅콩버터를 발명한 노예 출신 흑인 농학자 조지 워싱턴 카버George Washington Carver에게 농학을 공부하라고 권유한 사람이 바로 백인 교사였음을 아는가?)

마커스에 따르면 이 모든 반백인적 흑인 역사 선동은 권력 기구에 죄책감을 뒤집어씌워 우리가 땀 흘려 번 세금을 복지정책에 더 많이 갖다 바치게 만들려는 것이다.

나는 주위를 둘러보았다. 정신이 보통 나가지 않고서야 마커스처럼 '흑인 역사의 달'이 의회에서 더 많은 복지 예산을 뜯어내려는 음모라는 글을 쓸 수 없을 터인데, 이렇게 명백한 과대망상을 읽고 있는 백인 청중들의 무반응이야말로 내겐 더욱 기묘해 보였다.

티파티 운동에 대해서는 무수한 비판이 행해졌고, 얄팍하게 위장한 백인들의 권력 반란으로 취급되었지만, 이런 비판들은 초점을 빗나간 것이었다. 내가 보기에 티파티 운동의 가장 주목할 만한 특징은 바로 그 기괴한 심리적 성향이다. 이는 마치 자기애적 인격 장애의 대규모 발현과도 같다. 자기 자신과 자신의 상처받은 감정에 너무나 집착한 나머지, '흑인 역사의 달'이 착한 백인들을 충분히 찬양하지 않는다는 발상에 동조하며 고개를 끄덕이는 백인 중산층 무리의 정신병을 깨닫지 못하는 것이다.

이 모임에서 보았듯이 티파티 운동에 타당한 주장이 아주 없는 것은 아니다. 그러나—샌텔리의 열변을 모태로 삼은—그 시초는 망상적 자기 숭

배의 거대한 발현에 발을 담그고 있다. 그들의 말에 귀 기울여 보면 미국에서 조국을 사랑하고 법에 순종하고 열심히 일하는 이들은 오로지 그들뿐이다. 그들은 근면과 자조라는 실종된 국가적 에토스를 위해 희생하는 외로운 순교자다. 힘겨운 노동에 대한 보상이라고는 복지정책에 뜯기는 피 같은 세금뿐이며, 물론 그 복지 프로그램은 미국과 백인을 증오하며 이슬람 테러리스트를 사랑하는 배은망덕한 소수자들이 다 먹어치우고 있다.

그들의 수사는 확실히 인종 정치와 지지자들끼리만 통하는 암호에 초점을 맞추고 있지만, 거의 불가해한 수준의 자기 연민과 자기만족에 비하면 인종주의는 한결 덜 두드러지는 편이다. 자기들이 얼마나 인정을 못 받고 있는가에 대해 징징거리며 미국에서 헌법을 읽어 본 사람은 자기들뿐인 양 우기지만 않아도 이 사람들의 말에 귀 기울이는 일은 훨씬 쉬워질 것이다. 실제로 여러분이 그들의 말을 오래 듣다 보면, 그들을 의자에 꽁꽁 묶어놓고 그들의 세금을 불법 체류 마약 중독자들의 손에 직접 퍼주고픈 충동이 솟게 될 것이다.

이것은 매우 딱한 일이다. 그들이 병적인 자기애를 접어 두고 자기 불만을 명료히 표현했을 때, 그 불만은 바로 이 나라에서 벌어지고 있는 일들에 대한 진정한 불안에 뿌리를 두고 있기 때문이다. 이 웨스트체스터 카운티 혁명가들의 경우 이들을 하나로 묶은 사건은 바로 뉴욕 시의 한 비영리 진보 단체와 연방 주택도시개발부 HUD가 이 카운티를 상대로 제기한 집단 소송이었다. 이 단체와 HUD는 소송에서, 웨스트체스터 카운티가 HUD에 제출한 보조금 지원서에 하자가 있으며 카운티가 연방 보조금을 요청하는 과정에서 인종차별 폐지를 위해 제정된 연방 정부의 소수자 우대정책 지침을 위반했다고 주장했다.

이 카운티는 소송에서 패했고, 그 결과 이 지역에 저소득 가구를 위한 정부 보조 주택 700채를 건설하라는 연방 정부의 명령이 떨어졌다. 이 카운티 내의 정부 보조 주택들은 예로부터 뉴욕 시와 근접한 곳에 지어졌는데, 이제 새로 내려진 판결에 따라 '염가 주택'을 엘름스포드 같은 중산층 교외 지역에 배치해야 했다. 엘름스포드 주민들이 원하든 원하지 않든 말이다.

처음 나온 연사는 소방관이자 전 공화당 카운티 의원 후보인 톰 복Tom Bock이라는 사람이었다. 복은 티파티 회원은 아니지만(나중에 내가 그와 이야기한 자리에서 그는 이 점을 힘주어 지적했다.) 그들의 여러 주장에 동조했다. 청중들이 연설해 줄 것을 요청하자 그는 지역 현안에 대한 이야기를 시작했다.

"우리는 이 소송에 합의하지 말았어야 했습니다." 건장한 체격에 청바지 차림을 하고 경찰관 콧수염을 기른 복이 말했다. "나는 웨스트체스터 카운티가 인종주의적이라고 생각하지 않습니다. 물론 인종주의자인 사람들도 있겠지만, 집 살 능력이 되는 사람에게 당신은 흑인 또는 히스패닉이니까 여기로 이사 올 수 없다고 말할 사람은 아무도 없으리라 생각합니다. 인종이 문제라서 웨스트체스터로 이사 못 온다고 아무도 말하지 않았습니다."

"우리가 말하려는 건" 복은 말을 이었다. "그들이 웨스트체스터로 이사 올 수 없는 이유는 바로 '돈' 때문이라는 겁니다."

청중들은 환호했다. 복의 연설에서 이상한 점은 이 소송 과정을 통틀어 웨스트체스터 시민들이 인종주의자라고 비난한 사람은 실제로 아무도 없었다는 점이다. 카운티 내에서 인종주의나 분리주의에 반대하는 풀뿌리 운동이 일어난 것도 아니었다. 이 논란은 처음부터 끝까지 밀폐된 문 뒤에서 —대부분 외지인인— 변호사들에 의해 착상되고 마무리되었다. 그들이 웨스트체스터 '정부'를 고발한 이유는 이 카운티가 존슨 시대에 만들어진 낡아빠진 소수자 우대 주택 정책에 부합하는 산더미 같은 서류를 제출하기에 충분한 열의를 보이지 않았기 때문이었다.

이 소송의 결과로 나온 웨스트체스터 주택 합의안은 그 누구라도 티파티 회원으로 만들어 놓을 만했다. 그러니까 멍청한 좌파적 간섭이 사회적으로 무의미한 법률적 야바위와 혼합된 전형적인 사례로서, 손쉬운 과실을 노리는 기회주의 변호사들의 배만 불려 준 것이었다.

벌어진 일의 전말은 이러했다. '반차별 센터'라는 뉴욕 시의 한 비영리 단체가 우연히도 연방 주택 지침 내의 한 지시 조항을 발견했다. 이는 자치단체가 연방 주택 예산을 신청할 때, 해당 지역 주민들이 혹시 인종적으로 너무 분리되어 있는 것 아닌지 확인하는 조사를 수행할 것을 의무화한 내용이었다. 웨스트체스터 카운티는 연방 보조금을 신청할 때 이 조항을 형식적 절차로 취급하고 그런 조사를 수행하지 않았는데, 반차별 센터는 바로 그 점을 물고 늘어져 소송을 제기한 것이다.

이 관료적 실수가 얼마나 중대한 것이었는가는(여기에 관여한 한 변호사는 이 점에 대해 이렇게 말했다. "기본적으로 말해서 공란 한 곳에 체크하는 일을 깜빡한 거죠.") 논란의 여지가 있지만, 엄밀히 따졌을 때 이 카운티가 규정을 위반한 사실은 부인할 수 없었다. 오바마 행정부가 이 소송의 중심에 합류하자 자신들이 딱 걸렸음을 깨달은 카운티 측 변호사들은 선택의 여지가 없다고 자치단체에 조언했다. 그들은 연방 정부와 합의했다.

여기까지는 괜찮았다. 하지만 그 후에 일이 엉뚱한 방향으로 빗나가 버렸다. 도출된 합의 내용은 맛이 가 버린 인종 정치의 대표적 사례였다. 이는 마운트버논이나 용커스 등 뉴욕 시 인근 지역에 거주하는 저소득 흑인과 히스패닉들이―이 소송에 어떤 식으로든 한 다리도 걸쳐 보지 못한 상태에서―이제 마운트키스코나 크로톤온허드슨 같은 훨씬 외곽의 베드타운에 세워질 정부 보조 주택으로 이사 갈 수 있도록 백인 변호사들이 백인 변호사들을 고소한 사건이었다.

한편 여기 관여한 모든 백인 변호사들은 매우 가난한 소수인종들을 위해 이 온갖 원조를 그토록 영웅적으로 졸라 댄 대가로 큰돈을 챙겼다. '반차별 센터'는 750만 달러를 벌었고, '렐먼, 데인 앤 콜팩스'라는 이름의 한 DC 소재 로펌 소속 외부 변호사는 250만 달러를, 그리고 웨스트체스터 카운티를 변호한 로펌인 엡스타인베커그린은 용역의 대가로 300만 달러를 받았다. 이 소송에 관여한 한 변호사의 말에 따르면, 소수인종으로서 이 사건에 참여한 사람은 단 한 명도 없었다.

최종적으로 이 신규 주택에 배정된 액수는 고작 5천만 달러이며, 그마저도 이 카운티가 이 일을 수행할 자금 및 개발업체를 구할 수 있을지 여부에 일부분 달려 있기 때문에 전부 다 쓰이지 않을 수도 있다.

"이런 일을 완전히 방지할 수는 없을 겁니다." 웨스트체스터 카운티 측 변호사 중 한 명인 스튜어트 거슨Stuart Gerson은 말했다. "모두가 나름대로 옳다는 신념을 갖고 접근하지만, 그야 모르죠."

이 웨스트체스터 사건은 사회학적으로 볼 때 변호사들이 앰뷸런스 뒤꽁무니를 쫓아다니며 영업해 건수를 올리는 행태와 비슷하다. 흡사 한 무리의 변호사들이 연방 주택 규정을 절묘하게 타고 넘어 막대한 수임료를 챙긴 뒤 석양 속으로 유유히 사라지는 모양새다. 티파티 특유의 그 스멀스멀한 피해망상이 어디서 온 것인지를 알기란 어렵지 않다. 웨스트체스터 카운티는 합의안에 동의한 후, 이 정부 보조 주택을 어디에 배치할 것인지에 대한 지역 사회의 발언권을 계속해서 제한하는 행동을 취했다.

일례로 카운티는 이른바 우선거부권을 폐지하는 조치를 통과시켰다. 카운티가 엘름스포드 같은 곳에 주택 한 채를 짓고 싶으면 카운티 소유의 땅 한 필지를 개발업체에 팔게 되는데, 그전까지는 그 부동산을 우선적으로 사들일 권리가 언제나 엘름스포드 주민들에게 있었다.

"그런데 그 권리를 그들이 빼앗아 가 버린 겁니다. 조금씩 갉아먹고 있어요." 나중에 복은 내게 이렇게 설명했다.

또 다른 사례로, 예전에는 카운티가 HUD의 돈으로 어떤 마을에 염가 주택을 건설할 때 언제나 현지 주민을 위한 주택을 따로 배정해 놓을 여지가 있었다. 복은 그가 사는 그린버그의 주택 개발 사업을 사례로 들었다. 이 건물 부지에는 예전에 2층짜리 보호 감호소가 있었다. 이 보호 감호소는 범죄를 일으키고 이웃집 잔디에서 마약 병이 발견되는 등의 사건으로 끊임없는 항의에 시달렸고 그 지역에서 많은 논란의 대상이었다. 이 건물은 결국 철거되었고, 카운티는 새 건물을 지어 양로원이나 시청 직원들의 숙소로 사용할 것이라고 약속했다.

그러나 HUD는 이 계획의 최종 실행을 주저했다. 지역사회가 이 과정에 참여하는 것을 제한하는 규정이 신설되었다. 이제는 그린버그나 엘름스포드 같은 소도시의 시청 직원이 해당 도시 내의 HUD 주택에 입주하려면, 주 전역에서 지원자들이 몰리는 추첨 시스템에 자기 이름을 올려야 한다. 복의 설명에 따르면, "그러니까 이제 이 주택 단지에 누가 들어와 살지에 대해 주민들의 발언권이 없어진 것"이다.

티파티 회원들에게 이는 대표 없는 과세의 단순한 사례다. 그들은 이런 사건들의 진행 과정—먼저 연방이 개입하고, 다음으로 우선거부권이 폐지되고, 다음으로 입주 지원 절차에 대한 지역 재량권을 빼앗기는—을 보고 음울한 파국을 상상한다.

복은 그 티파티 모임 한 달 뒤에 가진 전화 통화에서 말했다. "나는 지금 정부가 토지를 수용하는 방향으로 가고 있다고 봅니다."

나는 그에게 물었다. "그러니까 당신은, 정부가 결국 주민 의사와 상관없이 엘름스포드 같은 지역의 부동산을 몰수해서 그곳에 염가 주택을 세울

거라고 보시는 건가요?"

그가 말했다. "그렇죠."

정신 나간 발상일까? 약간은 그렇다. 하지만 지난 몇 년간 웨스트체스터에 벌어진 일들을 보면 완전히 미친 생각은 아니다. 예를 들어 (사기업의 이익 창출을 위해 무지막지하게 양보한) 오바마의 건강보험 플랜이 미국의 자유 기업 체제를 철폐하고 트로츠키주의적 독재를 실시하는 장기 전략의 첫 번째 단계라는 1300만 티파티 회원들의 믿음과 한통속으로 묶을 수 있는 수준의 정신 나간 발상은 아니다. 그리고 앞의 것이 뒤의 것보다 덜 미친 발상인 까닭은 이 이슈를 알기 위해 1200쪽짜리 두꺼운 법전을 읽을 필요가 없기 때문이다. 그저 집 밖으로 고개를 내밀고 자신들의 세계가 자신들이 통제할 수 없는 방식으로 바뀌어 가는 꼴을 지켜보는 걸로 충분하기 때문이다.

티파티가 금융위기에 그처럼 혼란스럽게 대응하는 이유는 바로 이 때문이다. 티파티 회원들 대다수는 개인적으로 자기 지역사회에서 지켜본 그 프리즘—불필요한 정부 간섭, 층층의 규제와 관료적 요식 행위—을 통해 전국 차원의 정치를 바라본다. 일례로 복은 한 신규 아파트를 건설하는 과정에 대해 이렇게 말하면서 웃었다.

"그간의 경험으로 내가 항상 하는 말이 있죠. 개발 계획이 승인돼도 땅에 첫 삽을 뜨기까지 최소한 2년은 잡아야 한다고요. 온갖 허가를 다 받고 서류 작업을 끝내려면 그 정도는 걸린다니까요."

나는 그런 경험들이, 말하자면 1990년대 후반 금융 산업의 규제 완화에 대한 그의 견해에 영향을 끼쳤는지 물었다. "물론이죠." 내가 (보험사, 투자은행, 상업은행의 겸업을 금지한) 글래스-스티걸법의 폐지와, 2000년 파생 금융 산업의 규제를 완화한 법률을 들먹이자 복은 이의를 제기했다. 내가 말하는 내용을 그가 이해했는지는 확신할 수 없었지만, 어쨌든 그는 앞으로 돌진했다. 자기 생각에 월가의 규제 완화는 옳은 일이고 다만 그 시행을 너무 서둘렀을 뿐이라고 했다.

"좀 더 점진적으로 할 필요가 있었다고 봐요."

바로 이런 식으로 중산층 미국인들은 부자 은행가들을 위한 규제 완화를 지지하게 되는 것이다. 일하며 살아가는 평범한 미국인들은 자기 주변을 둘러보고 정부 권력이 자기 삶 구석구석에 드리워져 있는 증거를 목격한다. 그들은 무거운 세금을 내며, 집 한 채를 팔거나 차 한 대를 사더라도 온갖 명목의 수수료를 부담해야 한다. 만약 그들이 자기 사업을 한다면 1년에 한 번씩 감독관이 사업장에 와서 그들이 순순히 응하든 응하지 않든 꼬투리를 잡아 들들 볶는다. 뒷마당에 헛간 하나를 지으려 해도 시청 민원실의 도둑놈들한테 허가를 얻어야 한다.

또 누가 알겠는가? 당신이 그린버그 같은 나른한 교외에 살고 있는데, 연방 정부가 이곳에 보호 감호소와 여기까지 연결되는 버스 노선을 설치해서 갓 출소한 전과자들이 옛 공범자를 도심에서 끌어들이고 잔디밭과 인도에 콘돔 포장지를 버리고 나아가 주거 침입이나 강간·살인을 저지르게 될지?

이런 일들은 벌어질 수 있다. 과대망상이 아니다. 좋은 의도로 제정된 법률들도 교묘히 악용되거나 시간이 지나면서 변질되거나 애초 겨냥한 사회 문제의 해결이 아니라 자기들의 예산 권한을 지키려고 다투는 부패한 변호사와 관료들의 포로가 될 수 있다. 이런 문제들에 대한 티파티의 불만은 지극히 정당하며 무시되어선 안 된다. 문제는 그들이 자기 지역사회 혹은 생활 속에서 보는 역학 관계—손 닿는 모든 것을 통제하고 세금을 매기고 규제하는 고압적이고 간섭 많은 정부—가 다른 곳에서도 똑같이 작동된다고 여기는 점이다.

★ 사기꾼들의 유토피아 ★

사실은 두 개의 미국이 있다. 사기꾼 계급의 미국, 그리고 나머지 모든 사람들의 미국이다. 나머지 모든 사람들의 나라, 그러니까 소규모 자영업자와 임금 노동자들의 세상에서 정부는 피해야 할 무엇이자 압도적이고 막강한 존재다. 정부의 주목을 받는다는 것은 대개 모종의 경제적 피해를 예고하는 일이다. 그러나 사기꾼들의 세상에서 정부란, 이 책의 주인공인 금융 회사들이 돈을 '벌어들이는' 도구로 이용하는 비굴한 애완견이다.

사기꾼 계급은 이 두 가지 상태가 일반인들의 머릿속에서 혼동되는 현상에 의존하고 있다. 그들은 평범한 미국인들이 정부가 자기한테 하는 것처럼 JP모건체이스와 골드만삭스한테도 똑같이 군다고 믿기를 바란다. 이 혼동을 유지하기 위해 약탈적 은행들은 자기들의 행위에 고삐를 채우려는 가장 온건한 법률마저 반대하는 거액의 로비를 하며, 그런 노력의 일환으로 CNBC 같은 네트워크 방송국의 릭 샌텔리 등 용의주도하게 구축한 동맹 세력들에 의존한다. 릭 샌텔리가 내세운 내러티브 속에서, 은행가들은 그저 정직한 돈을 벌려고 하다가 그것을 고압적인 정부에게 뜯기고 마는 건실한 사업가 또는 시민이다. 가게 앞 보도에 금이 갔다는 이유로 벌금을 내야 하는 소도시의 철물점 주인처럼 말이다.

이 글을 쓰고 있는 지금, 테네시 주의 티파티 회원들은 밥 코커Bob Corker 공화당 상원의원에게 항의하는 시위를 막 시작했다. 그는 곧 물러날 크리스 도드Chris Dodd 민주당 상원의원과 함께 '금융소비자보호청CFPA법'을 개정할 의향이 있다고 발표했다. 이 법안의 구체적인 내용은 안쓰러울 정도로 허약하지만, 정부의 처분 권한에 대한 조항을 새롭게 명시함으로써 기업들의 대마불사를 방지하고 은행들이 구제금융 받은 돈을 장래에 토해 내도록 강제하는 등 최소한의 금융위기 방지책을 다루고 있다. 애초 개인 주택 소유주들에 대한 구제금융을 성토했던 바로 그 티파티 회원들이, 이제 미래의 무책임한 은행들이 자력 구제하도록 한 새로운 법률을 반대하기에 이른 것이다.

어떻게 이런 일이 가능했을까? 글쎄, CNBC의 래리 쿠드로Larry Kudlow—1980년대 월가를 휩쓴 최고급 정장과 코카인 유행의 선도자이며 고전적 낙수효과 이론을 신봉하는 자본주의자—가 그의 익숙한 월가 프로파간다를 별안간 티파티의 수사로 포장한 것을 보도록 하자. 그는 이 새로운 금융소비자보호청 법안이 시행된다면 미움 받는 식민지 총독 같은 리버럴 인사—이 경우는 부실자산구제 프로그램을 감시하는 의회감독패널 의장이자 워싱턴에 몇 안 남은 정직한 인물인 엘리자베스 워런Elizabeth Warren—가 중소기업을 규제하여 질식사시켜 버릴 것이라고 맹렬히 경고했다.

쿠드로는 자기 블로그에서, "연준은 금융소비자보호청의 규칙 제정에 대해 발언권을 갖지 못할 것이 명백하며, 이는 엘리자베스 워런이 마음껏 분란을 일으킬 수 있도록 중앙은행 내에 전용 공간을 내주는 일과 다를 바 없다. 그녀에게는 최소한 어른의 감독이 필요하다."고 조롱했다. "수많은 소규모 지역 은행들과 월가의 비은행 대부업자들—할부 판매를 하는 상점, 수표교환소, 봉급 담보 대출업자, 심지어 자동차 딜러들—은 엘리자베스 워런 때문에 사업을 접어야 될 것이다."

이것은 전부 거짓말이었음에도 널리 퍼져 나갔다. 아마 그것이 거짓말이기 때문에 나름대로 위안을 주는 면이 있어서일 것이다. 쿠드로 같은 뻔뻔한 살찐 고양이—말하고 옷 입고 행동하는 꼴이 영락없는 살찐 고양이다—가 자기 편할 때마다 포퓰리스트 봉기의 망토를 걸치고 슬쩍 빠져나갈 수 있다는 사실을 볼 때, 우리는 티파티 운동이 죽창이니 혁명이니 반격이니 아무리 떠들어도 결국 부자와 권력자들이 휘두르는 권위의 노예일 뿐임을 확신하게 된다. 소위 그 운동이라는 것이 이로 인해 완전히 무의미해지기 때문이다.

소위 이 포퓰리스트 운동이 절대로 넘지 못할 장벽은 바로 빈민들 대신 부자들을 공격할 담력을 가지는 일이다. 부자들이 순전히 무제한적 탐욕과 어리석음으로 글로벌 경제 전체를 거의 파괴해 버린 이 마당에도, '우리 모두를 위해 부를 창출해 내는 그들 손에 우리의 미래가 걸려 있으므로 너무 심하게 밀어붙이면 안 된다'고 하는 농민적 멘털리티를 우리는 흔들지 못하고 있다. 이런 생각은 대기업이 성장해야 중소기업과 서민들도 잘산다는 트리클다운 경제학의 핵심이자 지난 수 세대 동안 미국 경제정책의 기반이었다. 사회는 생산력을 갖춘 부자가 궁핍한 빈자들을 먹여 살리는 식으로 돌아가는 것이며, 만약 빈자가 부자의 잉여를 벌하려 어떤 식으로든 시도한다면 아틀라스는 어깨를 떨치고 떠나가 버릴 것이고 남은 우리들은 굶주림 속에 남겨질 것이라는 게 그 전제다. '물 나르는 사람'을 자청할 만큼 자부심이 강한 이들이라면 이런 논리를 모욕으로 받아들여야 마땅하다. 하지만 모든 '배관공 조'●들이 깜빡 속아 넘어가 자기가 막힌 변기 하나만 더 뚫으면 부자가 될 수 있다고 여기는 이 나라에서, 우리 모두는 부자들을 위한 체제를 구축하는 데 투자하고 있다.

지난 수십 년간 급성장한 것은 사기꾼 계급의 사기 치는 기술뿐이었다. 그들은 정치와 경제가 결합되는 접점에 자리 잡고 있어 감시가 거의 불가능했다. 그리고 감시할 수 있었다 하더라도, 금융위기가 터지기까지 골드

$$
● 2008년 미 대선 토론회에서 공화당 후보 매케인이 오바마의 세금정책을 비판하기 위해 거론한 인물로, 유세 중이던 오바마에게 "내가 지금 다니는 회사를 인수해 수입이 25만 달러를 넘게 되면 나는 더 많은 세금을 물어야 하느냐."고 따져 물었다. 대선 기간 그는 '아메리칸 드림'을 꿈꾸는 평범한 사람들의 영웅으로 떠올랐다.

만삭스와 기타 투자은행들에서 일어난 일들을 다루는 법률은 존재하지 않았고 일부는 아직까지도 그렇다.

지난 세대에 벌어진 일은 바로 범죄와 정책의, 약탈과 정부의 대단히 복잡한 결합이었다. 미국의 금융계 리더들과 그 정계 하수인들은 나머지 우리들의 처지를 신경 쓰기는커녕 우리 사회가 구제할 가치도 없다는 결론에 도달한 듯 보인다. 그들은 모두를 위한 부를 창출하기는커녕 구멍이 뻥 뚫린 우리 경제에 그나마 남아 있는 것을 챙겨 도망치기에 바빴다. 그들이 우리를 먹여 살리는 것이 아니라 우리가 그들을 먹여 살리는 것이다.

한때 미국 각 주의 지평선에 눈 닿는 곳까지 공장 굴뚝과 전신주를 흩뿌려 놓았던 거대 군산복합체도 이제는 가공할 새로운 임무를 위해 심혈을 기울여 스스로를 재정비했다. 그것은 바로 아직까지 살아남은 진짜 인민들의 주머니 속에 남은 저축을, 이 나라를 세우고 그 전쟁에서 싸운 장삼이사들이 소중히 숨겨 둔 둥지 속의 알을, 그리고 저주받은 X세대가 자신들에게 막연히 약속되었던 (그러나 이 나라를 경영하는 자들은 실현시킬 수 없다며 일찌감치 포기하고 거부해 버린) 환한 미래를 위해 한 푼 두 푼 힘들게 모은 돈을 빨아들이는 것이다.

그러나 우리 정치는—심지어는 (페일린처럼 악착같이 돈을 긁어모으는 자기도취적 정치꾼을 지지하기 위해 줄 선) 티파티나 (기업들이 집어삼킨 건강보험 법안을 위해 추종자들을 규합한) 무브온으로 대표되는 '풀뿌리' 운동마저도—이에 대해 침묵하고 있으며, 대신에 이 새롭고도 불안스런 상황을 40년 묵은 익숙한 내러티브에 붙들어 맸다. 우파는 린든 존슨Lyndon Johnson*과, 좌파는 조지 월러스George Wallace**와 끝없는 싸움을 벌이고 있는 것이다. 공화당이 선거에서 승리했을 때 거기 투표한 사람들은 자신들이 큰 정부에 한 방 먹였다고 생각했다. 그리고 버락 오바마 같은 민주당의 영웅이 이겼을 때, 그

지지자들은 관용과 다양성을 향한 큰 승리를 거두었다고 생각했다. 심지어 나도 그렇게 생각했다.

현실은 이 두 내러티브가 이제는 다 무의미해졌다는 것이다. 새로운 미국은 급속히 거대한 게토로 바뀌고 있으며, 이곳에서 우리 모두는 보수와 진보를 막론하고 지극히 영악한 금융 범죄자들과 정부에 포진한 그 수하들—그들의 주된 업무는 TV에 출연해 훌륭한 연기자 노릇을 하고 멋진 쇼를 보여 주는 것이다—로 이루어진 비교적 소수의 과두 지배층에 의해 남김 없이 피를 빨리고 있다. 이 고위층 도적들이 장사를 계속할 수 있는 이유는 우리가 오락에 완전히 정신이 팔리거나 일에 지쳐 떨어지지 않았을 때, '왜 가솔린값이 갤런당 4달러가 넘었는지' '왜 우리의 연금 펀드 가치는 20%나 떨어졌는지' '은행들은 수십억 달러씩을 공짜로 받아 가는데 저축이라는 옳은 일을 한 우리들은 왜 제로 근처를 맴도는 낮은 금리로 계속 벌을 받고 있는지'의 딜레마에 대해 곰곰이 생각해 보지 않았기 때문이다. 사실 정치권력은 추잡한 명령에 의해 우리들 대다수의 손에서 벗어나고 있다. 날이면 날마다 여기서 조금 저기서 조금씩, 깨알만 하게 인쇄된 활자와 우리 대부분이 인식하지 못하는 거대한 사회적 메커니즘의 공백을 틈타 행해지는 수천 건의 개별적 거래를 통해서 말이다.

이런 일들의 전모를 파헤치기란 어려우며 대개의 경우 대단히 복잡한 일이다. 그러나 이 눈에 띄지 않는 과정, 소속 정당과 무관한 이 '사기꾼 집단 grifter Archipelago'의 보이지 않는 미궁이야말로 우리의 진짜 정치다. 생각

$$
● 1908~1973. 미국 36대 대통령. 부통령이었다가 케네디 암살 이후 대통령에 취임하여 인권 법안을 통과시키고 '위대한 사회'라는 기치하에 고령자와 빈곤층을 위한 건강보험 등 사회안전망을 확충했다.
●● 1919~1998. 미국 정치인. 앨라배마 주 지사를 역임했고 네 번 대선에 출마했다가 낙선했다. 남부의 인종차별 성향을 부추겨 미국인의 자부심을 자극하는 전략을 구사했다.

해 보면 말이 되는 것이, 미국처럼 부유하고 힘 있는 나라가 엄청나게 복잡하고 미로 같은 정치 시스템에 의해 통치되는 것이야말로 당연한 일이다. 그 속을 헤쳐 나가면서 성공을 거두려면 이루 말할 수 없는 술책과 늑대 같은 잔인성이 요구되며, 이 정치 시스템은 4년에 한 번이 아니라 매일같이 가시적·비가시적인 여러 방식을 동원해 피지배민들을 상대로 그들이 눈치 채지 못하는 상호작용을 한다. 큰 배들이 그러하듯이 미국도 이 선박이 어떻게 움직이는지 이해하는 이들에 의해 운영된다. 그리고 나라가 클수록 그런 이들의 숫자는 줄어든다.

미국의 추잡한 비밀 한 가지는 이처럼 내부 사정에 훤한 버블 군주들의 소집단 입장에서 이 정치 시스템은 선거 없이도, 아니 맨해튼 외부 사람의 정치적 입김이 전혀 미치지 않아도 잘 돌아간다는 것이다. 거품경제에서 일반인들이 합법적으로 담당하게 되는 역할은 겨우 몇 가지에 국한된다. 그들은 금융 산업의 소비자(대출자, 투자자, 예금주)이거나 임금 노동자로서, 그들의 세금은 버블 사기를 치는 대형 카지노 은행들에게 투자 보험을 제공하는 데 이용된다. 그리프토피아Griftopia('사기꾼들의 유토피아'라는 뜻의 조어—옮긴이)에서 인민은 소비자나 노동자로서 세금을 바치는 것 이외에는 아무짝에도 쓸모가 없다. 그래도 우리가 선거를 하는 까닭은 미국이 '자치'라는 환상을 필요로 하기 때문이다.

월가에 관한 한 이런 선거들이 사실상 무의미함을 확증하는 두 가지 사실이 있다. 하나는 양 진영 유권자들이 투표 과정 전체를 문화 전쟁의 오락으로 소비하게 되면서, 자기 정치인들에게 현실적인 기대를 걸던 버릇을 점차 끊고 있는 것이다. 또 하나는 수백만에 불과한 중산층 유권자들이 깜빡 속아 넘어가, 월가의 뒤틀리고 탐욕스런 에토스를 마치 자기들 것인 양 지지하고 있다는 것이다. 이 사회가 생산자 집단과 기생자 집단으로 쪼개져 서로 싸우고 있다는 티파티의 기묘한 흑백논리는, 탐욕은 곧 선이라는 월가의 미친 신념 체계에 대한 문화적 반향일 뿐이다. 이 신념 체계는 눈이 부실 정도로 복잡한 이 도적질 시대의 근거이자 변명거리가 되었으며, 한때 중산층이었고 지금은 담보 대출금과 신용카드 빚을 해결하려 발버둥치는 호구들의 머릿속까지 스며들었다. 정말로 한심한 일은 이 유권자들이 CNBC와 폭스를 시청하며 이 흑백논리의 내러티브에서 말하는 '생산자'가 바로 자기들이라고 진짜로 믿고 있다는 점이다. 그들은 저 높은 곳 어딘가에 아틀라스의 꿈을 현실화하며 그들만의 정신 나간 이미지에 맞춰 사적 금융 지배 체제를 건설하는 자들의 그룹이 있다는 사실을 알지 못한다.

2.
우주 최고의 악질, 앨런 그린스펀

★ 완벽한 두 얼굴의 사나이 ★

사회는 나쁜 정치 시스템만으로는 필연적으로 무너지지 않는다. 때때로 진짜 사회적 재앙이 일어나려면 한두 명의 천재적일 만큼 추악한 개인이 엄청난 권력을 휘두르는 위치에 오를 필요가 있다. 잘못된 자리에 앉은 10억 명당 한 명꼴의 악인과 단순히 불공정한 정부 시스템이 결합했을 때, 별안간 70년대의 과테말라, 세르비아 공국, 그리고 현대의 미국 꼴이 재현되는 것이다.

전 연방준비제도이사회FRB 의장 앨런 그린스펀은 미국을 오늘날 같은 겉만 번지르르한 난장판으로 만든 10억 명당 한 명꼴의 악인이다. 그의 업적을 거꾸로 돌린다면, 혹은 이 변덕스런 파티 불청객이 그의 기묘한 사회적 장애를 긍정적인 성과로 용케 개조해 냈더라면, 오늘날 우리는 그의 경력을 이제껏 목격한 최고의 정치적 우화 내지는 용기와 간계와 투지만 갖고 정상에 올라 세계를 영구히 변화시킨 미운 오리 새끼의 기적으로 치켜세우고 있을 것이다.

그러나 그런 일은 벌어지지 않았다. 그러기는커녕 그린스펀의 부상은 자기 자랑과 헛소리만으로 미국 권력의 최고봉에 오르고, 정상에 오른 뒤에는 20년 내리 월가의 관심을 얻기 위해 자위질을 멈추지 않은, 꼭 애완용 사막쥐를 닮은 자아도취증 환자의 이야기다. 이 과정에서 그는 엄청난 탐욕과 과소비 시대의 지적 기반을 마련했고, 연방준비제도FRS•를 거부E富들을 위한 영구적 구제 메커니즘으로 바꿔 놓았다.

또 그린스펀은 80년대, 90년대, 2000년대 초반에 벌어진 민주적 과정의 강탈을 완벽하게 대변하는 인물이었다. 이 시기에 정치권력은 선출된 정부로부터 선출되지 않은 관료들이 운영하는 민간·반민간 기관으로 조금씩 이동했고, 그들은 대중 유권자들보다 자기가 속한 계급의 이익에 더 충실했다. 이 기간에 우리 경제는 잇따른 충격을 경험했는데, 이런 경제적 충격에 대한 이 기관들의 공식적 대응은 이 나라에 남은 민간의 부를 알게 모르게 한쪽으로 밀어주는 한편, 그 리스크와 손실은 꾸준히 공공으로 이전하는 것이었다.

이처럼 엄청난 노력이 집중된 끝에 민간의 부는 한쪽으로 크게 쏠렸고 그 반대쪽에 있는 평범한 유권자와 납세자들은 그 권리를 서서히 박탈당했다. (그리고 그 결과 빚의 수렁으로 가차 없이 곤두박질했다.) 그러나 이 무지막지한 무력공세의 진짜 천재적인 면은, 경제를 비정치적이고 '테크노크라트적으로' 관리해야 한다고 모두가 동의하는 과정 속에 그 실체를 숨겼다는 점이다.

그린스펀은 근엄한 얼굴을 한 최고위 인사이자 '비정치적인' 연방준비제도의 수장으로서 중립적 테크노크라트의 역할을 훌륭하게 수행했다. 그의 중립성이 대중들에게 그럴 듯하게 받아들여진 것은 바로 그가 원칙과 정치

$$

● 1913년에 제정된 미국의 중앙은행 제도. 미국 전역을 12개 지구로 나누어 각 지구마다 연방준비은행을 두고, 이들 12개 준비은행에 은행권 발행의 독점권, 가맹은행의 법정지급준비금의 집중 보관, 가맹은행에 대한 어음의 재할인, 공개시장조작 등의 역할을 담당하게 한다.
각 준비은행은 워싱턴에 있는 연방준비제도이사회에 의하여 운영·총괄되는데, 이 이사회는 연방준비제도 전체의 중추기관으로서 국회와 직결된 국가기관이며, 대통령 밑에 있는 재무성으로부터 독립되어 있다. 상원의 조언과 승인을 얻어 대통령이 임명하는 7명의 이사(임기는 14년, 재임 불허, 2년마다 1명씩 교체)로 구성된다.

적 줏대가 없다는 사실이 오래전부터 드러나 있었기 때문이다. 그는 양당 대통령들의 비위를 똑같이 열심히 맞추어 주었고, 양 진영 신문 논설란의 현인 추종자들로부터 환심을 샀으며, 그들 모두는 그린스펀의 노회한 발언들을 가리켜 당파를 초월한 순수한 경제적 잠언이라 찬양해 마지않았다.

그린스펀이 최고의 자리에 등극한 것은 우리 시대 최대의 사기 중 하나다. 그의 경력은 미국 정치의 밑바닥에 놓인 이중의 눈속임—대다수 사람들에게는 알아서 헤엄쳐 나오든지 빠져 죽든지 하라는 자유방임적 자본주의를 설교하지만, 선택된 극소수에게는 고도로 개입적이고 관료적인 복지국가처럼 작동하는 시스템—을 들여다보는 완벽한 프리즘이다. 그린스펀은 기회가 있을 때마다 무자비한 자유시장 교리를 거만하게 설교하는 동시에 그의 부유한 후원자들을 바로 그 시장의 힘으로부터 보호하기 위해 모든 국가권력을 동원했다. 그는 완벽한 두 얼굴의 국가를 위해 일하는 완벽한 두 얼굴의 사나이였다. 우리가 그를 꿰뚫어 볼 수만 있다면 나머지는 식은 죽 먹기이다.

★ 미국 정치를 물들인 랜드의 이기적 철학 ★

그린스펀은 대공황 직전인 1926년 출생했다. 그의 초년기 배경은 마치 우디 앨런의 삶이 한 세대 앞서 재현된 프리퀄 같다. 시 외곽 출신의 중산층 유대계 뉴요커, 빅밴드를 숭배하고 클라리넷을 연주했으며 라디오를 탈출구로 삼고 야구 영웅들에게 집착한 퉁방울눈의 소년이 (우디 앨런보다는 성공적으로) 뉴욕대를 마치고 진로를 결정하지 못한 채 다소 공황 상태로 사회에 나온 부분까지는 말이다.

그린스펀은 자신이 쓴 글에서 젊은 시절 상류계급과 그들이 소유한 부의 물리적 증거들을 처음 엿보고 그 인상에 압도되었다고 솔직히 술회하고 있다. 그린스펀은 뉴욕 대학을 졸업하고 컬럼비아 대학 경제학과에서 박사 과정을 밟았다. 그곳에서 만난 교수 중 한 명인 경제학자 아서 번스Arthur Burns는 2차대전 이후 공화당 행정부에서 붙박이로 일했고 1970년 연방준비제도이사회 의장이 된 인물이었다. 번스는 그린스펀이 몇몇 전문 분야, 특히 워싱턴의 엘리트 그룹에 발을 들이는 데 입장권 구실을 했다.

놀랍게도 그린스펀의 경력을 이끈 또 한 명의 랍비는 객관주의 소설가 아인 랜드Ayn Rand였다. 그녀는 번스 같은 직업 관료와 이데올로기적으로 정반대에 있는 반정부 열성 분자였다.

그린스펀은 컬럼비아 대학을 떠난 뒤인 1950년대 초, 랜드의 아파트에서 열린 회합에 참석해서 그녀를 처음 만났다. 이는 서로 생각이 비슷한 지적 자위꾼들의 모임이었는데 '컬렉티브collective(집단)'라는 웃기는 이름을 자칭한 이 서클은 그린스펀이 갈구하던 사회적 신분 상승의 장을 마련해 주었다.

'컬렉티브'의 회합은 가차 없는 사익 추구를 정당화하는 데 봉헌된 괴상한 반反신학—1950년대와 60년대 뉴욕 어퍼이스트사이드의 칵테일 파티장들을 강타한, 객관주의라는 이름의 그로테스크한 관념—을 탄생시킴으로써 미국 문화에 엄청난 영향을 끼치게 된다.

이 정신과적으로 심각한 객관주의의 초기 역사에 대해서는 좀 시간을 할애할 필요가 있다. 일찍이 수십 년 전에, 자는 사이 목 졸라 숨을 끊어 놓았어야 했을 이 미친 종교가 상당 부분 그린스펀 덕분에, 21세기 초에 벌어진 금융위기를 이해하는 지적 맥락의 거의 전부를 제공하고 있기 때문이다.

소련에서 망명하여 이 운동의 여제사장이 된 랜드는 그린스펀의 생애라는 블랙코미디에서 그 누구보다도 완벽한 조연이었다. 그녀는 장광설을 늘어놓으며 독단적이고 자만심이 가득한 가짜 지식인으로, 우디 앨런이 '와인슈타인을 위해 카디시를 바치지 말라No Kaddish for Weinstein'나 '졸업생들에게 주는 연설My Speech to the Graduates' 등의 풍자 글 속에서 패러디한 횡설수설하는 골빈 학자들을 연상시켰다. 실제로 랜드의 기벽들 중 일부는 우디 앨런의 영화 속에서 곧바로 끌어다 붙일 수 있는데, 일례로 얼굴 털에 대한 그녀의 독단적 견해(랜드의 한 친구의 회상에 따르면 "그녀는 수염이나 구레나룻이 있는 사람들은 본성이 부도덕하다고 보았다.")는, 영화 〈바나나 공화국〉에 나오는 남미 독재자 바르가스의 입에서 떨어지기에 딱 알맞은 말일 것이다. 이 영화에서 바르가스는 부하들에게 한 시간마다 한 번씩 속옷을 갈아입으라고 명령한다.

랜드가 이끈 컬렉티브의 전형적인 회합에서는 그 멤버들이 자신의 존재를 입증할 것을 요구하며 서로에게 도전하곤 했다. "자네는 자신이 여기 있다는 사실을 어떻게 설명할 수 있나?" 컬렉티브의 한 회원은 그린스펀에게 이렇게 물었던 것을 회상했다. "자네 자신의 감각 이외에 다른 증거를 들 수 있나?"

그린스펀은 이런 난센스 놀이를 하며 그런 경우에는 다음과 같이 얼버무리는 식의 전형적인 대답을 했다고 한다. "나는 내가 존재한다고 생각하지만 확신할 수는 없네. 사실 나는 그 무엇도 존재한다고 확실히 말할 수 없네."

랜드 패거리를 정의하는 특징 중 하나는 선과 악에 대한 절대주의적 관념이었다. 그것은 걷잡을 수 없이 불쾌하고 적나라하게 과장된 수사로 표현되었는데, 이는 이 러시아 망명객 지도자에게서 그 추종자들에게로 스며든 것이 거의 확실하다. 그는 지금껏 지구상을 걸었던 이들 중 가장 유머 감각이 결여된 사람이었다.

예를 들어 랜드의 책《아틀라스Atlas Shrugged》는 인간의 무절제한 자기 연민 능력이 어디까지 미치는지를 보여 주는 기념비로 우뚝 솟아 있다. 이는 귀족들의 기괴하고도 믿기지 않을 만큼 장황한 피해망상으로, 랜드가 창조한 이 초인 집단은 사회에서 떨어져 나와 순수한 자유시장 유토피아를 이룩하기로 결단을 내린다. 그러자 기생적인 하층 계급들은 그 즉시 자신들의 게으름과 무능에 빠져 허우적거리며 몰락하게 된다.

이 책은 이 불쌍한 '아틀라스들'(그들은 세상 전체의 짐을 어깨에 짊어지고 있다!)이, '윤리적 죄책감'을 뒤집어씌워 그 부를 나눠 가지려 하는 이들을 향해 느끼는 분노를 정직하게 쏟아 내고 있다. 클라이맥스 장면에서 랜드가 창조한 영웅 존 골트는 사익 추구를 소리 높여 옹호하며, 자기희생이 인류의 훌륭한 이상이라는 생각에 반박하는 연설을 장장 75쪽에 걸쳐 늘어놓는다.

말할 것도 없이 그 무엇에 대해서든 75쪽짜리 연설을 남에게 강요한다면 그는 표현할 수 없을 정도로 유머 감각이 없고 거만한 사람일 것이다. 심지어 예수 그리스도가 산상수훈을 할 때도 2쪽을 넘지 않았다. 그러나 골트, 다시 말해 랜드는 그 일을 해냈다. 그리고 이 연설은 객관주의—아마도 '탐욕주의'는 사람들에게 충분히 먹히지 않을 것이기 때문에 선택된 듯한 용어—의 토대를 이루었다.

랜드 사상의 진짜 알맹이는 사익 추구를 도덕적 이상으로, 순수한 자본주의를 사회 정치 구조의 모델로 여기는 신념에 있다. 후자와 관련하여 랜드주의자들은 경제 문제에 대해 정부가 해야 할 역할이 전혀 없다고 믿는다. 특히 정부는 범죄자나 외국의 침입에 대항할 때 외에는 '공권력force'을 사용해선 안 된다. 이는 세금과 규제가 없는 상태를 의미한다.

이 모든 것을 요약하면 랜드의 신념 체계는 다음과 같다.

1. 사실은 사실이다. 이성으로 판단했을 때 모든 것은 절대적으로 옳거나 혹은 절대적으로 틀릴 수 있다.
2. 나의 추론에 의거하여 나는 절대적으로 옳다.
3. 자선은 비도덕적이다.
4. 네 학비는 네가 내라.

모든 위대한 사기꾼들이 그렇듯 랜드도 자신의 생각이 어떻게 활용될지의 문제를 다루는 데 극도로 영리했다. 그녀는 전략적 모호함을 이용해 몇몇 불편한 모순점들을 땜질했다. 일례로 그녀는 세금 징수가 '공권력' 사용이라며 비난했지만, 당연히 어떻게든 비용을 대야 하는 군대와 경찰력의 필요성은 조용히 인정했다. 그녀는 경제 문제에 대한 정부 개입이라는 생각 자체를 비난했지만, 사기와 계약 위반이 정부 개입을 요하는 '공권력'을 동원해야 할 범죄라는 사실은 여기저기에서 수긍했다.

그녀는 이 모든 것을 인정했지만 그녀의 트릭은 강조할 필요가 있다. 비록 '일부' 경제 규제의 필요를 조용히 인정하긴 했지만, 그녀가 '범죄'와 '공권력'에 대해 이야기한 경우 그것은 대부분 ①무장 강도나 소매치기 ②복지 정책을 위해 세금 납부를 요구하는 정부를 의미했다.

랜드가 내세우는 정치학의 두드러진 특징은, 뉴포트의 호화 저택에 도둑이나 외국 공산주의자들이 침입 못 하게 하는 데만 신경 쓰면 되는 이들에게는 완벽히 이치에 닿는 반면, 자기 세금을 다른 식으로 돌려받길 원하는 이들에게는 전혀 말이 안 된다는 점이다. 분명히 자수성가한 랜드식 백만장자들은 가택 침입 털이범들로부터 자기 저택을 보호하기 위해 자기 돈을 써서 사설 경비원을 고용할 수 있을 것이다. 하지만 그 나머지인 우리들이 내부거래로부터, 혹은 옥수수와 휘발유 가격 조작으로부터 자신을 지키기 위해 사설 경호원을 고용하려면 대관절 어떤 생활정보지를 뒤져 봐야 할까? 인근 공장들이 카운티 저수지에 다이옥신을 투기하지 못하게 막기 위해 개별 가구들이 사립 탐정을 고용해야 할까?

이 모든 의문에 대한 랜드의 대답은 바로 무시하는 것이었다. 랜드의 소설에는 두 개의 머리에 지느러미 손이 달린 탈리도마이드 기형아도, 매도프 스캔들•도, 석유 버블도 등장하지 않는다. 하지만 복지 수표와 교육세를 요구하는 게으른 빈민들은 떼를 지어 등장한다. 랜드의 추종자들이 모든 세금, 모든 규제, 민간에 대한 모든 정부 간섭에 반대하는 절대론자로 자처한 배경에는, 순수 무역과 흡혈 기생충으로 이루어진 단순한 흑백논리적 세계에 대한 신앙이 깔려 있었다. 그러나 이런 온갖 이념적 절대론들은 실용적인 요구가 대두될 때마다 실질적으로 조용히 붕괴했다. 다시 말해 이런 논리는 일관성이 없고 철저히 주관적이었다. 자기 추종자들이야말로 무한한 도덕성을 갖춘 아틀라스라고 추어올리는 수사 뒷면에는 그들 맘대로 아무 일이나 해도 된다는 깨알 같은 약관이 적혀 있던 것이다.

이 약삭빠르고 이기적인 생각은 훗날 주류 미국 정치에 엄청난 영향을 미치게 된다. "세금과 지출과 규제는 근본적으로 악"이라는 끈질긴 프로파간다가 생겨나게 된 것이다. 이런 발상은 이를테면 군수 지출을 늘리거나 해외 의약품 역수입을 금지하거나 연방주택청FHA에서 주택담보대출 회사들을 지원하거나 해외민간투자공사를 통해 기업에 대출을 해주거나, 기타

$$
● 2008년 말 터진 대형 금융 피라미드 사기 사건으로, 나스닥 증권거래소 위원장을 지냈던 버나드 매도프가 그 주범이었다.

'자격 있는 사람들'에게 정부가 부조나 개입을 해줄 필요가 있을 때는 조용히 무시된다.

이 이원론적 세계관은 앨런 그린스펀이라는 인간에게서 비로소 세련된 정치적 혁신으로 거듭났다. 그는 신도와 실용주의자라는 언뜻 양립 불가능한 역할을 매끄럽게 수행해 낼 능력이 있었고 일을 망쳐 버릴지도 모를 절대적 신앙은 갖지 않았다. 그린스펀이 랜드의 아파트에 앉아 자기 존재의 증거에 대해 활발히 토론하던 와중에도 속으로는 자기 친구들이 얼마나 멍청하며 그들의 절대주의적 금언이 현실 속에서 얼마나 쉽게 시들어 버릴지 인식하고 있었음은 어렵지 않게 상상할 수 있다. 그린스펀이 그의 미래 직장인 연방준비제도에 대해 분열증적 태도를 취한 것은 그 확실한 증거 중 하나다.

연방준비제도는 1913년 창설된 유사 공적기관으로 연방에서 임명한 금융 관료―연방준비제도이사회 의장―가 경제의 통화량을 조절할 수 있도록 했는데, 랜드의 객관주의자들은 이런 연준의 개념 자체에 강하게 반대했다.

랜드의 아파트에 있을 때 그린스펀 자신도 연준에 대해 확고한 반대 입장이었다. 랜드의 최측근 신도 중 한 명인 너새니얼 브랜든Nathaniel Branden은 연준에 대한 그린스펀의 감정을 이렇게 회상했다. "우리가 나눈 이야기의 상당 부분은 통화 공급을 조작함으로써 경제에 영향을 미치는 연방준비제도이사회의 역할에 관한 것이었다. 그린스펀은 완전히 자유로운 금융 체제에 대해 강하고 정력적인 어조로 이야기했다."

50년대와 60년대 내내 그린스펀은 랜드의 신념을 엄격히 고수했다. 이 시기 연준에 대한 그의 감정은 상세히 기록되어 있다. 1966년 그는 '금과 경제적 자유'라는 제목의 글에서 연준이 대공황에 일부 책임이 있다고 비난했다.

연준이 경제에 퍼부은 과잉 신용은 주식시장으로 흘러 나와 환상적인 투기붐을 일으켰다.

1968년 그린스펀은 리처드 닉슨의 선거 캠프에 합류해 국내 정책에 대한 자문관으로 일했다. 닉슨이 험프리에게 승리한 이후 인수위 시기에는 예산실장으로 일했고, 이 경력을 바탕으로 제럴드 포드 대통령 휘하에서 경제자문위원회 의장으로 임명되었다. 또 1980년에는 로널드 레이건 캠프에 합류했으며, 이후 사회보장개혁위원회 의장을 거쳐 1987년 마침내 연방준비제도이사회 의장이 되었다. 그린스펀은 그 사이사이에 민간 경제학자로서의 경력도 쌓았지만, 현시점에서 그린스펀과 관련한 두드러진 사실은 그가 정부와의 그 어떤 협력도 반역으로 여겨지는 지적 분위기 속에서 성장했으며, 그럼에도 성인기 이후 삶의 대부분을 정부 일에 관여하는 데 할애했다는 점이다. 1976년 《뉴욕타임스 매거진》과의 인터뷰에서 그는 정부에 합류하기로 한 자신의 결정을 '실질적으로 영향력을 끼칠 수 있는 자리'이기 때문이라는 말로 합리화했다.

심지어 랜드 자신도 말년으로 갈수록 신앙에 대한 그린스펀의 헌신성에 의구심을 가지기 시작했고, 이는 그녀의 바보 같은 생애를 통틀어 몇 안 되는 진짜로 귀 기울일 만한 견해로 이어지기도 했다. "나는 앨런이 기본적으로 출세주의자라고 생각한다."고 그녀는 말했다.

양쪽 진영 모두와 동시에 일할 수 있는 능력은 마침내 바버라 월터스까지 놀라게 만들었고 그린스펀은 70대의 나이에 용케도 그녀를 여자친구로 만들 수 있었다. "어떻게 앨런 그린스펀이, 작은 정부와 적은 규제의 철학을 믿었던 사람이 이 나라에서 가장 큰 규제 권한을 지닌 기관의 의장이 되었는지 나는 도저히 모르겠다."고 월터스는 2008년 말했다.

어떻게 이런 일이 일어났을까? 무엇보다도 앨런 그린스펀은 매스미디어 시대 유명인의 속성을 이해한 최초의 미국인 중 한 사람이었다. 패리스 힐튼보다 30년 앞서 그린스펀은 순전히 유명하다는 이유로 유명해지는 데 성공했으며 이 기술을 지렛대 삼아 지구상에서 가장 막강한 직위까지 올랐다.

★ 그가 예측한 모든 것이 틀렸다 ★

앨런 그린스펀의 정치적 경력은 전설 위에 세워졌다. 바로 '월가의 궁극적 천재' '모든 해답을 가진 사람'이라는 전설이다. 그러나 이 전설은 경제학자로서 그가 실제로 거둔 업적 위에 세워진 것이 아니었다. 그것은 명성 위에 세워진 명성이었다. 실제 과거로 눈을 돌려 그의 출세 과정을 짚어 보면, 그의 경력은 케인스나 프리드먼 같은 신화적 경제학자들보다는 엘 론 허바드L. Ron Hubbard•, 토니 로빈스Tony Robbins••, 혹은 비틀스의 구루였던 마하리시 마헤시 요기Maharishi Mahesh Yogi••• 같은 유명 사기꾼들과 훨씬 많이 닮았다.

마하리시처럼, 그린스펀이 큰물에 발을 들인 것도 그가 늘어놓는 유사신비주의적 난센스에 눈이 멀어 판단 착오를 일으킨 유명 인사들 덕분이었다. 1968년 레너드 가먼트Leonard Garment라는 한 변호사가 그를 닉슨에게 소개해 준 것은 그 절호의 기회 중 하나였다.

$$
● SF 작가이자 사이언톨로지 창시자.
●● 유명한 자기계발 및 성공학 강사.
●●● 초월명상법의 창시자이며 비틀스의 정신적 스승.

훗날 가먼트는 그 모임에서 그린스펀이 경제 문제에 대해 풀어놓은 장광설이 꼭 '네팔 카트만두어' 같았다고 했다. 그럼에도 닉슨은 "그는 아주 지적인 사람"이라며 깊은 인상을 받았음을 밝혔다. 나중에 그는 그린스펀을 캠프로 데려왔다. 그린스펀은 결국 닉슨 행정부에서 공식 직함을 갖는 것은 거절했지만 그 이후로 권력자들의 경제 구루 역할을 하며 승승장구했고, 언론은 그가 맡은 역할을 지속적으로 주목했다.

마침내 그린스펀이 포드의 경제자문위원회 의장이라는 정규직 신분으로 정부에 들어온 뒤로는 백악관 내에서 그가 지닌 권위에 대해 극찬하는 기사들이 언론에 자주 등장했다.

《비즈니스위크》는 "그린스펀은 대통령과 특별한 관계를 맺고 있다."고 호들갑을 떨며, 한 보좌관의 말을 빌어 "그린스펀은 경제정책을 좌우하는 중요 인물"이라고 덧붙였다. 당시 포드 행정부의 수석 보좌관이었으며 훗날 우익의 고질라가 된 딕 체니는 "포드 대통령이 다른 경제 자문관들보다 그린스펀의 견해에 훨씬 큰 비중을 두고 있다."고 《뉴욕타임스 매거진》에서 말했다.

때로 그린스펀 자신이 그런 상찬의 발원지가 되기도 했다. 1974년 《뉴요커》는 당시 뜨거웠던 인플레이션 이슈를 다루면서 다음과 같은 웃기는 칭찬의 말을 헌정했다. "(아인 랜드의 제자로 대통령 경제자문위원회 의장인 앨런 그린스펀을 제외하고는) 다양한 신념을 가진 모든 경제학자들이 작금의 문제에 완전히 당황했음을 인정하고 있다."

그로부터 멀지 않은 1975년, 그린스펀은 《뉴스위크》 표지를 빛낸 최초의 경제학자가 되었다. 당시 그는 이미 기라성 같은 이름들이 포진한 《타임스》 '경제학자위원회'—이 잡지를 위해 1년에 네 번씩 만나 경제 문제를 놓고 헛기침을 하는 모임—의 위원으로도 위촉된 터였다. 심지어 그린스펀은, 비록 거절하긴 했지만 〈펜트하우스〉에서 인터뷰 요청을 받기도 했다.

그린스펀이 언제나 언론의 주목에 지대한 관심을 기울였다는 것은 내가 만난 사실상 모든 취재원들이 이의 없이 수긍한 사실이다. 미디어에 대한 그의 관심은 심지어 그의 사생활에서도 엿볼 수 있다. 그는 서로 다른 유명 방송인들과 세 번이나 연이어 교제했다. 70대에 바버라 월터스부터 시작해서 80대에는 〈맥닐 레러 뉴스아워〉의 프로듀서 수전 밀스Susan Mills를 거쳐, 결국에는 NBC 기자 안드레아 미첼Andrea Mitchell과 결혼한 것이다.

1990년대에 연준을 취재했던 한 주요 일간지 기자는 부정적인 기사가 나간 바로 그날 아침 7시에 항의 전화를 받은 이야기를 들려주었다. "나는 잠이 덜 깬 상태였는데 의장님은 이미 화가 나 계시더군요." 이와 비슷한 시기에 그린스펀에 대해 신랄한 비판 글을 썼던 아이오와대학 교수 폴 웰러Paul Weller는 글을 미처 발표하기도 전에 연준의 언론 담당관으로부터 원고 사본을 달라는 시달림을 당해야 했다. 이 글의 필자가 빙긋 웃으며 말한 바에 따르면 그린스펀 자신이 그걸 직접 보고 싶어 했다고 한다.

그린스펀은 자기 이미지를 경제학의 천재로 각인시키는 데 특별한 재주가 있었다. 특히 그의 경제 예측 능력이 잘해야 끔찍한 수준이었기에 더욱 그랬다. "추정컨대 그는 세계에서 가장 똑똑한 사람이었죠." 경제학자 브라이언 웨스버리Brian Wesbury가 웃음을 터뜨리면서 하는 말이다. "최고 중의 최고, 마에스트로였죠. 단 그가 남긴 기록을 확인하지만 않는다면 말이에요. 그가 예측했던 거의 모든 것이 틀렸거든요."

연준을 감시하고 그린스펀을 비판하는 이들은 그린스펀의 틀린 예언 중에서도 가장 우스운 것을 골라내는 취미를 공유하고 있는 듯하다. 가장 유명한 사례는 1973년 1월 〈뉴욕타임스〉에서 했던 발언이었다. "지금처럼 무조건적으로 낙관할 수 있는 시기는 거의 없다."고 그는 말했다. 그 후 2

년에 걸쳐 주가는 46%나 하락했다. 그린스펀이 예측한 그날 1000을 웃돌던 주가지수가 1974년 12월에 571로 곤두박질친 것이다.

그린스펀은 심지어 이미 일어난 사건을 예측하는 데도 서툴렀다. 1975년 4월, 그는 뉴욕의 한 강연에서 경기 침체recession가 끝나지 않았으며 "최악의 것은 아직 오지 않았다."고 말했다. 하지만 경제는 빠르게 회복되었고, 전미경제연구소는 그린스펀의 강연이 있기 한 달 전인 1975년 3월, 경기 침체의 종료를 선언했다.

그린스펀의 경력은 이런 헛소리들로 가득 차 있다. 1990년 7월, 결국 조지 H. W. 부시의 대통령 임기를 망쳐 버렸던 경기 침체 초입에 그린스펀은 이렇게 의견을 밝혔다. "단기적으로 봤을 때 경제가 (침체로) 기울어지고 있음을 암시하는 증거는 거의 볼 수 없다." 몇 달 뒤 안 좋은 뉴스들이 이어졌지만 그린스펀은 꿋꿋했다. "우리가 이미 침체에 들어섰다는 주장은 틀린 것이라고 나는 상당히 확신한다."

실업률이 10개월 연속 상승 중이던 10월 6일에도 그린스펀은 고집을 꺾지 않았다. "경제는 아직 침체로 빠져들지 않았다."

경제는 날씨와 아주 비슷해서, 아주 훌륭한 경제학자들도 시장 변화를 예측하는 일에 종사하다 보면 기상학자들처럼 예기치 못한 변동의 희생양이 될 수 있다. 그러나 그린스펀의 실수는 역사적이고도 어리석은 헛발질이자 문제를 근본적으로 잘못 이해하고 있다는 증거로서 큰 재난으로 이어진 경우가 많았다. 실제로 우리 시대의 거의 모든 주요 금융 붕괴 사건을 파헤쳐 보면, 이 새로운 경제 흐름이 어디로 향할 것인지에 대해 걱정할 필요가 없다는 그린스펀의 발랄한 발언들을 찾아낼 수 있다.

저축대부조합 위기*가 터졌을 때 그린스펀은 이제 악명 높은 사기꾼으로 판명 난 찰스 키팅Charles Keating의 대차대조표를 조사하고 경쾌하게 그의 손을 들어 주었다. 그린스펀은 키팅의 링컨저축대부조합이 "주의 깊게 기획되고 고도로 유망하며 광범위하게 다각화된 일련의 프로젝트들을 개발"했다고 말하며 이 회사가 "연방저축대부공사에 제기하는 예측 가능한 리스크는 없다."고 덧붙였다.

그린스펀이 1994년에 저지른 실수는 더 심각했다. 2008년에 결국 세상을 파탄 직전까지 몰고 간 바로 그 부류의 파생상품들로 인해 몇몇 (비교적) 작은 재난이 벌어진 뒤, 의회에서 그는 파생상품의 위험이 '무시할 만한 수준'이라고 말했다. 이 증언은 정부가 파생상품 시장을 규제하지 않고 내버려 둔 핵심적인 근거가 되었다. 그가 1990년대 후반 IT 버블을 잘못 읽은 것은 전설이 되었다.(여기에 대해서는 뒤에서 더 다룰 것이다.) 그는 또 Y2K 공포에 완전히 속아 넘어갔고, 조지 W. 부시 재임 초기 한때는 실제로 국가 부채가 너무 조기에 상환될지 모른다며 불평하기도 했다.

그러나 그린스펀을 금융계 최고위직에 올려놓은 것은 그의 경제학적 재능이 아니라 정치가로서의 재능이었다. 로널드 레이건의 첫 번째와 두 번째 임기 동안 연준의 권좌에 있던 폴 볼커는 독립적이고 주관이 강해서 백악관의 신경을 거스르고 있었는데, 이 시기 그린스펀은 가능한 한 많은 백악관 행사에 참석하며 심판들을 조용히 뒤에서 조종했다. 전직 레이건 보좌관들이 그린스펀의 전기 작가인 제롬 투실Jerome Tuccile에게 말한 바에 따르면 그린스펀은 틈날 때마다 관련 인물들을 구슬러 놓는 일을 절대 잊지 않았다. 역시 백악관 관료였던 마틴 앤더슨Martin Anderson은 다음과 같이 전했다. "내가 백악관에 있을 때 그린스펀은 언제나 로비에 앉아 있

$$
- 1980년대 후반 미국의 서민 금융기관인 저축대부조합이 광범위한 내부 횡령과 부정행위로 인해 부실화되어 공적 자금이 투입된 사건.

거나 사무실을 돌고 있었다. 내가 어딜 가든 거기 그가 있다는 사실에 나는 완전히 경악했다."

앨런 그린스펀은 그가 의장으로 있던 한 위원회를 움직여, 예산을 갖고 획기적인 마술을 부림으로써 레이건에게 자신의 가치를 입증해 보였다. 세금을 눈에 띄지 않게 대폭 인상해 주어, 이른바 징세 반대 기조의 레이건 행정부가 8년간 엄청난 적자 지출을 충당할 수 있도록 도와준 것이다.

1981년 레이건은 그린스펀을 국가사회보장개혁위원회의 의장으로 임명했다. 이는 노령유족연금신탁기금을 1983년까지 파산시킬 수도 있는 이른바 단기적 자금 조달 위기를 해결하기 위해 만들어진 기구였다. 사회보장에 대한 정치적 결정이 어느 쪽이든 위험하다는 것은 말할 나위도 없다. 혜택을 삭감하는 것은 선거 패배로 가는 지름길이고, 그 대안으로 세금을 인상하는 것 역시 입에 쓰기 때문이다.

그린스펀의 해법은 사회보장세의 대폭 인상을 권고하는 것이었다. 물론 이론적으로는 납세자들이 그 돈을 나중에 혜택으로 돌려받게 되므로 이것은 실제 '세금'으로 여겨지지 않았다.(나중에 레이건은 이 인상을 '수입 증대'라는 기발한 말로 포장했다.) 이는 많은 베이비붐 세대가 한창 경제활동 중이던 80년대 초에 납입액을 인상해서 잉여분을 쌓았다가, 20년 혹은 30년 후 그 베이비붐 세대가 은퇴연령에 도달했을 때 연금을 지급하는 데 쓴다는 발상이었다. 행정부는 이 제안을 받아들였고 사회보장세는 1981년 9.35%에서 1990년 15.3%까지 인상되었다.

이와 관련해 짚고 넘어 갈 것이 두 가지 있다. 하나는 무엇보다도 사회보장세가 임금 소득에만 적용되며(만약 내가 헤지펀드 매니저나 월가 투자자라서 이자 소득이나 자본 소득이 수입의 전부라면 세금을 내지 않는다.) 상한선이 있다는 면에서 심한 역진세라는 점이다. 이 글을 쓰고 있는 시점의 조세 상한선은 약

10만 6천 달러인데, 이 수준을 초과하는 임금에 대해서는 세금이 전혀 부과되지 않는다는 뜻이다. 다시 말하면 합산하여 10만 달러를 버는 맞벌이 부부가 골드만삭스 CEO 로이드 블랭크페인Lloyd Blankfein이나 빌 게이츠와 거의 비슷한 액수의 사회보장세를 낸다는 뜻이다. 따라서 사회보장세가 훗날 혜택으로 돌아온다는 개념을 무시하고 이를 단순히 정부의 수익원으로만 본다면, 이것은 국가가 근로 중산층 납세자들로부터 대단히 불균형한 비율로 돈을 걷어 들이는 수단이다.

두 번째로 그린스펀이 20년 뒤의 미래에 은퇴자들의 연금 지불에 사용하기 위해 일종의 사회보장 군자금을 설립한 계획은 오류에 근거해 있다. 사회보장에 돈을 넣을 때, 이것이 나머지 예산과 분리되어 다른 정부 지출에는 쓸 수 없는 것이냐 하면 그렇지 않다. 그린스펀의 개혁 이후 사회보장국은 그 돈으로 재무부 단기 채권을 샀다. 쉽게 말해 그 현금을 정부에 다시 빌려주어 다른 용도로 쓸 수 있게 만든 것이다. 예컨대 지금 대통령이 단기 지출을 위해 수십억 달러가 추가로 필요하다면 예산에 손을 대 사회보장비를 전부 갖다 쓸 수 있으며, 20년 뒤의 대통령은 사회보장 수당을 지불할 현금이 아니라 정부 채권, 그러니까 차용증서만 달랑 손에 들고 있게 되는 것이다. 그리고 바로 그런 일이 실제로 일어났다. 그린스펀의 의견을 따라 도입된 이 권고안은 이 신규 역진세를 통해 그 후 20여 년간 1조 6900만 달러를 실질적으로 창출해 냈다.

그러나 레이건, 부시 1세, 클린턴, 부시 2세는 사회보장비를 보전하기는커녕 이 돈을 전부 다 써버렸고, 조지 W. 부시 재임기에는 이른바 사회보장 위기가 일어나기에 이른다. 사회보장기금이 흑자는커녕 사실상 파산으로 빠르게 치닫는 중이라고 어느 날 갑자기 발표한 것이다. 이 나쁜 뉴스를 대중에 공개한 당시 재무장관 폴 오닐Paul O'Neill은, 사회보장기금에 자산이 하나도 없고 계좌에 서류 몇 장만 남아 있다는 사실을 흘렸다.

오닐은 이렇게 말했다. "나는 사회보장기금의 신탁 관리자로서 이 자리에 섰습니다. 현재 이 신탁 기금의 자산은 고갈된 상태입니다. 미국 정부는 사회보장 혜택이 계속 시행될 것임을 굳게 약속합니다."

다시 말해 그린스펀과 레이건은 사회보장 납입금의 대폭 인상을 공모했고, 향후 수십 년간 사회보장을 위한 밑천을 쌓겠다는 약속으로 이를 정당화한 다음, 이 밑천을 현 정부의 지출로 다 써버린 것이다.

랜드 추종자로서 일체의 정부 '공권력' 사용에 반대했던 그린스펀이 이런 엄청난 세금 인상을 제안했다는 것만으로도 충분히 나쁜 일이었다. 그러나 그의 역할을 특히 악랄하게 만든 일은 조지 W. 부시가 사회보장의 미래에 경보음을 울리기로 했을 때, 이제는 사회보장 혜택을 축소할 때가 되었다고 주장한 사람이 다름 아닌 앨런 그린스펀이었다는 사실이다. 다음은 2004년 2월 〈워싱턴포스트〉에 실린 기사다.

> 그린스펀은 사회보장 및 메디케어 수당 삭감을 비롯, 연방 지출 증가를 막는 몇 가지 방법을 제안했다. 연준 의장은 평균 수명 증가에 발맞추어 은퇴자들의 수급 연령을 높이는 방안을 다시금 권고했다. 그리고 그는 복지비용에서 생계비 인상을 소비자물가지수 말고 다른 인플레이션 척도와 연동시킬 수 있음을 의원들에게 상기시켰다. 소비자물가지수는 널리 인용되는 척도지만 몇몇 경제학자들의 생각에 따르면 전체 물가의 상승을 과대 반영하고 있다. 인플레이션을 덜 반영하는 척도를 따르면 복지비용의 증가 속도는 좀 더 늦추어질 것이다.

요약하면 그린스펀은 사회보장세를 1조 5천억 달러가량 인상했고, 네 명의 대통령들은 그 돈을 딴짓거리(예컨대 조지 W. 부시의 경우 부유층을 위한 대규모 감세)에 전부 써버렸으며, 약속한 수당의 지급을 개시해야 할 시점이 되자 그린스펀은 그것을 감당할 능력도 없고 돈도 없어서 수당을 지불할 수 없다고 발표한 것이다.

이것은 야바위 놀음이었다. 근로소득세로 앞문을 통해 들어간 돈이 곧바로 적자 지출이 되어 뒷문을 통해 빠져 나간 것이다. 그동안 새로 걷힌 근로소득세는 거품이 터지지 않게 지탱하며 돈이 없어지지 않았다는 환상을 떠받쳤을 뿐이다. 대니얼 패트릭 모이니핸Daniel Patrick Moynihan 상원의원은 일찍이 1983년에 이를 '도둑질'이라고 규정했다. 그러나 이 책략이 수십 년간 진행되면서 이것은 좀 더 구체적인 명칭을 얻게 되었다. 그린스펀을 취재한 한 기자는 '고전적인 피라미드식 금융사기'라고 칭했다.

이 같은 책략을 고안해 내는 일은 대통령의 총애를 받는 서비스였고 80년대 중반 그린스펀은 최고 요직에 오를 기회를 잡게 된다. 레이건이 볼커에게 점점 신물을 내고 있었던 것이다. 연준의 역사를 기록한 한 저술가의 말을 빌리면, 행정부는 '백악관과 좀 더 긴밀히 협력하는' 연준 수장을 노골적으로 원했고 그린스펀에게서 그것을 찾았다. 1987년 레이건은 그린스펀을 최고 지위에 앉혔다. 전기 작가 투셸의 말에 따르면 그린스펀은 '남몰래 표정 관리에 들어갔고' 그를 '신임 미스터 달러'로 기름 부은 《타임》 커버스토리를 비롯한 요란한 팡파르와 더불어 권좌에 입성했다.

윌리엄 프록스마이어William Proxmire 위스콘신 주 상원의원이 포드 정부 경제자문위원회 재직 시절 그린스펀의 예측이 틀렸던 기록을 내 보이며 맹렬히 공격했지만 그린스펀은 임명 절차를 가볍게 통과했다. 프록스마이어와의 입씨름 와중에서 그린스펀은 자기가 1978년 단기 국채 금리는 4.4%(실제로 9.8%), 소비자물가지수는 4.5%(실제로 9.5%)까지만 상승할 것이라고 예측했던 사실을 부인하려 들기도 했다. 그는 "내 기억에는 그런 식으로 예측하지 않았습니다."라고 주장했다.

그러자 프록스마이어는 그린스펀이 예측했던 발언 내용을 하나씩 읽어 나갔다. 그린스펀은 "그렇게 적혀 있다면 그 숫자가 맞겠죠."라며 말장난으로 대응했다.

프록스마이어는 계속 그린스펀을 물고 늘어졌지만 소용없었다. 1987년 8월 11일 앨런 그린스펀은 연방준비제도이사회 의장으로 선서했고, 실질적으로 버블 시대의 서막을 열었다.

★ 도박 중독자에게 돈을 빌려주는 연준 ★

버블경제가 돌아가는 방식을 간략히 설명하면 다음과 같다.

경제 전체가 하나의 카지노라고 상상해 보자. 투자자들은 빠른 대박을 기대하며 원유 선물, 서브프라임 모기지, 인터넷 주식에 베팅한다. 이 시나리오에서 주요 증권사와 투자은행들은 하우스 역할을 한다. 실제 카지노와 마찬가지로 최후의 승자는 언제나 이들이다. 투자가 성공하든 실패하든 상관없이 그들은 수수료나 이자의 형태로 늘 자기들 몫을 챙긴다. 또 실제 카지노와 마찬가지로 그들은 도박꾼 숫자가 늘어날수록 더 많은 돈을 번다. 사람들이 노름을 많이 하면 할수록 그들은 더 많이 버는 것이다. 그리고 투기 거품 자체가 전부 다 로열 플러시의 내재 가치를 지닌다 해도 하우스가 가져가는 돈은 진짜 돈이다.

아마도 당신이 산 원유 선물은 현실에서 배럴당 149달러에 절대 근접하지 못하겠지만, 당신이 이 선물을 사기 위해 골드만삭스나 모건스탠리에 지불한 수수료는 진짜 해안 별장, 진짜 스포츠카, 진짜 파크애버뉴의 타운하우스로 탈바꿈한다. 노름꾼들이 상상 속의 부를 좇는 동안, 하우스는 이 꿈을 그들 소유의 진짜 저택으로 실현시킨다.

이제 버블이 터지고 노름꾼들 전부가 파산할 때마다 하우스가 국가로부터 막대한 양의 돈을 거의 공짜로 빌릴 수 있다고 상상해 보자. 그러면 카지노는 방금 빈털터리가 된 고객들에게 이 돈 전부를 객장 입구에서 다시 빌려 주고 고객들은 다시금 완전히 무일푼이 될 때까지 테이블로 꾸역꾸역 모여든다. 이 순환은 빠른 속도로 반복되지만 도박꾼의 상태는 전보다 악화되어 있다. 이제 그 도박꾼은 자기 돈만 잃은 것이 아니라 새로 빌린 돈도 잃고 집까지 담보로 잡혔다.

이는 앨런 그린스펀 치하의 미국 경제에 일어난 일을 극단적으로 단순화한 것이다. 금융 산업은 하나의 투기 버블에 이어 또 하나의 투기 버블을 부풀렸고, 그 버블이 터질 때마다 그린스펀과 연준은 대대적으로 개입해서 막대한 양의 돈을 찍어 이를 월가에 다시 퍼부음으로써 궁지를 면했다. 그린스펀의 전기 작가 윌리엄 플레켄슈타인William Fleckenstein의 말을 빌리면 사실상 '숙취를 해장술로 풀도록' 사람들을 부추겼다.

앨런 그린스펀이 이 시대의 금융 재난을 이해하는 열쇠인 이유가 바로 여기에 있다. 그는 국가의 재정적 능력을 동원해 버블경제의 비상식적일 만큼 역진적인 피라미드 사기에 제트 연료를 주입해 주었다. 현실의 카지노에서 그렇듯, 이는 멍청한 시민 개미부대의 사방에 흩어져 있는 저축을 몇몇 사적 개인에게 집중된 재산으로 변환시키는 데 대단히 효과적인 방법이었다.

"특히 파괴적인 버블을 만드는 한 가지 방법은 바로 중앙은행이 여기에 연료를 공급해 주는 것이다. 그리고 그린스펀이 한 일이 바로 그것이었다." 라고 플레켄슈타인은 말했다.

연준이 하는 모든 일을 이해하려다 보면 미쳐 버리기 십상이므로, 이 버블 사기를 아우르는 핵심, 바로 돈을 창조해 내는 그 마법의 힘에 집중하는 편이 아마도 최선일 것이다. 이 은행은 대단히 많은―개중에서도 은행 업무를 규제하고 통화를 유지하며 표준화하는 등의―기능을 보유하고 있지만 가장 명확하고도 중요한 임무는 바로 돈의 공급을 조절하는 일과 관련되어 있다.

연준의 통화 공급 조절 뒤에 깔린 기본 개념은, 한편으로는 인플레이션을 제한하고 또 한편으로는 경기 침체를 예방함으로써 경제를 가능한 한 건강하게 유지하는 것이다. 연준은 경제 내에 통용되는 돈의 양을 조절함으로써 그 목표를 이룬다. 소비와 인플레이션이 너무 심해질 때는 이론적으로 돈줄을 죄고, 신용 거래가 줄거나 대출과 기업 활동이 부진해 경기 침체의 위협이 다가올 때는 돈줄을 푸는 식이다.

연준은 무에서 돈을 창조해 내거나 알맞은 시기에 돈의 공급을 수축시키는 그 마법의 능력 덕택에 유사종교적 아우라를 얻었다. 보스턴 연방준비은행장을 지낸 리처드 사이런Richard Syron이 지적했듯이, 이 은행은 심지어 교황(의장), 주교(각 지점의 이사), 교구청(상급 관리자) 등 가톨릭교회를 본뜬 인적 구조를 갖추었다.

돈이 창조되는 한 가지 길은 민간 대출을 늘리는 것이다. 민간 은행이 신규 대출을 승인할 때 그들은 본질적으로 무에서 돈을 창조하는 것이다. 연준은 이 과정을 감독하며 은행들이 내주는 신규 대출의 양을 이론적으로 추적·관찰한다. 연준은 증거금, 즉 은행이 돈을 빌려올 때마다 맡겨야 하는 현금의 비율을 올리거나 낮춤으로써 신규 대출의 양을 늘리거나 줄일 수 있다. 만약 증거금률이 10%라면 은행들은 10달러를 빌려갈 때마다 1달러씩을 연준에 준비금으로 보관해 놓아야 한다. 만약 연준이 유통되는 돈의 양을 늘리려고 한다면, 증거금률을 이를테면 9%로 내려 은행들이 연준 준비금으로 맡기는 돈 1달러당 대략 11달러를 빌려갈 수 있게 해주면 된다.

연준은 또 시스템에 돈을 직접 주입할 수도 있다. 여기에는 주로 두 가지 수단이 쓰인다. 하나는 '재할인 창구discount window'라는 것을 통해 은행들에게 돈을 직접 빌려주는 것이다. 이를 통해 상업은행들은 연준으로부터 비교적 낮은 금리로 돈을 대출해 단기적 재정 문제를 해결할 수 있다.

또 다른 길은 연준이 은행 혹은 증권사로부터 재무부 단기 채권이나 장기 채권을 사는 것이다. 자세히 설명하면 이렇다. 정부, 즉 재무부가 돈을 빌리기로 결정한다. 공개시장에서 국채를 팔아 재무부에 자금을 마련해 주기로 계약이 된 소수 민간 은행들의 그룹이 있는데, 이들을 '국채 전문 딜러primary dealers'라고 한다. 이 국채 전문 딜러들은(이 글을 쓰고 있는 현재 이들은 총 18개 회사로 골드만삭스, 모건스탠리, 도이체방크 등 전부 메이저 금융사들이다.) 때에 따라 이 장기 채권을 연준에 팔기도 하는데, 연준은 이 증권을 살 때 그 딜러의 계좌로 대금을 입금한다. 이런 순환적 과정을 통해 정부는 돈을 찍어 스스로에게 빌려 주며 이 과정에서 전체 통화 공급을 늘리게 된다.

최근 들어서는 그린스펀의 후임자 벤 버냉키Ben Bernanke가 주도한 '양적 완화quantitative easing'라고 하는 완전히 정신 나간 프로그램 덕분에, 연준은 재무부 채권뿐만 아니라 다른 것도 사들이는 버릇이 들었다. 매주 수십억 달러씩을 찍어 이를 모기지 같은 민간 자산을 사들이는 데 쓰고 있는 것이다. 그러나 실제로 그린스펀 재임 기간에 연준이 통화 공급을 조절했던 주된 수단은 증권 매입이나 증거금 통제가 아닌 금리 조작이었다.

그 원리는 이러하다. 어떤 은행이 지급준비금을 맞추기 위해 필요한 현금이 부족하면 연준이나 다른 은행의 준비 계좌에서 현금을 빌려올 수 있다. 이 은행이 그 돈을 빌리기 위해 지불해야 하는 이자율을 '연방기금 금리'라고 하는데, 연준은 이것을 조작할 수 있다. 금리가 오르면 돈을 빌리는 주체들은 대출을 단념하게 되고 은행들은 결국 부채를 줄이게 된다. 하지만 연준이 기금 금리를 내리면 은행들은 지급준비금을 맞추는 데 필요한 현금을 쉽게 빌릴 수 있게 되며, 이는 신규 대출의 양에 극적인 영향을 끼치게 되고 시스템 내의 통화량은 크게 늘어난다.

이 모든 설명을 요약하면, 연준은 시스템에 돈을 직접 주입하든지 민간 은행이 자체적으로 신규 대출을 창출하도록 허락하든지 해서 돈을 만들어 내는 엄청난 권력을 쥐고 있다는 말이다. 만약 우리가 고용을 창출하는 알찬 사업 기회를 돈과 연결시켜 줄 생산적 경제와 효율적인 금융 서비스 산업을 지니고 있다면, 경제를 자극하는 중앙은행의 권력은 대단히 훌륭한 것일 수 있다. 그러나 국가 경제가 카지노판이고 금융 서비스업이 시장을 차례차례 다단계 사기로 바꿔 놓고 있다면, 이런 파괴적인 시스템에 새로운 돈을 열심히 퍼붓는 일은 얼빠진 눈빛으로 라스베이거스를 떠도는 도박 중독자들에게 돈을 빌려 주는 일과 다를 바 없다. 앨런 그린스펀이 몇 번이고 되풀이해서 한 일이 정확히 그것이었다.

★ 월가의 마약왕 ★

앨런 그린스펀은 1987년 8월 취임하자마자 중대한 도전에 직면했다. 그 첫 번째는 그해 10월에 닥친 주식시장 조정이었고 두 번째는 저축 대부 산업 붕괴로 촉발된 1990년대 초의 경기 침체였다. 두 재난에 대한 그의 대응은 독특했다. 연방기금 금리를 대폭 낮추고 경제에 돈을 퍼부은 것이다.

1990년대의 경기 침체에 대한 그린스펀의 대응은 특히 극적이었다. 1989년 그가 금리를 내리기 시작했을 때 연방기금 금리는 9%였다. 1991년 7월에 그는 금리를 36% 낮춰 5.75%로 만들었다. 여기서 그는 또 44%를 낮춰 1992년 9월에는 금리가 사상 최저 수준인 3%에 근접했다. 그리고 그는 이 역사적인 저금리를 이후 15개월간 고수했다. 그는 월가에 해마다 돈 세례를 퍼부었다. 그러다 1994년 2월에 마침내 다시 금리를 올렸는데 이는 5년 만의 금리 인상이었다.

여기서 잠깐 멈추고 이 금리 인하에 대해 좀 설명할 필요가 있다. 연준이 기금 금리를 내리면 이는 경제 전반의 금리에 영향을 미친다. 따라서 그린스펀이 5년 연속 금리를 인하했을 때, 은행 예금·CD·회사채·국채 금리도 같이 떨어졌다.

이제 갑자기 엄청난 수의 베이비붐 세대가 은퇴 연령에 근접하게 되었고 그들은 자신들이 CD, 머니마켓펀드, 기타 목돈 투자 상품에 묶어 두었던 수십억 달러의 수익률이 뚝뚝 떨어지는 꼴을 지켜보게 되었다. 한편 월가는 이 5년간의 금융 완화로 풀린 돈을 주식에 투자해 그린스펀이 초래한 첫 번째 버블―90년대의 주식시장 광란―의 기초를 놓았다.

베이비붐 세대와 연기금, 조합 등의 기관 투자가들은 주식시장의 폭등하는 수익률에 올라타거나 아니면 그보다 안전한 투자 수단의 하락하는 수익률을 고수해서 망치를 얻어맞거나 둘 중 하나의 단순한 선택 앞에 놓이게 되었다. 경제 분석가 브라이언 웨스버리Brian Wesbury의 표현을 빌면 이는 마치 그린스펀이 사람들에게 주식시장으로 어서 몰려오라고 초대하며 파란불을 켜준 것과 같았다.

웨스버리의 말은 이러했다. "파란불에 차를 몰고 들어설 때, 차를 멈추고 밖으로 나와서 주위를 돌아보고 지나가도 괜찮은지 확인하는 사람이 몇이나 있겠는가?"

그린스펀 자신도 이 금리 인하가 사람들을 주식시장으로 떠밀고 있음을 충분히 인식하고 있었다. 1994년 5월 27일 그는 상원에서 이렇게 증언했다.

> 사람들은 자본 시장의 지속적인 고수익에 유혹되어 투자 상품의 만기를 연장함으로써 시장 위험을 기꺼이 감수하려는 의향이 점점 더 강해졌습니다… 1993년 한 해 동안만 2810억 달러가 주식 및 채권 뮤추얼 펀드로 이동했는데 이는 미국 채권과 주식시장 순투자액에서 큰 몫을 차지하는 액수입니다. 장기 뮤추얼 펀드에 투자된 돈의 상당 비율은 분명히 저축 예금 계좌, 머니마켓펀드, 기타 단기 저수익이지만 투기성이 덜한 투자 상품들로부터 전환된 것입니다.

따라서 그린스펀은 그의 정책이 평범한 사람들을 주식시장의 더 위험한 투자로 유혹하고 있다는 사실을 알고 있었다. 주식시장은 1994년에 이미 고평가된 상태였고 버블의 특성을 보이고 있었다. 그러나 그는 금리를 올리거나 증거금을 인상해서 버블을 늦추기를 꺼렸다. 그 이유는… 음… 뭐였을까? 당시 그의 설명을 실제로 들어 보면, 사람들을 실망시키기 싫어서 금리를 올리지 않았다고 말하는 듯하다. 같은 상원 증언에서 그는 투자자들이 헛된 꿈을 좇고 있다고 여겼음을 인정했다.

> 연준에 있던 우리들은 고수익과 낮은 변동성의 지속불가능한 조합에 익숙해진 시장의 급격한 반응에 대해 우려하고 있었기 때문에 조심스런 접근을 택했습니다… 우리는… 우리의 입장 변화가 시장에 불확실성을 전달할 수 있음을… 인식했습니다… 그리고 우리 중 다수는 대폭적이고 즉각적인 금리 변화가 금융 시스템을 불안하게 만들 수 있는 과도한 불확실성을 창출할 수 있음을 우려했습니다.

이는 다음과 같이 번역될 수 있다. "모두가 비현실적인 수익률을 거두는데 익숙해져 있었고, 우리는 대폭적인 금리 인상을 도입해서 파티를 망치고 싶지 않았다."(영화 〈카사블랑카〉에서 나치 장교들이 카페에 들어와 룰렛 게임을 중단시키자 르노 경감 역의 클로드 레인스가 한 말. "하지만 모두가 즐거운 시간을 보내고 있는데!") 그 대신 1994년 여름, 날로 부풀어 오르고 있던 버블에 대한 그린스펀의 대응은 금리를 찔끔 0.5포인트 올린 것이었다.

이제 여기서부터 말이 안 되는 부분이 등장한다. 그린스펀이 조심스런 접근이 바람직하며 급격한 조치는 필요 없고 버블의 위험도 없다고 상원에서 증언한 바로 그 시기 즈음에, 연방공개시장위원회FOMC — 우스울 정도로 비밀스러운 공산당 중앙위원회식 조직으로 금리 조정 임무를 맡고 있다 — 에서 사실상 그와 정확히 반대되는 말을 하고 있었던 것이다. 다음은 1994년 5월 17일 그린스펀의 발언록이다.

> 나는 여전히 거품이 많다고 생각합니다. 우리는 이것을 완전히 제거하지 못했습니다. 그럼에도 우리에게는 역량이 있으며 이 단계에서 나는 시스템에 균열을 내지 않는 기존의 방식보다 좀 더 강력한 조치를 취할 것을 주문합니다.

돌이켜보면 이 증언은 놀랍다. 그로부터 약 8년 뒤 IT 거품이 붕괴한 이후, 그린스펀은 버블이 터지기 전에는 그것이 버블인지 아는 것이 불가능하다고 공공연히 주장했기 때문이다. 2002년 그는 이렇게 말했다. "버블의 파열로 그 존재가 확인되기 전까지는 버블을 확실히 식별하기란 매우 힘들다."

연방공개시장위원회에 여전히 "거품이 많다."고 경고한 지 몇 개월 뒤에 그는 별안간 버블이 가라앉았다고 발표했다. 1994년 8월 연방공개시장위원회 미팅에서 그는 5월의 0.5포인트 금리 인상으로 문제가 해결되었다고 말했다. "5월의 조치로 인해 버블이 사실상 진정되었다고 생각합니다."

약 반년 뒤인 1995년 2월, 그린스펀은 오랜 시기를 통틀어 마지막으로 금리를 올린다. "주식시장이 저점은 아니라고 할 수 있지만 1년 전 같은 상승세의 근처에도 못 미치는 것은 분명하다."고 그는 말했다.

그로부터 몇 개월이 흐른 1995년 7월에 그린스펀은 다시 금리를 내린다. 기금 금리를 6%에서 5.75%로 낮추어, 안 그래도 주식의 활황으로 폭발 중이던 경제에 돈의 홍수를 일으킨 것이다. 아무 곳에서나 쉽게 돈을 빌릴 수 있는 데다 예금과 CD의 수익률이 바닥을 기자, 정보 기술로 불붙은 주식시장에 아무개 씨와 그 형제들까지 몰려와 엉덩이를 들이밀었다. 플레켄슈타인의 말을 빌리면 "이것은 미국 역사상 가장 큰 주식시장 버블의 시작이었다."

그러나 버블경제에 그린스펀이 기여한 가장 큰 공은 바로 심리적인 것이었다. 연준 수장으로서 그는 경제의 방향에 엄청난 영향력을 끼쳤고, 주식시장이 과대평가되었다고 그저 소리 높여 말하는 것만으로 역사를 완전히 전환시킬 수도 있었다.

그리고 실제로 그린스펀은, 다소 주저하는 태도이긴 했지만 그런 시도를 하기도 했다. '비이성적 과열irrational exuberance'이 자산 가치를 지나치게 부풀렸을 수도 있다는 1996년 12월의 유명한 경고가 그것이다. 이 말은 정보기술 버블이 최고조에 이르렀을 때 나온 것으로, 그린스펀이 자신에게 득 될 것 없는 진실을 소리 높여 말한 드문 사례다.

하지만 한 가지 지적할 것은 그가 주식시장이 과열되었다고 경고하면서도 여기에 손을 대지 않겠다고 약속했다는 것이다. '비이성적 과열'을 이야기한 바로 그날 그린스펀은 '금융 자산 버블의 붕괴가 실물경제 악화를 위협하지 않을 경우'에 한해 연준이 행동에 나설 것이라고 말했다. 버블을 터뜨리면 이는 반드시 실물경제에 영향을 끼치므로 그린스펀은 그냥 아무것도 안 하겠다고 약속한 것이나 다름없다.

버블이 커지는 동안 그냥 손을 놓고 있겠다는 그린스펀의 다소 노골적인 약속이 무색하게도, 월가는 그린스펀의 '비이성적 과열' 발언에 대해 걷잡을 수 없는 공포로 반응했는데 이해가 되는 일면도 있다. 인터넷 주식 파티는 이제 막 시작했고 아무도 그 종말을 보고 싶어 하지 않았던 것이다. 월가가 그린스펀의 수사에 난폭하게 반응하면서 미니 패닉이 뒤따랐고, 그의 발언 다음날 뉴욕증권거래소에서는 개장 후 한 시간 동안 주가지수가 140포인트나 곤두박질했다. 심지어 〈뉴욕타임스〉는 다음과 같은 제목의 1면 기사를 싣기도 했다. '그린스펀이 낙관론에 의문을 제기하자 전 세계 주가 급락'

월가의 미움을 받기 싫어하는 사람에게 이런 반응은 악몽이었다. 당시 그린스펀을 일상적으로 취재했던 한 신문 기자의 말에 따르면 그린스펀은 이런 반응에 혼비백산했다. "이것('비이성적 과열' 사건)은 그가 신문에 싣기 충분할 만큼 분명하고 인용하기 좋게 뭔가를 말했던 유일한 사례였고, 그러자 지옥의 문이 열렸다."

그리고 그린스펀은 그의 심리 유형과 부합하게도 이후 4년의 상당 부분을 자신이 내린 경고로부터 멀찍이 거리를 두고 지냈으며, 180도 입장을 바꿔 광란을 응원하는 수석 치어리더가 되었다.

실제로 그린스펀은 '비이성적' 주식 가치에 우려를 표하기는커녕 90년대 말 시장에 범람한 쓸데없는 닷컴 주식 물결의 미친 주가를 이해시킬 새로운 방법을 찾느라 논리를 비비 꼬았다. 1994년 연방공개시장위원회에 "거품이 많다."고 경고했던 바로 그 사람이 이제는 "거품이 없다."고 주장하는 데 맛을 들인 것이다.

주가와 실제 생산성 사이에 격차가 벌어지는 것에 대한 그린스펀의 최종적인 설명은, 자연법칙이 우연히도 변했다는 것이었다. 헛소리도 로켓 연료로 쓰일 수 있는 만족스런 역사적 단계에 인류가 도달했다는 말이다. 2000년 1월 그린스펀은 경제가 새로운 시대로 들어섰으며 그 안에서 모든 법칙이 새로 쓰이고 있다는 이론을 발표했고, 이후 마르고 닳도록 이 이론을 반복했다.

> 우리가 이를테면 2010년의 시각에서 1990년대를 돌아볼 때, 현재 갖추어진 힘들의 본질은 아마도 분명해질 것이다. 그때의 시점에서 생각할 때 우리는 새천년으로 들어서는 문턱에서 미국 경제가 100년에 한 번 찾아오는, 생산성을 향한 혁신의 가속을… 수 세대 동안 일찍이 보지 못했던 속도로… 경험하고 있다는 결론을 내릴 수 있다.

그린스펀은 그의 입이 가는 곳으로 무서울 만큼 돈을 쏟아 넣었다. 연준의 돈을 가지고 광란에 투표한 것이다. 일례로 1998년 11월 13일 더글로브닷컴이라는 회사가 기업공개IPO를 했는데, 9달러로 상장된 주식이 거래 첫날 장 마감 시점에 63.50달러로 급격히 뛰어올랐다. 주식시장에서 더글로브닷컴 주식의 시가총액은 장중 한때 50억 달러를 넘기기도 했다. 그해 3분기까지 이 회사가 거둔 총수익이 270만 달러가 채 안 됐다는 사실이 무색할 지경이었다.

튤립 투기 광란에 버금가는 IT 주식붐의 심각한 광기가 분명히 드러난 이 기록적인 IPO 나흘 뒤, 앨런 그린스펀은 금리를 4.75%로 한 번 더 내려 시장에 다시금 기름을 들이부었다. 이는 투기붐 내내 그가 보인 행동의 특징이기도 했다. 실제로 1996년 2월부터 1999년 10월까지 그린스펀은 통화 공급을 GDP의 약 20%에 해당하는 1.6조 달러나 확대했다.

심지어 주택 거품의 기억이 그토록 생생한 지금도 90년대 후반 주식시장의 광란을 제대로 파악하기란 힘들다. 플레켄슈타인은 정보기술 주식이 신규 상장 첫날 그 가치가 100%를 훌쩍 넘게 뛰어오르는 일이 비일비재했음을 지적하며, 코발트네트웍스(482%), 파운더리네트웍스(525%), 아카미테크놀로지스(458%) 등을 그 예로 들고 있다. 이 세 회사 모두 매출액의 100배 가격으로 거래되었다. 이는 곧 당신이 이 회사를 통째로 사들였을 때, 여기서 생기는 매출에 전혀 비용이 수반되지 않는다 해도 투자한 돈을 다 회수하는 데 100년이 걸린다는 뜻이다.

하지만 그린스펀에 따르면 이 회사들의 가치가 반드시 잘못 평가된 것은 아니었다. 이것을 말이 되게 하려면 '가치'의 개념을 재고하기만 하면 되었다. 투기붐이 한창일 때 그가 한 말이다.

> 우리의 국내총생산을 개념화하는 좀 더 진전된 방식이 있다. 바로 물리적 가치를 아이디어로 사실상 대체하는 것이다.

그린스펀의 말은 그러니까 몇몇 바람 든 인터넷 주식의 가치가 1억 달러까지 호가하는 현상에 전혀 잘못된 부분이 없다는 뜻이었다. 그 회사의 '물리적 가치' 부족(다시 말해 이 세 회사의 직원들이 벌어오지 못한 실제 돈)은 그들이 지닌 '아이디어'의 내재적 가치로 극복할 수 있기 때문이다.

이것을 경제학 전체의 급진적 재해석이라고 하는 것은 절제된 표현이다. 경제 분석가들은 실제 구체적인 생산 말고 다른 것을 가지고 '가치'를 측정하려 감히 덤비지 않았다. 이는 화학자가 콘크리트를 노랗게 칠하면 금이 된다고 말하는 것과 마찬가지다. 한마디로 미친 짓이다.

그린스펀이 '새로운 시대'라는 패러다임을 인정함으로써 정보기술 버블의 모든 경제적 광기는 날개를 달았다. 이것은 그가 반복해서 빠져든 패턴이었다.

자칭 천재들로 이루어진 롱텀캐피탈매니지먼트라는 한 교만한 헤지펀드가 매니저들의 터무니없이 무책임한 판단으로 100배, 200배의 레버리지(차입금)를 끌어들여 위험한 파생 도박에 투기했다가 1998년 파산했을 때, 그린스펀은 이 펀드가 붕괴되면 '시스템적 위기'가 온다며 구제금융을 기획했다. 연준이 롱텀캐피탈 같은 고위험 도박 사기를 구제하는 데 개입한다는 발상은 가히 혁명적이었다. 재무부와 의회 예산처의 자문관을 지낸 존 매킨John Makin 박사는 이렇게 말한다. "기본적으로 이건 헤지펀드를 구제금융해 주는 건데요. 이건 안 좋은 메시지를 보내는 겁니다. 기본적으로 사람들에게 '리스크를 더 져도 된다, 아무도 당신을 막지 않을 것이다'라고 말하는 것과 같죠."

그와 비슷한 시기 러시아 루블화가 붕괴하면서 이머징 마켓에 막대한 손실을 초래했다. 어리석은 투자자들은 이제 막 걸음마를 시작해서 실질적인 생산성을 기대하려면 한참 먼 경제권에 무지막지한 액수를 퍼부어 놓은 터였다. 잔뜩 겁을 먹은 그린스펀은 깜짝 금리 인하를 발표해 그들이 실수에서 빠져 나올 길을 마련해 주었다. 플레켄슈타인의 말이다. "창조적 파괴, 그것이야말로 자본주의가 가야 할 정도正道다. 너무 큰 리스크를 감수한 이들은 때때로 망하는 것이 당연하다." 하지만 그린스펀은 자연의 순리를 따르는 대신 월가의 몇몇 탐욕덩어리들이 자기 포트폴리오를 나무 기둥에 갖다 박을 때마다 그들을 매번 구조해 주었다.

심지어 그린스펀은 Y2K 공포를 심각하게 받아들여 컴퓨터 시스템 전반의 오작동에 대비해—물론 그런 일은 실현되지 않았다 —시장에 돈을 마구 푸는 어리석은 짓도 했다. 우리는 Y2K 직전에 그린스펀이 경제에 얼마나 많은 돈을 퍼넣었는지 계산해 볼 수 있다. 1999년 9월 2일부터 11월 10일까지 연준은 약 1470억 달러의 돈을 추가로 찍었다. 그는 20세기 마지막으로 열린 연방공개시장위원회 미팅에서 "Y2K 문제를 인식하는 것은 중대한 이슈다. 이것은 우리가 안심할 수 없는 문제"라고 말했다.

롱텀캐피탈, 신흥 시장 붕괴, Y2K에 대응한 이런 온갖 금리 인하와 달러 투입은 극심한 주식시장 버블 와중에 이루어졌고, 그의 위기 전략은 마치 네이팜탄으로 산불을 끄려는 것처럼 보였다.

21세기 전환기에 이르자 그린스펀의 지속적인 머니 프린팅의 효과는 확실해졌고 전염성을 띠게 되었다. 이제 그 어떤 바보 천치도 대량의 현금을 저리로 빌려 구제받으리란 이해가 널리 공유되기에 이른 것이다. 이 시점에서 '그린스펀 풋'이란 말이 처음으로 널리 사용되기 시작했다.

잠깐 설명하자면, '풋'은 둘 사이의 금융 계약으로 풋을 사는 사람은 정해진 가격에 주식을 팔 권리(옵션)를 갖게 된다. 예를 들어 오늘 IBM이 주당 100달러에 거래되고 있는데, 내가 IBM 100주를 95달러에 팔 수 있는 풋을 마돈나에게서 샀다고 하자. 그리고 2주 후에 주가가 90달러로 떨어졌다고 하자. 이제 내가 90달러짜리 주식 100주를 9000달러에 산 다음 풋을 행사하면, 마돈나는 그것을 95달러에, 총 9500달러를 주고 되사야 한다. 그러면 나는 IBM 주가의 하락에 베팅해서 500달러를 벌게 된 셈이다.

'그린스펀 풋'이란 연준에서 나오는 저리채가 풋 옵션과 똑같이 헤지 hedge(손실 방어) 역할을 한다는 월가의 관점을 가리키는 것이다. 풋 옵션은 시장의 하락에 대비해 뒷주머니에 넣어 두는 일종의 보험 증서다. 월가는 "음, 혹시 IBM 주식이 95달러 밑으로 떨어지더라도 언제든 내 풋 옵션을 팔 수 있어."라고 하는 대신에, "음, 혹시 시장이 너무 하락하더라도 그린스펀이 들어와서 돈을 왕창 빌려 줄 거야." 하고 말하는 것이다. 1998년 클리블랜드 연준 의장 제리 조던Jerry Jordan은 이런 생각을 다소 선동적일 만큼 노골적으로 표현했다.

내가 — 아마도 이제는 모두가 — 본 뉴스레터, 시장 보고서, CNBC에 출연하는 경제 전문가들은 주식시장이 하락하기 시작한다면 연준이 그것을 도로 떠받칠 정책을 내놓을 것이므로 주가가 내려갈 위험이 없다고 말하고 있다.

마침내 아이오와 대학 폴 웰러 교수와 워윅 대학의 마커스 밀러Marcus Miller, 레이 장Lei Zhang 교수는 〈도덕적 해이와 미국 주식시장: '그린스펀 풋'에 대한 분석〉이라는 논문에서 이 개념을 공식적으로 인정하기에 이르렀다. 하지만 '그린스펀 풋'이라는 말은 그 몇 년 전부터 이미 떠돌고 있었고, 이 말이 이제 공식적인 연구 대상이 되었다는 사실은 그것이 시장에 지대한 영향을 끼쳤다는 증거이기도 하다.

웰러의 말을 빌리면 "투자자들은 연준이 현실적으로 줄 수 없는 것을 믿게 되었다. 그것은 연준이 시장의 바닥을 항상 지켜 줄 것이라는 믿음이었다."

한 유명 헤지펀드 매니저는 이렇게 말했다. "그가 투자자들의 심리에 미친 영향이야말로 가장 중요하게 봐야 될 부분이다. 그린스펀이 항상 최종 대부자가 되어 줄 것이며 정부가 항상 우리를 구제해 줄 것이라는 믿음이 있었다."

웨스버리의 말에 따르면, "완전히 심리였다. 그린스펀이 책임진다고 사람들이 생각하기만 해도 만사가 OK였다. 심지어 존 매케인은, 혹시 그린스펀이 죽기라도 하면 자기는 영화 〈베니의 주말Weekend at Bernie's〉*에 나온 것처럼 그를 구석에 받쳐서 세워 놓고 선글라스를 씌워 둘 것이라고 말하기도 했다. 중요한 것은 그가 그곳에 있을 것이라는 믿음이다."

다음은 플레켄슈타인의 말이다. "문제는 두 가지다. 첫째는 그가 투기를 떠받치기 위해 로켓 연료를 넣고 있다는 것이다. 그리고 두 번째는 그가 달려와 곤경에서 구해 줄 거라는… 연준이 와서 쓰레기를 다 치워 줄 거라는 신뢰를 심어 주고 있다는 것이다."

그린스펀이 음으로 양으로 무책임한 투기를 엄청난 정도까지 부추겼다는 생각은, 금융계에서는 이미 대단한 논란거리가 아니다. 하지만 월가 투기꾼들을 대신한 그린스펀의 끊임없는 개입이 같은 시기 정치인이자 규제 책임자로서 그가 취한 행동과 얼마나 긴밀히 연관된 것인지는 그만큼 자주 논의되지 않는다.

냅킨 뒤에 사업 구상을 찍찍 그은 신생 인터넷 회사들을 연기금에 팔아먹고 수십억 달러를 빌려 뜻 모를 외국환 파생 거래에 베팅한 나쁜 놈들을 구제하는 데 방대한 국가권력을 동원하는 와중에도, 그는 랜드주의자적 열정으로 정부의 규제 인프라를 파괴하는 데 쉼 없이 매진했다.

은행 활동 전반에 대한 최고 감독 기관으로서 연준은 표면상 금융계의 세계 경찰이었지만, 연준 의장 재임 시기 그린스펀은 자신의 규제 권한을 계속해서 깎아내 버렸다. 아니, 사실상 도끼로 난도질하는 데 가까웠다. 증거금을 부과하고 파생 거래를 제한하거나 불법적 인수합병을 금지하는 연준의 권력을 약화시킨 것이다. 그는 민간 비즈니스의 작동에 개입하지 못

$$$

● 1989년에 나온 코미디 영화. 두 청년이 베니라는 사장의 집에 초대받아 갔다가 그가 죽어 있는 것을 발견한다. 겁에 질린 두 주인공이 마치 그가 살아 있는 것처럼 꾸미는 과정에서 여러 소동이 벌어지는 내용이다.

할 정도로 지극히 무기력하며, 연장통에 딱 한 개의 연장—은행들에 거대한 액수의 돈을 쏟아붓는 능력—만 남겨 놓은 정부를 원했다. 그는 연준을, 마치 못된 아이들에게 석탄 덩어리를 나눠주는 걸 법으로 금지당한 산타클로스처럼 만들어 놓았다.•

이 분야에서 그린스펀의 업적 중 수위권은 바로 보험사, 투자은행, 상업은행의 합병을 금지하기 위해 대공황기에 제정된 글래스-스티걸법을 교활하게 무력화한 것이었다. 이 법이 시험대에 오른 것은 1998년 당시 시티은행 회장이었던 샌디 웨일Sandy Weill이 자기 은행과 트레블러스인슈어런스, 그리고 거대 투자은행인 살로몬스미스바니의 합병을 기획했을 때였다.

이 합병은 까놓고 노골적인 불법이었다. 글래스-스티걸법은 정확히 이런 부류의 일—자본이 한 개 거대 기업의 손에 위험하게 집중되는 일—을 방지하려고 고안된 것이었다. 이렇게 되면 보험 회사와 투자은행들은 이익이 서로 충돌할 가능성 때문에 소비자가 아니라 은행에 이익이 되는 주식과 증권을 판촉하게 될 수 있기 때문이다. 나아가 글래스-스티걸법은 우리가 2008년에 당했던 바로 그런 종류의 상황을 방지하는 데 도움을 주는 내용이었다. 바로 '대마불사'를 외치는 소수의 기업들이 그들 자신의 교만과 어리석음 탓에 무너지고, 정부는 그들을 구제해 주는 것 외에 다른 선택의 여지가 없는 상황 말이다.

하지만 웨일은 이 거래를 밀어붙이기로 마음먹었고 빌 클린턴과 클린턴의 재무장관 밥 루빈Bob Rubin(이윽고 그는 합병 후 시티그룹에 들어가 1억 달러 이상을 벌게 된다.), 그리고 결정적으로 앨런 그린스펀의 지원을 얻었다. 웨일은 이 과정 초기에 그린스펀과 만나, 웨인 말을 빌리면 이 제안에 대한 '긍

$$$
• 못된 짓을 한 아이에게는 크리스마스 전날 산타 할아버지가 양말에 선물 대신 석탄을 넣어 놓는다는 이야기가 있다.

정적 대답'을 받았다. 합병이 마침내 완결되었을 때, 그린스펀은 일시적으로 합병 과정을 거칠 수 있게 허용한 '은행지주회사법'의 숨은 조항을 이용해서 이 불법적 거래를 과감히 승인했다. 이런 정지 작업 끝에 새로 창설된 시티그룹은 향후 2년 이내에 불법적인 보험 회사 자산을 처분하기로 했고, 그린스펀이 1년의 유예 기간을 승인해 주면 이 기간은 3년으로 늘어날 수도 있었다. 이로써 모든 관련 당사자들은 의회에서 그램-리치-빌리법이라는, 이 거래를 사후에 합법화해 줄 신규 법안이 통과되기까지 시간을 벌게 되었다.

이는 마치 영화 〈불타는 안장Blazing Saddles〉에서 막 튀어나온 듯한 풍경이었다. 기본적으로 그린스펀은 새로 탄생한 이 거대 금융 기업이 의회 앞에서 자기 머리에다 총을 겨누고 "한 발짝만 움직이면 이 깜둥이는 죽는다!"는 대사를 읊도록 만들어 준 꼴이었다.●

그린스펀 자신은 이를 더 과격한 방식으로 표현했다. 의회가 협조해 주지 않으면 보험과 은행업의 도산 파장에 대해 국가가 대가를 치러야 할 것이라고 협박한 것이다. 1999년 2월 그는 이렇게 말했다. "의회에서 우리 법안을 업데이트하는 조치가 없으면 시장은 임기응변식 경영으로 대응할 수밖에 없으며 이는 곧 비효율과 비일관성, 예금 보호를 위한 연방 안전망의 확대로 이어져 연방 예금보험 기금은 더 큰 잠재 리스크에 노출될 것이다."

80년대와 90년대 초에도 의회는 글래스-스티걸법의 폐지 압력에 수없이 맞서 이를 꺾어 낸 바 있었지만, 이번에는 그린스펀의 위협과 더불어 이

$$
● 〈불타는 안장〉은 멜 브룩스의 1974년작으로 서부극을 패러디한 코미디 영화다. 축제 분위기에서 새 보안관의 도착을 기다리는 마을 사람들 앞에 흑인 보안관인 바트가 등장하자 마을 사람들은 경악하며 총을 꺼내 겨눈다. 그러자 바트는 자기 머리에 총을 대고 협박범 흉내를 냈다가 인질 흉내를 내는 1인 2역을 하면서 질질 끌려가는 시늉을 하며 그 자리를 벗어나 위기를 모면한다.

미 우회로를 통해 존재하게 된 세기의 거래 앞에서 깜빡거리기 시작했다. 그래서 그램-리치-빌리법이 제정되었고, 이는 곧바로 2008년의 재앙으로 이어지게 된다.

글래스-스티걸법을 처리한 그린스펀은 이제 파생시장을 겨냥했다. 브룩슬리 본Brooksley Born이라는 한 사악한 정부 관료가 외환거래스와프와 CDS 같은 파생상품이 경제에 미칠 잠재적 위험을 거론하며 규제할 필요가 있다고 시사하는 대죄를 범했기 때문이었다. 당시 파생상품을 관할하는 기관인 상품선물거래위원회의 의장이었던 본은 1998년 봄, 일종의 정부 관료주의적 백서인 〈정책 제안서concept release〉라는 것을 발표했고, 이를 통해 장외 파생시장의 잠재적 규제를 요구했다. 이 20여 쪽짜리 보고서는 파생 거래의 잠재적 리스크와 더불어, AIG의 붕괴 등 파생상품으로 촉발된 재앙들을 너무나 정확히 예측하는 등 지금 돌아보았을 때 노스트라다무스적인 예언을 담고 있었다.

본의 정책 제안서 초안이 그해 3~4월 의회에 돌기 시작하자 경제 문제를 담당하던 빌 클린턴의 실세 그룹—전 골드만삭스 CEO이자 당시 재무장관이던 밥 루빈, 재무차관 게리 겐슬러Gary Gensler, 연준의 그린스펀, 당시 증권거래위원장이던 아서 레빗Arthur Levitt—은 길길이 날뛰었다. 아직 본은 그 어떤 규제책도 구체적으로 제안하지 않았고 그저 규제 가능성에 대한 논의를 시작하려 했을 뿐이었다는 사실이 무색할 지경이었다. 그럼에도 그들은 이 제안서에 격분했고, 운명의 1998년 4월 21일—재무장관(당시 루빈), 증권거래위원장(레빗), 상품선물거래위원회 의장(본), 연준 의장(그린스펀) 등이 참석한—'금융시장에 관한 대통령 실무 그룹' 회의의 멤버들은 본에게 노골적인 철회 압력을 넣었다.

당시 상품선물거래위원회의 거래/시장 부서 책임자로 본 밑에서 일했던 마이클 그린버거Michael Greenberger는 이렇게 말했다. "재무장관은 화려한 방 안의 엄청나게 큰 회의 테이블 뒤에 앉아 있었다. 네 명의 주요 인사는 물론이고 금융 사안에 대해 규제 책임이 있는 정부 내 모든 인물들이 그곳에 모여 있었다. 통화 감사관, 연방예금보험공사 이사장, 저축은행감독청, 백악관 자문관, 행정관리예산국OMB 등, 방 안에는 사람들이 빽빽이 들어차 있었다."

그의 말을 계속 들어 보자. "그리고 직원들은 자기 직속상관 뒤편에 자리 잡았다. 내 자리는 본과 그린스펀 바로 뒤였다. 손을 뻗으면 두 사람에게 바로 닿는 거리였다. 그리고 그린스펀이 본을 향해 몸을 돌렸다. 그의 얼굴은 붉게 상기돼 있었다. 그는 소리를 지르지는 않았지만 본이 치명적인 실수를 저질렀으며 이를 당장 중단해야 한다고 대단히 집요하게 말했다."

본은 '실무 그룹', 대통령, 기타 그 누구의 간섭 없이 정책 제안서를 발표할 완전히 합법적인 권한을 지니고 있었다. 실제로 그린버거에 따르면, 본의 고유 권한에 간섭하려는 공공연한 기도는 '아마도 범죄적 위반 수준에 이르는 불법 행위'였다. 본은 이렇게 법적으로 의문의 여지가 있는 루빈과 그린스펀의 압력을 이겨내고 그해 5월 7일에 보고서를 발표했지만 소용없었다. 그린스펀 등은 결국 이듬해에 본을 면직시켰을 뿐만 아니라, 2000년 파생시장의 규제를 확정적으로 철폐한 상품선물현대화법CFMA이라는 괴물을 통과시키는 데 성공한 것이다.

그린스펀이 공격적으로 밀어붙인 이 새로운 법은 연방 정부가 CDO와 CDS 같은 수단을 규제하지 못하게 금지했을 뿐 아니라, 국가가 도박법을 이용해서 이들을 규제하는 것까지 금지했다. 사실 그렇게 하지 않았으면 이 법을 쉽게 적용할 수 있었을 것이다. 이 신종 금융 도박의 상당수는 경마와 구분이 안 되기 때문이다.

상품선물현대화법의 놀라운 점은 이것이 롱텀캐피탈매니지먼트 재앙―규제받지 않는 파생시장에 내재된 파괴적 잠재력을 보여준 유력하고도 분명한 사례―이 벌어진 직후에 통과되었다는 사실이었다. 롱텀캐피탈은 비밀스런 헤지펀드로서 담보도 없이 막대한 돈을 베팅하고 엄청난 양의 부채를 엔론식으로 장부에서 지워 버렸다. 금융계에서 이런 행위는 마치 수퍼8(중급 모델 체인) 모텔 침대보 위에서 씻지 않은 손으로 심장 절개 수술을 한 것과 다름없었다.

이 중 어떤 것도 그린스펀을 흔들지 못했다. 그는 파생상품이 뭐고 그것이 어떻게 작동하는지 전혀 이해하지 못했던 것이 분명하다. 그는 CDS 같은 파생상품―채무 불이행이 발생할 경우를 대비해 채권자가 제3자로부터 '보장protection'을 매입할 수 있게 해주는 보험 비슷한 계약―이 위험하지 않을 뿐만 아니라 오히려 위험을 줄여 주는 훌륭한 혁신이라고 보았다.

"그린스펀은 신용 파생상품이 리스크에서 자유로운 경제 환경을 강화해 주는 도구라고 보았다." 그린버그의 말이다. "신용 파생상품이 있으면 그 누구라도 붕괴에 대비한 보험을 들 것이라는 이론이었다… 하지만 이 보험은 자본금이 확보되어 있지 않다는 점을 그는 이해하지 못했다."

다시 말해 CDS 등은 기업들이 사실상 보험금으로 지급할 돈이 없는 상태에서 보험 보장과 비슷한 것을 팔도록 허용해 주었다. 이 상황에서 채권자들은 실제로는 그렇지 않은데도 보험에 들었다는 느낌에 마음껏 더 많은 리스크를 지게 된다. 이런 수단은 리스크를 제거하기는커녕 오히려 리스크를 높이는 주범이었다.

그린버그의 말을 계속 들어 보자. "이것은 규제 대상이 되고 해당 회사들이 자본금을 확보해야 하는 일반 보험, 자동차보험, 생명보험 따위를 구매하는 일과는 다릅니다. 그들은 자본이 확보되지 않은 상태로 보험을 팔고 있습니다." 부채를 갚을 돈이 사실상 바닥 난 상태에서 거의 5억 달러어치의 보험을 팔아치운 뒤 2008년 파산한 AIG는 결국 이런 종류의 위험을 전형적으로 보여 준 모델이 되었다.

그러나 특히 그린스펀 같은 위치에서는 AIG가 파산하기 훨씬 전부터 이 문제가 분명히 눈에 보였어야 했다. 실제로 롱텀캐피탈이 절단 난 1998년에 벌써 이 나라는 파생상품으로 인한 재난을 수도 없이 경험한 터였다. 1987년의 주식시장 붕괴, 1994년 오렌지 카운티 파산, 1995년 뱅커스 트러스트 스캔들, 그리고 롱텀캐피탈. 그럼에도 그린스펀은 위험을 직시하길 거부했다. 직접 롱텀캐피탈의 구제금융을 지휘한 지 불과 몇 개월 뒤인 1999년 5월에 그린스펀은 "파생상품은 날이 갈수록 위험을 분산시키는 중요한 수단이 되고 있다."고 말했다. 그리고 '주기적인 금융 패닉' 탓에 일부 사람들이 리스크 감시를 은행 스스로에 맡기는 대신 규제기관의 파생상품 감시 권한 확대를 고려하게 되어 골치가 아프다고도 말했다.

그린스펀이 옹호한 이런 민간 '감시'의 한 예가 바로 롱텀캐피탈 매니지먼트였다. 이 펀드의 최초 계산에 따르면, 그 포트폴리오에서 50% 손실이 날 확률은 10^{30}일에 한 번이었다. 다시 말해 그런 재난이 발생하려면 우주 나이의 수십억 배에 달하는 시간을 앉아서 기다려야 한다는 뜻이다. 하지만 실제로 이 펀드는 출범한 지 불과 몇 년 만에 그 포트폴리오의 거의 전부를 날려 버렸다.

그런데도 롱텀캐피탈이 붕괴한 지 겨우 몇 개월 뒤에 그린스펀은 규제기관의 리스크 모델이 "은행의 리스크 측정 모델과 비교해 그 정확성이 훨씬 뒤떨어진다."고 말했다. 이는 상품선물현대화법이 통과되기 전에 그가 의회를 설득했던 대사였다. 또 그는 국제 경쟁력을 유지하려면 파생시장의 규제를 면제해 줄 필요가 있다고도 주장했다. 하지만 그는 1999년 3월 미국 선물협회 연설에서 그가 파생상품 규제 완화를 밀어붙이는 진짜 동기를 명확히 밝혔다.

> 지난 10년간 미국 기업의 생산에서 금융 산업 전체가 차지하는 몫이 상당히 증가할 수 있었던 한 가지 요소가 바로 파생상품의 수익성이라는 사실은 이제 놀랄 일이 아닙니다. 요컨대 파생상품 자체의 부가가치는 부의 창출 과정을 개선하는 그 능력에서 유래하는 것입니다.

이를 우리말로 번역하면 다음과 같다. "내가 알기로 파생상품은 모두에게 돈을 왕창 벌어 주고 있으므로 그냥 내버려 두겠다."

그린스펀이 경제·정치 주류 언론에 의해 거의 카이사르 같은 영웅으로 떠받들어진 것은 바로—대규모 주식 버블의 와중에 1조 7천억 달러를 새로 찍어 내고, 글래스-스티걸법을 해체하고, 파생시장의 규제를 폐지하고, 금융 사기가 횡행한 시기에 자신의 규제 권한을 날려 버리는 등—그가 역사적으로 치명적인 온갖 조치들을 저질러 놓은 직후였다. 심지어 1999년 2월 《타임》은 그가 클린턴의 경제 관료 밥 루빈과 래리 서머스를 양 옆에 거느리고 서 있는 사진을 표지에 실은 다음, '세계를 구원할 위원회: 경제 삼총사가 글로벌 경제 붕괴를—아직까지는—막아 낸 뒷이야기'라는 어처구니없는 표제를 달기도 했다.

사실 이들이 경제 붕괴를 막아 낸 것이 아니라 경제 붕괴를 일으킨 반反경제 삼총사라는 것은 《타임》이 훗날까지도 깨닫지 못한 아이러니였다. 《타임》은 2009년에도 똑같이 멍청한 실수를 저질렀는데, 그린스펀과 비슷한 버블 광인 그 후임자 벤 버냉키를 '올해의 인물'로 선정한 것이다. 어쨌든 1999년의 《타임》 표지는 당시 전성기에 있던 그린스펀의 모습을 포착해 냈다. 그는 연준의 권력을 이용해, 자신을 투자자 계급에게 없어서는 안 될 위대한 슈퍼 영웅으로 만들었다. 한편으로는 그의 짜증 섞인 공개 발언 속에 녹아 있는 비타협적인 자유시장 교리로 인해 숭배받고, 한편으로는 은행가들에게 비밀리에 건넨 보조금 덕분에 정신을 못 차릴 정도로 칭송받았다.

그러나 그린스펀은 월가를 날씨의 변덕으로부터 막아 주면서도, 정작 남용을 제어하기 위해 연준의 힘을 이용해야 할 때는 자유시장의 힘 앞에서 자신의 무력함을 주장했다. 롱텀캐피탈매니지먼트와 러시아 루블화 붕괴에 대한 시장 반응에 정면으로 맞서기 위해 개입했던 바로 그 사람이, 이를테면 더글로브닷컴처럼 텅 빈 사무실에 게으름뱅이 단 둘이 앉아 있는 회사의 가치가 50억 달러라고 시장이 판단했을 때는, 의회에 대고 자신—앨런 그린스펀—은 시장의 지혜에 의문을 제기할 권리가 없다고 용감하게 말했던 것이다.

1999년 그는 의회에서 이렇게 말했다. "버블을 사전에 지목하려면 수십만 명의 정통한 투자자들이 전부 다 틀렸다는 판단이 요구된다." 그는 완전히 정색을 하고 이렇게 덧붙였다. "시장을 거슬러 베팅하는 일은 아무리 잘해도 대개가 위태롭다."

어떤 이들은 그가 그저 순진했거나 단순히 무능했을 뿐이라고들 했지만 따져 보면 그린스펀은 그저 거짓말을 했을 가능성이 가장 높다. 그는 정부의 규제 권한을 거세해 버렸고, 대형 금융계의 파블로 에스코바르Pablo Escobar•로 변신해 급속히 마약 소굴로 변해 가고 있던 월가에 값싼 코카인을 계속해서 대량으로 풀었다.

$$$
• 1949~1993. 콜롬비아의 악명 높은 마약왕.

★ "당신이 틀렸습니까?" ★

2000~2001년 정보기술 거품의 무시무시한 붕괴에 대한 그린스펀의 반응은 참으로 그다웠고 예측 가능했다. 5조 달러 이상의 가치가 쓸모없는 기술주에 묻혀 사라져 버렸지만, 그린스펀은 투자자들에게 응분의 고통을 느끼게 하는 대신에 항상 해왔던 일을 또 했다. 시장에 다시금 돈을 퍼부어 새로운 거품을 부풀린 것이다. 이번의 '그린스펀 풋'은 지금껏 가장 큰 규모였다. 정보기술 거품이 휩쓸고 지나간 후 그는 금리를 11차례나 연속으로 내려 사상 최저 수준인 1%대까지 낮췄고, 이번에는 카지노에 주택과 모기지가 유망한 테이블로 떠올랐다고 소리 높여 떠들기 시작했다.

플레켄슈타인은 이렇게 말했다. "주식 버블 이후 숙취를 해장술로 풀기 위해 동원된 달러 인쇄의 결과로 부동산 거품이 도래했을 때, 나는 이것이 더 큰 재앙이 될 것임을 알았다."

지금 시점에서 2000년대 초를 돌아보면 그린스펀의 발언들은 거의 미친 사람의 잠꼬대처럼 들린다. 이 나라 최고위 금융 관료가 시민들에게 그들의 주택 자산을 현금인출기로 사용하라고 공공연히 부추기기 시작한 것이다. 그는 "저금리 덕분에 개별 가구들은 주택 재융자를 받을 때 담보 대출을 더 늘릴 수 있다."고 말했다. "이런 방식으로 끌어 온 주택 자산은 중요한 소비 원천이자 주택 현대화 자원이 된다."

그러나 그가 정말로 미친 것은 변동금리대출은 훌륭한 상품이며 그보다 안전한 고정금리대출은 매력이 떨어진다고 미국인들에게 말했을 때였다. 그는 2004년 2월 전국신용협동조합연합회에서 이렇게 말했다.

실제로 연준 내부적으로 실시한 최근 연구에 따르면, 1990년대에 주택 소유주들이 고정금리대출이 아닌 변동금리대출을 받았다면 상당수는 수십만 달러를 절약했을 것입니다. 물론 금리 흐름이 가파르게 상승했다면 해당 안 되는 얘기지만요. 대출 기관들이 전통적 고정금리대출을 대체할 모기지 상품을 더 많이 제공한다면 미국 소비자들에게 이득이 될 것입니다. 상환 부담이 급등하는 지불 충격payment shock이 닥치지 않을까 가계들이 겁을 먹고 있지만 자신의 금리 리스크를 관리할 의지가 있는 한, 주택자금을 충당하는 데 있어 전통적 고정금리대출은 값비싼 수단일 것입니다.

그린스펀이 변동금리모기지를 위해 깃발을 흔들어 준 데서 가장 혐오스런 부분은 바로 그 타이밍이었다. 그린스펀은 연준 의장으로서 임기가 얼마 안 남아 있었다. 그는 조지 W. 부시에 의해 한 번 더 재임명되지만 그의 마지막 임기는 2006년 1월에 끝날 예정이었다.

따라서 2004년 2월 전국신용협동조합연합회 컨퍼런스 연설을 한 시점은 주목할 만하다. 그는 오랫동안 금리를 인하 혹은 동결해 오고 있었다. 당시 경제는 저리의 돈이 넘쳐 났고 모든 사람들이 큰돈을 빌려 자기 분수에 넘치게 써댔다. 그린스펀은 자신이 곧 물러나리란 걸 알고 있었지만, 그가 알고 있었던 건 그것뿐만이 아니었다. 그는 이제 막 금리를 올리려 하고 있었던 것이다.

실제로 그가 고정금리모기지를 피해 변동금리모기지로 갈아타라고 미국인들을 부추긴 지 불과 몇 개월 뒤인 2004년 6월, 그린스펀은 연속 17차례의 인하 끝에 처음으로 금리를 올렸다. 그리고 2004년 6월부터 2년 뒤 자리에서 물러나기까지 그는 연방공개시장위원회 회의 때마다 금리를 인상해 1%에서 4.5%로 무려 4배가 넘게 올려놓았다. 다시 말하면 그는 우선 사람들을 이런 위험한 모기지 거래로 몰아넣은 다음, 은행가들을 위한 고

별 선물로 금리를 2년 연속 대폭 인상함으로써 주택 소유주들이 대출업자에게 지불해야 하는 돈을 잔뜩 불려 놓은 것이다.

한 헤지펀드 매니저는 이렇게 말했다. "그는 (변동금리모기지를) 주장해 놓고 곧바로 금리를 인상하기 시작했어요. 지금 누굴 가지고 노는 건가요? 미국 소비자들을 골탕 먹여 은행을 돕도록 만든 게 바로 그가 한 일이에요… 그 사람들에게 30년 고정금리대출을 받도록 했으면 대출금이 일정하게 유지됐을 테니 그 집들의 절반이 날아가진 않았을 겁니다. 그런데… 그건 내가 정부 관료의 입에서 들은 가장 음흉한 발언입니다."

1990년대 후반 금융시장에 대한 그린스펀의 광적인 규제 철폐는 곧바로 주택 버블로 이어졌다. 특히 파생시장의 규제 철폐 덕에 월가는 모기지 빚을 쪼개어 악성 부채를 AAA등급 투자로 위장한 다음, 이 쓰레기를 유통 시장에서 증권으로 팔아치울 수 있는 방대한 인프라를 창출할 수 있게 되었다. 월가는 쓰레기 모기지로부터 별안간 수천억 달러를 창출해 내어, 이를 연기금·보험사·조합·그 밖의 호구들에게 A등급 투자 상품으로 팔아치울 수 있게 되었다.(이에 대한 자세한 설명은 다음 장에서 할 것이다.)

신규 대출의 액수는 상상할 수 없는 규모였다. 2003년부터 2005년까지 미국의 미상환 모기지 부채는 3조 7천억 달러나 증가했다. 이는 1990년의 미국 부동산 전체 가치(3조 8천억 달러)와 맞먹는 규모다. 다른 말로 하면 미국인들은 200년간 저축해야 할 돈을 단 2년 동안에 빌린 셈이다.

제정신이 있는 사람이라면 이런 수치를 보고 뭔가 단단히 잘못됐다는 결론을 내렸을 테지만(그리고 그린스펀의 전임자 폴 볼커 같은 몇몇 이들은 정확히 그렇게 했다. 이 모든 부채에 대해 무시무시한 경고를 내린 것이다.) 그린스펀은 문제가 있음을 인정하길 거부했다. 대신에 믿기지 않게도 그는 월가가 기술과 금융의 혁신에 힘입어 자연법칙을 새로 쓰고 있다고 주장하며 '새로운 시대'

를 운운하는 똑같은 평계를 또 꺼내 들었다.

> 기술의 발전 덕분에 금융 서비스 산업의 효율성과 규모가 증대되었다… 기술 진보에 힘입어 대출 기관들은 더 광범위한 소비자들에게 효과적으로 신용을 확대할 수 있는 신용 평가 모델과 그 밖의 기법들을 활용하고 있다.

그린스펀이 말하는 종류의 기술 진보란 사실상 사기 치는 기술이다. 어떤 의미에서 그는 옳았다. 2000년 이전까지는 직업도 예금도 없는 서류 미비 이민자에게 AAA등급의 대출 리스크를 지울 수 있는 기술이 존재하지 않았다. 하지만 이제는 '기술적 진보' 덕택에 과거의 대출 부적합자에게 수조 달러를 빌려 주는 일이 갑자기 가능해진 것이다! 이것이 바로 언뜻 보기에 불가해한 신규 주택 구매 급증에 대한 그린스펀의 설명이었다.

물론 이런 온갖 정책의 결과는 바로 파멸이었다. 2007~2008년의 부동산 시장 붕괴로 전 세계 부의 대략 40%가 쓸려 나갔다. 한편 IT붐 붕괴 이후 그린스펀이 새 돈을 수조 달러씩 광적으로 찍어 낸 결과, 달러가 위태로울 정도로 평가절하되었다. 실제로 2001년부터 2006년까지 달러 인덱스에 의한 해외 통화 대비 달러 가치는 24%, 캐나다 달러 대비 달러 가치는 28% 떨어졌다. 심지어 루블화나 페소화 같은 싸구려 제3세계 통화들도 이 시기에 달러화 대비 가치가 상승했다. 하지만 임기 말 그린스펀은 달러의 평가절하가 실질적으로 문제가 안 된다고 주장했다. 해외여행만 자제한다면 말이다!

> 달러 약세가 인플레이션을 유발하지만 않는다면, 이는 해외여행객들을 빼고는 현실에 근본적 영향을 끼치지 않는 시장 현상이라고 나는 생각한다.

현실에 근본적 영향을 끼치지 않는다고? 그린스펀은 이런 말을 함으로써 자신이 완전히 미쳤거나 부정직함을 입증했다. 술로 떡이 된 대학생도 달러 약세가 현실의 전반적인 부에 큰 영향을 끼친다는 것 정도는 알고 있다. 우리는 달러로 외국 석유를 사 오고 에너지 비용은 모든 것의 가격에 영향을 미치므로, 1달러로 살 수 있는 석유의 양이 점점 줄어들면 나라 전체는 그만큼 가난해진다. 글로벌 경제 시대의 연준 의장이, 약한 통화가 '관광객'들에게만 영향을 끼친다고 주장하는 것은 스스로 정신 나갔음을 증명하는 꼴이다. 그것은 마치 산불이 딱따구리한테만 피해를 준다는 말과 비슷하다.

어쨌든 2006년 2월 그린스펀이 연준을 떠날 무렵 미국인들은 이미 두 거대한 버블 사기에 걸려 연달아 수조 달러씩을 날린 후였고, 우리는 개인 예금에 부를 쌓아 놓은 나라에서 아득히 멀어져 이제는 집단으로 머리를 저당 잡혀 도무지 출구가 보이지 않는 나라로 전락해 버렸다. 이 글을 쓰고 있는 현재 미국의 대외 부채는 약 115조 달러 언저리에 있다. 이제 우리의 빚은 GDP의 50%를 훌쩍 넘어섰다. 이는 산업화된 현대 국가에서는 일찍이 보지 못했던 수준이다.

이 모든 것을 한 사람에게 뒤집어씌우는 일은 손쉬운 설명으로 들리지만, 그린스펀은 다른 이들의 악한 발상과 탐욕을 실현시켜 준 결정적 장본인이었다. 그는 하나의 거품을 부풀리고 그것이 터지자 돈을 찍어 내어 다음 거품을 부풀렸다. IT 거품과 주택 거품은 차이점이 있었다. IT 거품이 터졌을 때 미국은 예금을 날렸다. 주택 거품 때 우리는 마약을 빌려 썼다가 결국 날렸으며, 2배 더 깊은 수렁에 빠지게 되었다.

중요하게 지적할 점은 그 기간 내내 수조 달러를 찍어 내고 경제를 정교한 수준으로 조작하는 동안, 그린스펀은 유권자들에게 거의 아무런 책임도

지지 않았다는 사실이다. 시민들은 연방공개시장위원회 미팅의 회의록마저도 실시간으로 확인할 수 없다. 이제서야 우리는 그린스펀이 1990년대에 무슨 말을 했었는지 겨우 찾아볼 수 있게 되었다. 그리고 의회는 연준의 서류를 비집어 열어 보려 거듭 시도했지만, 이 글을 쓰고 있는 현재까지 성공하지 못했고, 연준이 재할인 창구를 통해 누구에게 얼마나 많은 돈을 빌려 주었는지 아직까지도 알지 못한다.

연준에 대한 의회의 권한은 너무나 미약해서 연준이 비상 원조용으로 은행에 대출해 줄 수 있는 돈을 4조 달러(라는 여전히 막대한 금액) 이하로 제한한 수정안을 LA의 브래드 셔먼Brad Sherman 의원이 통과시켰을 때 이는 대단한 승리로 여겨졌다. 셔먼은 이에 대해, "우리는 운이 좋았기에 이 일을 해낼 수 있었다."고 말했다.

실제로 대중이 그린스펀을 친견할 수 있는 유일한 기회는 그가 의회에 의무적으로 출석할 때였다. 그린스펀은 이를 드러내 놓고 싫어했으며 출석 시간에 엄격한 제한을 두었다. 론 폴 텍사스 하원의원의 설명에 따르면 그린스펀은 자기 시간을 내는 데 너무나 빡빡하게 굴어서, 의원들이 위원회 청문회에 폐하를 불러 이런저런 질문이라도 하려면 몇 달씩 줄을 서서 기다려야 했다고 한다.

폴은 이렇게 말했다. "그는 오전 10시에 와서는 한두 (의원의) 질문만 받을 수 있다고 말하곤 했다. 그러니까 내 이름이 대기 명단의 아래쪽에 있으면 질문 기회가 오지 않았다."

폴의 말에 따르면 그래서 질문을 못 한 의원들은 다음 기회가 올 때까지 또 몇 개월을 기다려야 했다. "질문을 못 한 사람은 다음번에는 명단 위쪽에 이름이 올라가게 된다. 그것이 바랄 수 있는 최선이었다."

이런 것들 때문에, 권좌를 떠난다는 건 그린스펀에게 그만큼 받아들이기 힘든 일이었다. 그는 거의 막판 궁지에 몰려서도 절대 뉘우치지 않았다. 심지어 마지막 거품이 파열되면서 국제 금융계가 이미 패닉으로 폭발하기 시작한 2007년 11월에도 그가 한 일은 어깨를 으쓱하는 것뿐이었다. 노르웨이의 청중들 앞에서 그는 이렇게 말했다. "나는 특별히 후회하지 않습니다. 우리가 행한 일 때문에 주택 거품이 생긴 것은 아닙니다."

베어스턴스와 리먼브라더스와 AIG가 붕괴하고 완전한 패닉을 저지하기 위해 연방의 막대한 구제금융이 시행된 이후인 2008년 10월, 그린스펀은 약간 뒤로 물러선 듯 보였다. 헨리 왁스먼Henry Waxman이 이끄는 정부감사개혁위원회 증언에서 그는 자기 규제적 시장의 영구한 효능에 대한 자신의 랜드주의적 신념이 약간 틀렸을 수도 있음을 인정했다.

그는 왁스먼에게 이렇게 말했다. "나는 결함을 발견했습니다. 그것이 얼마나 의미 있거나 영구한 것인지는 모르겠지만 그 사실로 인해 대단히 근심스럽습니다."

이 순간 왁스먼은 곧바로 특별한 위치에 올라서게 되었다. 이 마에스트로에게 그 어떤 일에 대해서도 사과 한마디 듣지 못했던, 그린스펀 비판자와 반대자들 전부를 바로 왁스먼이 대표하게 된 것이다. 그가 이 순간의 무게에 그만 압도되었다 해도 충분히 이해할 만한 일이었다. 그러나 왁스먼은 그린스펀을 조용히 밀어붙였다.

"당신이 틀렸습니까?"

이 질문에 대한 그린스펀의 대답은 천금과도 같았다. 그것은 정치적 나르시시즘의 연대기에 이정표를 꽂은 순간이자 이 회개할 줄 모르는 패씸한 인간에게 날린 바비 톰슨Bobby Thomson*의 끝내기 홈런이었다. 그는 틀렸는가?

"부분적으로는요." 그린스펀이 대답했다.

그 순간은 미국 민주주의가 근래에 거둔 중요한 승리로 여겨진다. 선출된 공직자가 책임지지 않는 금융 관료로부터 반쯤 직접적인 대답을 적어도 하나 받아낸 것이다.

그러나 상황은 별로 나아지지 않았다. 실제로 그린스펀이 인생의 종막을 향해 병아리 눈물만큼 끌려 내려가긴 했지만, 그의 신념 체계―혹은 그의 신념 체계로 통하는 것―는 국제적인 금융 문화를 지배하진 않더라도 거기서 여전히 우위를 차지하고 있었다. 그는 그의 후견 아래서 랜드주의적 슈퍼맨으로 스스로를 단련하며 순수한 종교적 열정으로 사적 이익의 주문을 읊는 월가 금융가들의 세대를 길러 냈다.

실제로 거품이 가능했던 것은 그린스펀 시대에 골드만삭스와 모건스탠리와 시티그룹 같은 은행을 경영한 이들이 이런 광신적 열정에 사로잡혀, 그들 행동이 초래할 해로운 사회적 결과에 대해 진짜로 눈이 멀었고 분통이 터질 정도로 자기반성에 면역이 되어 있었기 때문이었다. 랜드주의적 사고방식은 금융계 내에 너무나 만연해 있어서, 심지어 무시무시했던 2008년의 붕괴 이후에도 골드만삭스의 경영자들은 사적 이익에 대한 그들의 신앙을 예수께서 친히 승인해 주셨다고 공개석상에서 주장하기도 했다.(골드만의 국제 고문인 브라이언 그리피스Brian Griffiths는 런던 세인트폴 성당의 신자들을 앞에 놓고 이렇게 말했다. "네 이웃을 내 몸같이 사랑하라는 예수의 명령은 이기심을 인정한 것이다.") 이런 식의 윤리적 맹목은 민간 은행들의 탐욕을 증폭시켰지만, 이 절도 음모가 사실상 멈출 수 없게 되어 버린 것은 그린스펀이 광대하고도 기묘한 (가진 자들을 위한―옮긴이) 복지국가를 냉소적으로 건설한 덕

$$
● 미국 프로야구 메이저리그의 스타. 1951년 플레이오프에서 9회말 끝내기 홈런을 쳐 뉴욕 자이언츠를 내셔널 리그 우승으로 이끌었다.

이었다.

앨런 그린스펀 시대에 대해 기억해야 할 중요한 사실은, 비록 금리와 부채와 시장 예측과 관련된 온갖 수치와 그들만의 전문 용어가 난무하긴 해도 그의 이야기는 경제에 대한 것이 아니라는 점이다. 그린스펀의 시대는 바로 범죄 소설이다. 마약 거래와 도박과 폰지 사기가 그렇듯이 그가 관장했던 부류의 버블들은 패배자가 미리 정해져 있고 그 본질상 심리에 퇴폐적 영향을 미치는 부정한 게임이다. 걸어라, 갖가지 방식으로 털릴 것이다.

그린스펀은 이 사기판에 베팅했고, 몇조 달러씩 거듭 돈을 찍어 내어 처음부터 딜러에게 지도록 정해져 있는 게임에 미국인들을 잇달아 몰아넣었다. 결국 찍어낸 돈들은 전부 사라지고 빚만 남았다. 어쩌면 그는 그저 잡지 표지에 자기 얼굴이 실리는 걸 보고 싶어서, 혹은 뉴욕의 어퍼이스트 사이드 칵테일파티의 인기인이 되고 싶어서 이런 짓을 한 건지도 모른다. 바로 그의 이런 개인적 집착이 호구들에게는 순수한 자유시장을, 아틀라스들에게는 거액의 퇴직 수당을 안겨 주는 현대 미국 정치의 모든 속임수를 만들어 낸 것이다.

3.

뜨거운 감자:
미국의 거대한 모기지 사기극

남은 것은 도둑질이다.
여기에 있어
우리 미국인을
대적할 상대는 없다.

★ 보통 시민 윌리엄스는 왜 전사가 되었나 ★

미국의 신용 사기는 언제나 방송 전파를 타고 흘러나오는 작은 콧노래, 높은 탑에서 허공으로 전파되는 일종의 건조하고 비인격적인 호소, 뭔가—도움, 조언, 새로운 삶의 방식, 필요할 때의 친구, 꿈속의 여인—를 판매하려는 제안으로 시작했다. 이것은 평범한 미국인들이 민주주의에 참여하는 방식이다. 다시 말해서 우리는 구매한다. 우리는 4년에 한 번 정도 투표를 하지만 매일매일 물건을 산다. 그리고 그 선택 하나하나는 저 높은 곳 어딘가, 미국의 레비아탄의 두뇌에 기록되고 있다.

때는 2005년 초로 거슬러 올라간다. 키 2m의 건장한 흑인 보안관 대리sheriff deputy●인 엘존 윌리엄스Eljon Williams는 라디오를 들으며 집으로 향하고 있었다. 보스턴 시의 악명 높은 사우스베이 교정원에서 이 지역 범죄자들과 씨름하는 악몽 같은 직장 일을 끝마치고 돌아오는 길이었다. 그가 듣는 채널은 보스턴의 WILD라는 흑인 토크 라디오 방송국으로, 그 시간에는 알 샤프턴Al Sharpton 목사가 진행하는 방송과 스포츠 라디오 쇼인 〈투 라이브 스튜스Two Live Stews〉를 내보내고 있었다. 윌리엄스는 운전하면서

$$
● 미국의 지방 행정 구역인 카운티 단위의 경찰관을 부르는 명칭.

솔로몬 에드워즈(가명)라는 사람의 인터뷰를 들었다. 자칭 모기지 전문가인 그는 최근 주택을 구매하려는 소수자들을 상대로 행해지는 다양한 신용 사기에 대해 청취자들에게 알려주려 방송에 출연했다고 했다.

윌리엄스는 열심히 귀를 기울였다. 그는 보스턴에서도 거친 동네인 도체스터에 3층 집을 가지고 있었는데, 여기 걸린 담보 대출에 대해 궁금한 점이 몇 가지 있었다. 윌리엄스는 자기 집의 1층과 3층은 세를 주고 아내와 아들과 함께 가운데 층에 살고 있었지만, 여기서 나와 새집을 구매할 생각이었다. 이사를 하기 전에 조언을 좀 얻고 싶었던 그는 방송이 끝난 뒤 에드워즈의 전화번호를 메모해 뒀다가 나중에 전화를 걸었다.

윌리엄스는 약속을 잡고 에드워즈와 만났다. 윌리엄스는 당시를 이렇게 회상했다. "젊고 인상 좋은 흑인 남자였어요. 세련되고 옷도 깔끔하게 입었죠. 같이 어울려도 좋겠다 싶은 부류, 친구로 삼을 만한 사람이었어요."

아니나 다를까 실제로 그들은 친구가 되었다. 윌리엄스의 회상에 따르면 에드워즈는 그 3층 집에 잡힌 모기지 내역을 살펴보고 실제로 거기서 잘못된 점을 찾아냈다. 그는 윌리엄스에게 부동산계약절차법RESPA에 대해 알려주었다. 이는 사기범들이 특히 주택을 구입하는 도시 저소득층들을 상대로 부동산 취득 시 부대비용closing cost에 수수료를 끼워 넣는 걸 막기 위해 만들어진 법이었다. 그리고 에드워즈는 윌리엄스의 모기지에 숨어 있던 비용을 찾아내어 그가 얼마간의 돈을 돌려받을 수 있도록 도와주었다. "그는 내게 돈을 벌어다 주었어요. 나는 그를 철석같이 믿었습니다." 윌리엄스는 이렇게 회상했다.

에드워즈는 결국 윌리엄스와 아주 친해져서 가끔씩 그의 집으로 놀러왔고, 심지어 그의 아들인 엘존 주니어의 생일잔치에 들르기까지 했다.("선물도 사 왔어요."라고 윌리엄스는 말했다.) 에드워즈는 윌리엄스와 함께 시간을 보내던 중에 자기는 사회경제적 혜택을 못 받는 사람들의 대변인이라고 역설하기도 했다. "부자는 자기 찬장에서 비스킷이 없어져도 알아차리지 못하지만 가난뱅이는 금방 안다고 말하고는 했어요. 정말 청산유수였어요."

1년이 쏜살같이 흘러갔다. 윌리엄스와 그의 아내는 이사를 하기로 결심했다. 그들은 랜돌프 지역에 침실 두 개짜리 작은 집을 찾아냈다. 그곳은 보스턴에서 조금 더 외곽에 위치한 조용한 중산층 동네였다. 윌리엄스는 저축한 돈이 조금 있었지만, 여기에 3층 집을 팔아서 난 수익을 합쳐도 새집을 사려면 대출을 더 받아야 했다. 이 대출을 80대 20으로 분할해서 80%는 '뉴 센추리'라는 회사에서, 20%는 '옥웬'이라는 회사에서 받았다.

에드워즈는 그가 이 두 건의 대출을 받을 수 있도록 도와주었고, 모든 것이 적법하게 이루어지는 듯 보였다. 윌리엄스는 말했다. "나는 경험 많은 집주인이었습니다. 고정금리모기지와 변동금리모기지의 차이도 알고 있었죠. 그래서 그에게 구체적으로 물어 보고 고정금리모기지라는 걸 확인했습니다."

하지만 그건 그의 생각일 뿐이었다. 윌리엄스는 새집에 입주하자마자 곤란에 빠지게 되었다. 2006년 말 윌리엄스의 아내인 클라라 버나디노가 자궁암 진단을 받은 것이다. 당시 그녀는 임신 중이었다. 그녀와 아기의 생명을 구하기 위해 급히 수술을 해야 했고, 이 부부는 당분간 윌리엄스의 수입만 가지고 살아가야 했다. 살림이 너무너무 팍팍해졌다. 그리고 하늘에서 커다란 망치가 쿵 떨어졌다.

2007년 중반 이 가족은 ASC(아메리카스 서비싱 컴퍼니)라는 회사로부터 통지문을 하나 받았다. 그들이 받은 80%의 대출은 뉴센추리에서 ASC로 넘어간 상태였고, 당시 뉴센추리는 폐업 절차를 밟고 있었다. 채권자들은 지원을 철회했고 회사 대표는 회계 부정 등으로 연방 수사를 받는 중이었다. 하지만 그건 또 다른 이야기다. 현시점에서 중요한 사실은 윌리엄스와 그의 아내 클라라가 2007년 6월의 어느 날 아침 눈을 떠 보니, 우편함에 ASC가 보낸 다음과 같은 내용의 통지서가 도착해 있었다는 것이다.

> 이 통지서는 귀하의 변동금리모기지 이자 및 납입금에 변동이 발생했음을 알려 드리기 위한 것입니다.
> 귀하의 대출에 의거한 원금 및 이자는 2123.11달러에서 2436.32달러로 조정됩니다.
> 2007년 8월 1일자 납입금부터 7.225%에서 8.725%로 조정된 금리가 적용됩니다.

아직 완전히 자제력을 잃지 않은 윌리엄스는 뭔가 착오가 생겼다고 생각했다. 그는 에드워즈에게 전화를 걸었다. 전화를 받은 그는 처음부터 우물우물하며 횡설수설하는 등 '이상한' 모습을 보였다. "당신(에드워즈)이 당신 입으로 고정금리라고 말했으니 이 모기지가 변동금리라는 건 있을 수 없는 일"이라고 윌리엄스가 주장하자, 에드워즈는 윌리엄스가 틀렸고 처음부터 변동금리였으며 자기도 그렇게 말했다고 맞섰다.

그 후 얼마 지나지 않아 에드워즈는 전화를 받지 않았다. 그리고 그로부터 얼마 안 되어 감쪽같이 사라져 버렸다. 사무실에도 없었고 지구 모든 곳에서 종적을 감추었다. 그리고 윌리엄스에게는 암과 갓 태어난 아기와 압류된 집만이 남았다. 그 후 윌리엄스는 에드워즈가 이 주택 거래를 통해—주로 감정평가액을 조작해서—1만 2천 달러 이상의 수수료를 챙겨 갔다는 사실을 알게 되었다. 이 사기꾼은 더할 나위 없이 점잖고 법을 지키며 열심히 일하는 사람을 꼬드겨 그와 그의 모기지를 시한폭탄, 뜨거운 감자로 만들어 놓은 뒤, 그 열기가 손가락에 닿기도 전에 그것을 재빨리 떠넘겨 버린 것이다.

자신이 사기 당했음을 깨달은 윌리엄스는 이제 전투 모드로 들어갔다. 그는 주 검찰총장부터 995-HOPE 같은 상담전화의 신용 상담인에 이르기까지, 하늘 아래 있는 모든 사람들에게 도움을 청했다. 그는 ASC에 전화를 걸어서 자기 아내가 암 투병 중이며 사기 대출을 받았다는 등 딱한 사정을 설명하며 대출 조건을 변경해 달라고 애걸하기도 했다. "나는 우리가 의료적 비상상황으로 인해 이 지경에 처하게 되었다는 증거로 의사의 진단서를 떼어다 주겠다, 당신들이 어떻게 해주느냐가 우리의 생사를 갈라놓을 수도 있다고 했죠. 그런데 그들의 태도는 '그러든지 말든지'였어요. 자기들은 상관없다 이거죠."

이 가족은 상환 납입금을 몇 차례 지불하지 못했고 전문용어로 하면 채무 불이행 상태에 놓이게 되었다. 윌리엄스는 참호를 파고 알라모 요새전 같은 대치 상황을 준비했다. "나는 이 집에 바리케이드를 치고 버틸 겁니다. 무슨 일이 있어도 절대 여길 떠날 수 없습니다."

그래서 결국에는… 아니 결말은 뒤로 미루도록 하자. 여기서 이야기가 정말로 추악해지기 때문이다.

★ 돈을 만드는 연금술 ★

솔로몬 에드워즈 같은 사기꾼들은 어느 나라에나 있지만, 이런 인간들이 권력 구조의 일부로 행세하는 곳은 망해 가는 나라, 가장 곤궁한 제3세계 사회 중에서도 가장 막장인 곳들뿐이다. 엘존 윌리엄스의 머리 위에서 터진 주택 거품이 심상치 않은 이유는 바로 여기에 있다. 이 신용 사기를 끝까지 추적하면 말 그대로 맨 꼭대기까지 이어질 것이다. 솔로몬 에드워즈는 몰지각한 일부도 아니고 사실 범죄자도 아니며 이 나라 최고 권력을 대리하는 일종의 하수인임이 드러났다. 결국 2008년 가을, 국가는 이런 사람들을 위해 엄청난 규모의 선처를 베풀어 주어야 했다. 이는 조용한 쿠데타였다.

어쨌든 저 아래쪽의 서브프라임 시장은 마피아들이 보호 수수료를 갈취하는 원리와 거의 똑같이 작동한다.

영화 〈좋은 친구들Goodfellas〉을 본 사람이라면 이런 일이 어떻게 돌아가는지 알 것이다. 조직 폭력배가 합법적인 식당 주인에게 접근해서 그의 부채를 최고 한도로 늘려 놓는다. 그의 이름으로 술과 식재료와 기타 물품들을 몇 트럭씩 사들인 다음, 그 물품들을 뒷구멍으로 반값에 팔아치워 200달러의 신용을 100달러의 현금으로 바꾸는 식이다. 이 게임을 2~3개월간 계속하다가, 마침내 그의 신용이 바닥나고 트럭이 더 이상 오지 않는 시점이 되면 식당을 홀랑 불태워 버리고 보험금을 타 먹는다.

합법적인 비즈니스로 식당을 경영하면 장기적으로는 돈을 더 많이 벌 수 있지 않을까? 하지만 그건 신경을 쓰고 공을 들일 때의 얘기다. 귀찮은 일에 신경을 끄면 전체 방정식은 훨씬 단순해진다. 그러면 모든 식당은 조폭의 손에 장악되어 술, 자동차, 마약에 탕진되기만을 가만히 앉아서 기다리는 큰 현금 더미일 뿐이다. 그리고 이 게임의 목표물은 그 식당의 손님들이 아니라, 멍청한 화수분 노릇을 하는 사회 기관—이 조폭의 식당에 비용을 대 주는 금융사, 보험 회사, 납품 회사—들이다.

주택 게임의 사기 수법도 희생자만 조금 달랐을 뿐 이와 똑같았다. 이는 천재적인, 거의 불가능할 정도로 복잡한 종류의 신용 사기였다. 포식자 사슬의 맨 밑에는 주택 소유주들을 긁어모으는 중개업자와 모기지 대부업체가 있었다. 이 중개업자들에게 집주인들은 자신도 모르는 신용 점수가 붙은 약간의 지방과 근육 덩어리들의 나열에 불과했다. 중개업자와 대출업자들 눈에 비친 주택 구매자들은 마치 조폭 눈에 비친 식당과 같았다. 그들은 잡혀서 처분되기만을 기다리는 커다란 현금 더미에 불과했다.

소위 서브프라임subprime(비우량) 대출이 드물었던 2002년 이전에는 무직자나 장기간 소득 이력이 없는 이들이 큰 집을 사는 건 거의 불가능했다. 그러나 2000년대 초에 이 모든 것이 바뀌었다. 윌리엄스가 집을 산 2005년에는 매년 총 6천억 달러어치의 돈이 서브프라임 모기지로 대출되고 있었다. 돈 없는 사람들에게 큰 집을 나눠 주는 관행이 너무 흔해져서, 업계에서는 무소득, 무직장, 무자산(no income, no job, no asset)이라는 뜻의 '닌자NINJA 대출'이란 말이 생겨났다.

'워싱턴 뮤추얼'을 상대로 한 집단 소송은 그 고전적 사례다. 솔레다드 아빌레스Soledad Aviles라는 이름의, 영어를 전혀 못 하고 유리 절단공으로 일하며 시간당 9달러를 받는 한 멕시코인 이민자가 61만 5천 달러짜리 집을 샀는데, 그가 매달 내야 하는 납입금은 그가 실수령하는 소득의 96%에 달했다. 어떻게 이런 대출이 이루어졌을까? 해답은 쉽다. 대출업자가 서류를 단순 조작해 월 소득 1만 3천 달러에 해당하는 신용을 아빌레스에게 부여한 것이다.

윌리엄스 부부도 발견했듯이 광적인 서류 변조는 전방위적으로 행해졌다. 그들의 중개업자인 에드워즈는 한편으로 대출 신청서를 위조해서 클라라에게 실제 소득을 훨씬 상회하는 월 소득 7천 달러의 신용을 부여했다. 또 한편으로 윌리엄스 부부는 실제로 안정된 고정금리대출을 받을 자격을 갖추고 있었는데도 에드워즈는 이들의 신용 점수를 낮게 조작해서 서브프라임 대출자 줄에 세웠다. 그들은 프라임(우량) 대출자였지만 서브프라임

수수료가 더 높다는 이유로 서브프라임 지옥에 떠밀렸던 것이다.

이 모두가 수수료 때문이었다. 모기지가 변동금리일 때 수수료가 가장 높았고, 이른바 '옵션-변동금리모기지ARM'는 특히 고수익이었다. 옵션-ARM을 구매한 사람은 저금리 혹은 시장 대출금리로 집을 사지만, 몇 개월 뒤 정신 차려 보면 변동금리가 인상돼 있는 것을 깨닫게 된다. 그리고 아마도 몇 년 뒤에는 금리가 또 변동될 것이다. 이는 윌리엄스 가족의 경우처럼 한 달에 수백 달러씩 오를 수도 있고, 혹은 수천 달러씩 인상되거나 심지어 납입금이 4배로 뛸 수도 있다. 중개업자들이 챙기는 프리미엄은 최대한 빨리 많은 구매자들을 잡아 오는 데 달렸다.

대출업체와 중개업자들은 모두 수수료 장사를 하고 있었다. 매매되는 주택들과 그곳에 들고 나는 대출자들은 완전히 부수적인 요소였고, 금전적 알곡을 거두어들이는 수단에 불과했다. 그런데 신용 점수가 낮은 이들로 가득 찬 거리에 소방 호스로 수백만 달러의 현금을 쏟아 대어 돈을 버는 일이 실제로 어떻게 가능했을까?

투자은행이 끼어든 것이 바로 이 지점이었다. 은행과 모기지 대출업체들은 서로 긴밀한 공생 관계를 맺고 있었다. 이 틈새에서 모기지 업자들의 일거리가 만들어졌다. 막대한 양의 대출을 창출하는 것이 그들의 일이었다. 예전 같았으면 이런 엄청난 액수의 대출은 문제가 되었을 것이다. 시급 9달러의 유리 절단공 이주 노동자에게 내어 준 수백만 달러의 대출을 아무도 깔고 앉으려 하지 않았기 때문이다.

이 시점에서 은행이 등장해 모두를 위한 해결책을 고안해 낸다. 이 중 상당 부분은 금융계의 추이를 주시해 온 이들이라면 이미 다 아는 이야기지만, 그 후 2008년 여름에 무슨 일이 일어났는가를 감안할 때 이를 짧게 요약해 볼 필요가 있다. 은행들은 1970년대에 고안된 증권화securitization라는 기법을 완성했다. 증권화 덕분에 은행들은 주택자금을 융자해 주고 만기까지 그것을 깔고 앉아 있는 대신, 이 모기지를 엄청나게 큰 모기지 집합(mortgage pool, 모기지 풀)으로 묶고 그것을 잘게 쪼개 2차 투자자들에게 증권으로 판매할 수 있게 되었다.

증권화 혁신 덕분에 대출업자들은 장기 수익 흐름을 단기 현금과 맞바꿀 수 있게 되었다. 총 100명의 집주인에게 도합 5천만 달러어치의 집들을 담보로 30년 만기 대출을 100건 해주었다고 가정하자. 증권화 이전에는 이 100건의 모기지를 즉시 현금화할 수 없었다. 이 기금에 손댈 수 있는 유일한 길은 30년간 매달 100건씩 들어오는 소액의 납입금뿐이었다. 하지만 이제 은행들은 이 100건의 대출 전부를 가져다 모기지 풀에 던져 넣고 그 미래 수익 흐름을 제3자에게 뭉텅이로 판매할 수 있게 되었다. 30년간 300만 달러를 버는 대신에 오늘 당장 선불로 180만 달러를 벌 수 있게 된 것이다. 그렇게 해서 전통적으로 장기 비즈니스였던 주택 융자 사업은 단기적인 현금 사냥으로 바뀌게 되었다.

그러나 증권화를 동원해도 대출업자들에게는 한계가 있었다. 아무리 증권화 풀을 만들어도 실제로 연체 확률이 낮은 건전한 대출이 아니면 아무도 그 모기지를 사려 하지 않았기 때문이다.

이 문제를 해결하기 위해 은행들은 두 번째 혁신인 파생상품을 고안해 냈다. 여기서 획기적인 요소는 바로 부채담보부증권, 즉 CDO(혹은 모기지담보부증권 등의 비슷한 증서)였다. 이런 담보부 증서를 가지고 은행들은 대량의 모기지를 가져다 증권화 풀에 던져 넣고 층층으로 된 지불 구조를 만들었다.

100건의 주택 융자가 들어 있는 상자를 상상해 보자. 100명의 집주인이 이 상자 안에 매달 납입금을 넣는다. 그렇게 매달 들어오는 돈의 총액이 32만 달러라고 하자. 은행들이 한 일은 이 상자를 세 등급으로 쪼개어 각

등급에 해당되는 몫—'트렌치tranches'—을 외부 투자자들에게 판매한 것이다.

다시 말해 외부 투자자들은 집주인들이 매달 지불하는 납입금에 대한 접근 권한을 매수한 셈이다. 그 최고 등급은 시니어, 혹은 AAA가 매겨지며, AAA등급의 조각 혹은 상자를 매수한 투자자들은 언제나 최우선 순위로 돈을 받게 된다. 은행의 말에 따르면, 예컨대 매달 상자로 들어오는 돈 중 첫 20만 달러는 AAA 투자자들한테로 가게 된다. 만약 매달 20만 달러 이상이 들어오면, 다시 말해 집주인의 대다수가 연체하지 않고 납입금을 낸다면 그다음으로 들어오는 납입금은 BBB 혹은 '메자닌mezzanine' 등급 투자자들에게 보내 줄 수 있다. 이 투자자들은 AAA 투자자들보다 높은 수익률을 올리지만, 돈을 못 받을 위험은 더 높다.

마지막 투자자는 소위 '이쿼티equity' 투자자로서, 이 트렌치는 흔히 독성 폐기물로 알려져 있다. 이 투자자들은 모든 집주인이 제때 납입금을 낼 때만 돈을 받는다. 그들은 돈을 못 받을 위험이 가장 높지만 만약 받는다면 매우 높은 수익률을 올린다.

이런 파생 증서들 덕분에 대출업자들은 자기들의 대출 부실을 담보부 구조의 기묘한 연금술 뒤에 숨김으로써 대출 건전성 문제를 피해 갈 수 있게 되었다. 이제 모기지 기반 투자의 상대적 매력은 개별 대출자들의 장기적 지불 능력이 아니라, '최소한 660 이상의 신용 점수를 지닌 100명의 집주인 중에서 93명 이상이 다음 달에 대출금을 연체할 가능성은 얼마나 되는가?' 같은 계산 수치에 근거하게 되었다.

이런 계산 수치는 매우 주관적인 데다, 거짓말 탐지기 테스트처럼 신용평가사들이 말하고 싶은 쪽으로 얼마든지 유도할 수 있다. 그리고 신용평가사들은 모기지 패키지 상품의 등급 평가를 의뢰하는 바로 그 대형 투자

은행들에게 거의 전적으로 재정을 의존하고 있으므로, 그들의 책상 위를 스쳐 가는 거의 모든 모기지 패키지에 높은 등급을 나눠 주는 것이 편리하다는 사실을 깨닫게 된다.

여기서 가장 괘씸한 것은 서브프라임 모기지 복합체에 투자 등급을 관대하게 매긴 일이었다. 2006년 골드만삭스가 8274건의 모기지를 패키지로 묶은 상품인 'GSAMP 트러스트 2006-S3'은 악명 높은 사례다. 이 패키지 내 모기지들의 평균 주택담보인정비율LTV은 놀랍게도 99.21%에 달했다. 이는 이 집주인들이 집을 살 때 현금으로 지불한 계약금이 집값의 1%에도 못 미친다는 뜻이다. 이런 집들은 사실상 순자산이 전혀 없는 것이나 마찬가지다. 설상가상으로 이 대출 중 58%는 서류가 없거나 부족한 '무서류' 혹은 '약식 서류' 대출이어서, 소유주가 집을 점유하고 있거나 직장 혹은 수입이 있다는 증거가 없었다.

다시 말해서 이 모기지 패키지는 거의 순전한 쓰레기였지만, 이 패키지 중 68%는 기술적으로 '신용 위험 거의 제로'를 의미하는 AAA등급을 받았다. 이는 은행과 신용평가사 간의 상호의존적 관계로 인해 초래된 결과였다. 신용평가사들은 등급 매길 증서들을 찍어 낸 바로 그 은행에 재정을 의존했을 뿐만 아니라, 이 시스템에 베팅하는 로드맵을 제공함으로써 그 은행들과 결탁하고 있었다.

런던에서 일하며 파생상품을 다루었던 티모시 파워Timothy Power라는 트레이더의 말에 따르면 신용평가사들은 은행을 상대로 AAA등급을 획득하려면 모델에 무엇이 필요한지를 노골적으로 알려 주었다. "만약 기업을 상대로 '이제는 수익을 내기 시작해야 된다, 안 그러면 신용등급이 내려갈 거다.' 하고 알려주는 거라면 괜찮죠. 하지만 모델과 교묘한 통계와 시스템을 거스르는 막대한 인센티브의 세계에서 그런 일은 재앙을 부르는 거죠."

신용평가사들은 시한폭탄 모기지를 몇 년씩이나 무위험으로 분류한, 언뜻 불가사의한 판단을 설명하는 데도 뻔뻔하기 그지없었다. 2008년 5월 21일, 시장 대부분을 지배하는 두 신용평가사 중 한 곳인 무디스는 "내 숙제를 개가 먹어 치웠어요." 운운하는 변명으로 금융 역사상 전대미문의 순간을 기록했다. 수십억(수십만이 아니라, 수십억) 달러어치의 막대한 정크 증권이 '컴퓨터 에러'로 잘못 분류되었다고 정색을 하며 발표한 것이다. "우리는 이 문제에 대해 철저한 재조사를 수행 중"이라고 이 평가사는 말했다.

이 회사는 2007년 2월에 이미 이 '에러'를 알고 있었지만 2008년 1월까지 계속해서 이 쓰레기 증서들(구체적으로 '고정비율부채증권'이라는 명칭의 끔찍한 물건)을 AAA등급으로 고평가했고, 그동안 고위 경영진들은 수백만 달러의 수수료를 주머니에 챙겼음이 밝혀졌다.

왜 그들은 잘못 평가된 증서들의 등급을 바로잡지 않았을까? 이 회사의 말에 따르면 "에러를 덮기 위해 방법론을 변경하는 것은 무디스의 분석 기준 및 회사 정책과 상반되기 때문"이었다. 이 말을 번역하면 이렇다. "〈파이낸셜 타임스〉에 의해 들통 나지만 않았으면 우리는 이것을 영원히 감추어 두었을 것이다."

이 세계에서는 두 손에 수갑을 차는 그 순간까지 모두가 사기질을 계속했다. 이렇게 하는 것이 금융 세계의 이치에 맞았다. 돈의 액수가 너무나 커서, 경영자들은 아무리 부정한 방법으로든, 심지어 이 게임이 결국은 끝장날 것을 알고 있다 해도 거액의 단기 수익을 좇는 편이 (개인의 관점에서 볼 때) 비용 대비 효과가 컸다. 어떻게 하든 돈을 챙길 수만 있다면 못 할게 뭐가 있겠는가?

★ 사악한 AAA등급 포장술 ★

한 도둑이 다른 도둑 위에 올라타 또 다른 도둑을 채찍으로 쓴다는 오래된 슬라브 속담이 있다. 모기지 세계도 이와 아주 비슷했다. 이 비즈니스의 각 단계마다 일종의 유사 범죄적 신용 사기, 즉 사기에 아슬아슬하게 걸쳐 있거나 사실상 사기인 거래가 존재했다. 이 모두를 전부 분류하는 것은 이 세계 출신이 아닌 사람들에게는 거의 미쳐 버릴 정도로 지루한 일이지만, 바로 그 여정의 지루함과 복잡성이야말로 이 야만적인 금융 사기를 신뢰할 만한 것으로 혼동시킨 요인 중 하나다.

이 과정은 솔로몬 에드워즈 같은 잔챙이 사기꾼으로부터 시작한다. 그는 당신 같은 멍청한 집주인을 꾀어 당신의 이름을 대출 계약서에 덜컥 얹어서 대기 줄로 올려 보낸다. 에드워즈는 대출을 일으키는 모기지 대부업체와 결탁해 있는데, 그들이 하는 일도 에드워즈처럼 수수료 장사다. 그는 당신에게 돈을 빌려준 뒤 당신에게 걸린 조막만 한 판돈을 곧바로 전국적·국제적 규모의 대형 투자은행에 팔아넘길 길을 노린다. 투자은행이 하는 일은 당신의 대출을 받아다 그것을 큰 '증권화 풀' 속에 던져 넣은 다음, 그것을 다시 쪼개 증권으로 만들어 다음 차례의 주자에게 파는 것이다.

바로 이 부분이 전체 과정 중에서 결정적인 단계다. 이 나라의 거대 금융 권력들이 이 지점에서 발을 멈추고, 이 신규 대출의 잔치판에서 그들이 창출해 낸 온갖 계층의 주택 신규 소유주들을 놓고 돈을 건 것이다. 놀랍게도 표면상 지배 계층에 속하며 수백만 달러를 다루는 이 대형 기관들은 길거리 잡배 수준을 겨우 넘어선 천한 사기꾼들보다 오히려 더 부정직하고 은밀하고 비열했다. 최소한 에드워즈는 고작 몇천 달러를 먹으려 여기저기를 쑤시고 다니면서도 엘존 윌리엄스 가족의 아이들을 위해 값싼 생일 선물이라도 샀다.

이런 대형 투자은행 중 한 곳에서 일하면서 이런 모기지 거래를 관리했던 한 트레이더(우리는 그를 앤디 B.라고 부르겠다.)는 이 과정을 이렇게 설명한다. 붐이 몇 달째 꺼져 가고 있던 2007년 초반, 앤디는 10억 달러어치의 증권화 모기지 풀을 팔아넘기는 초대형 거래를 담당했다. 이제 그 은행은 물론이고 금융업에서 완전히 은퇴한 그는 당시 자기 경력에서 거둔 가장 큰 성공 중 하나였던 이 거래에 대해 이야기할 수 있게 되었다.

앤디 B.는 덩치가 크고 말이 많으며 유머 감각을 가진 가정적인 남자다. 그는 경력 대부분을 CMO, 즉 다계층 모기지담보부증권을 거래하는 지극히 평범한 일에 종사했다. "이건 마치 무학점 과목과 비슷해요. 금리 리스크만 신경 써서 거래하면 되거든요. 미식축구에 비유하면 태클을 방어하는 일이죠." 하지만 금융위기가 다가가고 있던 시기에 그는 대형 은행에서 새로운 일을 맡게 되었고, 어느 날 갑자기 지금까지 거의 경험이 없던 옵션-ARM 과 관련된 초대형 거래를 담당하게 되었다.

그의 설명에 따르면, 옵션-ARM은 부자들의 상품이었다. "그것은 두둑한 현금 흐름을 확보한 사람들을 위한 것이었습니다. 일례로 월가에서는 연말에 보너스를 받습니다." 그는 옵션-ARM의 전통적인 고객 프로파일 중 하나를 소개하면서 말했다. "그래서 지금 당장은 조금씩 내다가 연말에 가서 한꺼번에 원금을 지불하는 거죠. 부자들의 상품이죠. 그런데 이게 궁극의 싸구려 상품이 된 겁니다."

옵션-ARM은 주택 구매자가 최초 계약금을 사실상 한 푼도 내지 않고, 매달 이자만 내는 것이 아니라 어떤 경우에는 이자보다 덜 내는 방식으로 진화했다. 예를 들어 시장 금리가 5%라고 하면, 계약금을 전혀 내지 않고 이후 몇 년간 매달 납입 이자를 1%씩만 내고도 집을 살 수 있다. 한편 이때 지불하지 않은 매달 4%의 이자는 대출금 총액에 가산된다. "5%와 1%의 차액은 역상각negative amortization이라는 형태로 나중에 붙게 된다."고 앤디는 설명했다.

이 시나리오의 개요는 이렇다. 당신은 계약금 없이 50만 달러짜리 집을 산다. 이는 집값 50만 달러를 전부 대출로 당긴다는 뜻이다. 그리고 매달 5%, 즉 2500달러의 이자를 내는 대신 500달러씩만 낸다. 그리고 당신이 지불하지 않은 2000달러는 모기지 부채에 가산된다. 몇 년 뒤 당신의 빚은 50만 달러만 있는 것이 아니다. 이제 당신의 빚은 54만 8000달러에 유예된 이자까지 얹혔다. "지금 최소 상환금만 내고 있다면, 앞으로 모기지 원금은 부채 가치의 110%, 125%로 높아질 수 있습니다. 어떤 때는 135%나 140%까지 치솟기도 합니다. 미친 거죠."

다시 말해서 이런 종류의 대출을 받으면 초기 몇 년간 집주인이 실질적으로 갚는 돈은 전혀 없고 오히려 더 많은 돈을 빌리게 되는 셈이다. 기이한 일이지만, 바로 이 비뚤어진 현실 덕분에 앤디의 모기지 컬렉션은 투자자들에게 더욱 구미 당기는 상품이 되었다.

다시금 앤디는 이런 모기지를 취합한 일종의 다층 구조 증권에서 서로 다른 세 등급의 풀—맨 꼭대기의 '시니어' 혹은 AAA 상품, 중간의 B 또는 '메자닌' 상품, 그리고 밑바닥에 등급이 매겨지지 않은 '이쿼티' 혹은 '독성 폐기물' 부분—을 구매할 투자자들을 찾아야 했다.(실제로 이 세 가지 등급은 다시금 셋 또는 그 이상의 하위 등급으로 나뉘지만, 그 기본 구조는 시니어, 메자닌, 이쿼티의 세 등급이다.)

AAA 상품을 파는 일은 문제가 안 되었다. 규제 요건을 맞추기 위해 포트폴리오에서 AAA등급 투자 비율을 높게 유지해야 하는 기관 투자자와 은행들은 충분했기 때문이다. 그리고 이 모기지 거래의 AAA등급 조각은 재무부 채권 같은 전통적인 AAA 투자보다 훨씬 높은 수익률을 내주었기 때문에, 이 상품이 갈 곳을 찾기란 전혀 어렵지 않았다.

이 거래의 메자닌 등급 혹은 메자닌 '트렌치'는 얘기가 또 달랐다. 사실 이것도 터무니없는 이야기인데, 결국 그것 역시 별 문제가 안 되었으며, 앤디 B. 같은 트레이더들은 언제나 그런 상품이 갈 곳을 찾아낼 수 있었다고 말하는 선에서 끝내기로 하자.

이제 밑바닥층만 남았다. 이런 거대한 모기지 거래의 핵심은 항상 이 '이쿼티' 트렌치, 이른바 독성 폐기물을 사줄 사람을 찾는 데 달려 있었다. 투자은행들이 이것을 팔 수 있으면 그들은 이 거래에서 막대한 돈을 선불로 챙길 수 있었다. 앤디는 이 10조 달러짜리 모기지 풀 안에서 리스크가 가장 큰 주택 소유주들에 해당하는 독성 폐기물을 팔고 있었다. 바로 그 미친 역상각 모기지를 구매한 집주인들이었다. 점점 늘어나는 부채 총액에 대해 1% 금리의 이자만 내면서 버티고 있으며, 이미 빌린 돈을 담보로 또 돈을 빌린 이들 말이다.

하지만 앤디는 운이 좋았다. 어딘가에 진짜로 독성 폐기물을 선호하는 고객들이 있었던 것이다. 사실 그들은 헤지펀드에서 일하는 그의 친구들이었다. "이런 물건들을 엄청나게 사 가는 회사가 두 곳 있었죠. 바로 도이체방크와 그 헤지펀드였어요. 그 사람들은 똑똑한 친구들이었어요. 실제로 내게 이런 종류의 리스크를 분할하는 법에 대해 가르쳐 준 것이 바로 그들(헤지펀드 친구)이었어요. 사실 그들은 우리가 이런 패키지들을 사들일 때 내 밑의 트레이더들을 가르치고 있었어요."

이 헤지펀드가 이런 밑바닥 쓰레기를 사고자 했던 이유는, 비록 이 등급의 신용 리스크가 엉망이더라도 얼마 동안은 매달 1%씩의 납입금이 들어올 것이라고 계산했기 때문이었다. 그들의 전략은 단순했다. 쓰레기를 산다. 잠시 동안 높은 수익률로 현금이 들어온다.(고위험 트렌치일수록 수익률이 높다는 사실을 기억하자.) 그리고 이 딜에서 내가 산 등급에 속한 집주인들이 이 병리적인 1% 금리 이자를 계속 낼 수 있기를 기도한다. 연체가 시작되기까지 헤지펀드가 다른 누군가에게 대출을 떠넘길 수 있을 정도의 기간만 버텨 주면 충분했다. 앤디는 이렇게 설명했다. "그것은 타이밍 게임이었습니다. 그들은 그 맨 밑바닥 사람들이 심지어 그보다 상위 등급의 일부 집주인들보다도 더 오랫동안 납입금을 지불할 수 있을 것이라고 계산했습니다."

이 '똑똑한 친구들'이 왜 일을 그르쳤는지 알아보기 전에, 이 먹이사슬 전체에 이런 사고방식이 얼마나 일관되게 만연했는지를 살펴보자. 앤디의 헤지펀드 고객들, 앤디 자신과 그가 속한 은행, 대출업체는 말할 것도 없고, 많은 경우 심지어 집주인들까지, 여기 참여한 모든 사람들이 철저히 단기적 관점에서 사고했다. 이들 중에서 이 서브프라임 대출이 만기까지 갈 것이라고, 아니 하다못해 2008년이나 2009년 이후까지 지탱할 것이라고 실제로 믿은 사람은 아무도 없었다. 여기 연루된 모두는 이 대출이 연체될지 여부가 아니라 (특히 가까운 미래에) 언제 연체될지에 이런저런 방법으로 베팅했다. 앤디와 그의 고객인 헤지펀드와의 거래에서 앤디는 단기에, 그의 고객들은 장기에 베팅했다. 여기서 '단기'란 몇 달이나 아마도 1년 정도였다. 그리고 그마저도 이 시장에서는 너무 긴 기간으로 판명되었다.

한편 이런 대출을 받은 상당수 집주인 입장에서 이것은 집값에 대한 투기 수단이었다. 그들의 전략은 일정 기간 이 1% 이자만 내면서 버티다가, ARM(변동금리모기지)이 치고 들어와 납입금이 조정되고 진짜 이빨이 돋아나기 전에 집을 팔아 수익을 보는 것이었다. 붐이 절정일 때 일부 지역에서는 이 과정이 부조리한 수준까지 이르렀다. 《뉴요커》에는 포트 마이어스Fort Myers라는 플로리다의 한 중개업자가 어떤 집을 단기간에 전매한 이야기가 실렸다. 그가 들려준 이야기를 인용하면, 2005년에 지어진 이 집은 2005년 12월 29일 38만 9600달러에 처음 매매되었다가 바로 그다음 날 58만 9900달러에 팔렸다. 그리고 한 달 뒤 압류되었고, 이 부동산 중개업자는 이것을 32만 5천 달러에 고스란히 재매입했다. 이는 분명히 일종의 사기적 거래였다 — 이 연속적 거래에 개입한 구매자들은 아마도 대출업체에서 돈을 사취하기 위해 (아마도 솔로몬 에드워즈 같은 부류의 도움을 받아) 신청 및 평가 과정을 조작한 유령 구매자였을 것이다. 한편 바로바로 대출을 팔아치우고 수수료를 챙기기에 급급한 대출업체들은 어찌 됐든 개의치 않았다 — 하지만 이런 식의 일들이 실제로 벌어졌다. 업계 전체에 사기꾼들이 우글거렸다.

앤디도 그의 고객들도 사기가 어느 정도나 만연해 있는지를 인식하지 못했고, 그것이 그들이 범한 결정적 실수였다. 이 신세계에서 그들은 아무것도, 심지어 외견상 튼튼해 보이는 전통적 대출 인프라의 대들보조차도 믿어선 안 된다는 사실을 깨달았어야 했다. 일례로 앤디의 헤지펀드 고객들이 독성 폐기물 트렌치에 속한 집주인들을 그렇게 믿었던 이유는 일부분 그들의 신용 점수가 그리 나쁘지 않다는 데 있었다. 많이들 알다시피, 모기지 업계에서 통용되는 FICO 점수는 1950년대 후반 빌 페어Bill Fair라는 엔지니어와 얼 아이작Earl Isaac이라는 수학자가 개발한 공식에 근거했다. 그들이 설립한 회사인 '페어 아이작 코퍼레이션FICO'은 주택 대출 신청자들의 채무 불이행 확률을 예측하기 위한 알고리즘을 고안했다. 이 책을 쓰고 있는 현재 이 점수는 300점부터 850점 사이에서 매겨지며 그 중간 점수는 723이다. 620점에서 660점까지는 서브프라임이고, 720점 이상은 프라임이며, 그 사이의 점수는 '알트-A' 카테고리로 분류된다. 원래 '알트-A'는 비전통적인 직업에 종사하는 건전한 대출자들을 두루뭉술하게 묶어서 일

킨는 용어였지만, 주택붐이 이는 동안 좀 더 불길한 것으로 탈바꿈했다.

월가는 FICO를 믿었고 다년간 이 수치를 크게 신용해 왔다. 그리고 FICO 점수만 보면 앤디가 발행한 증권에 포함된 집주인들은 그리 나쁘지 않아 보였다. 앤디는 이렇게 말했다. "이 딜 전체, 그러니까 총 10억 달러어치 모기지의 FICO 평균이 710점이라고 합시다. 헤지펀드 매니저들은 이 딜에서 최악 중의 최악을 가져가는데 그 평균 FICO 점수는 675, 685점입니다. 이 정도면 끔찍한 수준은 아니죠."

하지만 그건 그들 생각일 뿐이었다. 2007년 2월 앤디의 은행은 총 10억 달러어치 딜을 취합했고 5월에 이 풀의 밑바닥 부분을 이 헤지펀드 고객들에게 3천만 달러에 팔았다. 나중에 밝혀졌지만 이는 아슬아슬한 시점이었다. 그 후 거의 곧바로 이 대출들이 터지기 시작했기 때문이다. 한편 앤디의 고객들에게 이는 2배로 큰 타격이었다. 그들은 이 쓰레기를 살 돈의 절반을 융자했기 때문이다. 바로 앤디의 은행에서 말이다.

"네, 그들에게 아주 매력적인 이자로 1500만 달러를 융자해 주었죠."라고 그는 회상했다. 그들이 맺은 다른 비슷한 딜과 비교했을 때, 앤디의 고객들에게는 분명 그 정도도 충분치 않았다. "우리가 50%를 융자해 주고 그들은 다른 투자자들에게서 더 높은 이자를 받아먹고 있었죠. 그들은 우리가 50%만 준다고 욕을 했어요."

그런데 이제 이 모든 빌린 돈들이 도로 돌아와 그들을 죽이게 생겼다. 앤디는 이렇게 말했다. "그들이 이렇게 레버리지를 잔뜩 가져다 일으킨 뒤, 이제 대출 상환이 시작됐죠. 그런데 가만히 보니까 대출을 연체하는 사람들이 있는 거예요. 우리 생각은 그랬죠. 저 사람들이 왜 연체하는 거지? 1% 이자만 내면 되는데!"

FICO 점수 자체가 사기였다는 것이 드러난 것이다. 상당수 대출자들은 시스템을 놓고 도박을 하고 있었다. '트레이드라인 솔루션스' 같은 회사들은, 1399달러의 수수료를 내면 신용 기록이 완벽하고 만기 해지를 눈앞에 둔 낯선 사람의 신용 계좌에 고객의 이름을 달아 주는 특이한 서비스를 제공했다. 완벽한 상환 기록을 지닌 계좌가 만기 해지되면 신용 점수에 45점이 가산된다. 트레이드라인사의 대표인 테드 스턴스는 회사 웹사이트에 이렇게 떠벌렸다. "신용 점수를 매기는 높은 사람들과 신용 당국이 당신에게 숨기는 한 가지 비밀이 있습니다. 바로 높은 신용 점수를 살 수 있다는 것입니다!"

또 대출 신청자가 5천 달러 한도의 신용 카드 5장을 신규로 발급받고 100달러씩만 카드빚을 내는 방법도 있다. 앤디의 설명에 따르면, "그러면 FICO는, 아, 이 사람은 사용 가능한 신용이 2만 5천 달러인데 500달러만 썼네. 유동성이 아주 좋군. 하는 거죠."

그렇게 해서 어떤 일이 벌어졌는가는 곧 밝혀졌다. 그런 식으로 신용 점수에 물타기한 사람들의 상당수가 순전히 투기 목적으로 집을 산 것이다. 그리고 집값이 떨어지기 시작하는 것이 눈에 보이자 그들은 그 변변찮은 1% 이자마저도 지불하지 않고 그냥 배를 포기해 버린 것이다. 앤디의 헤지펀드 고객들은 박살이 났고, 몇 달 뒤 그들은 이 딜로 본 손실을 만회할 현금을 얻기 위해 그들 포트폴리오의 대부분을 팔려고 내놓았다. "나는 (매각 대상 자산 목록을) 보고서 저 사람들 끝났구나, 생각했죠."라고 앤디는 회상했다.

더 정신 나간 것은 앤디가 모기지 풀의 중간 등급 트렌치를 팔아 치운 방법이었다. AAA 부분을 파는 일은 전혀 문제없었다. 당시에는 연기금 같은 기관 투자자들이 이런 딜에서 덜 위험한 부분을 거의 무제한으로 선호했기 때문이다. 또 딜의 밑바닥 부분인 독성 폐기물은 헤지펀드 친구들에게 팔아 치웠다. 앤디의 말에 따르면 "중간 것을 처리해야" 했다.

이는 이론적으로 문제였다. 누가 10억 달러짜리 옵션-ARM 패키지의 중간 부분을 사려고 할 것인가? 이 부분—메자닌—에 대한 시장은 제한되어 있었다. 앤디의 말은 이랬다. "고작 BBB등급이니까 AAA 고객들은 이걸 살 수 없고, 또 헤지펀드들이 이걸 사기에는 빨아 먹을 게 별로 없고…"

그래서 그들은 BBB 부분을 어떻게 처리했을까? 해답은 쉽다. AAA 증서로 등급을 다시 매긴 것이다!

어떻게? 앤디의 말을 들어보자. "이 BBB 증서와, 다른 5건 정도의 딜에 있는 BBB 증권끼리 모아다 CDO 스퀘어드(CDO squared)에 넣는 거죠."

CDO 스퀘어드가 뭐람? 그러니까 이것도 CDO인데 그 속에… 다른 CDO들을 가득 채워 넣은 것이다!

실로 이는 금융업계의 눈속임 중에서도 걸작이다. 앤디가 취합한 최초의 딜에서 BBB 트렌치를 가져왔다고 치자. 그것을 다른 예닐곱 건의 딜에서 나온 BBB 트렌치들과 한데 묶는다. 그런 다음 처음 시작했던 것과 똑같은 분할 과정을 그냥 반복한다. 그리고 이렇게 말한다. "이렇게 BBB등급 물건을 다 합친 것 중에서 매달 상자 안으로 들어오는 최초 수익 수십만 달러는 이 신규 CDO의 AAA 투자자들에게 돌아가게 됩니다."

그러면 신용평가사들은 이것을 전체 모기지 풀의 3층 구조에 똑같이 대응시켜, "첫 번째 것, 두 번째 것, 세 번째 것을 차례로 감하고, 이 중에서 70%까지를 AAA라고 합시다. 그러는 거죠." 앤디의 말이다.

복잡하게 들리지만 여기서는 그 최종 결과물만 기억하면 된다. 이런 기법에 힘입어 앤디의 은행이 이 거대 모기지 딜에서 팔리지 않는 BBB등급 잔여물들을 가져다 약간의 수학 공식을 가미해 이리저리 흔들었더니—짠! 안 팔리는 BBB등급 (앤디의 말에 따르면 "FICO 점수가 부정확하기 때문에 실제로는 B마이너스 등급 물건에 가까운") 유사 쓰레기의 70%가 이제 갑자기 아주 팔기 좋은 AAA등급 우량 증권이, 자칭 위험 회피 성향이 있는 연기금과 보험 회사들에게 팔기 알맞은 물건이 되었다. 집주인들도 같고 대출도 같고, 그걸 포장한 상자만 달라졌다.

앤디는 말했다. "당신은 하려고 해도 못 할걸요. 가장 사악한 상상력을 동원하더라도 차마 이런 물건은 만들어 내지 못할 겁니다."

★ AIG는 왜 그랬을까? ★

하지만 금융계를 폭파시킨 것은 독성 폐기물이나 메자닌 딜이 아니었다. 미국 금융의 몸체를 찌그러뜨린 것은 바로 모기지 기반 딜의 AAA등급 채권이었다. 그것은 세계에서 가장 부유하고 가장 힘 있는 몇몇 이들이 자행한 훨씬 더 정교하고 사악한 금융 사기 때문이었다.

앤디가 그 10억 달러짜리 딜을 진행하고 있던 때와 거의 비슷한 시기, 유럽의 비교적 소규모 은행에서 일하던 또 다른 트레이더—그를 미클로스라 부르기로 하자—는 우연히도 일생일대의 발견을 하게 되었다(고 처음에는 생각했다).

"그래서 나는 채권을 샀습니다. AAA, 수퍼시니어 트렌치 채권이었어요. 그 수익률이 리보 플러스 50이었어요."

전문용어를 해석하면, '리보LIBOR', 즉 런던 은행 간 대출금리는 은행들이 대출 가격을 정할 때 활용하는 참고 지표다. 리보는 런던의 은행들이 신용대출을 할 때 서로에게 물리는 금리를 가리킨다. 한편 '리보 플러스'라는 표현에서 '플러스'는 은행들이 거래 시에 서로에게 물리는 금리가 리보 금리를 초과한다는 뜻이고, '플러스' 뒤의 숫자는 퍼센티지 수치의

1/100을 가리킨다. 이 100분의 1% 수치를 '베이시스 포인트basis point'라고 한다.

따라서 '리보 플러스 50'이라는 미클로스의 말은, 런던의 은행들이 다른 은행에서 돈을 빌릴 때 무는 금리에 0.50%를 더 얹은 값이라는 뜻이다. 만약 그날의 리보 금리가 0.50%라면, 리보 플러스 50은 1%를 뜻한다.

그래서 미클로스는 앤디가 판 것과 비슷한 딜의 AAA 부분 채권들을 리보 플러스 50에 샀다. 독자 여러분이 알 필요가 있는 부분은 그 수익률이 미 재무부 국채를 샀을 때 받을 수 있는 것보다 아주 약간 높다는 것뿐이다. 금융 붕괴가 오기 직전까지 행해진 이 모든 버블 게임들은, 거의 절대적으로 안전한 미국 국채와 이런 담보부 증권 내 AAA등급 조각들 사이의 아주 작은 수익률 차이로 인해 촉발되었다.

왜? 남아 있는 극소수의 규제들이 AAA등급 증권과 관련된 계산에 근거하고 있기 때문이다. 규제기관에서는 예금자 보호를 위해 은행과 보험사들 모두 일정한 양의 실질 자본을 보유하도록 의무화하고 있다. 물론 이 기관들이 이 준비금을 단순 현금으로 보유하고 있는 것은 아니다. 그들은 준비 의무도 충족시키고 돈도 벌기 위해, 이를 이자가 생기는 투자의 형태로 보유한다.

이 점을 인식한 은행 산업 규제자들―특히 모든 주요 금융 산업 국가들이 따르고 있는 '바젤 협약'이라는 규칙―은 이 금융기관들의 보유 자산이 건전하게 유지되도록 단속하는 규제안을 만들었다. 이 규칙은 금융기관의 자산 중 최소한 AAA등급에 미치지 못하는 투자분에 대해 부담금을 부과했다. 이 '자본 부담금'을 피하기 위해 금융기관들은 대량의 '안전한' AAA등급 증권을 필요로 하게 되었다. 그리고 절대 안전하지만 금리가 리보 플러스 20 정도인 미 재무부 채권을 사는 대신에 리보 플러스 50을 벌

수 있는 AAA등급 증권을 찾을 수 있다면, 0.30%만큼 더 많이 먹을 수 있는 이 기회를 덥석 물 것이다. 수십억 달러의 자산을 보유한 은행과 보험회사들 입장에서는 이런 미세한 차이가 막대한 수익 증대를 의미하기 때문이다.

이 모든 무모한 모기지 대출을 몰고 간 것은 바로 이런 산수였다. 이 다층적인, 모기지 기반의, CDO 같은 파생 증권 덕분에, 이제 은행들은 자본 의무를 충족하기 위해 기존에 보유하고 있던 거만하고 매력 떨어지는 미국 국채와 지방채 대신에, 훨씬 수익률이 좋은 모기지 기반 증권을 가질 수 있게 되었다. 그리고 전 세계의 대다수 주요 금융기관들이 그들의 '안전한' 준비 자산 중에서 큰 뭉텅이를 갑자기 모기지 기반 증권으로 갈아치우기 시작했을 때, 과연 무슨 일이 일어났을까?

이를 좀 더 단순화해 보면 이렇다. 이 규칙에 따르면 은행들은 일정량의 현금 혹은 현금에 준하는 가치를 가진 어떤 것을 손에 쥐고 있어야 한다. 그러나 이 시스템 안에서 은행들이 현금 대신 주택담보대출을 준비 자본으로 활용하는 것이 허용되었다. 그러니까 은행들이 자신들의 예금 요건을 맞추기 위해 동원한 것이 바로… 대출이었던 것이다. 은행 시스템이 실질적인 준비 자본이 아니라, 미심쩍은 주택 구매자들의 모기지 대금 지불 약속에 의해 지탱되고 있었던 셈이다.

아무개 씨와 그 사돈의 팔촌들까지 담보 대출을 권유받았다. 본질적으로 주택·신용 거품은 이 규제 게임의 어리석은 허점이 낳은 합리적 결과였다. 라스베이거스의 칵테일 웨이트리스들과 벤추라의 알콜 중독자들이 수백만 달러의 주택 구입을 권유받은 이유는 시티그룹과 뱅크오브아메리카와 AIG가 한때 안전했던 그들의 AAA 준비 자산, 즉 재무부 국채와 지방채를 던져 버리고 이런 모기지 기반 'AAA' 등급 증권으로 갈아탄 것과 밀접

한 관련이 있었다. 우리가 이미 보았듯이, 사실 이것들은 CDO 스퀘어드의 마법을 통해 AAA등급 증서로 탈바꿈한 과거의 BBB등급 증권이었다. 그리고 앤디가 취급했던 딜에 들어 있는 집주인들의 기본적인 FICO 점수가 가짜일 수도 있기 때문에, 아마도 원래는 B마이너스 등급 증권일 것이다.

하던 얘기로 돌아가자. 그래서 미클로스는 AAA 채권을 샀다. 이 채권들은 그의 은행에 리보 플러스 50만큼을 벌어 주었으므로 나쁘지 않았다. 하지만 (이제는 악명 높아진) 제3자, AIG를 그가 찾아내어 이 딜을 완전 방탄으로 만들자 그것은 나쁘지 않은 정도가 아니라 굉장해졌다.

그의 말을 옮겨 보자. "그래서 나는 리보 플러스 50을 벌게 되었죠. 그리고 뒤돌아서 AIG에 전화를 걸어 물어봤어요. '이 채권에 대한 CDS(신용부도스와프)를 얼마에 해주시겠어요?' 그러니까 그들이 '아, 리보 플러스 10에 해드릴게요.' 하는 거예요."

미클로스는 말을 멈추고, AIG로부터 이 제안을 들었을 때 그가 수화기를 든 채 의미심장하게도 잠시 침묵했던 것을 떠올리면서 웃음을 터뜨렸다. 그는 방금 들은 말을 믿을 수 없었다. 뭔가 착오가 있거나, 아니면 그들이 방금 그에게 산더미 같은 돈을 공짜로 안겨 준 것이었다.

"그 말을 듣고, 나는 그랬죠. '음… 그러세요? 좋습니다.'"

여기서 또 본론을 벗어나야겠다. 'CDS'는 자본 부담금 규제를 우회하기 위해 고안된 일종의 보험 증서다. 아이러니한 일이지만, 한때 미클로스는 JP모건 내에서 현대적 CDS의 설계에 일익을 담당했던 유명한 팀의 일원이었다. 당시 이 은행은 그것을 매우 다른 용도로 계획했지만 말이다.

CDS는 단순히 말해 결과를 놓고 내기하는 것이다. 그 원리는 이렇다. 두 은행가가 만나서 어떤 집주인이 그가 빌린 30만 달러짜리 주택 담보 채무를 불이행할지 여부를 놓고 내기를 하기로 한다. 은행가 A는 집주인이 불이행한다에 베팅하고 은행가 B한테 5년간 매달 1천 달러씩을 주겠다고 제의한다. 만약 집주인이 채무를 불이행하면, 은행가 B는 은행가 A한테 담보 대출금 전액, 이 경우에는 30만 달러를 지불해야 한다.

이렇게 해서 은행가 B는 기본적으로 집주인이 불이행하지 않는다는 데 걸고 5대 1의 내기에 응한 셈이다. 만약 그가 채무를 불이행하지 않으면 은행가 B는 은행가 A에게서 5년에 걸쳐 총 6만 달러를 받는다. 만약 불이행하면 은행가 B는 은행가 A에게 30만 달러를 빚지게 된다.

이것은 순수하고도 단순한 도박이지만 그런 목적으로 발명된 것은 아니다. 원래 이것은 은행들이 대출 규제를 우회하기 위해 발명한 것이다. 바젤 협약에 따라 은행들은 8달러를 대출해 줄 때마다 최소한 1달러씩을 준비금으로 적립해야 한다. CDS는 이것을 우회하는 한 가지 방법이다.

A은행이 A마이너스 등급의 IBM 채권을 1천만 달러어치 보유하고 있다고 치자. 이 은행이 B은행에 가서 거래를 제안한다. 우리가 앞으로 5년간 너희한테 매년 5만 달러씩을 낼 테니, 대신 그 5년 안에 IBM이 부도가 나면 너희가 우리한테 1천만 달러를 다오. 물론 IBM은 부도가 나지 않을 테니 그럴 일은 없겠지만.

만약 B은행이 이에 동의하면 A은행은 바젤의 규제 위원회에 가서 이렇게 말한다. "이봐요, 우리가 가진 IBM 자산에 문제가 생길 경우를 대비해 우리가 보험을 들었거든요. 그러니까 우리가 가진 돈을 위험 자산으로 분류하지 말아 주세요. 이제 보험에 들었으니까 우리 자본 내에서 대출할 수 있는 비율을 더 높여 주세요." 이것은 윈-윈 게임이다. 사실상 B은행은 가만히 앉아서 25만 달러를 버는 것이다. 한편 A은행은 IBM 채권에 투자한 1천만 달러가 이제 위험 자본으로 집계되지 않으므로 수백만 달러를 더 대출해 줄 수 있다.

이 방법은 순조롭게 작동하는 듯했다. 그러나 두 가지 문제가 전개되면서, 은행이 스스로를 위험으로부터 보호하는 그럭저럭 현명한 수단이었던 CDS가 이 행성 전체를 날려 버릴 폭발물로 변신하게 된다.

한 가지는 CDS를 거래하는 쌍방 중 최소한 한쪽이 그 준거 채권에 대해 반드시 일종의 이해관계를 맺도록 하는 규제가 전혀 만들어지지 않은 것이다. 앞서 말했듯이 A은행은 자체 보유한 IBM 자산에 대해 B은행에서 보험을 들 수 있다. 그런데 이른바 '네이키드 디폴트 스와프naked default swap'라는 것을 이용하면 A은행은 이를테면 X은행이 포트폴리오에 보유 중인, 곧 휴지가 될 아메리카온라인 주식에 대해서도 보험을 들 수 있다. 이것은 마치 일면식도 없는 어떤 폐암 말기 환자의 생명보험을 아무나 들 수 있도록 허락해 주는 것과도 같다. 한마디로 완전히 미친 짓이다.

또 한 가지 요소는 B은행이 이 CDS 보험을 판촉하기 전에 우선 돈을 마련해 놓을 것을 의무화하는 규제가 없었다는 점이다. 다시 말해 B은행이 실제로 돈을 확보해 놓거나 이 계약을 이행할 능력이 있음을 입증하지 않아도 A은행은 자신의 IBM 자산에 대해 B은행에서 보험에 들고 규제기관으로부터 대출 제한을 면제받을 수 있다. 월가를 비난하는 이들은 이를 자주 카지노에 비교하곤 하지만, CDS의 경우 월가는 카지노보다 훨씬 더 나빴다. 최소한 카지노에서는 사람들에게 스스로 감당할 수 없는 돈은 걸지 못하게 한다.

이제 미클로스가 발을 들여놓은 그 광란의 도가니에서 주된 역할을 한 요소는 바로 이 두 가지 허점이었다. 미클로스는 앤디가 판 것과 같은 다층 구조 채권의 AAA등급 조각을 샀으며, 그 채권들은 리보 플러스 50만큼의 금리를 지급하는 것이었음을 기억하자. 그런 다음 그는 방금 산 채권에 대한 부도스와프 보험을 리보 플러스 10에 샀다.

이를 인간의 언어로 해석하면, 미클로스는 0.5% 이자를 지급하는 채권을 산 뒤 0.1% 이자를 지불하고 그것을 보험에 들었다. 채권이 이자를 지급하는 유일한 이유는 그것을 산 사람이 부도 위험을 안고 있기 때문이다. 하지만 미클로스가 산 채권은 100% 무위험이 되었으므로 이제 채권과 부도스와프의 금리 차에 의해 그가 벌어들이는 0.4%는 순수한 무위험 수익이다. 이는 황금알을 낳는 거위이자 10년에 한 번 올까 말까 한 딜이었다. 미클로스가 이 채권에 대해 AIG 부도스와프 보장을 매수해 놓은 이상 그는 절대 돈을 잃을 일이 없었다. 이와 비견할 수 있는 일은 경마에서 오즈메이커oddsmaker*가 잠시 정신을 잃어 계산을 잘못하는 경우뿐이다. 당신이 경마를 하는 데 스무 마리 말 전부에게 1달러씩을 걸 수 있고, 어느 말이 이기든 간에 최소한 25달러를 딸 수 있게 보장되어 있다고 상상해 보자. 리보 플러스 50을 주는 채권의 CDS를 리보 플러스 10에 사는 일이 바로 이와 같았다.

미클로스는 그 일을 떠올리면 지금도 킬킬 웃음이 나오는 모양이었다. "그래서 40베이시스 포인트를 내 주머니에 챙겼죠. 완전히 공돈이잖아요. 다시 말해 채권 만기 때까지 40베이시스 포인트씩을 벌게 된 거죠."

더더욱 어처구니없는 일은 미클로스가 산 채권이 이미 보험에 들어 있었다는 사실이다. 채권 자체 내에 '단종 보험monoline insurance'이라는 것을 심어 놓았던 것이다. 단종 보험은 암박Ambac이나 MBIA 같은 회사들이 제공하는 보험을 말하는데, 이런 회사들은 수수료를 받고 채권 매수자가 자신의 이자와 원금 전부를 제때 받을 수 있도록 보장해 준다. 미클로스의 채권에는 MBIA · 암박 보험이 포함돼 있어서 부도 발생 시에 이 채권의 손실

● 도박 등에서 배당률을 정하는 사람.

을 메워 주도록 되어 있었다.

그래서 미클로스의 채권 거래는 어떤 의미에서 보험에 삼중으로 가입되어 있는 셈이었다. 우선 이것은 AAA등급이었고, 이 채권 내에는 단종 보험이 포함되어 있었으며, AIG에 CDS 보험까지 들어 놓았다. 게다가 40베이시스 포인트 스프레드를 가만히 앉아서 벌 수 있었다. 월가가 미클로스의 사무실로 걸어 들어와 그에게 묻지도 따지지도 않고 돈을 덥석 쥐어 준 기이한 상황이었다. 이것이 평범한 집주인들에게 닥친 상황과 대단히 비슷했던 것은 아마도 우연이 아니었을 것이다. 대략 비슷한 시기에 이 집주인들도 별안간 거액의 돈을 언뜻 보기에 공짜로 제안받았기 때문이다. 진짜라기엔 조건이 너무나 좋았다. 과연 진짜일까?

미클로스의 은행도 그렇게 생각했다. 그는 기억을 더듬었다. "너무 비현실적이라서 상사들은 이걸 수익으로 기재하지 말라고 했어요. 그게 진짜란 걸 믿지 않았던 거죠. 내가 반복해서 설명을 했지만 그들은 이것을 수익으로 기록하지 않았어요."

그렇다고 해서 상사들이 미클로스가 이런 거래를 그만두길 바란 것은 아니었다. 하지만 미클로스가 이런 채권을 더 사려고 나서자마자 그는 또 다른, 훨씬 큰 투자기관에서 그의 작은 비밀을 눈치 챘음을 깨달았다. "갑자기 누군가가 나타나서 그런 물건을 5억 달러어치 사들이고 똑같은 스와프를 AIG와 체결했어요. 나는 물 밖으로 튕겨 나가 버렸죠."

그 다른 투자기관이 월가의 5대 투자은행 중 한 곳이라는 이야기가 미클로스의 귀에 들려오기 시작했다. 그리고 그 거래 뒤에 있는 돈이 '파트너 머니partner money'라는, 다시 말해 이 놀라운 딜에 대해 파악한 그 월가 거대 은행의 고위 간부들이, 그것을 회사 내의 자기자본 거래 부서를 통해 사비를 들여 매수했다는 루머가 돌았다. "그들은 그런 물건들을 전부 쓸어다

AIG에 붙이기 시작했어요. 그리고 우리는 밀려나 버렸죠." 그의 말이다.

여기서 의문이 생긴다. AIG는 왜 그랬을까? 앤디는 이 딜에 참여하지 않았지만 그의 이론은 이러했다.

"내 의문은 이거예요. 그들이 멍청했던 것일까, 아니면 애초에 돈을 지불할 의도가 없었던 것일까?"

★ 꼬리에 꼬리를 무는 탐욕 ★

이 이야기의 마지막 부분—정부 최고위 관료들과 세계에서 가장 막강한 금융회사 수장들이 모여 마지막이자 유례없는 대규모의 강도질을 공모하는 부분—으로 들어가기 전에, 우리는 다시 약간 뒤로 돌아가 월가 금융 사기의 또 다른 대륙에 대해 이야기해야 한다. AIG에 일어난, 금융위기를 막 다른 골목에 이르게 한 일은 사실 AIG라는 한 지붕 밑에서 월가 최첨단 사기의 서로 다른 두 유파가 합체한 사건이었다.

한 유파는 우리가 이미 살펴본 대로 미클로스가 발을 들였던 CDS 사기다. 그것은 AIG 내에서 'AIG 금융 상품 부문' 혹은 AIGFP(줄여서 FP)라는 작은 사업부를 이끌고 있던 조 카사노Joe Cassano라는 미국의 한 금융가가 창조해 낸 괴물이었다. 짙은 눈썹에 머리가 약간 벗겨지고 안경을 쓴 카사노는 악명 높은 '드렉슬 버넘 램버트 투자은행'의 마이크 밀켄Mike Milken —1980년대를 휩쓴 내부자 조작 사건들의 대표 격인 인물—밑에서 오랫동안 일한 바 있었다. 그는 1987년 AIG로 자리를 옮겨 AIGFP 설립에 참여했다.

이 부서는 원래 금리스와프(나중에 이는 그리스 같은 국가와 앨라배마 주 제퍼슨 카운티 같은 지방 정부의 붕괴에 한몫을 담당해서 악명을 떨치게 된다.)라는 잘 알려지지 않은 세계를 다루었다. 그러나 2000년대 초반에 이 부서는 CDS의 세계로 자리를 옮겨, 미클로스와 노회한 골드만삭스를 상대로 주로 앤디가 취합했던 유형의 다층 구조화된 증권 내 슈퍼시니어 AAA등급 트렌치에 대한 보장을 매매했다.

카사노의 사업 전략을 어떻게 보느냐는 그를 어마어마하게 비도덕적인 인간으로 보느냐, 그저 너무나 멍청했던 인간으로 보느냐에 따라 크게 갈린다. 다시금 CDS가 금융계에서 규제가 전혀 미치지 않는 영역에 존재했다는 사실 덕분에―이는 2000년 당시 상원의원이던 필 그램과 당시 재무장관이던 래리 서머스, 그의 후임자인 밥 루빈의 지원으로 제정된 상품선물현대화법의 결과였다―카사노는 실질적인 지급 여력을 전혀 확보해 놓지 않은 상태로 신용 보장을 얼마든지 많이 팔 수 있었다. 그는 베팅을 감당할 돈이 전혀 없는 상태에서 월가의 모든 대형 투자기관들을 상대로 수천억 달러어치의 보장을 팔았다.

카사노의 비즈니스는 이런 구조화된 딜들이 취급되는 방식에 뿌리를 두고 있었다. 모기지 풀을 취합한 투자은행들은 딜 맨 밑바닥의 고수익 독성 폐기물 부분을 항상 최대한 빨리 팔아 치웠다. 그런 물건을 계속 보유하고 싶어 하는 은행들은 거의 없었다.(일부는 그랬지만, 그 결과는 재난이었다.) 하지만 풀 내의 AAA등급 부분은 요구 자본을 충족시키는 데 유용하기 때문에 그대로 보유하는 경우가 많았다. 은행들은 충분한 준비금을 들고 있어야 한다는 규제 요건을 맞추기 위해 저수익 미 국채나 지방채를 보유하는 대신, 이런 모기지 딜 내의 AAA트렌치를 보유함으로써 훨씬 높은 수익을 낼 수 있었다.

또 한 가지는 2005년 말에서 2006년 사이의 어느 시점에 일어난 현상이다. 이제는 은행들이 남아도는 AAA트렌치들을 기관 고객들에게 던져버리기가 힘들어졌음을 깨닫기 시작한 것이다. 그래서 은행들은 결국 이 물건들을 임시로 보유하게 되었는데 이 관행을 '웨어하우징warehousing'이라고 불렀다. 이론적으로 볼 때 이 물건들을 보유하면 투자로 돈을 벌기 때문에 투자은행들은 웨어하우징을 하게 되더라도 개의치 않는 게 정상일 것이다. 하지만 이것은 정상적인 AAA 투자보다 다소 큰 부도 위험을 안고 있었으므로(물론 이 사실이 공공연하게 인정되진 않았지만), 은행들은 리스크를 분산하기 위해 카사노 같은 이들로부터 신용 보장을 매수하는 일이 많았다.

골드만삭스와 도이체방크 같은 은행들은 이런 AAA등급 모기지 딜을 말 그대로 수십억 달러어치씩 보유하고 있었고, 그들 모두가 카사노에게 가서 채권 부도 시 보상 약속을 대가로 프리미엄 지불을 제의하고 보험을 들었다. 돈이 쏟아져 들어왔다. 1999년 AIGFP가 거둔 수익은 7억 3700만 달러에 불과했지만, 2005년 이 수치는 32억 6천만 달러로 껑충 뛰어 올랐다. (직원을 다 합해서 500명이 채 안 되는) 이 조그마한 계열사에는 1인당 100만 달러가 넘는 보수가 주어졌다.

카사노의 생각은 둘 중 하나였을 것이다. 이 증서들이 절대로 부도가 안 날 것으로 여겼거나, 아니면 그런 일이야 어찌되든 상관하지 않고 부도 시 지불 계획을 전혀 세우지 않았거나. 아마도 후자였을 것이다. 카사노 입장에서 볼 때 결국 이 일은 순조롭게 풀렸기 때문이다. 그는 8년간 개인 보수로 2억 8천만 달러를 벌었고 아직까지 런던 나이츠브리지에 있는 3층짜리 타운하우스에서 호화로운 생활을 하고 있다. 그의 집 거실 창문 너머 바깥 세계에서는 불길이 높이 타오르고 있는데도 말이다. 게다가 법무부가 그를 기소하지 않을 것임을 시사하는 보도들도 올라오고 있다.

미클로스 같은 이들에게 정신 나간 보험 거래를 제안한 AIG가 멍청했던 걸까, 아니면 애초에 보험금을 지불할 의도는 없이 프리미엄만 걷고 있었던 걸까를 앤디가 질문했을 때, 그가 의미한 게 바로 이런 거였다. 그 해답이 후자로 밝혀진다면 그것은 이 사기꾼 시대의 내러티브와 완벽히 들어맞을 것이다.

바로 그것이 AIG가 쳤던 하나의 금융 사기였고 그것도 아주 큰 사기였다. 그러나 카사노가 월가 최대의 투자은행들을 상대로 거의 5천억 달러를 걸고 도박을 하고 있던 와중에, AIG 선체의 반대쪽에는 커다란 구멍이 하나 더 입을 벌리고 있었다. 그것은 윈 뉴거Win Neuger라는 또 한 명의 극단적 이기주의자 광대가 수장을 맡은 AIG의 '자산 운용' 부문이었다.

뉴거는 중고차 세일즈맨 혹은 동기 부여 강사식 언변으로 보험업계에서 악명을 떨치고 있었다. 60세 때인 1990년대 중반, AIG 임원으로 부임한 그는 전통적으로 고루하고 지루한 보험업계에 새로운 수익 추구형 이니셔티브를 몰고 온 선봉장이었다는 면에서 카사노와 비슷했다. 뉴거 사장은 그가 '뉴거 노트'라는 기발한 명칭으로 일컬은(노트에는 지폐라는 뜻도 있음-옮긴이) 사내 메모 시스템의 마법을 통해 그가 거느리는 2000여 명의 직원들이 달성해야 할 목표를 제시했다. 그들은 매년 '10억 달러'씩의 수익을 내야 했다. 뉴거가 '10의 3승(10의 3승은 1000이고 10억 달러는 100만 달러 1000장이다.-옮긴이)'이라고 즐겨 일컫기 딱 좋은 어림수였다.

'10의 3승'이라는 이 마법의 숫자에 다다르기 위해 뉴거는 그 어떤 반대도 용납하지 않았다. 2005년 12월 보낸 '뉴거 노트'에서 그는 이렇게 썼다. "아직도 우리의 사명을 믿지 않는 일부 사람들이 있습니다… 버스에 타고 있기 싫으면 지금 당장 내리십시오… 당신의 동료들은 당신을 데리고 가는 데 지쳤습니다."

그는 어떻게 해서 그 돈을 벌었을까? 카사노와 마찬가지로, 그 역시 거의 무위험의 저리로 돈을 가져다 이를 술 취한 카지노에 쏟아붓는 장사를 택했다.

뉴거의 사업부는 증권 대출에 관여하고 있었다. 이 사업이 돈을 버는 방식을 이해하려면 우선 월가의 몇 가지 기본 관행—그중에서도 주가 하락에 베팅하는 공매도short selling라는 관행—을 이해할 필요가 있다.

공매도가 돌아가는 방식은 이렇다. 당신이 헤지펀드인데 어떤 회사—이 회사를 '인터내셔널 핌플'이라고 하자—의 주가가 하락할 것이라 예상하고 있다 치자. 어떻게 하면 이 지식을 바탕으로 돈을 벌 것인가?

우선 당신은—이를테면 윈 뉴거 같은—증권 대여 기관에 전화를 걸어 인터내셔널 핌플사의 주식을 가지고 있는지 묻는다. 당신이 원하는 만큼 갖고 있다고 그가 말하면, 당신은 뉴거에게서 인터내셔널 핌플 사의 주식 1천 주를 빌린다. 이 주식의 그날 거래가가 10달러라고 하면 이는 총 1만 달러어치가 된다.

이제 당신은 이 주식을 뉴거로부터 '빌리기' 위해 이 주식에 대한 담보를 그에게 현금 형태로 준다. 당신은 그의 노고에 대한 보상으로 그에게 약간의 가산금—대개의 경우 실질 가치의 1~2%—을 지불해야 한다. 그래서 뉴거에게 1만 달러가 아닌 1만 200달러를 송금한다.

이제 인터내셔널 핌플 사의 주식 1천 주를 갖게 된 당신은 시장에 나가 이것을 판다. 그러면 당신은 다시 1만 달러의 현금을 갖게 된다. 그런 다음 주가가 떨어지기를 기다린다. 한 달 뒤, 이제는 인터내셔널 핌플 주식이 10달러가 아닌 7.5달러에 거래되고 있다. 이제 당신은 또 나가서 이 회사 주식 1천 주를 7500달러에 산다. 그런 다음 다시 윈 뉴거에게 가서 빌린 주식을 반환하면, 그는 당신에게 1만 달러를 주고 그 주식을 돌려받는다. 그러면 당신은 2500달러에서 뉴거가 챙긴 수수료 200달러를 뺀 액수만큼을 번 셈이다. 수많은 변종이 있긴 하지만 공매도는 크게 이런 식으로 돌아간다. 공매도자의 입장에서 볼 때 이는 대단히 단순한 사업 모델이다. 가격이 떨어질 것 같은 주식을 찍어서 그 주식을 대량으로 빌려다 팔고, 주가가 급락한 뒤 그 주식을 다시 사들이는 것이다.

하지만 뉴거 같은 증권 대여업자들은 어떻게 돈을 버는 걸까? 이론적으로 이는 대단히 쉽다. 증권 대여업으로 성공하는 첫 번째 수순은 주식을 아주아주 많이 사들이는 것이다. AIG는 계열 보험사와 연금과 퇴직금 등을 통해 그런 물건을 산더미처럼 많이 가지고 있었다. 따지고 보면 보험사는 보험 계약자들로부터 돈을 걷어서 이를 증권에 장기투자하는 회사다. 그 산더미 같은 증권과 주식이 아주 오랜 기간에 걸쳐 그 가치가 오르면 되돌려주는 것이다. 계약자들이 보험금을 청구해서 돈을 지급할 시점이 됐을 때, 계약자들의 돈으로 산 증권의 가치가 회사의 마진이 생기는 지점까지 오르면 보험사는 돈을 벌게 된다.

이는 훌륭하고도 확실한 사업이지만, AIG는 이 증권을 가지고 더 많은 돈을 벌길 원했다. 그래서 그들은 공매도자들에게 증권을 묶음으로 대여해주는 회사를 세웠다. 증권 대여 기관의 시각에서 보면 이 과정은 간단하면서도 리스크가 전혀 없었다. 당신이 대여업자라고 치자. 대출자가 와서 주식을 빌려 간다. 당신은 우선 그들이 지불하는 1~2%의 가산금(이를 일반 담보금리 혹은 GC금리라고 한다)으로 돈을 번다. 당신은 1천 주의 주식을 빌려주지만 대출자는 당신에게 그 주식의 102%를 담보로 주기 때문이다. 이 차액 2%는 빌려줄 주식을 아주 많이 가지고 있는 대가로 사실상 공짜로 얻는 GC금리다.

이렇게 해서 당신은 이제 현금을 갖게 되었다. 당신이 빌려준 증권을 언제 돌려받게 될지는 모르지만, 대개의 경우 가까운 미래의 어느 시점에 돌려받을 것임은 알고 있다. 그래서 대출자 A가 당신에게서 인터내셔널 핌플 주식 1천 주를 받고 그 담보로 당신에게 1만 달러를 주었다고 치자. 당신은 언제든지 이 주식 1천 주를 돌려받고 그의 돈을 돌려 줄 준비를 해놓고 있어야 한다. 이 때문에 당신은 위험한 곳, 장기투자를 요하는 곳에는 투자하고 싶지 않은 것이 정상이다. 왜 굳이 마음 졸일 일을 만들겠는가? 당신은 이 돈으로 미 재무부 국채를 산 뒤 손가락만 빙빙 돌리고 있으면 된다. 아무런 리스크 없이 사실상 공짜로 돈을 버는 것이다.

보디아 캐피탈의 데이비드 마티아스David Matias가 지적한 바에 따르면, 좀 더 보수적인 증권 대여 기관들은 그들이 받은 담보를, 예컨대 미 국채처럼 철벽같이 안전한 단기투자처에만 넣는다. 그러지 않을 이유가 없기 때문이다. "이 담보는 시장 변동성에 휘둘려서는 안 됩니다. 50bps 스프레드(0.5%)를 벌 수 있다고 칩시다. 담보 1천억 달러를 갖고 있는데 연 50bps를 벌 수 있으면… 이건 바로 5억 달러짜리 장사죠."

이 사업은 이런 식으로 돌아가야 마땅했다. AIG 계열 보험사가 보유한 산더미 같은 증권을 윈 뉴거와 AIG가 시장에 빌려 주고 담보를 받아 그것을 예의 따분한 물건들—이를테면 미국 국채—에 투자하면, 무위험으로 조그만 수익을 얻을 수 있었다. 하지만 윈 뉴거가 한 일은 그것이 아니었다. 윈 뉴거는 바보였기 때문이다.

대신에 뉴거는 담보를 받아 그것을 '주택 모기지 담보 증권RMBS'에 투자했다! 다시 말해 그는 현금을 받아서 그것을 대단히 위험한, 사실상 AAA가 아닌 AAA등급 증권에 던져 버린 것이다. 그것은 모기지 대출의 미친 폭발에 힘입어 앤디 같은 은행가들이 대량으로 찍어 낸 바로 그 물건이었다.

이는 내 돈이 도대체 어디 있고 얼마나 안전한지 완전히 확신할 수 없었던 시대에 예사로 일어났던 일이었다. 나중에 드러난 사실이지만, 이 구조화된 딜이 투자자들에게 제시한 고수익은 금융 서비스 산업의 꼭대기부터 밑바닥에 걸친 모든 이들에게 마치 괴물 같은 유혹이었다. 금융 자문 회사인 TABB 그룹의 래리 탭Larry Tabb은 한 가지 사례를 제시했다.

"제 경우를 들어 보죠. 내가 은행 계좌를 하나 갖고 있습니다. 내 급여로 들어온 돈은 계좌에 머물러 있거나 이자를 벌어 주거나 둘 중 하나죠… 그런데 은행 담당자가 내게 이렇게 말합니다. 우리가 그걸 매일 밤 이자 지급 계좌에 넣어 굴려 드리면 어떨까요? 고객님은 다음 날 아침 그 돈을 돌려받을 수 있고요, 우리는 거기에 밤새 붙은 이자를 쳐서 드리겠습니다. 그러면 나는 그러죠. '좋아요, 그거 괜찮네요.'

그런데 신용위기가 닥칩니다. 나는 그 업계에 있으니까 이러죠. 흠, 어디 보자. 이 자들이 내 돈을 어디에 넣었지? 그리고 은행에 전화해서 말합니다. '당신들 어젯밤에 내 돈을 어디다 넣었소?' '기관 및 기관 보증agency-backed 증권(패니메이나 프레디맥 같은 국책 기업이 보증하는 증권)인데요.' '거기서 나오는 금리가 얼마나 되나요?' '대략 연 1%요.' '그러니까 당신들이 내 돈을 독성 증권에 던져 넣고 1% 이자를 주고 있단 소리군요.'"

"대단해요. 그래 놓고 그들은 얼마나 벌었죠?" 나는 물었다.

"바로 그거예요." 탭의 설명에 따르면, 결국 그에게는 두 가지 선택지가 놓였다. 일체의 추가 이자를 포기하든지, 그의 돈 전부를 다른 은행가들에게 뜯기는 리스크를 감수하든지.

뉴거의 전략도 이와 똑같은 사업 모델의 변형이었다. 그들은 지구상의 모든 메이저 투자은행—도이체, 골드만, 소시에테제네랄—들로부터 끌어모은 수십억 달러어치 현금 담보를 가져다 이를 상상할 수 있는 가장 위험한 채권에 던져 넣었다. 그가 저지른 일 가운데 특히 정신 나간 부분은, 그 비즈니스의 특성상 초단기가 아닌 투자처는 멀리했어야 했다는 점이다. 그가 증권을 대여해 준 이들이 언제든 자기 담보를 되찾아 갈 수 있기 때문이다.

하지만 뉴거는 정확히 그 반대로 했다. 그는 단기로 빌려다 장기로 투자했다. 말 그대로 하룻밤 새고 나서 돌려줄 준비를 하고 있어야 하는 담보를 가져다가, 만기까지 10년, 15년, 30년씩 걸리는 증권에 투자한 것이다. 이는 새로운 비즈니스가 계속해서 유입될 때만 작동하는 비즈니스 모델이었다. 그리고 우리 모두는 이런 것을 뭐라고 일컫는지 알고 있다.

보디아 캐피탈의 마티아스는 이렇게 말했다. "사실 그건 일종의 폰지 사기였습니다. 비즈니스가 계속 성장하면 돈을 지불해야 하는 시점이 미래로 연기되죠. 비즈니스가 성장하는 한 담보는 줄어들지 않고 점점 늘어납니다. 하지만 비즈니스가 수축하는 바로 그 순간부터 담보가 줄어들고 사실상 담보 회수에 응해야 되는 거죠. 그들은 자기들이 영원히 시장의 흐름을 탈 것처럼 돈을 걸었어요. 하지만 시장은 그러지 못했죠."

이렇게 해서 주택 거품의 완전한 붕괴로 이어진 그 시기에 AIG 내에서는, 광적인 버블 인플레의 지속에 철저히 의존하는 커다란 사업 두 개가 운영되고 있었다. 한편에서 조 카사노는 보험금을 지급할 돈이 없는 상태에서 골드만과 도이체방크 같은 은행들을 상대로 수십억 달러어치의 신용 부도 보장을 팔고 있었다. 다른 한편에서 윈 뉴거는 대동소이한 고객들에게 수십억 달러어치의 증권을 대여해 준 다음 그 대가로 들어온 담보를 받아 이를 유동성이 낮은 주택 모기지 기반의 독성 증권에 투자하고 있었다.

이것이 바로 아직까지도 상당 부분 비밀에 부쳐져 있는, 2008년 9월 14일 주말에 벌어진 사건의 배경이었다. 바로 그날 정부는 AIG를 구하기 위해 개입했고 미국 경제의 얼굴을 영영 바꾸어 놓았다.

★ 뜨거운 감자의 최후 ★

조 카사노가 팔았던 CDS 보험은 2005년부터 이미 균열이 나기 시작했다. 카사노가 애초에 전혀 돈을 적립해 놓지 않은 상태로 이 보험을 팔 수 있었던 이유는 AIG―지구 나이만큼이나 오래된 금융계의 육중한 거인―가 바위처럼 단단한 신용등급과 외견상 마르지 않는 자원을 보유하고 있었기 때문이다. 카사노가 (미클로스와 그가 속한 유럽의 조그만 은행은 말할 것도 없고) 골드만과 도이체방크 같은 곳들과 거래할 때 담보 수단으로 필요했던 것은 오로지 AIG라는 이름 하나뿐이었다.

하지만 2005년 3월 AIG의 이름은 타격을 입는다. 당시 이 회사의 CEO였던 모리스 그린버그Maurice Greenberg가 당시 뉴욕 검찰총장이던 엘리엇 스피처Eliot Spitzer에 의해 변칙 회계로 기소되어 자리에서 물러난 것이다. 이 혐의와 그린버그의 사임으로 주요 신용 평가사들은 AIG의 신용등급을 사상 최초로 AAA에서 AA로 강등했다.

이 사건을 계기로 카사노가 거래 상대방들에게 써준 CDS 계약서 내에서 상환 능력 입증을 위해 모기업의 담보 제공을 의무화한 조항의 효력이 발생하게 되었다. 최초 신용등급 강등 직후 그 액수는 정확히 11억 6천만 달러였다.

주택 시장이 붕괴하기 시작한 2007년, 카사노의 고객들 중 일부가 불안해하기 시작했다. 그들은 이 딜의 기초 자산 가격이 심각하게 하락했다고 주장하며 카사노에게 훨씬 더 많은 담보 제공을 요구했다. 처음으로 경기를 일으킨 곳이 골드만삭스였다는 점은 중요하다. 2007년 8월 그들은 AIG와 카사노에게 15억 달러를 담보로 지불하라고 요구했다.

AIG가 이 요구에 반발하면서 양쪽은 분쟁을 벌였지만, 결국 AIG는 4억

5천만 달러를 건네주었다. 그 즈음 카사노는 자기 포트폴리오의 위험성에 대해 거짓말로 얼버무리기에 바빴다. 그가 자기 CDS 딜 기초 자산의 가치 하락을 벌충하기 위해 4억 5천만 달러를 건네주는 데 동의한 바로 그달, 카사노는 투자자들과의 전화 회의에서 모든 것이 더할 나위 없이 잘 돌아가고 있다고 말했다. "이거 경솔하게 하는 말 아닌데, 그 어떤 거래에서든 우리가 단돈 1달러라도 잃는 일은 없을 거예요."

한 달 뒤, 카사노는 AIG가 한 타깃 회사의 헤지펀드 계좌 가치를 산정한 방식에서 부정을 발견한 내부 감사 조지프 W. 세인트데니스Joseph W. St. Denis를 해임했다. 카사노는 세인트데니스에게 자신의 CDS 포트폴리오에서 손을 뗐으면 좋겠다고 노골적으로 말했다. "나는 당신을 슈퍼시니어(CDS의) 감사에서 의도적으로 제외했습니다. 당신이 이 과정을 오염시킬 것이 우려되기 때문입니다."

그리고 2007년 10월, 골드만삭스가 다시 와서 더 많은 돈을—이번에는 30억 달러—요구했다. 양쪽은 다시 분쟁을 벌였고, 이번에는 카사노와 AIG가 15억 달러를 지불하는 데 동의한다는 타협안을 체결했다. 이 사건은 중요한 계기였다. 골드만삭스의 요구를 전해들은 AIG의 외부 감사 기관(프라이스워터하우스쿠퍼스PwC)이, 카사노가 판매한 스와프 포트폴리오의 당기 가치를 3억 5200만 달러 평가절하하며 등급을 강등시켰기 때문이다.

이런 매우 실질적인 가치 하락에도 카사노와 AIG의 고위 임원들은 거짓말을 계속했다. 2007년 12월 초에 열린 전화 회의에서 카사노는 이전의 입장을 고수했다. "이들 포트폴리오에서 여하한 손실이 발생하리라고 보기란 대단히 힘듭니다."

하지만 재앙을 피하기엔 너무 늦어 버렸다. 카사노가 이 말을 하고 있던 12월, 다른 두 고객인 메릴린치와 소시에테제네랄 SA가 그를 찾아와 자신들이 산 증권의 손실 보전을 위한 추가 담보를 요구하며 문을 두드리고 있었다. 12월 말에 이르자 그런 은행이 4곳 더 늘어났다. UBS, 바클레이스, 크레딧 아그리콜의 자회사인 칼리온 투자은행, 로열뱅크오브스코틀랜드 그룹이었다. 나중에는 도이체방크와 캐나다 은행 2곳—CIBC, 몬트리올 은행—도 여기 가세했다.

이 시점이 되자 AIGFP는 모든 측면으로 볼 때 사실상 사망했다. 2008년 2월 외부 감사인 PwC는 AIG의 장부에서 '중대한 결함 material weakness'을 발견했고, AIG는 2007년 4/4분기에 53억 달러의 엄청난 손실을 봤다고 발표했다. 그 달 카사노는 마침내 목이 날아갔지만, 놀랍게도 매달 100만 달러씩의 자문료는 계속 받고 있었다. 그리고 5월, AIG는 78억 달러에 달하는 분기 손실을 내며 사상 최대 손실 기록을 또 한 번 갈아치웠다. 당시 이 회사의 CEO였던 마틴 설리번 Marin Sullivan은 결국 6월에 사임해야 했다. 악몽이 공식적으로 시작되고 있었다.

그리고 추가 담보 요구는 계속해서 들어왔다. 2008년 7월 31일까지 AIG는 카사노의 고객들에게 총 165억 달러를 담보로 내주었다. 그러나 그들 중 몇몇, 특히 골드만삭스는 만족하지 않았다. 골드만은 아직도 AIG에 대한 익스포주어 exposure(리스크에 노출된 액수)가 약 200억 달러에 달했고 그 돈을 받길 원했다. 그러나 AIG의 경영진은 카사노의 계약에 따라 자신들이 골드만에 주어야 할 액수에 이의를 제기했다. 이는 정상적인 반응이었지만, 골드만이 자신들의 이익을 위해 싸운 그 집념은 엄청났다.

나중에 AIG의 구제금융 협상에 관여한 한 정부 관료는 이렇게 말했다. "추가 담보 요구는 이 CDS에 대한 요구자(골드만) 측의 가치 산정에 근거하기 때문에 다소 주관적인 면이 있다. 어느 정도 협상이 이루어질 것이고, 피요구자(AIG)가 돈이 있고 요구자(골드만)가 그것을 원하기 때문에 피요구자도 협상에서 어느 정도 힘을 쥐고 있다… 이것이 바로 AIG와 골드만 사이에 일어난 일이다."

이제는 잘 알려진 바대로, 이런 담보 분쟁은 결국 2008년 9월 13~14일 정부가 개입해서 AIG에 대한 지원 조치를 취할 수밖에 없게 만든 큰 원인이었다. 실제로 이를 촉발시킨 핵심적 사건 중 하나는 여러 신용평가기관들이 AIG의 신용등급을 재차 강등시키기로 한 결정이었다. 9월 15일 무디스와 스탠다드앤푸어스S&P가 AIG의 신용등급을 또다시 강등하려 한다는 사실을 알게 된 AIG는 이것이 심각한 문제를 초래할 수 있음을 깨달았다. 신용등급이 강등되면 카사노가 맺은 정신 나간 계약의 담보 조항이 추가로 효력을 발휘하게 될 것이기 때문이다. 이미 지난번 등급 강등으로 유효화된 담보를 요구하는 골드만과 기타 고객들의 아우성을 모면해 보려고 필사적으로 발버둥치고 있던 AIG는, 이제 바로 그 고객들에게 수백억 달러를 더 줘야 하는 곤란한 입장에 놓이게 생겼다. 9월 12일 금요일, 재무부와 연준이 허겁지겁 달려들어 관련된 모든 주체들을 위한 출구 전략을 짜내기 시작한 계기는 바로 이 임박한 등급 강등의 대학살이었다.

이에 대한 이야기는 이제 잘 알려져 있다. 하지만 AIG 내에서 윈 뉴거가 일으킨 또 하나의 위기가 이 아수라장에 한몫한 부분은 그에 비해 덜 알려져 있다.

그로부터 불과 몇 달 전인 2008년 6월 말에서 7월 초, 설리번이 자리에서 물러나고 AIG가 1/4분기에 78억 달러의 엄청난 손실을 봤다고 발표한 때와 비슷한 시기에 뉴거는 자기가 이끌고 있던 사업 부문의 문제점을 공개했다. 2007년 7월까지 뉴거는 약 780억 달러어치의 증권을 대여해 주고 그가 받은 담보의 거의 3분의 2를 모기지 기반 쓰레기에 투자한 것으로 추정된다. 2008년 3월 31일, 그의 포트폴리오의 가치는 643억 달러로 급락했다. 6월 말에 AIG는 이를 공표했다. 즉, 뉴거는 자기가 말한 '10의 3승 어치' 수익을 거두기는커녕 한 해 동안 사실상 130억 달러의 손실을 본 것이다.

여기서 흥미로운 점은 바로 세상이 이를 어떻게 해서 알게 되었는가이다. 뉴거는 AIG 계열 보험사의 자산에서 주식을 끌어다 자금을 확보하고 그것을 월가에 대여해 준 다음 그 담보로 잡은 현금을 투자했다는 사실을 기억하자. 카사노의 CDS 딜과 달리, 그가 대여해 준 증권은 실제로 대단히 확실한 자산이었고 그의 대여 고객들—골드만, 도이체, 소시에테제네랄 등으로 카사노의 거래 상대와 대부분 겹쳤다—은 이론상 큰 손실을 볼 위험이 없었다. 결국 그들은 그 증권, 다시 말해 계열 보험사의 포트폴리오에 있는 일반적인 주식과 채권들을 여전히 보유하고 있었고, 이것들은 여전히 일정한 가치를 지니고 있었다.

그런데 2007년 말에서 2008년 초 들어 웃기는 일이 벌어지기 시작했다. 갑자기 뉴거의 고객들이 그에게 증권을 일제히 반환하기 시작한 것이다. 골드만삭스 같은 투자은행들이 막대한 양의 증권을 반환하며 담보 상환을 요구하기 시작했다. 뉴거의 대여 증권을 현금으로 돌려받기 시작한 은행들 상당수는 한편으로 카사노가 책임 진 '금융 상품' 부문의 고객이기도 했다. 몇몇 규제기관들 입장에서는 대번에 너무 편리한 우연의 일치로 받아들여질 일이었다.

당시 뉴욕 주 보험감독관이었던 에릭 디날로Eric Dinallo의 말이다. "증권 대여업에 관여한 거래 주체들 중 상당수는 (카사노의) '금융 상품' 부문에서 일어난 일에 대해서도 속속들이 알고 있었다. 그러니까 CDS 쪽 거래처이면서 동시에 (뉴거의) 증권 대여업 쪽에서 현금을 빼낼 수 있는 이들이 있었던 것이다."

2008년 초여름 디날로는 여러 주가 모여 구성한 태스크포스의 의장을 맡게 되었다. 이 태스크포스의 임무는 절름발이가 된 AIG의 증권 대여업 부문을 '단계적으로 축소'하면서 AIG의 계열 보험사들(그리고 나아가 이 회사에서 보험을 든 계약자들)이 그 잠재적 파산으로 인해 피해를 입지 않도록 지원하는 것이었다. 뉴거의 증권 대여 부문에 계약 해지가 쇄도함으로써 이런 보험사들이 파산하거나 주 정부 보험감독청의 손에 들어가게 될 위협은 2008년 여름 미국 경제 전체에 그림자를 드리운 단두대와도 같았다. 그리고 이 단두대가 2008년 9월 폭발의 아수라장에서 AIG 및 AIG와 거래한 회사들에 대한 구제금융 결정에 중대한 변수가 될 것이라는 사실은 그때까지 대다수 미국인들에게 알려지지 않았다.

뉴거가 주식을 빌린 아메리칸제너럴, 선아메리카, 유나이티드스테이츠라이프 등 AIG 계열사에는 수십만 명까지는 아니어도 수만 명에 달하는 평범한 계약자와 은퇴자들의 보험이 가입되어 있었다. 만약 뉴거의 증권 대여 고객들 중 상당수가 자신들의 돈을 일시에 요구한다면, 모기업 AIG는 손을 뻗쳐 이 서민 보험 회사들의 자산을 유동화시켜야 하고 이 수만 명의 사람들은 황량한 벌판으로 쫓겨나게 되는 현실적 위협이 별안간 닥치게 된다. 이 모두가 하늘을 찌를 정도로 어리석고 불필요했던 뉴거의 모기지 시장 베팅을 수습하기 위한 것이었다.

이런 무서운 가능성에 직면한 여러 주 정부―뉴욕을 필두로 했지만 서민들 수천 명의 보험이 아메리칸제너럴사에 들어 있는 텍사스도 이에 포함되었다―의 규제기관들은 별안간 경계 태세에 들어갔다. 당시에는 거의 주목되지 않았지만, AIG가 130억 달러 손실을 발표했을 때 텍사스 주 보험 감독관들은 뉴거의 포트폴리오와 관련된 부채가 얼마나 되는지 알지 못한다고 발표했다. "우리는 이 포트폴리오를 인지했지만, 장부 외 거래로

되어 있어서 그 내용을 투명하게 파악하지는 못했다." 텍사스 보험감독청의 수석 애널리스트 더그 슬레이프Doug Slape는 법정 감사 보고서에 이렇게 썼다.

디날로와 각 주의 보험 감독관들이 서둘러 개입해서 AIG가 증권 대여 부문의 부실을 충당할 충분한 자금을 확보하게끔 한 것은 그 즈음인 6월과 7월이었다. 각 주는 누구도 이 서민 보험사들로부터 자금을 반출하지 못하도록 단속할 권한을 지니고 있었다. 그런 일이 일어날 경우에는 사전에 개입해 회사를 압류할 수 있었다.

그들은 그런 일을 할 권한이 있었지만, 7월에 감독관들은 그런 과감한 수순을 피하기 위해 갖은 노력을 다 했다. 상황이 너무나 심각해졌음을 알고 개입한 연방 정부는 할 수만 있으면 AIG 계열사들을 압류하지 말라고 주 정부들에게 당부했다. 디날로는 이렇게 말했다. "재무부에서 주 지사들에게 전화를 걸어 각 주 보험 감독관들이 자리를 지키도록 단속하라고 말하고 있었다. 나는 11개 주—AIG 계열사가 소재한 주가 총 11곳이었다—의 담당자들과 전화 회의 중이었다. 우리는 다 같이 입을 맞추기로 했다. 생명보험사나 손해보험사가 파산 신청을 했다는 이유로 우리가 이들을 압류하기 시작한다면 모두에게 좋지 않을 것이라고 말이다."

결국 이 태스크포스는 AIG와 협의해서, AIG가 계열사 공동 기금에 일정액의 돈을 넣고 미래의 잠재 손실에 대비해 50억 달러 가량을 추가로 내놓는다고 서약하는 '원상 회복' 합의에 서명하도록 했다. 주 정부들은 이것으로 충분하고도 남는다고 생각했다.

이 협상에 참여한 한 주 정부 관료는 이렇게 말했다. "6월 30일까지만 해도 모든 게 거의 잘되어 갔습니다. 아직 세상의 종말은 아니었죠."

그러나 AIG와 그 계열 보험사들이 '괜찮았던' 것은 딱 그때까지였다. 뉴거가 투자한 쓰레기—그리고 그의 포트폴리오의 약 3분의 1이 이런 모기지 기반 독성 쓰레기였다—의 가치가 급락했고 짐작컨대 이는 회복이 불가능했다. 그는 이 물건을 팔 수도 없었고 그의 포트폴리오에서 이를 좀 더 안전한 물건으로 대체할 수도 없었다. 그가 할 수 있는 일은 쓸모없는 휴지조각으로 꽉 찬 그의 커다란 서류철을 붙들고 그 가치가 회복되기만을 바라는 것뿐이었다. 한편 그는 고객/거래 상대들이 증권을 반환하며 자기 돈을 돌려달라고 요구하지 않기만을 기도해야 했다.

덧붙여 말하면 그것이 불합리한 기대는 아니었다. 정상적인 상황이라면 뉴거가 한 것 같은 증권 대여업에서 많은 고객들이 한꺼번에 증권을 반환하는 (다시 말해 계좌를 폐쇄하는) 사태가 닥칠 일은 없다. 일반적으로 대여 기관은 단기—이를테면 60일에서 90일짜리—계약을 맺고 주식을 대여한다. 그 기간이 끝나고 고객이 거래를 갱신하지 않으면 이 주식은 또 다른 사람에게 대여된다. 어떤 경우든 주식은 계속 대여 상태에 있다. 이를 일컬어 거래를 '롤오버roll-over'한다고 말한다. 뉴거가 대여해 준 주식이 여전히 가치를 지니고 있는 한 이를 보유한 쪽은 실질적인 손실 위험이 크지 않으므로, 고객들이 앞으로도 계속 롤오버를 할 것이라는 기대는 합리적이다.

그리고 이 거래가 계속 롤오버되는 한, 뉴거의 손실은 숨겨져 있거나 최소한 간헐적으로 발생해 관리 가능한 수준으로 유지될 것이다. 최소한 그것이 6월에 합동 조사를 행한 주 보험 감독관들이 기대했던 사항이었다.

주 감독관의 말에 따르면, "우리는 거래 주체들이 우려해야 할 이유를 찾지 못했다. 이 물건들은 여전히 가치를 지니고 있으며 리스크도 크지 않다."

그런데 놀라운 일이 벌어졌다. 거래처들이 뉴거의 계좌를 폐쇄하기 시작한 것이다. 그중에서도 특히 한 곳은 AIG에 증권을 반환하는 데 극도로 공격적이었다. 바로 골드만삭스였다. 그해 내내 골드만은 저돌적으로 계좌

폐쇄를 주도했다. 2008년 여름이 되자 그들은 더더욱 속도를 높여서, 자동차 세일즈맨을 닮은 뉴거의 면전에다 수십억 달러어치의 증권을 내던지며 돈을 돌려달라고 요구하기 시작했다.

바로 이 지점에서 디날로가 자칭 '유력한' 정보를 쥐고 끼어들게 된다. 골드만과 다른 모든 거래 주체들이 AIG의 증권 대여 사업부에서 갑자기 현금을 빼내기 시작한 시기, 월가의 다른 증권 대여 기관들은 그런 비슷한 문제를 전혀 겪지 않았던 것이다. 뉴거의 거래 상대들이 일시에 현금을 빼내긴 했어도 그들이 보유한 주식의 가치가 걱정되어서 그러는 것 같지는 않았다. 뭔가 다른 일이 벌어지고 있었다.

디날로의 말이다. "우리는 우리 관할하에 있는 다른 모든 증권 대여 기관들을 하나하나 분석했다. 그중에서 문제가 생긴 곳은 단 한 곳도 없었다. 오늘 이 순간까지도 괜찮다. 메트라이프, AXA, 기타 등등해서 도합 23곳 중에 문제가 불거진 곳은 없었다. 오로지 AIG만 그랬다."

그러니까 2008년 여름 월가의 대형 은행들은, 총 수십억 달러어치에 달하는 대여 증권들 중 딱 한 회사—이와는 무관한 CDS 장사를 통해 마침 자기들에게 수십억을 빚지게 된 그 회사—가 대여한 증권에서 갑자기 걱정할 이유를 발견한 것이다.

"이 우연의 일치가 뭘 의미할까요?" 디날로는 물었다. "분명히 이건 금융 상품 부문에서 벌어지고 있던 일 때문에 초래되었다는 겁니다."

일단 증권 대여 고객들이 돈을 빼내기 시작하자 AIG를 겨냥한 대량 인출 사태가 불붙었다. 이미 조 카사노의 미친 도박 빚을 메울 현금 요구에 포위되어 있던 AIG는, 이제 이 회사에 있는 또 한 명의 멍청한 의붓자식 윈 뉴거의 손실을 메우기 위해 수십억을 더 내놓아야 했다.

뉴거의 손실을 메울 자금이 부족했던 AIG는 주 보험 규제기관과 연방준비은행에 다시 전화를 걸었다. 이번에는 더 긴급한 지원 요청이었다. 모기업은 골드만과 도이체방크 등에게 돈을 갚기 위해 계열사로 손을 뻗쳐 그 자산의 일부를 유동화할 수 있도록—즉 수천 명의 은퇴 계좌와 보험금을 위태롭게 만들 수 있도록—규제기관이 허가해 주길 원했다.

하지만 주 정부는 이에 멈칫했다. 사실 상황은 심각해질 대로 심각해져 있어서—AIG 계열에 속한 몇몇 최대 보험사들의 본사가 소재하고 있으며, 만약 AIG가 이 회사들의 자산을 공격하려 한다면 파괴적인 영향을 받을 수 있는—텍사스 주는 아메리칸제너럴을 포함하여 AIG 계열사 4곳에 대한 경영권 압류 계획을 개괄한 서신 초안을 9월 첫째 주에 작성해 놓은 터였다.

텍사스 보험감독청의 더그 슬레이프는 이렇게 말했다. "우리는 AIG 사태 와중에 이 회사들이 넘어가지 않도록 보호하기 위해 적극적으로 개입했다." 디날로의 말에 따르면 "텍사스는 확실히 매우 공격적"이었다.

AIG 계열사가 정부 관리하에 들어가는 것은 비상하고도 유례없는 사건이었다. 이는 극단적 수순이자 핵폭탄 같은 선택지였다. 이것이 실현된다면, 주 정부가 개입하여 해당 회사의 사업을 동결시키고 그 자산을 보험 계약자들에게 가능한 한 공평하게 분배하게 될 터였다. 만약 자산이 보험금을 지급하기에 충분치 않다면(그리고 그 자산은 회사 약정액의 극히 일부분만을 충당할 수 있음이 거의 확실했다.), 주에는 보험 구제를 지원할 공적 기구인 보증협회도 설치되어 있었다. 하지만 만약 텍사스 주가 개입하여 아메리칸제너럴과 그 밖의 회사들을 압류한다면, 이미 종신 보장 프리미엄을 지불한 보험 계약자와 은퇴자들 수중에는 기본적으로 몇 푼 안 되는 돈만 떨어질 것이 분명했다. 슬레이프의 말에 따르면 "그 여파는 수천 명에게 미칠 터"였다.

예상되는 여파는 그 이상이었다. 텍사스 주가 계획대로 밀고 나가 이 계열사들을 압류한다면 AIG 계열사들의 본사가 있는 다른 주들도 전부 이 수순을 따를 것이 거의 분명했다. 그러면 AIG 계열사 자산에 대한 대량 인출 사태가 발생하면서 금융 재앙을 일으킬 가능성이 있었다. 디날로의 말에 따르면 "일이 험악해질 수" 있었다. 수십, 수만 명까지는 아니어도 수천 명의 사람들이, 자기 은퇴 자금과 보험금의 가치가 하룻밤 사이에 몇 분의 일로 쪼그라드는 꼴을 보게 될 터였다.

텍사스 주의 서한은 주말인 9월 13~14일에 작성되고 발표 준비를 마쳤다. 그 시각 뉴욕의 몇몇 장소에서는 정부 관료들과 월가에서 가장 막강한 은행가들이 한자리에 모이는 비상한 일이 벌어졌다. 그들은 비단 AIG뿐만 아니라 리먼브라더스, 메릴린치, 기타 수많은 거대 기업들을 둘러싼 이 금융 폭풍을 처리할 최선의 방안을 짜내려 고심 중이었다.

AIG와 관련된 핵심 모임은 뉴욕 연방준비은행 사무실에서 열렸다. 연방/주 정부 인사로는 당시 뉴욕 연준 총재였던 티모시 가이트너Timothy Geithner가 이끈 연준 그룹, (골드만삭스 대표 출신의 헨리 폴슨이 이끌었던) 재무부 관료들, 디날로가 이끈 뉴욕 보험감독청의 규제관들이 있었다. 민간 부문 인사로는 당연히 AIG의 임원진과, 주로 민간 기업 3곳—JP모건, 모건스탠리, 골드만삭스—에서 온 은행가 팀이 있었다. AIG 회의는 연준 빌딩에서 주말 내내 열렸다. 연준 관료들이 한쪽 구석에 앉고 디날로 휘하 사람들이 회의장 중앙에, 세 은행에서 온 은행가들이 나머지 구석에 앉았다.

JP모건은 이곳에 있을 이유가 충분했다. 그들은 AIG의 금융 건전성 회복을 위해 몇 주 전 이 회사의 금융 컨설팅 기관으로 고용된 터였다. 한편 모건스탠리는 베어스턴스 구제금융 이래 미 재무부의 컨설팅 기관으로 고용되어 있었다. 골드만이 왜 그 자리에 있었는가는 구제금융 기간 전체에 걸친 핵심적 의문이었다. 이 회의에서 골드만은 골드만 이외의 그 누구도 대표하지 않았다.

표면상 골드만은 AIG의 최대 채권자 자격으로 그 자리에 있었다. 하지만 그렇게 따지면 도이체방크와 소시에테제네랄도 비슷하게 큰 채권자였는데 그들은 그 자리에 없었다. "그들이 왜 거기 있었고 다른 큰 관계사들은 거기 없었는지 나는 잘 모르겠다."고 디날로는 말했다. 골드만의 지위에는 뭔가 특별한 것이 있었고, 그 뭔가가 막 대대적으로 모습을 드러내려 하고 있었다.

그 주 토요일, 이 회의에 참석했던 한 주 정부 규제관—그를 콜차크라 부르기로 하자.—은 텍사스 주에서 준비한 서한을 최초로 확인하고 곧바로 그 의미를 깨달았다. 다른 주 정부 관료들과의 전화 회의에서 콜차크는 텍사스 주 서한이, 터지기만 기다리고 있는 초대형 폭탄임을 알게 되었다. 만약 텍사스 주가 이 회사들에 대해 행동을 취한다면, 다른 주들은 그 뒤를 따를 것이고 중산층 서민들의 재앙이 시작될 것이었다. 그리고 그 폭탄은 한 가지 특정한 조건하에서 터지게 되어 있었다. 텍사스 주는 AIG가 그 계열사들에 손을 뻗치기로 할지 여부를 보기 위해 기다리는 중이었고, AIG의 결정은 뉴거의 거래처들이 거액의 담보 요구를 고집할지 여부에 달려 있었다. 하지만 이 거래처들 대다수는 차분하게 계속해서 자산을 보유할 의향을 보였다. 참지 못하고 당장 플러그를 뽑을 것처럼 분란을 일으키는 회사는 딱 1곳, 바로 골드만삭스였다.

이 사실은 다음 날인 일요일 아침, 모든 주요 관계자들이 연준 빌딩 1층의 오래된 대회의실에 모였을 때 분명해졌다. 콜차크의 말을 빌리면 "그것은 마치 그 기이한 중세풍의 로비와도 비슷했다. 일찍이 아무도 그 방에 들어가는 일이 없었다. 그래서 더더욱 기이했다." 이 거의 사용되지 않는 홀에 세계에서 가장 힘 있는 금융가들 50~60명이 가득 들어찬 광경은 초현실적이었다. 회의 개시와 더불어 행해진 골드만삭스 CEO 로이드 블랭크페인의 격앙된 발표 역시 그러했다. 콜차크의 전언에 따르면 블랭크페인은 그 회의에서 지배적인 존재감을 과시했다. 그는 AIG가 CDS, 그러니까 카사노의 쓰레기 더미에서 분쟁 대상이 된 담보를 토해 낼 것을 요구하며 일어서서 결투를 신청했다.

콜차크의 말이다. "블랭크페인의 요지는 이거였죠. '그들(AIG)은 우리 돈을 주는 일부터 시작하라.' 그는 진짜로 잔뜩 열이 받아 있었어요. 염병할 자기 돈 달라는 말로 계속 되돌아갔죠."

이 회의가 끝난 뒤 콜차크는 홀연 그 주말에 벌어진 일의 역학을 파악했다는 생각이 들었다. 사실 골드만은 AIG의 머리뿐만 아니라 보험 계약자 수천 명을 겨냥한 총을 손에 쥐고 있었으며, 그 방 바깥 어딘가에, 그리고 미국 전역에 흩어져 있는 보험 계약자들은 무슨 일이 벌어지고 있는지 전혀 몰랐다. 블랭크페인과 골드만삭스 임원들이 AIGFP와 카사노에게 빌려준 돈을 당장 받아내는 데 너무나 혈안이 되어 있어, 필요하다면 이를 위해 AIG의 다른 사업 부문까지도 기꺼이 폭파해 버릴 의지가 있다는 것이 지금 벌어지고 있는 일의 기본적인 전말이었다. 그들은 뉴거의 주식을 보유함으로써 실질적으로 손해를 볼 위험이 없었음에도 순전히 AIG를 위기로 몰아넣기 위해 그것을 막무가내로 반환하고 있었던 것이다.

텍사스 주가 언제라도 쳐들어가 AIG 계열사들을 압류할 준비가 된 상황에서, 골드만이 뉴거의 사업부를 향해 거액의 담보를 마지막으로 단 한 번 요구하기만 하면 국가적 비상사태가 초래될 수 있었다. 골드만이 그렇게 한다면 AIG는 그 계열사들을 공격해야 하는 처지에 몰릴 것이고, 그러면 주 정부가 개입해 그 계열 보험사들을 압류할 수밖에 없을 것이다.

그 일요일 아침 블랭크페인의 발표는, 골드만은 물러설 의지가 없다는 선언이었다. '누군가'가 AIG의 채권자를 자처하며 대신 돈을 내놓지 않는다면 그들은 AIG뿐만 아니라 금융계 전체의 안전핀을 뽑아 버릴 것이었다.

콜차크는 이렇게 말했다. "바로 그것이 그 주말에 벌어진 일의 전모였습니다. 기본적으로 우리 모두는 골드만이 물러날 것인지 아닌지 여부를 가늠하기 위해 그곳에 있었던 겁니다. 골드만이 개들을 철수시키도록 만드는 방안을 짜내기 위해서 말 그대로 금융가들의 대부대가 그곳에 모였던 거죠."

그 일요일의 발표가 있은 후 더더욱 초현실적인 장면이 연출되었다. 세 은행에서 모여든 말 그대로 수백 명의 직원들이 파인 스트리트 70번가 부근에 있는 AIG 본사(이 빌딩은 그 후 헐값에 한국인 투자자들에게 매각되었다. 하지만 이건 또 다른 이야기로 다음 기회에 다시 할 것이다.)[●]를 습격해서, AIG의 장부를 뒤지며 뭔가 값나가는 것을 찾기 시작한 것이다.

그날 그 자리에 있었고 AIG와 가까웠던 한 취재원의 말에 따르면 "솔직히 말해, 고정자산이 아닌 것들 대부분은 이미 유동화되어 RMBS(주택 모기지 담보 증권)나 그 비슷한 것에 투자된 상태였다." 남은 것은 이상한 잡동사니 쓰레기 물건들뿐이었다. "콜로라도 베일의 스키 리조트나 소규모 사모펀드 같은 것들이죠. 빨리 팔아 치울 수 있는 건 아무것도 없었어요."

이 물건들을 조사한 은행가들은 담보 요구에 응하기 위해 현금화할 수 있는 것이 충분히 있는지 확인하기 위해 눈에 불을 켜고 일했다. "그들은 가치와 유동성이 충분한지 확인하는 작업을 했어요. 그런 끝에 골드만이

$$

● 이 빌딩은 2009년 8월 금호종금과 우리금융그룹, 그리고 뉴욕의 한 한국계 부동산 회사로 구성된 금호종금 컨소시엄에서 인수했다.

되돌아와 내린 결론은 '노'였죠. 그들을 만족시킬 만한 물건이 충분치 않았어요. 그러자 그들은 제트기 기수를 딴 데로 돌렸죠." 콜차크의 말이다.

한편 AIG는 주 정부 관료들에게, 뉴거 사업부에 대한 담보 요구와 관련하여 자기들을 대신해 골드만을 설득해 달라고 애걸하고 있었다. "'골드만이 손을 떼게 해주실 수 있을까요?' 그러더군요." 그 주말 그 자리에 있었던 한 정부 규제관의 말이다.

원 뉴거/증권 대여 부문을 겨냥한 이 온갖 담보 요구 압력은, 그해 내내 카사노/CDS 부문을 겨냥해서 특히 골드만이 행한 극도로 공격적인 담보 요구와 쌍벽을 이루고 있었다. 실제로 골드만이 AIG의 몰락을 가속화시키기 위해 이런 담보 요구를 이용한 것이었는지 여부는 그로부터 2년 뒤 워싱턴에서 열린 금융위기조사위원회FCIC 청문회 공개 증언의 주제가 된다. 2010년 6월 30일, 나는 청문회장에서 카사노와 불과 몇 좌석 떨어진 거리에 앉아 있었다. AIG 붕괴 이후 최초로 공개석상에 나타난 그는 난쟁이처럼 왜소한 모습이었다. 이 위원회의 의장인 필 안젤리데스Phil Angelides는 그에게 골드만의 담보 요구가 과도하게 공격적이었는지 아니었는지를 질문하며 포문을 열었다. 그의 말에 무분별하게 은유가 남발된 데 대해서는 필자가 안젤리데스를 대신해 사과하는 바이지만, AIG가 저 스스로 위기에 떨어진 것인지 아니면 골드만 같은 은행들에 의해 위기에 몰린 것인지가 그의 질문의 요지였다.

> 안젤리데스: 사건 일지를 보면… 특히 2008년 3월 이후로, 골드만삭스와 힘든 싸움이 있었던 것으로 보입니다. 청문회를 시작하면서 나는 이런 비유를 들었습니다. 무리 중 약한 동물을 쫓아가 사냥한 치타가 거기에 있었는가? … 나는 첫 번째 도미노가 넘어진 것인가, 아니면 누군가 도화선

에 불을 붙인 것인가 하는 문제를 짚고자 합니다."

금융위기조사위원회의 다른 의원은 이 말을 카사노에게 이런 식으로 표현했다. "골드만이 당신을 괴롭혔습니까?"

증언 중 안젤리데스는 골드만이 AIG에게 행한 담보 요구의 공격성을 지적했다. 그는 한 AIGFP 직원의 말을 인용하기도 했다. 그는 7월 30일 골드만의 추가 납부(마진콜) 요구가 "난데없었던 데다 그 액수도 우리 예상보다 훨씬 컸다."고 말했다. 그는 골드만이 부른 액수가 "터무니없었다."고 말했다.

그날 카사노는 골드만 쪽으로 총구를 겨누길 거부했고, 골드만 자신도 2010년 여름 금융위기조사위원회에 배포한 문서와 최고 운영 책임자 게리 콘Gary Cohn의 증언("우리는 CDS 증권의 가격을 고의로 낮게 평가해서 떨어뜨리지 않았다.")을 통해, 자신들이 담보를 과도하게 공격적으로 요구함으로써 AIG의 몰락을 의도적으로 앞당겼다는 설을 부인했다.

그럼에도 골드만과 기타 거래 고객들(그러나 특히 골드만)의 무분별한 담보 요구가 연준과 재무부를 어두운 선택으로 몰고 갔다는 점은 아주 분명하다. 실사를 마치고 돌아온 은행가들이 AIG 내의 AIGFP나 뉴거의 사업부 모두 담보 요구를 충족할 만큼 유동성이 충분치 못하다고 입을 모으자, 이제 실질적인 선택지는 하나뿐이었다. 정부가 막대한 양의 공적 자금을 구멍 난 배에 쏟아붓지 않으면 골드만의 주도로 진행되는 AIG 증권 대여 부문의 뱅크런이 현실 세계로까지 새어 나가게 될 것이었다. 본질적으로 골드만삭스의 경영자들은 AIG 보험 계약자들 수천 명을 인질로 잡고 있었다. 이 모두가 그들이 조 카사노의 순전히 변칙적인 CDS 짬짜미 딜에 베팅한 수십억 달러를 되찾기 위해서였다.

며칠 뒤 위기는 수습되었지만 미국사의 패러다임이 바뀌는 사건을 그 대가로 치러야 했다. 재무장관 헨리 폴슨과 연준은 800억 달러의 구제금융을 지원했고 이는 나중에 2000억 달러 이상의 공적 지원으로 확대된다. 구멍을 메울 돈이 책정되자, 텍사스 주는 한 발 물러나 AIG 계열 보험사를 압류하겠다는 위협을 철회했다. 이제 AIG는 연방준비제도로부터 뉴거의 멍청한 짓을 땜질할 돈을 아주 많이 받게 되었기 때문이다.

이제는 잘 알려진 대로, 조 카사노의 CDS 딜 고객들은 AIG의 구제금융을 통해 224억 달러를 받아갔고, 그중 가장 큰 몫은 골드만과 소시에테제네랄에게 돌아갔다.

그에 비해 덜 알려진 사실은 뉴거의 증권 대여 사업 고객들도 AIG 구제금융을 통해 437억 달러라는 엄청난 액수를 공적으로 지원받았다는 점이다. 골드만은 두 번째로 큰 액수인 48억 달러를 가져갔다.(1위는 70억 달러를 챙긴 도이체방크였다.)

그들이 이런 위업을 달성한 방법은 다소 복잡하다. 우선 연준이 뉴거에 대한 골드만과 기타 은행들의 담보 요구를 충당하기 위해 돈을 내놓았다. 그 다음 연준은 (뉴욕 연방준비은행 옆에 있는 맨해튼 도심의 작은 거리 이름을 딴) '메이든 레인 II'라는 이름의 특별 구제 법인을 설립했고, 이는 뉴거와 '10의 3승'을 좇은 그 휘하 모든 직원들이 수십억어치 담보를 쏟아부어 다년간 매입한 그놈의 RMBS 자산 전부를 체계적으로 사들이는 데 이용되었다.

이 조작을 시행한 메커니즘은, 날것 그대로의 쓰레기를 우리 모두의 발앞에 퍼다 놓고 다시 깨끗한 물을 월가로 퍼 나르는 엄청나게 복잡한 금융 하수관의 미로에 비유할 수 있다. 그 진짜 임무는 잠시 골치 아픈 쓰레기들로부터 구제불능의 쓰레기를 걸러 내어 뒤의 것을 납세자들에게, 앞의 것은 가이트너의 친구들에게 붙여 주는 일이었다.

AIG의 구제금융은 모기지 기반 금융 사기 사슬에 종지부를 찍었다. 어떤 의미로 볼 때 이것은 수년 전 솔로몬 에드워즈가 엘존 윌리엄스라는 한 순진한 경찰관을 뜯어 먹을 사기 계략을 꾸미면서부터 시작되었다. 이는 뜨거운 감자를 재빨리 넘기는 게임이었다. 아무것도 없는 허공에서 뻔한 신용 사기의 형상을 하고 돈이 생겨나, 현대적 금융 혁신의 마법을 통해 가연성이 큰 폭발 직전의 증권으로 변신한 다음, 사슬을 타고 빛의 속도로 넘겨졌다—대출 회사로부터 이를 증권화한 투자은행으로, 또 메이저 투자은행으로부터 AIG로. 이 감자가 오래 들고 있기에 너무 뜨겁다는 사실을 아는 모든 참가자들은 이것을 최대한 빨리 다음 주자에게 넘겼다. 마지막으로 이 감자는 연방준비은행의 손에서 지글지글 타 없어지며 비로소 안식을 얻게 되었다.

★ 그리고 윌리엄스는… ★

엘존 윌리엄스는 아직까지 그의 집에 살고 있다. 두 가지 일이 일어나면서 그는 이례적으로 유예 기간을 벌게 되었다. 한 가지는 마사 코클리 Martha Coakly 매사추세츠 주 검찰총장이 '리튼론스'를 비롯한 주 내의 몇몇 모기지 대출업체들에 대해 수사를 시작한 것이다. 리튼론스는 골드만삭스가 100% 출자한 계열사로, 엘존의 모기지 대출 두 건 중 액수가 적은 쪽을 최종적으로 보유하게 된 곳이다. 코클리는 증권화 과정을 통해 시장에 부실 대출을 공급하고, 한편으로 잠재적 투자자들에게 이런 부실 대출에 대한 정보를 제공하지 않음으로써 솔로몬 에드워즈가 저지른 부류의 사기를 조장한 혐의로 골드만삭스를 기소했다. 코클리가 골드만삭스와 합의했을 때, 골드만삭스는 이미 최소한 130억 달러에 이르는 공적 지원의 수혜자가 되어 있었으며 그 외에도 '부실자산구제 프로그램'을 통해 100억 달러, 그리고 가이트너의 또 다른 구제금융 프로그램인 '한시적 유동성 보증 프로그램'의 일환으로 연방예금보험공사FDIC의 신규 대출 지원을 통해 저리로 290억 달러 이상을 더 받은 상태였다.

이 모든 현금 수입에도 불구하고 골드만은 코클리와 매우 유리한 조건으로 합의했다. 최종적으로 그들은 주 정부에 5천만 달러의 벌금만 내면 되었는데, 이 은행이 모기지 기반 증권을 거래하여 매달 벌어들인 돈에 비교하면 푼돈이었다. 게다가 그들은 잘못을 공식적으로 자백할 필요도 없었다. 코클리와 골드만의 합의 조건이 공개된 지 약 한 달 뒤, 골드만은 2009년 2/4분기에 34억 4천만 달러의 기록적인 수익을 거두었다고 발표했다.

하지만 이런 엉망진창 가운데서도 한 가지 다행한 일이 있었는데 그건 골드만, 그러니까 리튼이 엘존 윌리엄스의 모기지 부채 중 적은 쪽을 완전히 탕감해 준 것이었다. 한편 그의 또 다른 대부업체인 ASC는 여론의 압력에 못 이겨 대출 조건을 변경하는 데 동의했고, 엘존과 그의 가족이 비교적 낮은 고정금리로 복귀할 수 있도록 허용해 주었다. 신심이 깊은 윌리엄스는 그가 자기 집을 지키기까지 일어난 이 일련의 일들을 마치 하나님의 역사인 것처럼 이야기했다. "나는 기도하고 또 기도했습니다." 그는 말했다. "그래서 결국 이루어졌습니다."

★ 미국에게 남은 것 ★

모기지 사기 시대의 가장 놀라운 점은 바로 이 먹이 사슬 전체를 관통하는 사고방식의 일관성이다. 그 맨 밑바닥에 있는 솔로몬 에드워즈류의 하층 범죄자, 평범한 가정과 아이들을 먹잇감으로 삼으며 심지어 다른 범죄자들한테도 경시되는 뻔뻔스런 사기꾼들 눈에 가계는 그저 유동화해서 일회성 선불 수수료와 바꿔먹을 수 있는 자산에 불과했다. 또 이들에게 그런 식의 행동을 조장한 것은 바로 미국 신용 시스템의 난맥상이었다. 바로 그 때문에 한 가정의 신용등급을 홀랑 태워 먹고 거액의 수수료를 선불로 긁어모으는 편이 제대로 된 방식으로 일하는 것보다 훨씬 쉽고도 짭짤해진 것이다.

그리고 놀랍게도 맨 꼭대기도 마찬가지였다. 골드만삭스의 CEO가 뉴욕 연방준비은행 회의실에 서서 자기 돈을 내놓으라고 요구했을 때, 그는 AIG를 홀랑 태워 먹는 편이 일을 수습하려 노력하기보다 훨씬 짭짤하다는 사실을 알고 그 짓을 한 것이다. 결국 블랭크페인과 골드만은 AIG를 상대로, 회사 전체를 홀라당 태워 버리고 정부 구제금융의 '보험금'을 타 먹는, 말 그대로 조폭질을 한 셈이다. 설령 민간 차원에서 해결할 돈을 500명의 은행가 부대가 찾아내지 못하더라도, 그들은 정부가 나서 주리란 것을 처음부터 알고 있었다. 극도의 염세주의 그리고 장기적 전망에 대한 철저한 무관심이란 면에서, 그들은 게토와 중산층 교외를 헤집고 다니며 만만한 집주인들을 낚아 올린 솔로몬 에드워즈나 '뉴 센추리' 대출 회사와 전혀 다르지 않았다. 그들은 집주인들을 고기 분쇄기에 던져 넣고 갈아서 나온 수수료를 포드 익스플로러나 LED TV, 리노에서의 주말 휴가나 기타 잔챙이들과 바꾸었지만, 그들과 골드만의 유일한 차이는 바로 규모의 차이뿐이었다.

모기지 사기 시대와 관련해 충격적인 사실이 두 가지 더 있다. 하나는 이 수많은 인물 군상들 중에서 실질적으로 뭔가를 건설하는 데 참여한 사람이 단 한 명도 없다는 점이다. 월가가 돈을 이곳에서 저곳으로 옮기고 여기저기서 개평을 뜯어 수익을 올리긴 했지만, 어떤 면에서 이 모든 난장판은 금융 서비스 산업이 스스로 창출해 낸 일종의 거대한 (부자들을 위한―옮긴이) 복지 프로그램이라고도 할 수 있다. 금융 산업은 수조 달러어치의 가짜 모기지라는 형태로 산더미 같은 돈을 조작해 몇 년씩이나 굴렸고, 마침내 현실이 들이닥치자 다름 아닌 우리 납세자들이 그들로부터 이것을 (국익을 위해) 액면가에 '사줘야' 한다는 발표가 갑자기 내려진 것이다.

한편 두 번째로 대단히 놀라운 사실은, 이 산더미에 손을 댔던 거의 모두가 일종의 사기꾼들로 밝혀진 것이다. 모기지 중개업자들은 더 고액의 대출을 확보하고 폭발성이 큰 옵션-ARM을 팔기 위해 대출 신청 정보를 체계적으로 변조했다. 옵션-ARM을 구매한 사람들은 이 상품에 대해 이해하지 못하거나 (더 나쁜 경우) 이해하더라도 애초에 대출금을 지불할 의사가 없었다. 단기 리베이트와 수수료에 혈안이 된 대출 발행업체들은 신청서를 단순 조작한 막대한 물량의 대출을 기계적으로 승인해 주었다. 채무자가 상환금을 지불할 수 있을지 없을지는 그들 안중에 없었다. 담보 대출을 증권화한 투자은행들은 무모한 산수를 동원해 쓰레기 모기지를 AAA등급 투자 상품으로 변신시켰다. 신용평가사들은 수수료를 계속 받아먹고 경영진의 고액 보너스를 유지하기 위해 이 무모한 산수를 용인하여 AAA등급을 나눠 주었다. 하지만 이 신용평가사들도 파산한 무일푼 대출자들에게 FICO 점수 조작으로 신용도를 높여 준다는 서비스를 노골적으로 광고하고 팔아먹은 사기꾼들 앞에서는 그만 장님이 되었다. 부패한 신용등급 평가사들이 신용등급 부패사범들에게 당한 것이다!

한편 투자은행들은 연기금과 보험사들에게 독성 투자 상품을 찔러 주거나, 아니면 이런 독성 투자 상품을 보유한 채 그 부도 가능성을 가지고 조

이 돈이면 이 나라의
서브프라임 모기지를
전부 다 사들이고

갚아 줄 수 있을 뿐만 아니라,
나머지 모기지들까지 종류 불문하고
몽땅 다 갚아 줄 수 있다.
그러고도 집 없는 미국인들 전부에게
새집을 하나씩 사줄 수 있을 만큼
돈이 남을 것이다.

카사노 같은 멍청이들을 찔러서 뜯어먹으려 들었다. 그러나 옵션-ARM으로 너무 큰 집을 산 상당수 집주인들이 애초에 대출금을 갚을 의사가 없었던 것처럼, 그들은 조 카사노가 처음부터 빚을 갚을 의도가 없었다는 사실에 한 방 먹었다. 이제 텅 비어 버린 (미래의 주택 가격 침체에 이바지할 뿐 아무짝에도 쓸모없는) 집 몇 채 말고는 아무런 건전한 일자리도 창출하지 못한 채 전 방향으로 미쳐 돌아간 이 거짓말과 속임수와 사기 굿판의 최종 결론은, 이 모든 범죄와 부정과 염세주의를 국가적 정책적 문제로 대접해 주고 여기에 보조금을 지급하며 우리 모두가 셈을 치르는 것으로 끝이 났다.

우리는 건강보험이나 대안 에너지 혹은 새로운 교통로와 고속도로 체계를 구축하는 대신 이딴 데다 비용을 쏟아부은 것이다. 이 구제금융에는 궁극적으로 총 13조 달러 이상이 소요될 것으로 추정된다. 이 돈이면 이 나라의 서브프라임 모기지를 전부 다 사들이고 갚아 줄 수 있을 뿐만 아니라 (1조 4천억 달러밖에 안 든다), 나머지 모기지들까지 종류 불문하고 몽땅 다 갚아 줄 수 있다. 그러고도 집 없는 미국인들 전부에게 새집을 하나씩 사주기에 충분한 돈이 남을 것이다.

하지만 우리는 그렇게 하지 않았고 기타 어떤 유용한 곳에도 그 돈을 쓰지 않았다. 왜? 그 훌륭한 이유가 있다. 우리는 다리와 고속도로를 짓거나 에너지와 의학 분야에서 빛나는 혁신을 이룩하는 데 더는 능하지 못하기 때문이다. 이제 우리는 대규모 공공 근로 프로젝트를 마무리하거나, 이를테면 달 착륙처럼 눈부신 동화 같은 모험적 공공정책을 개시하기에는 먹통이 되어 버렸다.

그럼 우리가 능한 분야는 무엇일까? 남은 것은 도둑질이다. 여기에 대해서 우리 미국인을 대적할 상대는 없다. 저 구제금융을 입안하면서 우리는 과시했다. 그것은 어느 모로 보더라도 케네디의 달 탐사 계획만큼이나 거대하고 (미래로만이 아니라 과거로도) 까마득한, 대통령 두 명의 임기에 걸친 초대형 공동 프로젝트였다.

4.
흥청망청 파티:
상품 버블

골드만이 수단과 방법을 가리지 않고
지어내거나 예측한
모든 일들은
실제로 일어났다.

그들이 석유 가격을 밀어 올렸다.

★ 미친 듯한 2008년의 유가 상승 ★

2008년 여름, 캘리포니아 주 샌버나디노에 사는 24살의 프리실라 카릴로Priscilla Carillo에게 불운이 찾아왔다. 그녀는 창고 임시직으로 일하는 한편, 당시 그녀의 거처에서 약 40분 떨어진 채피 커뮤니티 칼리지community college*를 다니면서 공부를 하고 있었다. 그녀는 낡은 닛산 알티마를 몰고 직장과 학교를 바삐 오가며 하루하루를 그럭저럭 꾸려나가고 있었다. 그녀의 말에 따르면 18살이 되자 어머니가—딸이 많은 도움이 된다고 여겼음에도—이제 네 식대로 살라며 그녀를 집에서 쫓아냈다고 한다. 여기서 네 식이란 여러분도 알다시피 미국식을 말한다.

그녀는 이렇게 말했다. "나는 항상 라틴계들은 마흔이 될 때까지 부모와 같이 산다고 생각했어요. 하지만 나는 달랐던 것 같아요."

2008년 초 당시 프리실라는 한 가지 문제를 깨닫게 되었다. 기름값이—올라도 너무—오르고 있었던 것이다. 이미 갤런당 4달러를 잡싸게 지나치고 있었다. 학교까지 가는 길은 멀었고 곧 기름값을 감당하기가 힘들어졌다. 그녀는 학교를 그만두고 종일제로 일하기 시작했다. 하지만 그녀가 소

● 대략 우리나라의 전문대에 해당한다.

속된 파견업체가 도산하는 바람에 그녀는 일자리를 잃게 되었다. 이제 프리실라는 무일푼이 되어 집세를 낼 수가 없었다. 2008년 6월과 7월에 그녀는 자동차에서 살았다.

그녀는 말했다. "도서관이나 공원 같은 곳에 주차했어요. 밤에 주택가에서 자면 안 된다는 걸 몰랐어요. 경찰에 수도 없이 연행됐죠. 그들은 나를 매춘부로 여겼어요. 내가 그랬죠. 이보세요, 난 그냥 잠만 자는 거라고요."

이와 거의 비슷한 시기, 대륙을 사이에 두고 거의 반대쪽에서는 로버트 루켄스Robert Lukens라는 한 사업가가 궁지에 몰려 있었다. 그는 펜실베이니아 주 레딩에서 '루켄스 컨스트럭션'이라는 건설업체를 운영했다. 루켄스는 일곱 명의 직원을 거느리고 있었고 이 사업은 거의 40년 전에 그의 할아버지가 창업하여 3대째 이어 내려오는 가업이었다. 그는 원래 가업을 이어받고픈 생각이 없었지만 상황에 떠밀려 그런 결정을 하게 되었다. 일찍이 1981년 그는 버지니아 주 리치몬드로 이주했는데, 미국 최대의 건설업체 중 한 곳인 라이언홈즈에서 결혼 1주일 만에 해고된 것이다.

이제 새로 아내가 생기고 일자리를 잃은 그는 하는 수 없이 집으로 돌아와 아버지 밑에서 일하게 되었다. 그의 아버지는 부친으로부터 '루켄스 컨스트럭션'을 물려받아 경영하고 있었다. 로버트는 아버지와의 관계가 껄끄러웠지만 부자는 오래지 않아 앙금을 풀고 끝까지 함께 노력해서 회사를 잘 운영해 나갔다. 그렇게 14년이 흐른 1995년 로버트 루켄스는 사업을 이어받았고, 이제 회사를 소개하는 그의 말투에는 자신의 가업에 대한 깊은 자부심이 느껴졌다. "우리는 고급 건축 시공을 합니다. 품질도 아주 확실하죠." 그의 말을 빌리면 붕어빵처럼 틀에 박힌 집이 아니라 맞춤형 부가 서비스를 해주어 "고객들의 입소문이 자자"했다. 루켄스의 말에 따르면 2008년까지 그는 잘나갔다.

"그런데 갑자기 유류비 부담이 너무 커지기 시작했어요. 예전에는 기름값이 1주일에 500~600달러 들었는데, 2008년 7월이 되니까 갑자기 1주일에 1200달러씩 들게 된 거죠. 그뿐만이 아니에요. 납품업체들 전부가 갑자기 연료비 폭탄을 때린 겁니다. 예전에는 만약 내가 목재를 주문하면 그 운송비가 가격 안에 다 포함되었는데, 이제는 납품업체들이 건당 125달러씩을 추가로 물린다고요. 목재, 콘크리트 같은 자재들에다가요."

루켄스가 이런 가격 폭등을 겪고 있던 때와 거의 비슷한 시기에, 의사가 될 꿈을 품고 있던 생물학도 샘 세레다Sam Sereda는 여름방학을 보내기 위해 집으로 향하고 있었다. 세레다는 매사추세츠 주 노스쇼어의 고든 칼리지에서 학부 과정을 밟고 있었지만, 그의 집은 캘리포니아 베이에어리어의 서니데일이었다. 세레다는 초년 시절에 해두면 좋을 만한 일은 모조리 하고 있었다. 성적도 좋았고, 남는 시간에는 해밀턴 웬햄 고등학교 아이들을 상대로 AP(Advanced Placement)* 생물학을 가르치며 용돈도 벌었다. 여름방학에는 샌프란시스코 실리콘밸리에 있는 제네테크라는 회사에서 인턴십을 밟기로 예정되어 있었고, 곧 다가올 4학년을 대비해 새라토가의 웨스트밸리 칼리지에서 고등 미적분 수업을 들으며 추가 학점을 딸 계획이었다.

"그런데 갤런당 3달러 하던 기름값이 4달러가 넘게 올랐어요. 게다가 당시 우리 가족은 경제적으로 곤란을 겪고 있었거든요. 결국 나는 인턴십을 취소해야 했어요. 차로 40분 거리는 너무 멀었죠. 돈이 너무 많이 들었어요." 그의 말이다.

미적분 수업도 날아가 버렸다. "교통비를 감당할 수가 없었어요. 결국 나는 개강하고 매사추세츠로 돌아가서 한 학기에 20학점을 들어야 했어요.

$$
● 고등학생이 선이수해서 대학 학점을 미리 딸 수 있는 과목.

이 말이 어떻게 들릴지는 알지만, 기름값이 그렇게 되는 바람에… 내가 여름방학에 할 수 있는 일이라고는 집에 들어앉아 꼼짝 않고 있는 것뿐이었어요. 마침 그때 남동생까지 몸이 아파서 우리 가족과 나는 내가 그냥 집에 있는 게 최선의 길이라고 판단했죠."

그리고 이 모든 일들이 일어난 시기, 다이앤 졸링거Diane Zollinger라는 한 여성은 유급 일자리가 있었고 경제적으로 심각한 근심거리가 생긴 것도 아니었다. 그녀의 문제는 바로 그녀가 몬태나에 살고 있다는 사실이었다. 몬태나에서는 모든 것이 다른 것들과 서로 멀리 떨어져 있다. 그녀는 보즈먼에 좋은 직장이 있었지만, 보즈먼은 리빙스턴에 있는 그녀의 집에서 35마일 떨어진 거리였다. 기름값이 갤런당 4.85달러까지 치솟았을 때 그녀는 하루에 70마일씩을 운전해서 출퇴근했다. 그녀의 차는 1갤런당 25마일을 달렸다. 그해 여름 유가가 정점에 다다랐을 때 그녀는 1주일에 거의 70달러를 기름값으로 지불하고 있었다. "세계 경제가 붕괴하고 11월에 해고됐는데, 마침내 실업자가 되니까 우리 주머니에 돈이 더 많아진 거예요."

어디에 살고 무슨 일을 하느냐는 중요치 않았다. 2008년 여름에 우리 모두가 에너지 가격으로 큰 타격을 입었다는 것은 거의 확실하다. 전국 언론도 전국적 기성 정치인들도 이 문제의 원인을 제대로 설명하지 않았다. 대다수 사람들은 이것이 공급 부족 그리고/또는 중국의 산업 기계 수요 증가와 관련된 현상으로 짐작했고, 대다수 TV 보도들은 그런 인식을 조장하는 데 총력을 기울였다. 주유소에 긴 줄이 늘어선 것도 아니고, 70년대에 그랬듯 사람들이 기름을 넣으려고 기다리다가 광란의 파티를 벌인 것도 아니며, 공급이 부족하다는 분명한 증거도 없다는 사실은 무시한 채 말이다. 우리 눈에 안 보이는 어딘가에 석유 부족 사태가 존재한다는 이야기만 들려왔을 뿐이다.

세레다의 말이다. "CNN에서 석유가 부족하다는 이야기를 하려고 애쓰는 걸 본 기억이 나요. 캐나다나 뭐, 어디 다른 지역에 사람들이 줄 서 있는 모습을 보여 주었죠."

나는 《롤링스톤》 기자로 그해 여름 거의 내내 매케인 대 오바마의 대통령 선거전을 취재하고 있었다. 그동안 나는 기름값 폭등이 왜 일어났는지, 프리실라 같은 사람들이 왜 갑자기 자동차에서 살게 되었는지에 대해 여러 가지 설명을 들었다.

매케인이 그해 여름 내내 기자들에게 역설한 유가 폭등의 원인은, 놀랍게도 버락 오바마 같은 사회주의자들이 플로리다 해안에 대한 즉각적인 원유 시추 허가를 거부하고 있기 때문이었다.

다른 기자들도 다 그랬지만 그해 여름 내 머릿속을 온통 지배한 것은 상품시장의 교란이 아니라, 민주당 내 적대 분파들 간에 끝없이 이어지는 듯 보이는 뻔한 논쟁이나 라이트 목사 논란 같은 색깔론 이슈들이었다.

하지만 내 기억에는 기름값도 엄연히 일종의 이슈였고 양쪽 후보들도 이에 대해 발언을 했다. 나는 루이지애나 주 케너에서 매케인이 사실상 후보로 지명된 그날 밤, 그가 토할 것처럼 불쾌한 빛을 띤 녹색 배경막 앞에 서서 "오늘날 미국의 해외 석유 의존보다 더 긴급한 문제는 없습니다."라고 연설했던 것을 기억한다. 또 그해 여름 매케인이 "워싱턴의 일부 사람들이 어떻게 아직까지도 미국 내 석유 시추에 반대하고 있는지"를 말하는 칙칙한 광고를 내보내기 시작한 것도 기억한다.

그날 밤 연설이 끝나고 기자단이 좁아터진 기자석에서 굴러 나왔던 것과 매케인이 마지막에 친 허풍을 놓고 우리 기자들끼리 버스 안에서 이죽거렸던 것도 기억난다.

"완전 헛소리야." 그중 내가 알고 오래전부터 싫어했던 한 TV 기자가 말했다. "해안 시추를 금지해서 기름값이 오른다니."

"그러게, 그런 소릴 누가 믿겠어." 다른 기자도 덧붙였다.

이런 대화가 몇 분간 이어졌다. 선거 취재 기자들은 자기가 맡은 후보를 헐뜯는 일을 즐긴다. 이것은 그들이 가장 좋아하는 스포츠다. 그러면서 놀고 있다가 그 후보가 전용기 내의 기자석 쪽으로 걸어오기라도 하면 그들은 마치 여고생들처럼 무릎에 힘이 풀리고 그가 교황이라도 된 양 그의 옷자락에 입을 맞추기 시작한다. 어쨌든 매케인의 시추 발언에 대한 이 따끈따끈한 헐뜯기 경기 중 어느 시점에 내가 끼어들었다. "저기, 그런데 기름값이 왜 오르는 건지 여기 진짜로 아는 사람 있어? 나는 도통 모르겠던데."

이에 대한 짧은 토론 끝에 이런저런 가설이 제시되었지만, 결국 우리 기자단 중 누구도 유가 폭등의 원인이 뭔지 짐작조차 못한단 사실이 분명해졌다. 나중에 나는 한 신문 기자에게 귓속말을 했다. "그러면 우리 모두가 사기꾼이 되는 거 아냐? 어쨌든 이 문제를 기사로 쓴다면 말야."

그의 대답은 이랬다. "아직도 그 생각 하고 있었어?"

그리고 얼마 후인 그해 여름의 9월, 나는 미네소타에서 열린 공화당 전당 대회에서—나처럼 미천한 직업을 갖고 나처럼 경제학적 배경도 미약한 다른 중생들 틈에 끼어 옴짝달싹 못하는 상태로—매케인이 이 문제를 분명한 어조로 설명하는 것을 듣고 있었다.

오바마 상원의원은 우리가 추가적인 석유 시추와 핵 발전 증설 없이도 에너지 자립을 달성할 수 있다고 생각합니다. 그러나 미국인들은 그보다 더 잘 알고 있습니다. 우리는 유가 폭등으로 초래된 위험에서 경제를 구하기 위해 모든 자원을 활용하고 필요한 모든 기술을 개발해야 합니다.

버락 오바마는 어땠을까? 그 역시 숱한 설명을 내놓았다. 유가 문제에 대한 매케인과 오바마의 의견 차이는 여러 면에서 이 나라 좌파-우파 정치의 작동 방식을 완벽히 반영했다.

매케인은 이 문제를 직간접적으로 정부와 환경론자와 외국인들의 결합 탓으로 돌렸다.

오바마는 그의 청중들을 의식하고 다른 곳을 겨냥했다. 그는 이 문제를 탐욕스런 석유 회사들과 더불어, 낭비가 심하고 SUV처럼 기름 먹는 하마를 몰고 다니는 평범한 미국인들 탓으로 돌렸다. 나는 전환점이 된 펜실베이니아 예비 경선에서의 그의 모습을 기억한다. 이때 힐러리가 잠시 그의 간담을 서늘하게 했고, 그는 고유가의 원인을 탐욕스런 석유 회사들 탓으로 돌리는 전략을 연마했다. 그들이 더 큰 보너스를 '챙기기 위해 단순히 가격을 올린다는 가설이었다.

"그들은 오랫동안 안락을 누려 왔습니다." 펜실베이니아 윌크스배러에서의 유세 중 오바마는 엑손과 기타 석유 회사들을 지적하며 이렇게 말했다. "그들이 자기들 돈을 반드시 정제 설비에 투자하느냐 하면 그렇지 않습니다. 이런 설비가 우리의 가솔린 공급 병목 현상을 일부분 해소해 줄 가능성이 있는데도 말입니다. 따라서 우리는 추적해야 합니다. 우리는 이 일부 기업들의 초과 이윤을 추적해 봐야 합니다."

두 후보는 해결책이 마치 가만히 앉아서 시행되기만 기다리고 있는 듯 보였고, 둘 중 하나만 정치적 승인이 떨어지면 모든 게 풀릴 것처럼 말했다. 매케인은 저유가가 멕시코만 해저 어딘가에 들어앉아 있다고 말했고, 오바마는 그것이 엑손 같은 기업의 은행 계좌 속에, 세금을 물려야 할 초과 이윤의 형태로 들어앉아 있다고 말했다.

이 공식은 우리가 모든 선거에서 보는 것과 똑같은 공식이었다. 공화당은 정부와 60년대식 운동과 외국인들을 악마화한다. 민주당은 기업과 탐욕과 우익 떼거리들을 악마화한다.

두 후보는 대중을 상대로 진실과 관련 없는 소설을 팔고 있었다. 유가는 이 후보들이 말한 원인들과는 전혀 무관한 이유로 올라갔다. 이 사건의 전말은 바로 월가가 카지노에 새 테이블을 개장한 것이었다. 이 새 게임 테이블에는 '상품지수 투자'라는 이름이 붙었다. 그리고 이것이 이 동네에서 가장 잘나가는 게임의 반열에 오르자, 미국은 별안간 '대표 없는 과세'의 멋진 가능성에 대한 대단히 호된 교훈을 얻게 되었다. 월가는 유가를 게임 테이블에 올렸고 이것이 대박을 터뜨리자 우리는, 없으면 단 하루도 살 수 없는 상품에 대해 본의 아니게도 터무니없는 값을 치르게 된 것이다. 월가는 도박을 하고 우리는 거액을 지불한 셈이지만, 우리가 잃은 돈의 일부를 가지고 결국 그들이 저지른 일이야말로 여기서 가장 경악할 부분이다. 애초 그들이 강매한 기름값을 지불하기 위해 미국—여러분, 나, 프리실라 카릴로, 로버트 루켄스—이 스스로를 저당잡히게 만든 것이다. 다리와 도로와 공항을 담보로 걸어, 말 그대로 우리의 주권 영토를 팔아 치운 셈이다. 이는 거의 숨이 멎을 만큼 아름다운 금융 사기였다. 여러분이 그런 부류의 것을 감상하는 취미가 있다면 말이다.

이 사기는 두 부분으로 갈취가 이루어졌다. 그중 1부는 상품 버블, 즉 유가를 지붕 꼭대기까지 폭등시켰고, 하려고만 했다면 철저히 막을 수 있었을 투기 광란이었다. 아마도 이는 아무도 미처 깨닫지 못하는 사이 막강한 산업 제국에 치명상을 입힌 역사상 최초의 버블일 것이다. 대다수 미국인들은 그런 일이 일어났는지조차 알지 못한다. 바로 그 점이야말로 실체 없는 석유 공급 대란이라는 이 사기질에서 가장 아름다운 부분이었다.

★ 상품시장 투기자의 등장 ★

때는 1936년으로 거슬러 올라간다. 월가 중개업자로 위장한 도박꾼들이 미국 경제를 파괴한 이후, 프랭클린 D. 루스벨트 정부는 투기꾼들이 밀(소맥)과 옥수수와 콩과 기름과 천연가스 같은 생필품 가격을 가지고 장난치는 것을 막기 위해 '상품거래법'을 만들어 통과시켰다. 1920년대와 30년대에 이―상품commodities이라 일컫는―소비자 생필품 시장이(주로 하락 쪽으로) 심각하게 조작되는 것을 경험했기 때문이다.

그중 가장 유명한 건 이른바 '소맥왕Wheat King'으로 알려진 월가의 유력 중개업자 아서 커튼Arthur Cutten의 사례였다. 정부는 커튼이 가격 조작을 위해 밀 시장에서 자신이 차지하는 위치를 은폐한 혐의로 그를 기소했다. 그의 사건은 결국 '월러스 대 커튼' 사건으로 대법원까지 올라갔고, 1936년 상품시장법 통과의 배경이 되었으며, 이 법을 근거로 정부는 이 독특한 거래 시장의 움직임을 감독하는 엄격한 감시 권한을 갖게 된다.

상품시장은 서로 뚜렷이 다른 두 부류의 참여자가 있다는 점에서 세상의 여타 시장과 다르다. 첫 번째 부류의 참여자는 문제의 상품을 직접 생산하거나 구매하는 사람들―이를테면 실제로 밀농사를 짓는 농부나 대량의 곡물을 정기적으로 구매하는 시리얼 회사 등―이다. 이 참여자들을 '실물헤저physical hedger'•라고 한다. 시장은 주로 밀 재배농들이 시리얼 회사와 만나 거래하는 장소 역할을 하지만, 이 실물헤저들은 시장 불확실성에 대비해 선물 계약을 이용해 약간의 보장을 매수할 수도 있다.

당신이 시리얼 회사인데, 옥수수를 부셸당 최대 3.00달러에 구매할 수

$$
• 실물 상품의 가격이 변동할 위험을 회피하기 위한 헤지 거래를 하는 자를 의미함.

있을지 여부에 내년도 사업 계획이 달려 있다고 치자. 현재 옥수수는 부셸당 2.90달러에 팔리고 있지만, 당신은 내년에 가격이 폭등할 위험을 방어해 놓고 싶다. 그래서 당신은 옥수수에 대한 선물 계약을 대량 매수하고, 이로써 — 이를테면 지금으로부터 6개월 혹은 1년 뒤 — 옥수수를 부셸당 3.00달러에 살 수 있는 권리를 갖게 된다.

그래서 만약 옥수수 가격이 올랐다면, 이를테면 극심한 가뭄이 닥쳐서 옥수수가 귀해져 터무니없이 비싸졌다 해도 당신은 어찌 됐든 3.00달러에 살 수 있으니 땡잡은 것이다. 이것이 상품 선물시장을 적절하게 활용한 예다.

이는 반대로도 할 수 있다. 당신이 옥수수 농사를 짓는다거나, 혹시 내년에 공급이 과잉되어 옥수수 가격이 2.50달러나 그 밑으로 내려갈까 봐 걱정될 수도 있다. 그러면 당신은 1년물을 2.90달러나 3.00달러에 팔아서 내년 매도 가격을 고정시킨다. 그런데 만약 가뭄이 들어 옥수수 가격이 폭등하면 당신은 손해를 보게 되지만, 최소한 적정한 가격을 근거로 미래를 계획할 수 있다.

이런 실물 매수자와 매도자들이 바로 '실물헤저'다. 하지만 루스벨트 정부는 시장이 적절히 돌아가기 위해서는 또 다른 부류의 참여자들이 존재할 필요가 있음을 인정했다. 바로 투기자speculator다. (애초 이 시장을 설계한 이들이 구상했던) 투기자의 존재 의의는 어디까지나 실물헤저, 즉 실질 참여자들이 언제라도 생산물을 사고 팔 수 있는 장을 확보하도록 보장하는 데 있다.

다시금, 당신이 옥수수 재배 농민이어서 재배한 곡식을 시장에 가져왔는데 마침 시리얼 회사가 옥수수를 사지 않는 시점이었다고 상상해 보자. 투기자가 들어오는 것은 바로 이 지점이다. 그는 당신의 옥수수를 사들여 보유한다. 아마도 그 시리얼 회사는 어느 정도 시간이 흐른 뒤 옥수수를 사러

시장에 들어올 것이다. 하지만 그 시점에는 이제 옥수수를 팔려는 농민이 없다. 만약 투기자가 없으면 재배 농민과 시리얼 회사는 일시적으로 거래가 중단되어 낭패를 볼 것이다.

하지만 투기자가 있으면 모든 일이 순조롭게 흘러간다. 옥수수 재배 농민이 옥수수를 갖고 시장에 갔는데 그걸 사주는 시리얼 회사가 없다. 그러면 투기자가 부셸당 2.80달러에 그 곡식을 가져간다. 그로부터 10주 뒤 시리얼 회사에서 옥수수가 필요해졌는데 이번엔 재배 농민이 없다. 그러면 투기자한테서 부셸당 3.00달러에 산다. 투기자는 돈을 벌고, 농민은 재배한 곡물을 처분하며, 시리얼 회사는 적당한 가격에 상품을 조달한다. 모두가 만족스럽다.

이 시스템은 약 50년간 거의 완벽하게 작동했다. 투기자들의 영향력을 주의 깊게 감시해야 한다는 점을 인식한 정부는 시스템을 엄격하게 규제했다. 일례로 투기자들이 시장의 옥수수 전부나 혹은 일부라도 많은 비중을 사재기한다면 그들은 가격을 손쉽게 조작할 수 있을 것이다. 그래서 정부는 포지션 한도를 설정하여, 상품시장 내의 거래를 언제나 실물헤저가 지배하고 투기자들은 그 주변부에서 거래가 순조롭게 이루어지도록 돕는 순수한 기능적 역할을 하도록 단속했다.

이런 설계하에서 상품시장은 상품의 현물 가격이라는 것을 결정하는 매우 유용한 수단이 되었다. 상품은 그 특성상 전 세계 각지의 대단히 다양한 환경에서 생산되므로 그 가격을 매기는 일은 매우 어렵고 복잡하다. 하지만 현대 상품시장은 이 모든 과정을 단순화했다. 옥수수, 밀, 대두, 석유 생산자들은 NYMEX(뉴욕상업거래소) 같은 집중화된 시장 내의 선물 가격만 보면 자기 생산물의 값이 얼마나 매겨질지 감을 잡을 수 있다. 만일 수요와 공급이 이런 선물 가격을 결정하는 지배적 변수라면 이 시스템은 공정하고 합리적으로 작동할 것이다. 하지만 만약 수요·공급이 아닌 뭔가 다른 변수가 작용한다면, 시스템 전체가 맛이 가게 된다. 그게 바로 2008년 여름에 벌어진 일이었다.

★ 그들이 상품시장에도 몰려왔다 ★

그해 여름 우리를 강타한 버블이 최종적으로 닥치기까지는 꽤 오랜 시간이 소요되었다. 그것은 1980년대 초 일군의 월가 금융 기업들이, 다양한 상품 거래에 한 자리를 차지하고 있던 트레이딩 회사들의 지분 매수를 개시했을 때부터 시작되었다. 그 초기 사례 중 하나는 1981년 골드만삭스가 J. 애런이라는 상품 트레이딩 회사를 인수한 것이었다.

그로부터 별로 머지않은 1990년대 초반, 이 회사들은 포지션 한도 문제와 관련한 악조건을 완화해 달라고 정부에 조용히 요구하기 시작했다. 특히 1991년 골드만의 계열사인 J. 애런은 상품선물거래위원회CFTC(상품시장을 감독하는 정부 기관)에 서한을 보내 이 규칙에 쥐꼬리만 한 예외 하나를 인정해 달라고 요청했다.

실물헤저의 정의 자체가 불필요하게 제한적이라는 것이 J. 애런의 주장이었다. 확실히 옥수수 가격 폭등 위험을 헤지하기 위해 선물 계약을 매수하는 옥수수 재배 농부는 자신의 베팅을 헤지할 정당한 이유가 있었다. 결국 농부로 살아간다는 것은 아주 위험한 일인 것이다! 농부에게는 자연의 개입을 비롯해 온갖 일들이 일어날 수 있다!

그 종류를 불문하고 곡물을 재배하는 모든 이들에게는 리스크가 따르며, 이 선량한 이들이 그런 리스크를 상쇄하기 위해 선물 계약을 매수할 수 있도록 정부가 허용하는 것은 정당하고 자연스런 일이었다.

하지만 월가 사람들은? 그들 역시 농부들처럼 리스크를 짊어진다는 의미에서, 경제라는 자연의 변덕에 자신을 노출시키고 있지 않은가? 따지고 보면 옥수수를 매수한 투기자 역시 위험—투자 위험—을 안고 있다. 이 골드만 계열사의 주장은 이랬다. 그렇다면 불쌍한 투기자들을 저 잔인한 포지션 한도로부터 풀어주어 무제한으로 거래할 수 있도록 허락 못할 이유가 뭔가? 아니, 애초부터 왜 그들을 투기자라고 부르는 거냐? J. 애런도 실물헤저를 자처하면 안 되는 것인가? 따지고 보면 그들도 농민들과 마찬가지로 실질적인 리스크를 짊어지지 않는가!

1991년 10월 18일, 상품선물거래위원회—내에 아버지 부시가 임명한 인물인 로리 퍼버Laurie Ferber—는 J. 애런의 서한에 동의했다. 답신에서 퍼버는 투기 활동을 '선의의 헤징bona fide hedging'으로 인정해 달라는 애런의 요청을 이해한다고 썼다. 그리고 수많은 전문용어와 법률용어를 나열한 끝에 이 주장을 받아들였다. 이는 포지션 한도의 종말이자 에너지 시장에서 실물헤저와 투기자 사이의 적절한 균형이 무너진 시발점이었다.

그 후 몇 년간 상품선물거래위원회는 다른 기업들에게도 이와 비슷한 총 16통의 서한을 조용히 보낸다. 이제 투기자들은 상품시장을 마음대로 접수하게 되었다. 관련 통계를 조사한 한 의회 관계자에 따르면, 2008년 상품 거래 활동의 총 80%가 투기성이었다. 그의 말을 빌리면 "그것도 보수적인 수치"였다.

이보다 더 놀라운 점은 이런 면제 특권이 거의 비밀스럽게 건네졌다는 사실이다. 현재 매릴랜드 대학 교수인 마이클 그린버거의 말을 들어 보자. "나는 (상품선물거래위원회의) 상품/시장 부문 책임자였고 브룩슬리 본은 (1990년대 후반 상품선물거래위원회의) 의장이었다. 하지만 우리 둘 모두 그런 서한이 존재한다는 사실조차 몰랐다."

한 우발적인 사건이 아니었으면 이 편지들은 영영 햇빛을 못 볼 뻔했다. 이 이야기는 투기자들이 얼마나 철저히 정부를 장악하고 있는지를 폭로하고 있다.

에너지통상위원회 보좌관을 지낸 한 의회 관계자는 상품선물거래위원회의 한 관료가 이 편지들에 대해 언급하는 것을 우연히 그 자리에 있다가 듣게 되었다. 이 보좌관의 이야기다. "나는 농업위원회의 초청을 받아 상품선물거래위원회가 주최한 한 에너지 관련 청문회에 갔습니다. 그런데 청문회 중간에 그 사람들이 갑자기 '네, 그 서한들을 몇 년에 걸쳐 발송했습니다.' 운운하는 말을 시작하는 거예요. 그래서 내가 손을 들고 말했죠. '정말이요? 서한을 발송했다고요? 그걸 볼 수 있을까요?' 그러니까 그 사람들이 '으흠' 하더군요."

그의 이야기는 계속된다. "그래서 우리는 그 사람들과 수없이 전화 통화를 하고 뺀질나게 드나들었습니다. 마침내 그들이 그러더군요. '우리는 골드만삭스에 이 일을 알려야 합니다.' 그래서 내가 그랬죠. '그게 무슨 뜻이죠? 이 일을 골드만삭스에 알려야 한다니요?'"

이 보좌관은 당시 상품선물거래위원회 관료와 주고받은 이메일을 내게 보여 주었다. 여기에는 그가 이 서한의 공개 사실을 골드만에 알릴 필요가 있다고 한 내용이 담겨 있다. 먼저 보좌관이 보낸 메일이다.

우리는 스와프 딜러swap dealer*의 헤지 (거래에 대한 포지션 한도의) 면제 내용이 담긴 이 1991년도 서한과 관련해, 우리가 요청한 공개가 제대로 이행되지 않는 데 우려

$$$
● 스와프 거래 중개기관, 여기서는 골드만삭스를 비롯한 투자회사들을 가리킴.

를 표하는 바입니다.

이 서한의 제목과 날짜를 알려 주시기 바랍니다.

이 서한에 대한 상품선물거래위원회의 입장을 밝혀 주시기 바랍니다. 우리는 이에 대한 비밀 유지의 필요성을 납득할 수 없습니다.

이에 대한 상품선물거래위원회 관료의 답장이다.

관계자들의 동의를 얻을 시간을 며칠 주실 수 있습니까?

여기서 편지 수신자들을 가리키는 '관계자들'이란 특히 골드만삭스를 의미했다. 이에 대해 이 보좌관은 다시 답장을 보냈다.

이 기관의 정책과 관련된 17년 묵은 편지 한 통의 어떤 부분이 그토록 민감한 겁니까? 도저히 이해할 수 없군요.

이 문제 이외에도 이른바 (투기자들이 스와프 딜러를 통해 거래하면 포지션 한도를 피해 갈 수 있도록 허용한) 스와프 루프홀swap loophole●, (골드만의 ICE 같은 전자거래소에서 이루어지는 거래에 대해 공시 및 거래 제한을 폐지한) 엔론 루프홀, (골드만이 런던에서 운영하는 선물시장처럼 외국에서 이루어지는 거래에 대해 규제를 완화한) 런던 루프홀 등 잘 알려지지 않은 다른 면제 조치들이 여럿 있었다. 이 루프홀들의 정치적·규제적 부조리는 이제 고전이 된 영국의 TV 풍자 다큐멘터리 〈브래스 아이Brass Eye〉에 등장하는 가상의 영국 법률과 별로 다르지

$$
● 루프홀은 투기 거래가 빠져나갈 구멍을 뜻한다.

않다. 여기서는 위험한 최음제의 판매가 엄격하게 금지되는데 단 '맨드릴 원숭이를 통해' 직접 접촉하지 않은 약물에 대해서는 예외가 적용된다.

또 다른 의회 보좌관의 말이다. "웃기지도 않는 개념이죠. 똑같은 일을 다른 식으로 하면 불법이 되는데, 스와프를 통해서 하면 완전히 합법이에요. 이게 말이 됩니까?"

말 그대로 허공에 난데없이 뚫린 이런 온갖 구멍들로 인해, 상품선물거래위원회의 준準비밀 서한을 수령한 골드만의 J. 애런 같은 극소수 기업들에게 막대한 정부 보조금이 들어가게 되었다. 게다가 이 서한을 받은 바로 그 시점에 이 회사들은 신종 투자 수단—말하자면 카지노의 새 테이블—을 개발하고 있었으며, 이 수단이 구축된 방식에 따르면 이 노름에 끼고자 하는 모든 사람은 그들에게 수수료를 내야 했다.

이 신종 투자 수단은 '상품지수 투기index speculation'라는 것이었다. 투자자들이 베팅할 수 있는 주요 지수로 두 가지가 있었다. 하나는 GSCI, 즉 골드만삭스 상품지수이고, 또 하나는 다우존스-AIG 상품지수였다. 전통적으로 S&P GSCI가 지수 투기 시장의 약 3분의 2를, 다우-AIG 지수가 나머지 약 3분의 1을 차지했다.

이는 표면상 매우 간단한 개념이다. S&P GSCI는 총 24종의 상품 가격을 추종한다. 여기에는 농산물(코코아, 면화, 설탕 등), 축산물(돼지, 소), 에너지(원유, 휘발유), 금속과 귀금속, 기타 원자재(구리, 아연, 금, 은)가 포함된다.

여기서 각 원자재가 차지하는 비중은 다 다르다. 일례로 S&P GSCI는, 서부 텍사스산 중질유 가격(미국 내에서 판매되는 석유 가격)에 36.8%의 가중치를 두고 있다. 한편 S&P GSCI에서 밀의 비중은 3.1%밖에 안 된다. 그래서 내가 만약 S&P GSCI에 돈을 투자했는데 석유 가격은 오르고 밀 가격은 떨어졌으며 목록 내 기타 상품의 변동성 총합은 그대로라고 하면 나는 돈을 벌게 된다.

S&P GSCI에 투자할 때 내가 하는 일은 바로 이 모든 개별 상품들의 월 단위 선물 계약을 매수하는 것이다. 만약 내가 1천 달러를 S&P GSCI에 통째 넣기로 하고 뮤추얼 펀드에 하는 식으로 계속 놔둔다면 계산은 약간 더 복잡해진다. 이때 내가 실제로 하는 일은 곧 24건의 월 단위 선물 계약을 매수한 다음, 매달 말 만기가 도래한 계약을 매도하고 새로 24건의 계약을 매수하는 것이다. 엄밀히 따져서 만약에 내가 이 선물 계약을 매도하지 않는다면, 누군가 실제로 석유 몇 배럴을 우리 집 대문 앞에 배달해 줄 것이다. 하지만 나는 정말로 석유가 필요한 것이 아니라 돈을 벌려고 투자한 것이기 때문에 선물 계약을 팔고 새로운 계약을 사는 일을 계속 반복해야 한다. 이렇게 해서 석유와 천연가스와 코코아와 커피 가격에 베팅하는 방법이 터무니없이 복잡한 경지에 이르게 되는 것이다.

이번 달 선물을 매도하고 다음 달 선물을 매수하는 과정을 '롤오버'라고 한다. 단순히 사서 보유만 하면 되는 주식 지분과 달리, 상품 투자에는 이렇게 무수히 많은 작은 거래들이 시간을 두고 계속 이어진다. 그래서 실제로 개인 혼자서는 이것을 할 수가 없고 대개의 경우 이 모든 활동을 외부 기관, 대표적으로 투자은행에 맡겨야 하며, 이들은 매달 이런 과정을 대신 처리해 주고 수수료를 번다. 이 과정은 주로 '금리스와프'라는 또 다른 종류의 악마적 파생 거래를 통해 이루어진다. 이는 분통 터질 정도로 복잡한 시스템이지만 거칠게 정리하면 다음과 같이 작동한다.

1. 고객인 당신은 일정한 액수―1천 달러라고 하자―의 돈을 가져다 이를 상품지수에 '투자'한다. 하지만 이 1천 달러가 곧장 지수로 들어가는 것은 아니다. 대신에 당신은 1천 달러어치의 미국 재무부 국채를

산다. 이 재무부 국채에서 매달 나오는 수익은 운용 수수료와 더불어 투자은행으로 들어간다.
2. 당신의 친절한 투자은행—이를테면 골드만삭스—은 이 돈을 가져다 S&P GSCI에 편입된 선물을 해당 액수만큼 매수하여 상품 가격 변동을 추종한다.
3. 당신이 이를 현찰로 환매하면 은행은 당신이 투자한 돈에 해당 기간 동안 상품 가격이 오른 만큼을 얹어서 준다.

이 모든 과정이 어떻게 돌아가는지 시시콜콜한 부분까지 독자 여러분이 정말로 알고 싶다면 엄청나게 많은 복잡한 세부 사항들을 파고들어야 한다. 단 여러분이 죽을 만큼 지루하다면 말이다. S&P GSCI의 월 단위 롤은 거의 신화적인 위치에 올랐지만—이를 '골드만 롤'이라고 하며, 많은 이들은 이것이 언제 어떻게 돌아가는지 아는 것 자체로 투자자들(특히 골드만)이 불공정한 이득을 취한다고 믿는다—독자들의 머리가 터지지 않도록 이 주제는 여기서 건너뛰기로 하자.

이런 온갖 것을 빼고 나면 지수 상품 투기의 개념은 아주 단순하다. 내가 상품지수에 투자할 때 나는 실제로 코코아, 천연가스, 석유를 사는 것이 아니다. 나는 순전히 이 생산물들의 가격이 앞으로 오를 것에 베팅하는 것이다. 그 시간은 단기가 될 수도 있고 장기가 될 수도 있다. 하지만 내가 하는 일은 결국 가격을 놓고 도박을 하는 것이다.

쉬운 이해를 위해 이를 다른 식으로 접근해서 '맥도날드 메뉴 지수MMI'라는 것을 만들어 보자. MMI는 빅맥, 쿼터파운더 버거, 셰이크, 감자튀김, 해시브라운 등 맥도날드의 11가지 상품의 가격을 기반으로 한다. 2010년 11월 1일 현재 이 11개 상품의 가격 총합이 37.90달러라고 치고 내가 그

11월 1일날 맥도날드 메뉴 지수에 1천 달러를 걸었다고 하자. 그리고 한 달 뒤, 이제 이 11개 상품의 가격 총합이 39.72달러가 되었다.

맙소사, 가격이 4.8%나 올랐다. 11월 1일 MMI에 1천 달러를 걸었으니까 나는 12월 1일 1048달러를 받게 되었다. 현명한 투자였다!

분명히 하자면 여기서 나는 실제 빅맥과 감자튀김과 셰이크를 1천 달러어치 산 것이 아니다. 나는 그냥 빅맥과 감자튀김과 셰이크의 가격에 1천 달러를 베팅한 것뿐이다.

하지만 여기서 짚고 넘어갈 점이 있다. 당신이 길거리를 어슬렁대는 시시한 백수인데 이런 말도 안 되는 것을 걸고 도박을 하고 싶다면 그건 불가능하다. 당신의 행동은 투기성을 띠고 있으며, 투기자와 실물헤저(진짜 생산자/소비자)의 섬세한 균형을 유지하도록 되어 있는 저 오래된 1936년 상품거래법에 의해 규제되기 때문이다. 그리고 아까 말한 그 마법의 편지를 받지 못한 거대 연기금이나 신탁에도 똑같은 법이 적용된다. 당신이 이 미친 짓에 끼어들고 싶어도 '일반 투기자'에게는 이것이 금지돼 있는 까닭에 들어갈 수 없다.

기본적으로 당신이 이 게임 테이블에 끼는 유일한 길은, 정부가 이 16통의 편지를 통해 골드만삭스 같은 회사들에게 조용히 건네 준 투기자-헤저 면제 특권을 빌리는 것뿐이다.

당신이 상품 가격에 투기하고 싶으면 골드만삭스 등 정부 면허를 받은 투기자들을 통해야 한다. 이것은 사기질의 끝판왕이었다. 골드만을 비롯한 이 은행들은 이를 처리하도록 설계되지 않은 시장에 투기 자금의 홍수를 풀어 놓음으로써 1936년의 법을 훼손하고 수십 년간 버블을 막아 온 섬세한 균형을 무너뜨렸을 뿐만 아니라, 시장으로 유입되는 자금 흐름에 대한 배타적 중개자 지위를 스스로 확보했다.

이제는 옛날 얘기가 되어 버렸지만, 원래 법적으로나 관습적으로나 극히 보수적인 투자관을 견지해야 할 신탁과 연기금 등의 기관 투자자들에게는 이런 종류의 '투자'가 금지되어 있었다. 만약 당신이 포드 자동차 노동자들의 연기금 운용자라면, 지옥 같은 공장 노동에 평생을 바치며 허리 부러져라 뼈 빠지게 일한 사람들의 퇴직금을 투자할 때 그 돈은 뭔가 실질적인 것을 사는 데 써야 마땅할 것이다. 이것은 우량 주식이나 재무부 국채나 기타 실제로 손에 쥘 수 있는 안전한 곳으로 들어가야 한다. 이 돈을 당신 맘대로 카지노 룰렛 휠의 빨간 칸에 놓아서는 안 되는 것이다.

실제로 현대 미국 경제사가 시작된 이래, 특히 신탁과 연기금 같은 기관들이 위험하거나 투기적인 모험적 사업에 투자하는 것을 금지하는 법은 거의 항상 존재해 왔다. 신탁에 대한 기준이 세워진 계기는 1830년으로 거슬러 올라간다. 당시 '하버드 칼리지 대 에이머리' 사건에 대한 매사추세츠 대법원의 판례는 '신중한 관리자 원칙prudent man rule'이라는 개념의 근거가 되었다.

이 하버드 판례와 여기서 도출된 '신중한 관리자 원칙'은 만약 내가 신탁을, 그러니까 다른 사람들의 돈을 관리하고 있다면 신중한 운용에 대한 업계의 보편적 기준을 따라야 한다는 것이다. 예를 들어 나는 특정 고객의 리스크 추구 성향이 일반적인 수준보다 더 높을 것이라 멋대로 판단하고 신탁 포트폴리오 전체를 멕시코 금광에 투자할 수 없다. '신중한 관리자 원칙'에 근접할 수 없는 유형의 투자는 수없이 많고, 상품 원유 선물은 그 좋은 예다.

이 시스템은 오랜 기간 충분히 잘 작동해 왔지만, 1990년대 초 '신중한 관리자 원칙'이 불필요하게 제한적이라고 믿는 새로운 부류의 경제학자들이 나타났다. '신중한 관리자 원칙'을 근본적으로 뒤엎어 버린 법안의 기초에 참여한 존 랭바인John Langbein 예일대 교수를 만나 이야기했을 때 그는 이 '신중한 관리자' 기준에 대해 거의 코웃음 치는 수준으로 부정적이었다.

"그건 일종의… 과부와 고아들 기준을 적용한 경향이 있었죠." 그는 짜증 섞인 말투로 내뱉었다.

나는 잠시 머뭇거리다가 물었다. "과부와 고아들이 무슨 뜻이죠?"

"음, 손실에 대한 극도의 혐오 성향을 말하는 거죠. 그래서 다들 채권과 부동산만 잔뜩 가지고 있어야 했던 겁니다, 아시다시피."

그게 뭐가 그렇게 나쁜 것인지 내가 골똘히 생각하는 동안, 랭바인은 그가 1994년 '통일 신중 투자자법Uniform Prudent Investor Act'이라는 것의 초안 작업에 참여한 이야기를 이어 나갔다.

이 법에 따르면 업계 내에서 보편적으로 적용 가능한 신중한 투자의 기준은 존재하지 않으며, 신탁 기금은 특정한 자산 부문에 투자하는 것이 금지되지 않을 뿐 아니라 가능한 한 투자의 다각화를 추구할 의무를 지게 된다.

랭바인은 "이 법은 다각화를 신탁 관리자의 추정적 책임으로 만들었다."고 자랑스럽게 말하며 "또 투자 유형에 대한 모든 무조건적 금지를 폐지했다."고 덧붙였다.

각 주 단위에서 일어난 이 기관투자법의 혁명은 이와 비슷한 연방 차원의 조치들과 동시에 행해졌다. 2003년 상품선물거래위원회가 여러 건의 규정을 아주 조용히 바꾸어 (주 정부가 아니라 연방 정부의 규제를 받는) 연기금이 개중에서도 상품 선물에 투자하는 행위를 사상 최초로 허용한 것도 그중 하나였다. 이와 동시에 상품선물거래위원회는 상품 선물의 매수·매도 주체에 대한 규정 역시 완화했다. 옛날에는 상품을 거래하려면 자격을 승인받아야 했지만 이제는 외부인이 시장에 진입할 수 있는 온갖 수단이 생긴 것이다.

신중함에 대한—기관 투자자들이 투자를 다른 유형으로 다양화할 수 있는 데서 그치는 게 아니라 '반드시 다양화해야만 한다는'—새로운 해석과 더불어 갑자기 상품 선물 시장으로 엄청난 돈이 쏟아져 들어오기 시작했다.

지난 20년간 시장의 변화를 지켜봐 온 천연가스 선물 트레이더 팻 맥휴 Pat McHugh의 말에 따르면 "옛날에는 투자자로 승인을 받아야 했고 상품은 자산 부문으로 고려되지 않았다. 그런데 이제 갑자기 상품이 반드시 보유해야 하는 것으로 되어 버렸다."

이제 이 모든 변화와 더불어 CalPERS(캘리포니아 주 공무원 연기금) 등 주 정부가 운용하는 연기금 내에 들어앉은 엄청난 돈 뭉텅이는 골드만삭스 같은 은행 영업자들의 만만한 먹잇감이 되었다. 그들은 랭바인 예일대 교수 말마따나 '투자를 광범위하게 다각화해야 할 강한 의무'를 다하는 수단의 하나로 이 자극적인 신규 투자 부문을 판촉하려 노리고 있었다. 또 이런 계획은 기준 이하의 임금을 받는 주 정부 중간급 공무원들의 지지를 받는 경향이 있었다. 이는 경제적 남근 선망의 심오한 사례로 볼 수 있는데, 그것은 이들 상당수가 월가의 귀재들을 속으로 부러워하고 있어서 그들의 과장 섞인 판매 권유에 절묘하게 취약한 계층이었기 때문이다.

2000년대 후반에 어떻게 해서 그렇게 많은 기관 투자자들이 거액의 돈을 상품 선물에 넣게 되는지에 대해 관심이 있다고 랭바인에게 말하자마자, 그는 그런 투자가 모두에게 좋은 것은 아니라고 말을 가로챘다. "금지되지 않았다고 해서 원유 선물이 모두에게 신중한 투자처란 뜻은 아니죠. 변동성이 크니까요."

그래서 나는 물었다. 그렇게 변동성이 크다면 최고로 안전해야 하는 신탁 기금이 원유 선물에 돈을 넣는 것이 <u>신중한 투자가 되는</u> 상황의 예로는 어떤 것이 있을까요?

"음…" 하고 그는 말을 뗴었다. "이를테면 신탁 기금이 포트폴리오 내에 석유가 나는 땅, 즉 유가에 따라서 가격이 변동하는 부동산을 보유하고 있다 칩시다. 그러면 헤지 수단으로 원유 선물을 사야겠다는 판단을 할 수 있겠죠."

과연 규제 환경을 완전히 뜯어고쳐야 할 만큼 극도로 흔히 발생하는 상황임에 틀림없다.

상품지수 투자로 몰릴 만한 이유는 한 가지 더 있었다. 이는 기관 투자 메뉴 중에서 월가가 완전히 개판 치지 않은 채 마지막으로 남겨 놓은 유일한 영역이었다. 2000년대 중후반의 주식시장, 소비자신용시장, 주택시장은 모두 장대하게 폭발했거나 막 장대하게 폭발하려는 상황이었다. 이 거대한 돈 뭉텅이들이 어딘가로 가긴 가야 되는데 이 모든 재앙이 휩쓸고 지나간 이 시점에 모두가 듣고 싶어 하는 핵심 단어는 바로 '안전safe'이었고 그다음은 '투자의 질quality'이었다. 그리고 까놓고 말해 석유와 설탕과 밀보다 더 믿을 만해 보이는 게 어디 있단 말인가?

이것이 바로 상품시장의 판촉 논리였다. 그리고 2000년대 중반에 이 은행들은 이 테마를 정말로 강력히 밀어붙이기 시작했다.

★ 뻔뻔한 책임 전가 ★

윌 애크워스Will Acworth는 《선물 산업Future Industry》 2005년 5월호에 명랑한 어조로 이렇게 썼다. "지수 투자에 대한 매수 전략은 증권시장에서 오랫동안 인기를 끌었다. 이제 이것은 선물 업계의 유행으로 다가오며 상품

선물 계약에 새로운 유동성의 원천을 가져다주고 있다."

여러분에게 이 말은 지금 듣든 2005년에 들었든 상관없이 무의미한 소리일 것이다. 하지만 당시 이 세계에서 거액의 돈뭉치를 운용하고 있던 이들—연기금, 노동조합 기금, 국부펀드, 외국 군주들이 주무르는 막대한 사적 돈뭉치, 석유 수익을 굴릴 곳을 찾는 주로 중동 국가들—에게 이는 의미 있는 말이었다. 이는 누군가가 그들에게 돈을 넣을 만한 새로운 곳, 안전한 곳, 수익이 나는 곳을 제안한다는 뜻이었다.

식량과 천연가스와 석유처럼, 없으면 사람이 살아갈 수 없는 것에 베팅하지 않을 이유가 어디 있는가? 이보다 더 안전한 것이 대체 뭐란 말인가? 사람들이 휘발유나 밀을 안 사게 된다면 모를까! 까놓고 말하자. 여기는 미국이다. 저 골 빈 놈들은 앞으로도 족히 10세기 동안은 파스타와 크랜베리 머핀을 몇 톤씩 처먹을 것이다. 이 나라 사람들의 저 뒤룩뒤룩한 엉덩이를 보라. 저들이 밀과 설탕과 옥수수 섭취를 좀 줄이도록 해줘야 한다.

적어도 이것이 2005년 골드만삭스가 주로 연기금 등에 배포한 〈골드만삭스 상품지수 투자 및 거래〉라는 제목의 팸플릿을 통해 기관 투자자들에게 했던 말이다. 골드만의 주장에 따르면 석유와 천연가스 같은 상품은 투자자들에게 '주식과 비슷한 수익'을 제공해 주는 한편 포트폴리오를 다양화함으로써 위험을 줄여 준다. 그들은 상품지수에 대해 '광범위하게 다변화된, 매수 위주의 수동적 투자'를 하도록 투자자들을 부추겼다.

그러나 이런 식의 생각, 즉 석유와 천연가스와 밀과 콩의 가격이 주식 투자와 똑같은 식으로 장기적 투자 가치가 있는 것이란 발상에는 몇 가지 중요한 문제가 있었다.

하나는 연기금에서 돈을 가져다 이를 상품시장에 장기간 던져 넣는다는 개념 자체가 1936년 법에서 구상했던 실물헤저/투기자의 미묘한 균형이라는 정신과 완전히 배치된다는 점이다. 투기자는 어디까지나 양쪽 거래자들을 보조하기 위해 있는 것임을 기억하자. 시리얼 회사가 옥수수를 사지 않는 날에는 재배 농민에게서 옥수수를 사들이고, 병충해나 가뭄 등으로 농부에게 곡식이 없을 때는 시리얼 회사에 옥수수를 파는 것이 투기자의 역할이다. 즉, 시장용어로 '유동성을 공급'하는 것이 투기자의 역할이다.

투기자가 해서는 안 되는 일 중 하나는 바로 옥수수를 전부 사들여 20년 동안 깔고 앉아 있는 것이다. 이건 '유동성을 공급'하는 일이 아니다. 사실상 그 반대인 매점매석을 하는 것이다.

투자은행 영업자들이 연기금을 꼬드겨 상품시장으로 유인할 때 이는 대부분 장기투자였다. 상품 투기에 대해 오래전부터 강하게 반대해 온 '매스터스 캐피탈 매니지먼트' 마이크 매스터스Mike Masters의 말에 따르면, 연기금 같은 기관 투자자들은 '투자 기간을 극도로 길게' 가져간다. 일례로 그는 연기금 포트폴리오의 평균 투자 기간이 근로자가 퇴직하기까지의 평균 기간과 일치하도록 설계되어 있음을 지적하고 있다. 매스터스의 말에 의하면 이 기간은 20년이나 그 이상이 될 수도 있다.

지수 투자의 또 다른 문제점은 이것이 '매수 위주long only'라는 것이다. 주식시장에는 주가 상승과 하락에 베팅하는 사람들이 둘 다 존재한다. 그러나 상품시장에서는 아무도 가격 하락에 투자하지 않는다. "지수 투자자들은 오로지 한 방향—매수—으로만 쏠리며 그것도 온 힘을 다해 쏠린다."는 매스터스의 말은, 이들이 가격을 한 방향, 즉 위쪽으로만 밀어붙인다는 뜻이다.

지수 투자의 또 다른 문제점은, 이것이 전통적으로 사람들이 개별 상품의 가격에 극도로 민감한 시장에 돈을 트럭으로 쏟아붓는다는 것이다. 가령 10명의 코코아 재배농과 10곳의 초콜릿 회사가 상품시장에서 총 50만 달러어치를 주거니 받거니 사고판다고 하면 상당히 정확한 코코아값을 얻을 수 있다. 하지만 이 20명의 실물 거래자들이 투여한 돈 이외에 지수 투기자들로부터 1천만 달러가 더 추가된다면 이는 전체 거래를 왜곡하게 된다. 코코아값이 얼마인지는 투기자들의 관심 밖이기 때문이다. 그들은 그저 코코아 계약을 1천만 달러어치 매수하고 가격이 올라갈 때까지 기다리려는 것뿐이다.

매스터스가 자주 드는 예를 활용하여, 누군가가 자동차 대리점에 계속 와서 차를 50만 달러어치 사겠다는 요구를 했다고 상상해 보자. 주지하자면 이 신비의 인물은 그저 50만 달러어치를 원할 뿐 그게 몇 대가 되었건 상관하지 않는다. 그러면 결국에는 누군가가 이 사람한테 차 한 대를 50만 달러에 팔 것이다. 만약 이런 사람들이 자동차 대리점에 떼로 몰려든다면 자동차 시장이 매우 이상하게 되어 버리는 일은 시간문제일 것이다. 오래지 않아 실제 운전할 차를 사려고 대리점에 오는 사람들은 자신이 가격 경쟁력에서 뒤져 시장에서 밀려났음을 깨닫게 될 것이다.

이 모든 현상에 대한 흥미로운 주석이 하나 있다. 논리적으로 생각한다면 상품 가격이 시간이 갈수록 상승한다는 데 투자할 이유가 거의 없다는 점이다. 기술의 발전 덕택에 밀과 옥수수 같은 상품의 수확 및 운송 비용은 십중팔구 시간이 갈수록 줄어들거나, 적어도 물가 상승률 근처 혹은 그 밑에서 맴돌 것이다. 상품 가격이 오를 만한 이유는 많지 않다. 그리고 서로 다른 24종의 상품 가격 전부가 특정 기간에 걸쳐 물가 상승률을 웃돌 만큼 오르리라 기대할 이유는 확실히 거의 없다.

이 모든 것이 의미하는 바는 가격을 올리는 주범이 바로 상품시장으로 쏟아져 들어오는 지수 투기자들의 돈이라는 사실이다. 주가의 상승과 하락 양방향에 대한 베팅(롱 베팅과 숏 베팅)이 존재하는 주식시장에서 이는 아마도 좋은 일일 것이다. 그러나 투기자들의 거의 모든 돈이 롱에 베팅되는 상품시장에서 가격 상승에 대한 베팅은—당신이 투기자 중 한 명이 아니라면—좋은 일이 아니다. 게다가 이 드라마에서 그 투기자는 당신이 아닐 가능성이 더 높다. 당신은 원인 모를 갑작스런 가격 폭등에 쩔쩔 맨 프리실라 카릴로나 로버트 루켄스처럼 될 공산이 훨씬 더 크다.

"사람들이 IBM 같은 데 투자하도록 만드는 것과는 다른 문제죠. 밀과 옥수수와 콩은… 이런 물건은 실제 사람들의 삶에 영향을 미칩니다." 천연가스 선물 트레이더인 맥휴의 말이다.

어쨌든 2003년부터 프리실라가 차에서 지내게 된 2008년 7월까지, 상품지수에 투자된 돈의 액수는 130억 달러에서 3170억 달러로 증가했다. 채 5년이 안 되는 기간 동안 거의 25배로 늘어난 것이다.

놀라운 우연의 일치로, S&P GSCI와 다우-AIG 지수에 편입된 25개 상품 가격 전부가 이 기간에 급등했다. 이 중 일부 혹은 총합만 오른 것이 아니라, 개별 종목들의 가격과 그 총액이 다 같이 상승한 것이다. 평균 가격 상승률은 200%였고, 이 상품들 중 단 한 종목도 하락하지 않았다. 투자자들에게는 이 얼마나 이례적인 행운이란 말인가!

월가 안팎에서 봤을 때 무슨 일이 벌어지고 있는 것인지는 자명했다. 상품 가격이 오르는 이유가 시장에 흘러들어온 새로운 투자자들과 관계있다는 사실은 모두가 알고 있었다. 2008년 4월 시티그룹은 이 현상을 일러 '자금 유입의 해일Tidal Wave of Fund Flow'이라 명명했다. 한 달 뒤, 컨설팅 업체인 '그리니치 어소시에이츠'는 이렇게 썼다. "상품시장으로 유입되는 자금의 증가가 가격을 밀어 올렸다는 데는 의문의 여지가 없다."

우리가 확실히 아는 한 가지 사실은 이 가격 상승이 수요·공급과 무관했다는 것이다. 실제로 석유 공급은 사상 최대 수준이었던 반면 수요는

우리가 확실히 아는 한 가지 사실은 이 가격 상승이 수요·공급과 무관했다는 것이다.

실제로 석유 공급은 사상 최대 수준이었던 반면 수요는 사실상 감소하고 있었다. 2008년 4월, 리비아 출신의 압달라 엘-바드리 OPEC 사무총장은 "시장의 석유 공급은 충분하며 높은 유가는 원유 부족 때문이 아니다." 라고 단호히 말했다.

사실상 감소하고 있었다. 2008년 4월, 리비아 출신의 압달라 엘-바드리 Abdalla El-Badri OPEC(석유수출국기구) 사무총장은 "시장의 석유 공급은 충분하며 높은 유가는 원유 부족 때문이 아니다."라고 단호히 말했다. 미국 에너지정보청EIA도 이에 동의했다. 이 기관의 통계에 따르면 그해 1/4분기 세계 석유 공급량은 하루 8530만 배럴에서 8560만 배럴로 증가했고, 세계 석유 수요는 하루 8640만 배럴에서 8520만 배럴로 감소했다.

뿐만 아니라 이런 사실을 이해하는 업계 사람들은 이제 곧 세계 석유 공급이 더 증가하리란 것도 알고 있었다. 사우디아라비아에서 두 곳, 브라질에서 한 곳의 신규 유전이 개발되어 하루 수십만 배럴의 석유가 시장에 더 쏟아져 나올 예정이었기 때문이다. 투자회사인 오펜하이머의 분석가로서 이 주제에 대해 의회에서 증언한 페이들 가이트Fadel Gheit는 2005년 자신이 OPEC 사무총장과 개인적으로 이야기를 나누었는데, 그는 유가가 더 올라야 한다는 주장을 폈다고 말했다. 안보 비용이 증가했다는 매우 단순한 이유에서였다.

"그가 이렇게 말하더군요. 이라크와 이 지역에서 벌어지는 온갖 혼란상을 생각하면⋯ 그런데 보세요, 우리 유조선이 매일 수백 척씩 나가서 항해하는데, 지금까지 단 한 척도 공격받지 않았습니다. 그게 다 돈이 드는 겁니다. 아주 많은 돈이요. 그러더군요."

그래서 가이트의 말에 따르면, OPEC는 유가를 올리는 것이 정당하다고 여기고 있었다. 그러니까 배럴당 45달러까지 말이다! 그런데 상품시장 호황이 정점에 다다랐을 때 석유는 그 가격의 3배에 거래되고 있었다.

"내 말은, 유가가 60달러를 찍는 것조차도 일어나선 안 되는 일이라는 겁니다. 149달러야 뭐 말할 것도 없고요."

주유소에 긴 줄이 생기지 않았고 수급 부족의 증거가 보이지 않았던 것은 바로 이 때문이었다. 우리가 버락 오바마와 존 매케인에게서 들은 말들이 무색하게도 휘발유는 실제로 부족하지 않았다. 석유 공급에는 문제가 없었다.

그러나 월가의 꾼들이 자기들끼리 하는 말과 잠재적 투자자들에게 보낸 메시지는 매우 달랐다. 실제로 이는 아직까지도 그렇다. 골드만삭스 같은 은행들은 석유 공급에 큰 혼란이 닥쳐 유가가 수직 상승할 것이라 주장하면서 신규 투자자들을 계속 상품시장으로 꼬드겨 유인했다. 2008년 초, 〈뉴욕타임스〉가 '석유의 예언자'라는 별명을 붙여 준 골드만의 석유 담당 수석 애널리스트 아르준 무르티Arjun Murti는 석유 가격이 배럴당 200달러까지 오를 것이라 내다보며 유가의 '수퍼 스파이크super spike'를 예견했다.

무르티는 수요 증가나 공급 감소의 증거가 전혀 없다는 사실을 무시한 채 계속해서 세계적인 석유 공급 대란을 경고했다. 나아가 자신이 하이브리드 자동차를 두 대 가지고 있음을 광고하면서 "우리나라가 직면한 가장 큰 도전 중 하나는 바로 석유 중독"이라며 정색을 하고 덧붙이기까지 했다.

이는 고유가가 게걸스런 미국 소비자들 책임이라는, 골드만이 다년간 뻔뻔스럽게 호객해 온 논리의 연속선상에 있었다. 심지어 2005년 골드만의 한 애널리스트는, '언제쯤 되어야 미국 소비자들이 기름을 많이 먹는 SUV를 그만 사고 연비가 좋은 대안을 찾게 될지' 알게 되기까지는 유가가 떨어지는 시기를 예측할 수 없다고 쓰기도 했다.

"골드만이 수단과 방법을 가리지 않고 지어내거나 예측한 모든 일들은 실제로 일어났다. (골드만과 모건스탠리가) 가격을 밀어 올렸다." 가이트의 말이다.

이 모든 변수들이 2008년 여름의 역사적 유가 폭등에 기여했다. 언론은 이 기사를 굳이 다뤄야 될 일이 있을 때마다 한결같이 이를 정상적인 경제

변수들의 뒤범벅 탓으로 돌렸다. 가장 많이 호출된 두 주범은 바로 달러의 균열과, 중국 경제의 호황으로 인한 세계적인 석유 수요 증가였다.

이 두 변수 모두 진짜였다. 하지만 둘 중 어느 것도 시장에 유입된 막대한 투기성 현금보다 더 중요하지는 않았다.

이것이 사실임은 미국 에너지부의 자체 통계로도 입증된다. 중국의 석유 소비량이 매년 점점 늘어나고 있는 것은 사실이다. 이 통계는 중국의 석유 수요가 실제로 시간이 갈수록 증가하고 있음을 보여 주고 있다.

이 표에서 각 연도별 증가분을 모두 합치면, 그러니까 2003년부터 2008년 중반까지 5년 반 동안 중국의 석유 소비 증가량은 정확히 992,261,824 배럴로 나온다. 10억 배럴을 약간 밑도는 양이다.

그런데 같은 기간 지수 투기자들이 상품시장 내 석유 종목에 쏟아부은 현금의 증가량도 이와 거의 정확히 같은 규모에 달했다. 상품선물거래위원

★ 중국의 연도별 석유 소비량 ★

연도	소비량 (연간 배럴 수)
2002	1,883,660,777
2003	2,036,010,338
2004	2,349,681,577
2005	2,452,800,000
2006	2,654,750,989
2007	2,803,010,200
2008	2,948,835,000

회에 따르면 투기자들은 918,966,932배럴을 더 사들였다.

그러나 미국 내 언론에서 이를 기름값 폭등 원인으로 언급한 기사를 찾기란 거의 불가능했다. 당시 미국 언론들은 훨씬 중요한 일들, 이를테면 빌 에이어스Bill Ayers*와 버락 오바마의 지리적 근접성이라든지, 오바마가 '백인이었다면' 경선에서 이기지 못했을 것이라고 한 제럴딘 페라로Geraldine Ferraro**가 인종주의자인지 아니면 그냥 어리석었는지 따위에 초점을 맞추고 있었기 때문이다.

나는 선거 취재차 그 현장에 있었고, (힐러리를 지지한) 노동자 민주당원과 (오바마를 지지한) 여피 민주당원들 사이에 조장된 큰 적개심과, 여성 힐러리 지지자들로부터 뿜어져 나온 큰 분노(힐러리의 워싱턴DC 유세장에서, 나는 두 여성이 한 어린 소녀에게서 오바마의 사인을 빼앗아 찢으며 '배신자'라고 하는 광경을 목격했다.), 그리고 지금 돌아보면 그 무엇과도 무관한 문제들을 둘러싸고 선거판 전체를 뒤흔든 엄청난 소란들을 기억한다.

나라 전체가 라이트 목사와 슈퍼 대의원superdelegates***에 대해 떠드는 동안, 유가 폭등에 대한 언론 기사는 기이할 정도로 흐릿하고 설득력이 없었다. 고유가에 대한 기사를 초기에 게재한 언론 중 한 곳인 〈뉴욕타임스〉는 이 폭등을 '글로벌 석유 수요' 탓으로 돌리며 이를 '고유가 뒤에 숨은 가차 없는 동력'이라 칭했다. 때는 2008년 2월 말이었고 당시 유가는 배럴당 100.88달러라는 기록적 수치였다.

$$

● 1970년대의 유명한 좌파 반전 운동가로 공공기관 테러를 시도한 경력이 있다. 대선 기간 그와 오바마와의 관계에 대한 의혹이 제기되며 색깔론 시비가 일었다.
●● 민주당 대통령 경선 당시 힐러리 클린턴 진영의 재정위원회 위원장.
●●● 미국 대통령 후보 경선 투표권을 가진 대의원 중에서 주별 선거를 거치지 않고 당내 유력 인사 중에서 임의로 선정되는 대의원을 말한다. 이 슈퍼 대의원들의 표가 어디로 향할지가 한때 초미의 관심사였다.

2008년 3월 '휘발유 가격 폭등은 이제 시작일 뿐'이라는 제하의 CNN 뉴스는 이 급등의 원인이, 에… 겨울에서 여름으로 넘어갈 때면 항상 발생하는 일이라고 진단했다.

1년 중 이맘때는 휘발유 가격이 대개 상승하는 시기입니다. 이번 급등에는 시설 정비로 인한 정제량 부족, 동절기용에서 그보다 비싼 하절기용 혼합유로의 전환, 장거리 운전으로 휘발유 수요가 늘어나는 여름 휴가철이 다가오고 있는 점 등 몇 가지 변수들이 작용했습니다.

정치인들은 고유가의 원인으로 다양한 변수를 지목했다. 그중에서도 최고로 웃긴 사례는 미치 맥코넬Mitch McConnell 켄터키 주 상원의원이, 자신의 선거 라이벌인 브루스 룬스포드Bruce Lunsford가 30년 전 켄터키 주 의회에서 제정한 자동차 유류세 때문에 고유가가 초래됐다고 주장한 것이었다.

늦봄에서 초여름에 이르자 유가 폭등을 다루는 기사는 더 흔해졌지만, 가격 혼란의 원인에 대해 언급조차 하지 않는 경우가 많았다. 대개의 경우 고유가는 과소비로 인한 것이며 미국인들이 고비용을 딛고 생존하려면 소비 습관을 바꿔야한다는 단순한 가정에 머물렀다.

5월 기름값이 갤런당 4달러를 뚫고 올라갔을 때 〈USA투데이〉는 '기름값에 당황한 미국인들'이라는 기사에서, 고유가가 심리적으로 국민들의 정신을 번쩍 들게 하는—어쩌면 긍정적인—영향을 미쳤다고 썼다.

사우스플로리다 대학 도시교통연구센터의 프로그램 디렉터인 스티브 라이히Steve Reich의 말을 빌리면, 유가 4달러와 경제 침체의 결합은 수입 석유에 대한 의존을 줄이고 환경을 살리는 쪽으로 생활 방식의 영구적 변화를 자극하는 티핑 포인트가 될 수 있다.

"지금껏 휘발유 가격 변동을 겪으면서 내가 봤던 것 중에 가장 중요한 행동 전환이 일어나고 있습니다. 사람들은 이 자원이… 당연히 받아들이거나 낭비해도 되는 것이 아님을 깨닫기 시작했습니다."

미국의 정치 언론이 사건—특히 경제적 사건—을 왜곡하는 것은 새로운 일이 아니다. 이 유가 폭등 사건에서 독특했던 점은 이것이 사실상 전 국민의 삶에 심대한 영향을 끼친 이슈였고 대선 과정에서 양당과 후보와 전문가들도 이에 대해 열 올려 이야기했지만, 아무리 샅샅이 뒤져 봐도 상품지수 투기 자금의 신규 유입을 이 위기의 잠재적 원인으로 꼽은 언급을 별로 찾을 수 없었다는 점이다.

그런 언급은 의회에서도 거의 들리지 않았다. 조 리버먼Joe Lieberman이 이끄는 '국토 안보 및 정무 위원회'와 '일반 농산품과 위험 관리에 관한 국토농업 소위원회' 등 의회 내 몇몇 위원회에서 고유가를 주제로 청문회를 열었다. 이 청문회에서는 위기의 진짜 원인에 대해 이야기하려 한 마이크 매스터스와 페이들 가이트 같은 이들의 목소리도 일부 있었지만, 대개의 뉴스 머리기사들은 이 모두가 정상적 수요·공급에서 유래된 문제라는 상품선물거래위원회 수석 이코노미스트 제프리 해리스Jeffrey Harris의 말을 따랐다.

제프리 해리스는 2008년 5월 두 위원회에 제출한 서면 증언에서, 고유가에 투기자들이 어떤 역할을 하고 있다는 발상 자체를 단호히 부인했다.

"지금까지 우리가 행한 모든 데이터 모델링과 분석에 의하면 이 시장들 내에서 투기자들이 체계적으로 가격을 움직이고 있음을 시사하는 증거는 거의 없다. 간단히 말해 경제 수치에 따르면 전반적인 상품 가격의 수준은… 펀더멘털에 기초한 강한 경제적 동력과 수요·공급 법칙에 의해 움직이고 있다." 그는 이 '펀더멘털'의 증거로 신흥 시장의 수요 증가와, '날씨 또는 지정학적 사건'에 기인한 공급 감소, 그리고 달러 약세를 들었다.

상품시장을 전문으로 다루는 정부 수석 이코노미스트가 유가 폭등을 날씨 탓으로 돌린 것이다!

더더욱 기이한 일은 투기가 이 문제에 기여했다는 일체의 견해를 청문회 밖으로 몰아내는 데 해리스가 확실히 대단한 결의를 보였다는 사실이다. 그는 적어도 한 명의 증인에게 전화를 걸어 생각을 바꾸도록 종용하기까지 했다.

"그자가 나를 위협하려 했다고요!" 가이트는 아직까지도 그 사건이 쉽사리 믿기지 않는 듯 그 이상했던 전화를 떠올렸다. 해리스는 이 오펜하이머 사의 애널리스트에게 전화를 걸어, 다른 동료들도 들을 수 있게 스피커폰을 켜도록 한 뒤, 이 위기에 투기가 어떤 역할을 했다는 증거가 없으며 증언하기 전에 이 점을 고려해야 할 것이라고 가이트에게 말했던 것이다.

처음에 이 전화가 칼 레빈Carl Levin 상원의원실의 보좌관에게서 걸려온 것이라고 생각했던 가이트는 대체 무슨 일이 벌어지고 있는 건지 어리둥절했다. "내가 물었죠. '그런데 어디 소속이시죠?'" 통화가 계속되면서 가이트는 다른 가능성을 찾기 시작했다. "나는 그가 골드만삭스나 모건스탠리 측 사람일 거라고 확신했어요. 그 정도로 이상했죠."

그로부터 만 1년 후, 오바마 정부의 상품선물거래위원회는 해리스의 분석이 '근본적으로 잘못된 데이터'에 근거했고 이 위기에서 투기자들이 주요한 역할을 했음을 인정하게 된다.

그러나 그때는 2008년에 벌어진 일을 중지시키기에 이미 너무 늦어 버렸다. 유가는 로켓처럼 하늘로 치솟아 2008년 7월에는 믿을 수 없게도 배럴당 149달러를 찍었으며, 그와 더불어 여러 지수에 편입된 다른 모든 상품 가격들도 같이 끌어올렸다. 식량 가격도 에너지 가격을 따라 폭등했다. 국제 구호 기관들의 몇몇 추산―덧붙이자면 이 문제의 원인을 상품 투기로 특정하지 않은 추산―에 따르면, 그해 여름 식량 가격 폭등 때문에 전 세계적으로 약 1억 명의 사람들이 기아선상에 합류했다.

그리고 이 모두는 당연한 수순을 밟아서 결국 터지고 말았다. 거품이 터지면서 유가는 기타 상품 가격들과 더불어 폭락했다. 12월에 석유는 배럴당 33달러에 거래되고 있었다.

그리고 이와 똑같은 과정이 처음부터 다시 시작되었다.

★ 석유 거품의 진실 ★

정확히 대선이 한창 과열되고 있던 와중에 발생한 석유 거품은, 우리의 선거 정치와 언론 감시가 눈에 뻔히 보이는 비상 상황을 다루는 데도 얼마나 무기력한지를 실제로 보여준 교과서적 사례였다.

유권자들이 적대적인 두 편으로 날카롭게 갈라져 국가의 모든 문제를 작심하고 서로 상대방 탓으로 돌리는 시스템 아래서, 그 어느 편의 잘못도 아닌 문제에 주의를 돌리기란 거의 불가능한 경우가 많다. 게다가 방법만 제대로 알면, 문제의 원인을 어느 한쪽 편이나 양쪽 모두의 탓으로 돌리기란 믿기지 않을 정도로 쉽다. 그리고 바로 그런 일들이 반복해서 벌어졌다.

폭등 기간 내내 미국인들은 이 문제가 우리의 문란한 석유 소비 때문에 자초된 것이라는 생각에 거의 의심 없이 동의했다. 이 논리는 양대 정치 집단 모두의 편견에 각각 다른 방식으로 호소력이 있었다.

이것이 좌파들에게 호소력이 있는 것은 당연했다. 좌파들은 아주 논리적인 이유로 미국의 게걸스런 석유 의존을 나쁘게 보고 있으며, 짐작컨대 우리 정치 엘리트들의 지칠 줄 모르는 석유 갈급으로 촉발된 이라크 침공을 반대하는 데 5년이라는 긴 시간을 바친 터였다.

실제로 진보주의자들에게 석유 소비는 그들의 핵심 저항 이슈 중 두 가지—미국의 약탈적 군사주의와 환경적 무책임—의 중심에 자리 잡고 있었다. 미국은 교토 협약을 탈퇴했다. 그리고 우리는 석유에 굶주려 사우디아라비아와 쿠웨이트와 과거 이란의 독재 정권을 지원했고, 아마도 같은 이유로 이라크와 베네수엘라 같은 산유국 정권들을 축출하거나 축출하려 시도했다.

더 중요한 것은 미국이 SUV의 고향이라는 사실이었다. SUV는 미국의 석유 폭식을 보여주는 악마적 상징인 동시에, 미국 진보의 온갖 상징적 좌절이 하나로 묶여 들어간 하나의 편리한 박스 패키지였다. 이것은 군사주의의 희미한 상징이었다(내수용 허머는 군용차를 개조한 것이다). 거드름 피우는 보수주의자들과 그들이 우글우글 거느린 백인 쓰레기 가족들이 뻔뻔스럽게 몰고 다니는 차가 바로 SUV였다. 이들이 환경적 우려를 노골적으로 비웃는다는 사실은, 초대형 SUV 차종에 "앨 고어가 리무진을 버리면 나도 SUV를 버리겠다" "하이브리드는 계집애들이나 모는 것" "내 SUV는 네 프리우스를 깔아뭉갤 수 있다" 따위의 말이 적힌 범퍼 스티커들이 많이 붙어 있다는 것만 봐도 알 수 있다.

이 중에서도 자극적인 것은 특히 마지막 스티커다. 기름 많이 먹는 대형 SUV를 모는 것이 보수주의자들의 정치적 의사 표시인 것처럼, 하이브리드 차량을 모는 일은 진보주의자들이 자신들의 대의에 '기여하는' 가장 손쉬운 방법 중 하나이기 때문이다. 그래서 2000년대 초 샌프란시스코의 정치 활동가인 로버트 린드Robert Lind는, SUV에 반대하거나 고연비 차량을 모는 이들이 "나는 기후를 변화시키고 있어요! 어떻게 해야 할지 제게 물어보세요!"라고 쓴 범퍼 스티커를 다운받도록 권유하는 운동을 벌였다. 또 그의 뒤를 이어 2002년 '복음주의 환경네트워크'는 "예수님이라면 어떤 차를 모셨을까요?"라는 범퍼 스티커 캠페인을 시작했고, 이를 계기로 시사 프로그램 〈60분〉에서 SUV 반대 운동을 다루기도 했다.

요컨대 미국인들이 석유를 너무 많이 소비하고 있다는 생각은 미국 진보주의자들을 끌어당기는 엄청난 견인력을 갖고 있었다. 이는 무엇보다도 그것이 사실이었기 때문이다.

따라서 유가 폭등이 과소비와 관계있다는 관념을 민주당 지지자들에게 설득시키기란 어렵지 않았다. 실제로 소비라는 이슈는 민주당 지지자들에게 엄청난 상징적 의미를 띠고 있었으므로, 대통령 후보들이 기름값 문제를 거론한 연설에서—물론 구체적인 정책 제안은 생략한 채로—과소비를 막연히 언급하기 시작한 것은 놀랄 일이 아니다. 오바마는 석유 버블이 한창이던 2008년 5월 오리건에 갔을 때 SUV를 꼭 집어 언급했고 나는 그해 여름 내내 그가 같은 말을 반복하는 것을 들었다. "우리가 언제까지나 SUV를 몰고, 원하는 만큼 양껏 먹으며, 집 안 온도를 22도로 맞춰 놓고 살 수는 없습니다."가 그가 가장 즐겨 썼던 문장이었다.

그가 이 대사를 할 때마다 환호성이 터져 나왔다. 내가 보기에 이는 분노에 찬 환호성, 원하는 만큼 양껏 소비하며 프리우스는 계집애들 것으로 여기는 '저쪽 편'을 겨냥한 함성이었다.

한편 보수주의자들은 공급이 부족하다는 스토리라인을 받아들였다. 그것이 규제론자와 환경주의자와 OPEC가 자본주의의 효율성을 방해한다는 논리에 매끄럽게 들어맞았기 때문이다. 유가 폭등이 공급 부족으로 초래되었다고 하면, 이라크 침공을 정당화할 수 있을 뿐더러 알래스카 국립야생보호구역과 외대륙붕 시추를 가로막은 환경주의자들 그리고 미국의 일자리를 번번이 점박이 올빼미의 제단에 희생시키는 또라이들 탓으로 문제의 원인을 돌릴 수 있었다.

한때 자신의 존재를 정당화하는 범퍼 스티커로 치장했던 이 SUV들은, 2008년 여름부터는 그 소유주의 소비할 권리를 투쟁 명분으로 삼은 새로운 스티커를 붙이고 다니기 시작했다. 그해 여름 많이 눈에 띈 스티커 하나는 "땅을 파라! 지금 당장! Drill Here! Drill Now!"이었다.

이런 현상이 중요한 것은 지수 투기 문제와 관련해서는 새로 들어선 오바마 행정부에서도 실질적으로 전혀 바뀐 게 없었다는 사실 때문이다. 대중은 이에 전혀 주목하지 않았다. 오바마가 전 골드만 임원이자 밥 루빈Bob Rubin의 부관인 게리 젠슬러Gary Gensler를 신임 상품선물거래위원회 의장으로 임명했을 때, 눈 하나라도 깜짝한 사람은 하나도 없었다. 밥 루빈은 2000년 파생시장의 규제 철폐에 부분적인 책임이 있는 인물이었다.

물론 이는 업계 전문가들에게는 뉴스였지만(가이트는 젠슬러에게 상품선물거래위원회를 맡기는 일을, '마리화나 합법화 운동가를 마약왕 자리에 앉히는 일'에 비유했다.), 이제 미국은 전문가들 따위에 신경 쓰는 나라가 아니다. 사실 미국은 전문가들을 혐오한다. 만약 어떤 논리를 10초 이내로 '문화 전쟁culture-war'의 스토리라인에 짜 맞추지 못하면, 그것은 바로 사멸하고 만다.

2009년 10월 골드만삭스는 투자 고객들에게만 배포한—업계 내의 한 취재원을 통해 내가 입수한—주간 뉴스레터에서, "유가 상승은 펀더멘털 때문"이라는 고전적 대사를 반복했다.

이 회사는 이렇게 썼다. "우리는 유가가 더 상승할 채비를 갖추고 있다고 믿는다. 디젤 수요가 회복되고 있다는 증거가 그 촉매가 될 것이다. 일반적으로 크리스마스에 소매 수요가 증가하는 계절적 효과를 고려할 때 10월 중하순경에는 디젤 수요가 회복될 것으로 내다봐야 할 것이다." 이 뉴스레터는 계속해서 이렇게 썼다. "원유 가격은 큰 변동성과 박스권 등락세를 둘 다 보여 왔지만, 이제 탈출할 준비를 갖추었다."

이 분석 글은 유가가 슬금슬금 기어올라 1년여 만에 처음으로 배럴당 70달러를 넘긴 직후인 월요일에(10월 19일) 배포되었다. 그 주 수요일에 원유 가격은 7달러나 더 올랐다. 그리고 금요일인 10월 23일에는 배럴당 81.19달러로 마감했다.

이 골드만삭스의 메모에서 흥미로운 부분은 이것이 헛소리로 점철되어 있다는 사실이 아니라, 그 바로 뒷면에 숨어 있는 경고문이다.

골드만은 이 뉴스레터의 맨 마지막 페이지에 깨알 같은 글씨로 '정보 고지General Disclosure'라는 제목 하에 다음과 같이 적어 놓았다.

> 우리의 영업자, 트레이더, 기타 전문가들은 본 리서치의 견해와 반대되는 견해를 반영한 시장 코멘트나 트레이딩 전략을 구두 혹은 서면으로 고객 또는 고유 자산 운용팀에 전달할 수 있습니다. 우리의 자산 운용 부문과 고유 자산 운용팀, 투자 사업부는 본 리서치에 표현된 코멘트나 전망과 일치하지 않는 투자 결정을 내릴 수 있습니다.
>
> 주식 및 신용 분석가를 제외한 우리와 우리 계열사, 임원, 팀장, 직원들은 때에 따라 본 리서치에 언급되거나 그렇지 않은 증권 또는 파생상품에 대해 본인 자격으로 매수 혹은 매도 포지션을 취하거나 이를 사고 팔 수 있습니다.

이를 우리말로 번역하면, 골드만은 당신에게서 받은 투자 주문을 갖고 아무리 모순되는 행동이든 지들 마음대로 할 수 있다는 말이다. 그들은 연휴 쇼핑 시즌이나 기타 말도 안 되는 '펀더멘털한 근거'를 가지고 당신에게 원유 선물 매수를 추천할 수 있지만, 그렇게 추천하면서 정작 자기들은 '때에 따라' 매도 포지션을 취할 수 있음을 깨알 같은 글씨로 시인한 것이다.

여기 이 한 건의 문서에 석유 버블 이면의 기본 책략 전체가 날것 그대로 들어 있다. 이 대형 투자은행들은 '펀더멘털' 때문에 유가가 올라갈 것이라고 평범한 투자자들을 확신시킨 뒤, 들어오는 돈을 챙긴다. 가격이 오른다는 그들의 예측이 어느 시점에서 정말로 현실이 된다. 그러면 그들은 여기 편승해서 자기들이 베팅하여 한몫 잡는다. 시장으로 쏟아져 들어오는 막대한 자본 흐름을 가지고 선행 매매front-runnng*를 하는 것이다. 한편 우리 모두는 갤런당 4.50달러씩 내고 기름을 넣어야 한다. 이 모든 것은 순전히 이 도둑놈들이 내부정보를 이용한 거래로 몇 푼 더 벌자고 일어난 일이다.

한 상품 트레이더의 말을 빌리면, "골드만이 기관 고객들을 상대로 상품 지수 스와프를 판촉하는 데 충분히 성공만 하면, 그들은 그 리서치의 예측을 실현시킬 수 있는 것이 현실이다. 골드만의 마케팅으로 창출되는 자금 흐름 그 자체만 가지고도 가격을 움직일 수 있기 때문이다."

이 이야기는 미국의 정치적 문제를 보여주는 궁극적인 예다. 이제 우리는 21세기의 그 어떤 위기에 대해서도 대처할 만한 주의 집중력을 상실했다. 우리는 엄청나게 복잡한 경제에 살고 있으며 이를 이해하는 극소수 사람들에게 철저히 종속되어 있다. 공교롭게도 그들은 이 광대하고 복잡한 경제 시스템을 고안한 사람들과 겹치는 경우가 많다. 우리는 이 사람들이

● 투자 중개업자가 상품의 가격에 중대한 영향을 미칠 수 있는 대량 매수/매도 주문을 받았을 때, 고객의 주문을 체결하기 전에 자기 계좌를 통해 먼저 매수/매도하여 부당하게 이득을 취하는 행위.

옳은 일을 해주리라 믿어야 하지만 그럴 수 없다. 그건 그들이 음… 쓰레기이기 때문이다. 이는 큰 문제다. 여러분이 이에 대해 생각이라도 해본다면 말이다.

그리고 중요한 대목, 우리가 2008년에 목격한 것 같은 버블은 이 기름값 사기질의 절반에 불과하다. 높은 에너지와 식량 가격이라는 간접세를 통해 당신의 돈을 갈취해 가고, 당신이 이를 지불하려 안간힘 쓰면서 거지로 전락하게 만든 일은 이 도둑질의 절반에 불과하다. 당신에게서 짜낸 이 모든 현금을 갖고 이 광대들이 무슨 일을 했는가, 당신의 절망을 이용해 그들이 무엇을 했는가가 바로 이 이야기의 뒤쪽 절반이다.

5.
외국에 팔아넘긴 고속도로:
국부펀드

"미국 투자은행 사람들이
고속도로를 팔려고 하더라고요.

그 사람들
슬라이드 쇼까지
했어요."

★ 누가 미국을 팔아치우나 ★

2009년 여름 나는 중동에서 일하는 한 지인으로부터 전화 한 통을 받았다. 그는 국부펀드sovereign wealth fund(SWF)라는 곳에서 일하는 젊은 미국인이었다. 국부펀드란 국가가 소유한 거액의 돈뭉치로, 전 세계를 헤엄쳐 다니며 사들일 만한 것을 찾는다.

중동의 국부펀드는 거대하다. 큰 산유국들 대다수는 육중한 국부펀드를 보유하고 있는데, 이를테면 국유 석유 회사에서 창출된 수입을 (많은 경우 달러 자산으로) 쌓아 놓는 현금 창고 역할을 한다. 국내 통화 안정을 위해 준비금을 축적해 놓는 것이 주된 기능인 대다수 서구 국가들의 중앙은행과 달리, 대개의 중동 국부펀드들은 공격적으로 투자하여 큰 장기 수익을 창출하는 임무를 띠고 있다. 월가에서 최고로 크고 공격적인 헤지펀드를 상상해 보자. 그리고 그보다도 50~60배나 더 크며 증권거래위원회SEC나 그 어떤 주요 규제기관의 영향도 받지 않는 펀드를 상상해 보자. 그러면 여러분은 국부펀드의 실체에 대해 정확하게 개념을 잡은 것이다.

내 친구는 이들에 비하면 소심한 미국 투자은행들 중 한 곳의 파생상품 팀에서 일하게 된 젊은 청년이었다. 몇 년 뒤 그는 윤리적으로 과감한 결단을 내렸다. 중동으로 날아가서 아랍의 군주들에게 수십억대의 석유 수익을 어떻게 쓸지 자문하는 일을 맡기로 결심한 것이다.

더운 날씨만 빼면 나쁜 것은 없었다. 그런데 그가 본국에 들른 어느 날 우리가 한 식당에서 만났을 때, 그는 일이 약간, 음… 이상해졌다고 말했다.

그가 말했다. "어떤 미팅에 나갔는데, 미국 투자은행 사람들이 우리한테 유료 고속도로인 펜실베니아 턴파이크Pennsylvania Turnpike를 팔려고 하더라고요. 그 사람들 슬라이드 쇼까지 했어요. 우리가 매물로 내놓은 고속도로가 얼마나 근사한지 이 아랍인들에게 보여 주려고요. 뭐 요금소는 어떻게 생겼고…"

나는 들고 있던 포크를 떨어뜨렸다. "펜실베이니아 턴파이크를 판다고?"

그는 고개를 끄덕였다. "네, 하지만 그 건은 우리가 체결 안 했어요. 하지만 다른 거래들은 몇 건 체결된 거 아시죠? 아, 모르셨나요?"

나중에 밝혀진 일이지만, 펜실베이니아 턴파이크 건은 성사 직전까지 갔다가 주 의회에 의해 백지화되었다. 하지만 시카고의 주차 미터기들이 아랍에미리트의 아부다비 투자청이 참여한 컨소시엄에 팔리는 등, 이와 유사한 계약들이 여러 건 성사되었다.

다른 것들도 있다. 인디애나 주의 한 유료 고속도로, 시카고 스카이웨이, 플로리다에 있는 고속도로의 한 구간, 내슈빌·피츠버그·로스앤젤레스·기타 도시들의 주차 미터기, 버지니아 주의 한 항구, 그리고 캘리포니아 내 모든 공공 기반시설 프로젝트들이 75년 이상의 기한으로 이미 임대되었거나 임대될 예정이다. 대개의 경우 1년 치 예산의 구멍 한두 개를 때우는 데 들어가고 말, 많아야 몇십억 달러의 일회성 일시금을 받고 말이다.

미국은 그야말로 최저가 세일 중이다. 그리고 그 바이어들은 석유 거품 덕에 큰돈을 딴 바로 그 사람들로 점점 채워지고 있다. 지난 2000년대 내내 휘발유 가격을 인위적으로 끌어올린 골드만삭스와 모건스탠리와 기타 미국은 그야말로 최저가 세일 중이다.
그리고 그 바이어들은 석유 거품 덕에 큰돈을 딴 바로 그 사람들로 점점 채워지고 있다.
지난 2000년대 내내 휘발유 가격을 인위적으로 끌어올린 골드만삭스와 모건스탠리와 기타 투자 은행들 덕분에, 미국인들의 많은 여윳돈이 카타르 투자청, 리비아 투자청, 사우디아라비아 통화청, UAE 아부다비 투자청 같은 국부펀드들의 금고로 넘어갔다.

투자은행들 덕분에, 미국인들의 많은 여윳돈이 카타르 투자청, 리비아 투자청, 사우디아라비아 통화청SAMA의 포린홀딩스, UAE의 아부다비 투자청 같은 국부펀드들의 금고로 넘어갔다.

이는 사기꾼 계급이 평범한 미국인들을 상대로 획책한 또 다른 악마의 순환 고리다. 로버트 루켄스 같은 펜실베이니아 주민들은 자기 사업이 기우는 꼴을 지켜보아야 했고, 이는 한 줌의 은행들이 몇몇 정치인을 매수해서 시장 조작 권한을 넘겨받아 작당한 유가 폭등 때문이었다. 이에 대해 루켄스는 발언권이 없다. 그는 자기가 내야 할 돈을 낸다. 그의 돈 일부는 그의 정치적 권리를 박탈해 간 은행들 주머니로 들어가고, 나머지 돈은 점점 중동 석유 회사들 주머니로 들어간다. 그리고 이제 루켄스의 수입이 줄어들었으므로 그가 펜실베이니아 주에 내는 세금도 줄어들고, 주 정부 예산은 부족해진다. 어느 날 갑자기 에드 렌델Ed Rendell 주 지사가 중동으로 날아가, 밥 루켄스한테서 기름값을 털어 간 바로 그 산유국들에게 펜실베이니아 턴파이크를 팔려고 한다. 이것은 이 나라의 심장으로부터 거의 마찰 없이 부를 뜯어내는 하나의 기계이며, 미국의 현주소가 이 안에 완벽하게 압축되어 있다.

한때 이 나라 최고의 공학적 경이로 여겨졌던 고속도로—여러 톤의 다이너마이트와 나무와 철과 수천 명의 노동력을 동원하여, 앨리게니 산맥을 관통하는 일곱 개의 육중한 터널을 뚫어가며 힘들게 건설한 532마일 길이의 도로—를 팔려고 할 때, 단 1년 치 예산 적자를 메우겠다고, 혹은 내년 회계연도까지 주 의회 의사당의 불을 켜겠다고 그것을 석유 폭군들 손에 바칠 때, 우리는 사회 발전의 전혀 새로운 단계로 진입하게 된 셈이다.

한때 당신에게는 직장과 집과 차와 아내와 가족이 있었고, 냉장고에는 음식이 쌓여 있었다. 그런데 지금 당신은 마약에 중독된 지 6개월째이고,

하루하루를 버틸 현금을 쥐기 위해 토스터기와 TV 따위를 매일 아침 대문 밖으로 실어 나르고 있다. 바로 이것이 우리의 현주소다. 이 책의 상당 부분은 미국 은행들이 미국 전후 황금시대의 뼈다귀에 남은 최후의 살 한 점까지 발라 먹기 위해 어떻게 버블 책략을 이용했는지에 할애되고 있지만, 가장 잔인한 농담은 바로 이 나라를 끝까지 깨끗하게 발라 먹는 데 필요한 구매력이 이제는 미국 은행들 손에 남아 있지도 않다는 사실이다.

이 마지막 단계에 들어선 우리는 해외로, 좀 더 현금이 풍부한 나라들로 눈을 돌려야 한다. 지금 우리는 주 정부들이 급속한 디폴트 및 파산 도미노를 일으키며 하나씩 쓰러지는 일을 막기 위해, 우리의 국가적 기념물들을 엄청난 할인가로 우리 손에서 가져가 달라고 이 나라들에게 말 그대로 애걸해야 하는 입장이다. 다시 말해서 우리는 식민지화되고 있다. 물론 이는 매우 용의주도한 서류 작업을 수반한 영리한 방식으로 진행되고 있기에, 우리는 막다른 최후에 몰리는 그 순간까지 이런 일이 실제로 일어나지 않은 척할 수 있다.

★ 아랍 국부펀드의 등장 ★

시간을 거슬러 1970년대 초로 돌아가 보자. 때는 1973년, 리처드 닉슨의 백악관은 그해 발발한 아랍-이스라엘 전쟁 중 이스라엘에 대한 군사 장비 공급을 재개한다는 운명적 결정을 내린다. 이는 대다수 아랍 산유국들을 격분시켰고 결국 OPEC—당시 이 카르텔의 주요 회원국은 사우디아라비아, 쿠웨이트, UAE, 리비아, 이라크, 이란이었다—는 행동에 돌입하기로 했다.

그들은 6년 동안 두 차례에 걸쳐 미국에 대한 석유 금수 조치를 내렸고, 이는 결국 이스라엘을 지원하는 모든 나라들로 확대되었다. 이 조치에는 해당 국가에 대한 수출 금지는 물론 전체 석유 생산량의 감축도 포함되었다.

1973년 석유 금수의 효과는 드라마틱했다. OPEC는 매우 짧은 기간 동안 실질적으로 유가를 4배나 올렸다. (보이콧이 시작된 시점인) 1973년 10월 배럴당 3달러를 맴돌던 유가는 1974년 초 12달러를 웃돌 만큼 치솟았다. 당시 미국은 부분적으로 브레튼우즈 체제의 붕괴(그 핵심은 닉슨이 금본위제를 포기하기로 결정한 것인데, 그 자체만으로도 흥미로운 이야기다.)로 인해 초래된 자체적인 주식시장 재앙의 한복판에 있었다. 지금 돌이켜보면 우리는 그해 초에 이미 곤경에 처했음을 깨달았어야 했다. 1973년 1월 7일, 당시 민간 경제학자였던 앨런 그린스펀이 〈뉴욕타임스〉에 "지금과 같은 무제한적인 상승세는 매우 드물다."라고 말했기 때문이다. 그로부터 4일 뒤인 1월 11일에 1973~74년의 주식시장 붕괴가 시작되었다. 그리고 그 후 2년여에 걸쳐 뉴욕증권거래소NYSE 시가총액의 45%가 사라졌다.

그래서 1967년에 일어난 6일전쟁 때 이스라엘이 점령한 영토에 대해 이집트와 시리아가 공격을 개시한 10월 6일, 우리는 어쨌거나 기나긴 침체의 시기 한복판의 안 좋은 시점에 있었다. 이 공격이 유대교 속죄일인 욤 키푸르 휴일에 이루어진 까닭에 이 전쟁은 '욤 키푸르 전쟁'으로 알려지게 된다.

6일 후인 10월 12일, 닉슨은 이스라엘에 무기와 기타 군수품을 연이어 공수하는 '니켈 그라스 작전'을 개시했다. 이에 당연히도 격분한 아랍 국가들은 10월 17일 석유 금수 조치를 개시함으로써 보복했다.

유가가 하늘로 치솟았다. 욤 키푸르 전쟁에서 누가 옳고 누가 나빴는지에 대한 판단은 젖혀두고, 중요하게 지적할 점은 바로 닉슨과 키신저를 겨냥한 금수 조치가 시작된 시점부터 폭풍 같은 폭등을 거쳐 거의 완전한 항복에 이르기까지 약 2개월밖에 안 걸렸다는 사실이다.

1974년 1월 18일, 키신저는 이스라엘이 시나이 반도 일부 지역에서 철수한다는 내용의 협상을 체결했다. 5월에 이스라엘은 골란 고원에서 철수하는 데 동의했다.

다음은 이 에피소드에 대한 미 국무부의 자체 보고 내용이다.

> 금수 조치 실행과 석유 계약의 성격 변동은 전 세계적 함의를 띤 유가 상승의 소용돌이를 일으켰다. 배럴당 유가는 처음에 2배, 그 후 4배로 뛰었고, 이는 전 세계 소비자들의 부담 증가와, 경제가 불안정한 국가의 예산 붕괴 가능성으로 이어졌다.
> … 석유 소비 증가와 국내 비축량 감소에 직면해 있으며 과거 어느 때보다 수입 석유에 의존하고 있는 미국은 국제적 약자의 위치에서 금수 조치 해제에 합의해야 했다. 상황이 복잡해진 것은 아랍 석유 생산국들이 금수 조치 해제를 중동 평화를 위한 미국의 성공적 노력과 연관시켰기 때문이다.

흥미롭게도 OPEC 회원국들은, 욤 키푸르 전쟁에서 미국이 항복한 이후에도 가격을 예전 수준으로 떨어뜨리지 않고, 올라간 그대로 유지했다. 카터 행정부 때인 1979년, 이란의 팔레비 왕조가 무너지고 소요가 일면서 유가는 다시금 하늘을 찔렀고, 이는 악명 높은 '에너지 위기'로 이어져 우리 중 나이 든 일부는 아직도 생생히 기억하는 기다란 줄이 주유소 앞에 늘어섰다.

이 시기 이후 미국과 아랍 세계는 불안정한 데탕트에 합의했고, 그 뒤 약 25년간 유가는 비교적 안정세를 유지했다.

그리고 이제 2004년이 되었다. 미국과 조지 W. 부시는 막 재미있는 일을 벌인 참이었다. 엉뚱하게도 정신 나간 이라크 침공을 개시함으로써 이 지역 전체를 불안에 빠뜨리고, 아랍 민족주의 성향을 띤 중동 산유국 정권들 대부분을 다시 열 받게 만든 것이다. 여기엔 사우디아라비아 군주들도 —다른 한편으로는 붙어먹었지만—포함되었다.

그해 유가는 배럴당 40달러를 돌파해 수직 상승하기 시작했다. 국부펀드 현상이 급속히 진화하기 시작한 것은 바로 그 즈음이었다. 국부펀드연구소는 다음과 같이 전망했다.

> 2005년 이후로 최소한 17개의 국부펀드가 만들어졌다. 다른 나라들이 통화 보유고를 늘림에 따라 그들은 더 큰 수익을 추구할 것이다. 이들의 급속한 성장은 상품 가격, 특히 2003~2008년 석유와 천연가스 가격 상승에도 힘입은 바 크다.

세계안보분석연구소라는 씽크탱크의 소장인 갈 루프트Gal Luft 박사는 국부펀드의 부상에 대해 하원 외무위원회에서 증언했다. 다음은 2008년 5월 21일 그가 위원회에서 발언한 내용이다.

> 세계 경제 내 새로운 힘의 중개자로서 국부펀드의 부상은, 단일한 현상이 아니라 신세계질서로 정의되는 것의 일부분으로 보아야 한다. 이 새로운 질서가 가능해진 것은 자기 강화적으로 움직이는 몇 가지 메가트렌드 덕분이다. 그 흐름으로는 아시아 개발도상국들의 혜성 같은 부상, 가속되는 글로벌화, 빠른 정보 흐름 등을 들 수 있다. 특히 유가가 불과 6년 만에 배럴당 100달러를 돌파하며 급격히 상승한 덕분에, 러시아와 OPEC 회원국들은 유례없는 부를 축적하며 최고 경제 권력의 위치로 올라설 수 있었다. 러시아와 OPEC 산유국들의 수익은 4배 이상 증가하여 작년 한 해 동안만 1.2조 달러를 기록했다. 그리고 현재 배럴당 유가인 125달러를 기준으로 2008년에는 2조 달러에 가까운 돈을 벌어들일 것으로 예상된다.

실제로 그해 여름 유가는 149달러까지 올랐다. 계속해서 루프트의 말이다.

국부펀드는 헤지펀드, 사모펀드, 부동산, 천연자원, 기타 서구 경제의 접점들에 수십억 달러를 쏟아붓고 있다. 국부펀드들이 얼마나 많은 돈을 보유하고 있는지 그 정확한 액수는 아무도 모르지만, 현재 약 3.5조 달러의 자산을 보유한 것으로 추산되며 이는 향후 10년 내에 10~15조 달러까지 불어날 수 있다. 이것은 미국 국내 총생산과 맞먹는 액수다.

루프트의 분석은 연방준비은행 샌프란시스코 지부에서 2007년 작성한 보고서와도 일치한다. 이 보고서는 "분석가들은 현재 국부펀드들의 자산을 1.5조에서 2.5조 달러 사이로 보고 있다. 향후 10년간 지금의 7배인 15조까지 증가할 것으로 전망되는데, 그것은 현재 약 5조 달러 정도인 전 세계 총 외환보유액보다 큰 액수다."라고 결론을 맺었다.

이 샌프란시스코 보고서는 국부펀드들 대부분이 완전 공개를 꺼리고 있으며 그들이 어디에 투자하고 있는지에 대한 정보를 거의 얻을 수 없다고 지적했다. 중동의 국부펀드에서 일하고 있는 한 취재원은 이것이 그들의 투자 전략에서 대단히 중요한 부분이라고 설명했다.

"그들은 언론의 주목을 원치 않습니다. 그냥 돈을 벌고 싶을 뿐이죠. 그들이 거의 항상 소수 지분만을 사들이는 이유 중 하나가 그겁니다. 지배 지분을 보유하면 일부 국가에서 외국인 투자 소유권 문제를 일으킬 수 있으니까요. 가끔 한 투자처의 소수 지분을 국부펀드들 여럿이 사들일 때도 있습니다. 하지만 언제나 30%, 25%를 넘지 않습니다."

우리는 골드만삭스와 모건스탠리 같은 은행들이 특히 연기금 같은 대형 기관투자자들을 상품시장으로 밀어 넣음으로써 상품 가격의 인위적 상승을 어떻게 조장했는지 살펴보았다. 이렇게 투명성이 결여된 까닭에, 우리는 국부펀드들이 헤지펀드나 기타 경로를 통해 자기들 돈을 에너지 상품에 쏟아붓는 식으로 얼마나 버블에 관여했는지 정확히 알 길이 없다.

상품선물거래위원회는 2008년 자체 분석을 통해 상품지수 투자에 들어간 국부펀드 자금의 비율을 총 9%로 잡았지만, 그중 아랍계 자금으로 보이는 것은 없다고 지적하며 몸을 사렸다. 국부펀드 자금 전부가 아랍계가 아닌 서구의 돈이라는 이 보고서의 이상하리만치 단호한 주장은, 아랍 소유권 문제가 이 보고서에 언급조차 되어 있지 않다는 점에서 특히 더 흥미롭다. 이는 부시 행정부의 자체 정보로, 그들이 열을 올려 자진해서 제공한 것이기 때문이다.

하지만 '화이트 나이트 리서치 앤 트레이딩' 연구소장 애덤 화이트Adam White는 상품선물거래위원회의 분석을 너무 신뢰하지 말라고 이야기했다.

"나는 그 결론에 의심이 갑니다. 내 생각에 국부펀드가 스위스 같은 곳에 다른 회사를 차리든지 아니면 브로커나 재간접투자펀드를 통해 움직여서, 직접 은행과 거래하지 않고 중간에 매개체를 세우기란 쉽거든요. 상품선물거래위원회의 의무 사항을 준수한다는 은행들은 아마 법의 정신이 아니라 법의 자구만 따랐을 겁니다."

그는 말을 이었다. "그러니까 만약 어떤 국부펀드가 한 헤지펀드—그런 펀드는 널렸죠.—에 투자하고 그 헤지펀드가 다시 상품에 투자한다면, 은행은 상품선물거래위원회에 투자 주체를 국부펀드가 아닌 헤지펀드로 보고할 거라고 봅니다. 그들의 주장은 이렇겠죠. '이 헤지펀드에 투자한 사람이 누군지 우리가 어떻게 아느냐?'고요. 실은 기똥차게 잘 알고 있더라도 말이죠."

"내 생각에 이건 중대한 국가 안보 문제입니다. 아랍 국가들이 유가를 부풀려 우리 경제에서 막대한 돈을 짜내고 있는 건지도 모르니까요." 그는 덧붙였다. "이란이나 베네수엘라 같은 깡패 국가들이 그들의 석유 달러를 이용해 우리를 경제적으로 약화시킬 수도 있습니다."

★ 미안해요 미국, 닥치고 돈부터 내세요 ★

우리는 이라크 전쟁 발발 이후 2008년까지 상품시장에 일어난 일들과 관련한 몇 가지 사실을 알고 있다. 우리는 상품시장 내 투기성 자금의 양이 폭발적으로 늘었음을, 2003년에서 2008년 사이 상품시장 내의 자금 규모가 130억 달러에서 3170억 달러로 증가했음을 알고 있다. 그리고 이 모든 상품 투자는 사실상 장기투자이므로, 시장 규모가 거의 25배나 성장한 덕분에 필연적으로 전 세계 유가가 상승하며 막대한 돈이 국부펀드들의 금고 속으로 들어갔음을 알고 있다.

아랍 산유국들이 돈을 축적하는 것은 전혀 나쁜 일이 아니다. 특히 석유 생산으로 번 돈은 더욱 그러한 것이 이는 자연적으로 이들 나라에 속한 자원이며 이들 나라의 번영에 마땅히 기여해야 하기 때문이다. 하지만 미국과 많은 아랍 국가들 사이의 관계는 여러 가지 이유로 복잡하고 때로 적대적이며, 이들 나라의 국부펀드들이 미국의 기반시설을 사들이는 현상은 모르긴 몰라도 비밀리에 벌어져서는 안 되는 일이다.

하지만 더 중요한 것은 국부펀드들의 국적은 꼭 그렇게 유의미한 부분도 아니라는 점이다. 유의미한 것은 바로 이 펀드들이 외국계라는 점, 그리고 2000년대 중반에 연달아 일어난 주목할 만한 사건들 덕분에 그들이 빠른 속도로 미국 내 상당수 기반시설의 소유주가 되었다는 점이다. 이는 한 나라가 체계적으로 자신의 주권을 조금씩 포기해 가는 과정인데, 이것이 실제로 아무도 눈치 채지 못하는 가운데 일어나고 있는 것이다. 심지어 이 문제에 대해 공식적인 표결을 요청받은 사람들조차 잘 모르는 경우가 허다하다.

그 과정은 어떻게 진행되었을까?

(서구 은행들과 짐작컨대 일부 외국 국부펀드들이 크게 관여하여 발생한 거품으로) 에너지 가격이 폭등한 탓에 모든 미국인들에게 경제적 압박이 가중되었다. 사실상 전국 모든 주 정부의 세수가 감소했다. 실제로 상품 버블로 인한 가격 상승과 세수 감소의 상호 관련성은 주목할 만하다.

주 정부의 세금 징수 통계를 추적한 록펠러 연구소에 따르면, 2008년 1/4분기 주 정부 세금 증가율은 5년 만에 최저치를 기록했다. 이때는 바로 유가가 배럴당 75달러에서 149달러로 급등하기 시작한 시점이다.

2/4분기에 이 연구소는 증가율이 계속 둔화되고 있음을 보고했다. 그리고 석유가 149달러에 도달한 3/4분기, 총 세수 증가율은 거의 제로에 가까운 0.1%를 기록했다. 이는 2001~2002년 IT 거품이 터진 이래 최저치다.

이 시기 주택시장 거품의 붕괴가 이 모든 현상의 주요 변수였음은 분명하지만, 에너지 가격의 급등이 경제 전체에 미친 충격—기업 지출과 소비자 지출이 함께 움츠러든 것—역시 결정적이었다.

이즈음에 주 정부와 지방 정부 관료들은 관내 기반시설 자산들을 임대로 돌리기 시작했다. 그 임대 기간이 어떤 경우에는 75년 혹은 그 이상이었기 때문에 이는 본질적으로 매각에 가까웠다. 그리고 내가 조사한 사실상 모든 사례에서, 지방 의회는 그 진짜 임차인이 누군지에 대해 정보를 전달받지 못했다. 아마도 그 최고의 사례는 악명 높은 시카고 주차 미터기 건일 것이다. 이 거래는 굳이 외국인 소유권이라는 시각에서 보지 않더라도 꽤 씁쓸한 배신행위다. 이 기습적 강도질은 점점 똥줄이 타고 있는 미국에 하나의 청사진을 제시했다. 아끼는 토스터기를 유명 전당포에 아주 많이 갖다 맡기는 데 참고할 만한 청사진 말이다.

"월요일에 사무실에 있다가, 재정위원회 특별 회의가 열릴 것이라는 전화를 받았습니다. 뭐에 대한 회의인지는 몰랐고요." 시카고 제35선거구의 시 의원인 레이 컬런Rey Colon의 말이다.

그날은 2008년 12월 1일이었다. 그날 아침 시카고 시 의회는 리처드 데일리Richard Daley 시장이 시카고의 모든 주차 미터기를 75년간 임대하는 계약을 모건스탠리와 체결했다는 공식 통보를 처음으로 받았다. 그 최종 입찰가는 11억 5650만 달러로, 향후 75년간의 주차 미터기 수입을 시카고 시에 일시불로 내는 조건이었다.

재정위원회 의장인 에드 버크Ed Burke는 시 의원들에게 이 계약 일정을 통보하는 일을 맡았다. 그날 아침 일찍, 그는 이 건을 논의할 재정위원회 특별 회의를 수요일로 공지했다. 그날 오후 시장실에서는 이 계약을 승인하는 '단일 안건을 위해', 재정위원회 회의 다음날인 12월 4일 시 의회 전체회의를 소집하는 문서를 제출했다.

컬런은 말했다. "그쪽에서 이 사실을 우리한테 통보한 게 월요일인데, 우리는 이를 수요일이나 목요일에 표결해야 되는 상황이었죠."

"우리가 그 계약을 검토할 시간은 3일밖에 없었어요." 동료 시 의원 레슬리 헤어스턴Leslie Harston의 말이다.

그 주 목요일인 12월 2일 데일리 시장은 기자회견을 열고, 시 예산이 부족한 상황에서 사회 복지 비용을 대야 하기 때문에 이 계약이 '적절한 시점'에 이루어졌다고 말했다.

그 후에 그가 설명한 구체적인 계약 내용은 다음과 같았다. 그는 모건스탠리와 임대 계약을 맺었고, 모건스탠리는 투자 컨소시엄을 구성했으며,

이 컨소시엄은 시내의 미터기들을 관리하는 '시카고 파킹 미터스 LLC'라는 회사를 새로 설립했다. 투자자들이 누군지, 입찰에 또 누가 참여했는지에 대한 언급은 없었다.

다음날 이 계약을 검토하는 재정위원회가 열렸고, 회의 시작 10분 만에 몇몇 시 의원들이 이 계약서의 사본조차 보지 못했다며 항의하기 시작했다. 급조된 사본은 아주 짤막한 문서였고 구체적인 세부사항이라 할 만한 것이 거의 들어 있지 않았다.

"8쪽짜리 문서였어요." 컬런의 말이다.

이 회의를 취재한 〈시카고 리더Chicago Reader〉의 기사는 이 소동을 다음과 같이 전했다.

> 로버트 피오레티Robet Fioretti 의원이 말했다. "일을 너무 급하게 밀어붙이고 있는데요. 이유가 뭡니까?"
> "우리는 이 일을 거의 1년 동안 추진해 왔습니다. 급하게 하지 않았습니다." 시 재정담당관 폴 볼프Paul Volpe가 주장했다.
> "1년이나 시간이 있었는데 우리한텐 이틀 줬잖아요." 아이크 커러더스Ike Carothers 의원이 말했다.
> 일부 용어에 대한 시 의원들의 이해를 돕기 위해 시 변호사인 짐 맥도널드Jim McDonald가 계약안에 있는 몇몇 법률용어들을 해석해 주었다.
> 시 의원 빌리 오카시오Billy Ocasio가 고함 쳤다. "이게 다 무슨 뜻이오?"

재정담당관 볼프가 시 의원들에게 설명한 바에 따르면, 계약을 이렇게 급히 몰아친 이유는 금리가 갑자기 변동될 경우 그 비용을 시가 감당해야 되기 때문이라는 것이었다. 이는 재정담당관으로서 볼프의 자격을 의심케

하는 말이었다. 이때는 재정 위기가 휘몰아친 직후여서 금리가 바닥권이었기 때문이다. 오히려 금리가 올라가면 시는 일시불로 받은 돈의 원금 자체보다도 그 이자를 가지고 예산 공백을 메울 수 있었다.

컬런은 이렇게 말했다. "시장이 뭘 빨리 통과시키고 싶어 할 때마다 수없이 들은 변명이죠. 나라면 그런 리스크는 감수하겠습니다."

이때까지도 시 의회는 이 거래 뒤에 실제로 누가 있는지에 대해 알지 못했다. "우리는 전혀 통보받지 못했습니다. 나중에도요." 헤어스턴의 말이다.

그런데도 이 안건은 40대 5로 통과되었다. 헤어스턴과 컬런은 반대표를 던졌다. 나는 이 계약에 찬성표를 던진 시 의원 거의 전원과 접촉을 시도했지만, 그중 아무도 나와 이야기하려 하지 않았다.

이미 시카고 스카이웨이와 여러 시립 주차장을 대상으로 비슷한 임대 계약에 서명한 바 있는 데일리 시장은, 이 계약을 성사시키기 위해 1년 이상 공을 들였다. 그는 여러 투자은행과 기업들에게 접근해서 시내 주차 미터기 3만 6천 대의 75년 치 수입에 대한 입찰 제안서 제출을 권했다. 모건스탠리는 그중 한 곳이었다.

이야기가 재미있어지는 것은 이제부터다. 여기서 모건스탠리가 해야 할 일은 두 가지다. 우선 돈을 잔뜩 긁어모아야 한다. 그다음 이 투자자들을 대표할 얼굴마담, 즉 대외적으로 이 계약의 임차 주체로서 내세울 '투자회사'를 만들어야 한다.

이 과정의 1부에는 이 은행 내의 인프라 그룹이 관여하여 시에 결제할 거액의 현금을 사람들로부터 끌어 모으는 출장 영업 활동을 벌였다. 중동에 가서 프레젠테이션을 한 사람들, 아부다비의 은행가와 분석가들을 방 안 가득 모아 놓고 시카고의 주차 미터기를 판촉한 사람들은 바로 이 모건스탠리 내 인프라팀 직원들이었다. 그때 모여 있던 이들이 바로 아부다비 투자청이었고, 결국 그들은 상당 지분을 매수하는 데 동의했다.

그들이 이 딜을 서류상으로 처리한 방법은 이러했다. 이는 실로 천재적이었다.

이 계약이 표결된 시점인 2008년 12월, 시장실의 표현을 빌리면 '아부다비 법인'은 이 딜의 불과 6% 지분을 보유하고 있었다. 피터 스케일스Peter Scales 시 대변인은 그것이 어떤 법인인지 확인해 주기를 아직까지도 거부하고 있지만, 정보 공개된 문서를 면밀히 검토해 보면, 아부다비에 본사를 둔 '캐번디시 유한회사'라는 그룹을 비롯해 몇 가지 가능성을 찾아낼 수 있다.

이와 별도로, 이 건이 표결된 시점에 이 주차 미터기 계약에 참여한 투자자들 대다수는 미국인이거나 미국과 상대적으로 덜 복잡한 관계에 있는 국가 출신으로 보였다. 텍사스 주의 '교직원 퇴직 연금'과 호주의 '빅토리아 펀드 운용' 그리고 모건스탠리 자신이 이 모건스탠리 펀드의 상당 지분을 보유하고 있었다. 미츠비시 자금도 '미츠비시 UFJ 파이낸셜 그룹'이라는 이름으로 이 지분에 참여했다. 그 밖에 독일과 호주 투자자들이 여럿 있었다.

이 회사들이 모두 모여 총 12억 달러가량을 모아 낙찰을 받았고, 계약을 확보한 뒤에 '시카고 파킹 미터스 LLC'라는 신규 법인을 세운 다음, 시에서 운영하던 주차 경찰대 대신 LAZ라는 기존의 주차 관리 회사에 하청을 주고 미터기 시스템의 운영을 맡겼다. 이 딜에 대한 언론 기사들은 한결같이 시카고 시가 모건스탠리, '시카고 파킹 미터스 LLC', LAZ의 연합체에 주차 미터기를 임대했다고만 보도했다. 다음은 당시의 〈시카고 선타임스〉 기사다.

에드워드 M. 버크 재정위원회 의장(14대)의 질의에 대해, 시 수석 보좌관들은 '모건스탠리 인프라스트럭처 파트너스'와 'LAZ 파킹'이 최근 델라웨어 주에 유한 책임 회사를 세웠고 따로 시카고가 위치한 일리노이 주에 등록하지는 않았음을 인정했다.

그런데 이 계약이 체결되고 2개월 뒤인 2009년 2월에 소유 구조가 완전히 바뀌었다. 시 홍보실 스케일스의 말이다.

이 경우는 2008년 12월 모건스탠리 투자 그룹의 11억 5천만 달러 입찰 제안이 시에 의해 수용 및 승인된 이후 모건스탠리가 추가 자본을 공급하고 투자 익스포주어를 줄이기 위해 신규 투자자를 모색한 것이다. 이는 이례적인 일이 아니다.
2008년 12월에는 모건스탠리의 몇몇 인프라 펀드들로 구성된 그룹이 '시카고 파킹 미터스 LLC'를 100% 소유하고 있었지만, 이 그룹은 2009년 2월 한 소수 지분 투자자—디사이드 인베스트먼츠, Inc.—를 참여시켜 지분의 49.9%를 주었다. 디사이드의 지분 49.9%는 국유 회사인 아부다비 투자청의 자회사 '타나다이스 인베스트먼츠'가 보유하고 있다.

그러니까 다시 정리하면, 모건스탠리가 자신들을 포함해서 투자자들 한 묶음을 모집해 2008년 12월 10억 달러 이상을 모았다. 그리고 2009년 2월에 이 투자자들 중 상당수가 떠나고 그 자리에 '디사이드 인베스트먼츠'가 들어왔다. '디사이드 인베스트먼츠' 지분의 49.9%는 아부다비 투자청이, 50.1%는 주소지가 룩셈부르크에 있다는 것 외에는 아무것도 알려지지 않은 '레도마 SARL'이라는 회사가 보유하고 있었다.
미끼 상술을 동원한 호객이 끝난 뒤, 처음에 6%를 보유하고 있던 아부다비 '법인'은 타나다이스의 참여 이후 그 지분을 약 반으로 줄였다고 스케일스는 덧붙였다. 내 계산에 의하면, 그래도 아부다비계 투자자가 시카고 주차 미터기의 최소한 30%를 소유하고 있는 셈이다. 그 진짜 소유주가 누군지는 신만이 아실 일이다.

이 거래가 쓰레기 같은 이유는 이 말고도 또 있다. 진짜로 재미있는 부분은 여기서부터다.

간단한 것부터 들자면, 이는 시카고 지방 정치의 기본 전통을 바꾸어 놓았다. 과거 시 의원들은 축제나 박람회를 위해 도로 교통을 통제하거나 미터기 영업시간을 바꿀 권한을 갖고 있었는데, 이제는 그럴 수 없게 된 것이다. 혹은 그렇게 하더라도 '시카고 파킹 미터스 LLC'에 수익 손실을 보전해 주어야 되게 생겼다.

일례로 이 새로운 소유주는 스코트 웨그스팩Scott Waguespack 시 의원에게, 월-토요일 오전 9시부터 오후 6시까지로 되어 있는 미터기 영업시간을 주 7일 오전 8시부터 오후 9시까지로 변경하고 싶다고 말했다. 이 시 의원이 주저하며 최소한 270개 미터기는 예전 스케줄을 유지하는 게 좋겠다고 하자, '시카고 파킹 미터스'는 만약 그렇게 하고 싶다면 향후 3년간 60만 8천 달러를 회사에 지불해야 할 것이라고 그에게 통보했다.

더 큰 문제는 시카고가 이를 너무 싼값에 팔아치웠다는 것이다. 데일리는 주차 미터기 3만 6천 개의 75년 치 수입으로 약 12억 달러를 받았다. 하지만 데일리가 미터기 수익을 엄청나게 저평가했다는 사실이 이런저런 경로로 여러 시 의원들에 의해 밝혀지기 시작했다.

웨그스팩은 그가 부담하게 될 60만 8천 달러를 근거로 실제 계산기를 두드려 보고 이 회사가 미터기의 가치를 시간당 39센트로 산정하고 있음을 알아냈다. 이를 3만 6천 대로 환산하면 1년에 6600만 달러, 계약 기간 전체로 따지면 약 50억 달러가 된다.

계약 체결 후 얼마 안 있어 웨그스팩은 이렇게 말했다. "시카고 시민들을 위해 가격을 산정했을 때는 미터기 가치가 11억 6천만 달러라고 했죠. 그런데 모건스탠리에 돈을 주기 위해 가격을 산정할 때는 뭐라고요? 50억 달러? 그들은 누구를 위하는 겁니까? 주민들입니까, 모건스탠리입니까?"

당시 시 감독관이던 데이비드 호프먼David Hoffman은 나중에 이 미터기 계약에 대해 조사하고 데일리 시장이 미터기를 최소 9억 7400만 달러 밑지고 팔았다는 결론을 내렸다. "시는 주차 미터기 시스템이 시에 얼마만 한 가치가 있는지 제대로 계산하지 않았어요." 호프먼의 말이다.

설상가상인 것은 그다음이다. 그들이 정말로 선불금이 필요했다면 애초에 왜 미터기를 팔았던 것일까? 시내 길거리의 주차 요금에 대한 시의 소유권을 지키면서, 미래에 징수할 수입을 담보로 그냥 채권을 발행하여 돈을 빌릴 수도 있었을 텐데 왜 그러지 않았을까?

"그들이 그런 식으로 꼭 했어야 할 이유가 없습니다." 클린트 크리슬로프Clint Krislov의 말이다. 그는 이 계약이 위헌임을 주장하며 시와 주 정부를 상대로 소송을 진행 중이다.

몇몇 시 의원들은 시에서 왜 채권을 발행하지 않았는지 질의했지만 대답을 듣지 못했다고 했다.

"이 문제를 시장에게 따져야 합니다." 컬런의 말이다.

하지만 이 딜에서 가장 기분 나쁜 부분은, 이제 시가 사실상 아무에게도 책임 질 필요가 없으며 적어도 일부분 외국인이 소유한 사기업에게 길거리에 대한 통제권을 넘겨주어야 할 처지가 된 사실이다. 본계약에는 급격한 요금 인상이 명시되어 있다. 헤어스턴의 지역구와 컬런의 지역구에서 미터기 요금은 첫해에 시간당 25센트에서 시간당 1달러로, 그 이듬해에 다시

1.2달러로 올랐다. 그리고 시는 '시카고 파킹 미터스 LLC'의 허락 없이 거리 교통을 통제하거나 미터기를 철거·이동하거나 기타 실질적인 아무런 일도 할 권한이 없다.

작년에는 컬런의 지역구에서 아트 페스티벌을 개최했지만, 아마도 앞으로 그는 교통 통제가 따르는 축제를 기피하게 될 것 같다.

"이제부터는 그런 일을 하기가 힘들어질 겁니다." 그의 말이다.

계약 첫해 어느 날, 해리슨 의원은 저녁 외식을 하러 시어스타워(지금은 런던에 본사를 둔 한 보험회사 이름을 따 '윌리스타워'가 되었다.) 부근의 대로인 웨커 드라이브에 차를 세우고 미터기의 '맥스max' 버튼을 눌렀다. 이는 당일 미터기 영업시간이 끝날 때까지 주차하겠다는 뜻이다. 그런데 그녀가 받은 청구서에는 32.50달러가 찍혀 있었다. '시카고 파킹 미터스 LLC'가 그녀에게 밤샘 주차 요금을 물린 것이다.

헤어스턴은 이렇게 말했다. "문제가 너무나 많아요. 이것 때문에 너무 많은 문제를 겪었어요. 주차 시간이 8분 남았다고 해서 7분 뒤에 도착하면 1시간 요금을 추가로 물려요. 안 그러면 영수증이 안 나와요. 미친 거죠."

하지만 내가 보기에 이 딜 전체를 통틀어 절대적인 끝판왕은 바로 휴일의 종말이다. 이제 일요일에도 무료 주차는 없다. 크리스마스와 부활절에도 무료 주차는 없다. 그리고 위인—이를테면, 이곳 일리노이 출신의 특정 인물—을 기념하는 날에도 무료 주차는 없다.

"링컨 탄신일에도 안 돼요." 크리슬로프는 웃었다.

"링컨 탄신일에도 안 돼요." 컬런은 한숨을 쉬었다.

링컨 탄신일에 쉬고 싶다고? 미안해요, 미국. 닥치고 돈부터 내세요.

그리고 이 장사에서 마지막으로 웃기는 부분. 원래 재정담당관 볼프의 구상은 이 거액의 현금 뭉텅이에서 나오는 이자를 가지고 예산 공백을 메우는 것이었다. 하지만 금리가 수조 밑바닥에 고여 꼼짝도 안 하는 바람에 시는 원금을 까먹을 수밖에 없었다. 아마 이 돈은 앞으로 몇 년 내에 사라져 버릴 것이다.

"우리 예산에 큰 공백이 있었던 것은 사실"이라고 컬런은 인정했다. "하지만 이것은 문제를 해결해 주지 못했습니다. 아마 내년에도 똑같이 구멍이 날 텐데, 그때는 어디서 돈이 나올까요?"

기괴한 일이지만 이 계약이 체결되고 한 달 반쯤 뒤, 기분이 흡족했던 데일리 사장은 새로 취임한 (역시 일리노이 출신의) 오바마 대통령에게 몇 가지 충고를 해주기로 결심했다. 그는 이 나라의 정부 재정 문제를 풀려면 '상자 밖에서 생각할' 필요가 있다고 오바마에게 말했다.

"모든 도시, 모든 카운티, 모든 주, 연방 정부의 공적 자산을 임대하면 세금을 인상할 이유가 전혀 없을 겁니다. 전국을 통틀어 그 어떤 방식보다도 이런 식으로 확보할 수 있는 인프라 자금이 가장 클 겁니다."

★ 미국은 세일 중 ★

그리고 미국은 데일리의 충고를 받아들이고 있다. 이 글을 쓰고 있는 현재 내슈빌과 피츠버그, 그리고 LA가 주차 미터기 계약을 빠르게 진행 중이며, 뉴욕도 이를 고려 중이고, 마이애미 시는 임대 계약 체결 계획을 막 발표했다. 현재 고속도로, 공항, 주차장, 유료 도로들—움직일 수 있는 자산 중에서 상상 가능한 모든 것과, 움직일 수 없는 자산의 일부—이 전 세계의 비공개 입찰자들을 상대로 세일 중이다.

어떤 이들이 펜실베이니아 턴파이크를 중동 투자자들에게 팔촉했다는 사실을 내가 펜실베이니아 주 의회 의원 조지프 마코세크Joseph Markosek에게 말해 주었을 때, 그는 웃었다.

"농담이시죠. 재미있네요."

마코세크는 턴파이크를 팔아넘기려는 에드 렌델Ed Rendell 주 지사의 계획을 백지화시킨 주요 인물 중 하나였지만, 그조차도 누가 그것을 매수할 예정이었는지 모르고 있었다. 그는 모건스탠리가 여기 관여했다는 것은 알았지만 그것이 그가 아는 전부였다. 십중팔구 그는 이것이 보편적 원칙에 비추어 좋지 않은 발상이라고만 생각했을 것이다. "펜실베이니아 입장에서 좋지 않은 거래였어요. 주 지사가 임대료를 일시불로 받아다 당해 예산 균형을 맞추는 데 쓸 거라는 추측이 무성했습니다. 올해 예산 문제가 심각하거든요. 하지만 그렇게 한 다음에 남은 임대 기간 74년은 어쩐다죠?"

이런 임대 계약이 발생하는 이유는, 나중에 훅 날아갈 것이 확실하지만 당장 거액의 보너스를 쥐어 주는 모기지 기반 쓰레기에 대해 투자은행들이 부실 투자를 감행했던 이유와 동일하다. 이런 계약을 체결한 렌델과 데일리 같은 정치인들은 실제 청구서 기한이 도래하기 훨씬 전에 다 퇴직해 버릴 것이기 때문이다.

사기꾼 집단의 삶에 들어오신 것을 환영한다.

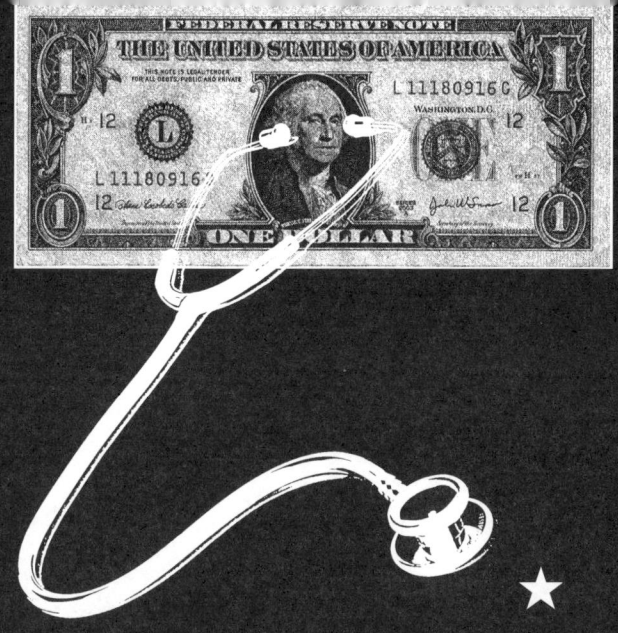

6.

1조 달러짜리 미봉책: 건강보험 개혁

"그럼 아빠가 외과의사고
엄마가 마취 전문의면

자기 집 식탁에 누워서
심장 수술을 할 수도 있겠군요."

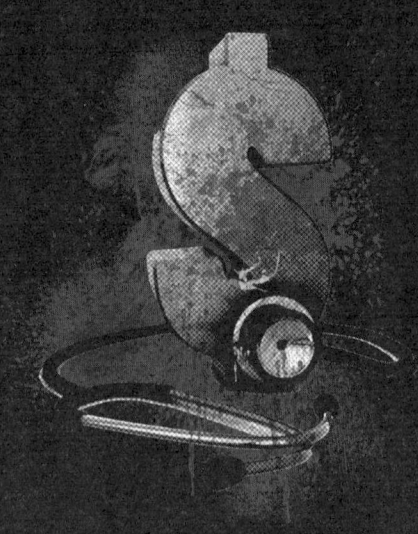

★ '오바마케어'가 처한 신세 ★

2010년 1월 21일, 매사추세츠 상원의원 선거에서 스코트 브라운Scott Brown이라는 얼간이 붕어빵 우익 로봇이 마사 코클리Martha Coakly라는 불운한 역사의 주변 인물을 꺾은 지 불과 며칠 뒤, 진 테일러Gene Taylor 미시시피 주 민주당 하원의원은 하원 민주당 코커스의 회의장 연단에 서서 멕시코만 해안 지방 특유의 느릿느릿한 어조로, 이 상황을 전체적 시야에서 파악하려 노력하고 있었다.

낸시 펠로시Nancy Pelosi 하원 의장은 자기가 이끄는 모임의 의원들을 격려하고, 오바마 대통령의 건강보험 법안이 아직까지는 실제로 사망한 것이 아니며, 브라운의 당황스런 승리 탓에 민주당이 상원 내의 이른바 슈퍼 다수당 지위를 상실했다고 해서 볼장 다 본 것은 아니라는 확신을 이들에게 심어 주려 애쓰는 중이었다. 펠로시는 조정 과정reconciliation process—의사진행 방해filibuster를 막기 위해 60표를 확보하는 일반적인 방식 대신에 단순 다수결로 법안 통과를 허용하는 의회 조치—을 이용해, 다소 훼손된 형태로라도 법안을 통과시키는 방안에 대해 이야기하고 있었다.* 이게 아이러니한 일이 돼버린 것은, 아마도 민주당은 애초부터 그 길을 따랐어야 했지만, 이제 그들이 건강보험 개혁이라고 부를 수 있는 <u>아무거나</u> 통과시키고 보자는 생각으로 자포자기해서 그 길로 복귀하는 것이었기 때문이다. 테일러는 이 일이 제대로 될지 그리 확신이 서지 않았다. 그가 소속된 미시시피 제4지역구에는 빌록시를 비롯해 허리케인 카트리나의 피해를 입은 미시시피 해안 지역이 포함되어 있었다.

"이 상황을 보는 내 머릿엔 카트리나가 떠오릅니다." 테일러는 민주당 의원들에게 말했다.

그는 카트리나가 닥쳤을 때 가족들을 데리고 해안에서 내륙 20마일 지점까지 대피했던 이야기를 들려주었다. 바람과 폭풍이 약간 가라앉은 후에 그는 상황을 살피러 동네로 돌아왔다.

그는 말했다. "차를 몰고 내려갔다가 다시 배를 타고 베이세인트루이스로 들어갔습니다. 굽이친 강을 돌아서 예전에 큰 콘크리트 다리가 있던 곳으로 갔습니다. 다리 밑에는 요트 클럽이 있었고, 요트 클럽에서 약간 위쪽으로 올라가면 우리 집이었죠. 다리가 없어져서 강을 따라 멀리 돌아가야 했습니다. 요트 클럽은 없어졌죠. 그리고 집도 없었습니다."

내륙으로 돌아온 테일러는 소식을 기다리고 있던 이웃들에게, "다 없어

$$

- 이 장에서는 사건들의 시간 순서가 뒤죽박죽으로 되어 있기 때문에, 이 장을 이해하려면 미국 건강보험 개혁 법안이 통과되기까지의 복잡한 과정을 순서대로 간략히 정리할 필요가 있다. 미국 의회에서 법안이 가결되려면 동일한 내용의 법안이 상하 양원을 모두 통과해야 한다. 민주당은 상하 양원에서의 절대 다수당 지위를 이용해 비교적 개혁적인 내용의 하원 법안을 2009년 11월 7일에, 그에 비하면 많이 양보한 내용의 상원 법안을 2009년 12월 24일에 통과시켰다. 이 두 법안이 통과된 과정은 이 장의 뒷부분에 자세히 나와 있다. 그다음 이 두 법안을 조정해서 단일 법안을 만들어 재차 상하원에서 표결 처리하는 과정이 남아 있었는데, 이 장 서두에 나온 것처럼 2010년 1월 21일 민주당이 매사추세츠에서 상원 1석을 잃는 바람에 상원에서의 정상적인 법안 통과가 요원해지고 말았다. 그래서 민주당 지도부가 짜낸 방안이 2009년 12월 통과된 상원 법안을 그대로 하원에서 표결하여 통과시키는 것이었다. 단 하원의 반발을 무마하기 위해 여기에 하원의 수정안을 덧붙여 통과시킨 다음 이를 다시 상원에서 의결하기로 했는데, 이제는 상원 100석 중 의사 진행 방해를 막을 수 있는 60석에서 1석이 모자라게 되었으므로 예산 관련 법안을 신속하게 처리할 때 이용하는 '조정 과정'을 동원해서 51표만 얻으면 되는 단순 다수결로 통과시킨 것이다. 이렇게 해서 건강보험 개혁 법안은 2010년 3월 21일 하원을 통과했고, 2010년 3월 24일 대통령이 서명함으로써 최종적으로 공포되었다.

졌다."고 말했다.

이웃들이 물었다. "다 없어졌다니 무슨 뜻이죠?"

"그냥 없어졌다고요." 그가 말했다.

그리고 그는 한 여성이 테일러의 말을 믿지 않으려 했던 이야기를 들려주었다. "그래도 내 집은," 그녀가 말했다. "제 집은 없어졌을 리가 없어요. 당신 집에서는 제 집이 안 보이잖아요. 제 집은 코키네 집 뒤편에 있거든요."

이에 테일러가 대답했다. "우리 집은 없어졌어요. 코키네 집도 없어졌어요. 그리고 당신 집도 없어졌어요."

그는 이야기를 이었다. "그러니까 그 여자 분이 되묻더군요. '당신 말은 지붕만 날아갔단 거죠?' 내가 말했죠. '아뇨, 부인. 다 날아갔습니다.'"

그는 이 이야기가 민주당 의원들 사이에 충분히 스며들도록 하기 위해 잠시 말을 멈추었다.

"그리고 이것이," 그가 말을 이었다. "바로 지금 건강보험 법안이 처한 현주소입니다."

이 법안이 기적적으로 부활해서 통과되었을 때, 버락 오바마는 미국사 전체를 통틀어 미국 민주주의 과정에 대한 가장 무서운 일격이 될 수도 있었던 것을 피해 간 셈이다. 이것이 민주주의에 대한 일격이 될 수 있었던 이유는 이 법안이 훌륭했기 때문이 아니라 오히려 그렇지 못했기 때문이다. 사실 이것은 지금껏 상하 양원을 거쳐 간 법안들 중에서 최악일 것이다. 아니 '오바마케어'가 실패할 뻔했다는 사실이 가리키는 것은, 우리 정부의 기능 장애가 너무 심각해서 이제는 이 나라의 중대사를 실제로 좌우하는 사적 이익에 충실히 복무하는 데조차 비효율적이라는, 미국 정치 시스템의 어마어마하게 우울한 진실이었다. 테일러는 이 법안에 대해 잘못 판단했지만, 동시에 그는 옳았다. '무언가'가 오래전에 없어져 버렸다.

★ 선거자금을 위한 경제 개조 ★

오바마케어는 처음 설계될 때부터 이미 차갑고 냉소적인 정치적 거래였다. 거대 제약회사들에게 거액의 보조금 형태로 엄청난 경품을 지급하고, 거대 보험회사들에게도 2500만~3000만 명의 신규 고객을 제공하는 '개인별 의무individual mandate'*의 형태로 군침 도는 보조금을 나눠 주는 내용이었다. 개별 소비자들은 이 보험사들의 상품을, 연방의 보호를 받는 인위적으로 부풀린 가격에 의무적으로 구매해야 한다.

오바마케어의 본질은 바로 두 가지 무자비한 실력 행사가 하나로 단단히 결합된 것이었다. 첫째로 연방 정부는 GDP의 약 16%를 차지하는 미국 민간 산업 부문의 통제권을 쥐게 되었다. 둘째로 바로 그 민간 산업 부문은 미국 과세 소득의 약 8%에 대한 영구적 통제권을 쥐고 이를 사적 이익으로 변환할 수 있게 되었다. 언론의 헛소리와 조작된 토크 라디오 논쟁이 1년 넘게 쉼 없이 이어진 후에도 대중에게 거의 알려지지 않은 사실은, 오바마 정부가 두 번째 실력 행사에 파란불을 켜줌으로써 첫 번째 실력 행사의 대가를 지불하려 했다는 사실이다.

우리의 신임 대통령과 그의 꿋꿋한 수석 보좌관에 의해 고안된 이 명백히 천재적인 계획은, 그동안 보험 및 제약업계가 타협해야 했던 한 가지 권한을 그들 손에 돌려주고 그 대신 아주아주 가벼운 몇몇 규제에 대한 그들의 묵인을 사려는 것이었다. 그것은 바로 대중에게서 세금을 걷을 권한이었다.

그 결과는 연방 정부와 민간 경제의 겉모습을 급진적으로 개조하고, 정

$$
● 모든 국민들이 건강보험에 의무적으로 가입하도록 규정하고 이를 어기면 벌금을 부과하는 제도.

치 스펙트럼의 양 극단 모두가 피해망상적으로 두려워하는 일을 승인한 새로운 법이었다.

우익 티배거^{teabagger}●들은 오바마케어가 급진적 사회주의 재분배라며 2009년 내내 이를 반대했는데, 혹시 아시는지? 물론 이 법안을 만든 사람들은 사회주의자와 최대한 거리가 멀긴 했지만, 그들 말이 완전히 틀리지는 않았다는 거.

한편 거세된 좌익들, 애초 버락 오바마를 당선시키기 위해 열심히 뛰었던 유권자들은 오바마케어를 국가권력과 민간권력의 비밀스런 파시스트적 결합으로, 민주적으로 선출된 관료들이 집중화된 사적 이익 집단 앞에 어처구니없이 비싼 값을 치르고 항복한 행위로 인식하게 되었다. 그리고 그들 말도 틀린 것은 아니었다. 그들이 이 법안의 부정적 이데올로기라고 여기며 반대했던 것들은 대부분 우연히 그 자리에 있었던 것이긴 하지만 말이다.

사실 오바마케어는 처음 설계될 때부터 직접적인 돈거래였다. 행정부의 의도는 이 수십억 달러의 보조금과 비자발적 소비자 수백만 명의 프리미엄을, 앞으로 치러질 몇 차례의 선거 때 이 업계에서 내놓을 기부금과 맞바꿔 거래하는 것이었다. 이는 실질적 권력을 지닌 모든 이들의 시계視界가 언제나 거의 제로에 가까우며, 장기적 사고는 남의 나라 얘기고, 가장 거대하고 야심적인 기획마저도 철저히 단기적 보상에 의해 추동되는 버블 시대 정치의 거의 완벽한 사례였다. 선거 두 차례 치를 현금을 얻기 위한 경제 전체의 극단적 개조, 바로 이것이 이 법안의 의미였다. 이렇게 말하는 것이 어처구니없는 환원론으로 들리지만, 사실 이것 말고는 납득할 만한 다른 설명을 찾을 수 없다.

$$$
● 티파티 지지자들을 경멸하여 일컫는 신조어.

★ 건강보험 개혁은 좌우의 문제가 아니다 ★

이 법안이 어처구니없는 업계 퍼주기라는 사실은 결국 워싱턴 내의 그 누구에게도 비밀이 아니게 되었다. 여러분이 그 증거를 보고 싶으면 이 법안의 초안 중 하나를 누가 작성했는지 확인하면 된다. 그는 2009년 2월 맥스 보커스Max Baucus 상원의원실에 보좌관으로 합류한 리즈 파울러Liz Fowler였다. 한때 그녀는 공무원직을 잠시 떠나 거대 보험회사인 웰포인트에서 몇 년간 일하며 많은 돈을 벌기도 했다. 다음은 리즈 파울러가 몇 년 전, 공직을 쉬었던 짧지만 짭짤했던 시기에 자기 입으로 떠들었던 말이다.

"내가 의회에서 일할 때 모두가 나를 좋아했어요. 내가 돈 퍼주는 법안들을 써주었거든요."

그리고 다음번 기회가 왔을 때 그녀는 이 일을 전보다도 더 멋지게 해냈지만, 대중의 인식은 거의 정확히 그 반대였다. "그게⋯ 내 생각에는 말이 이상한 것 같아요." 건강보험이라는 집이 홍수에 떠내려갔다는 테일러의 연설이 있은 다음 날, 데니스 쿠시니치 의원은 망연자실한 어조로 이렇게 말했다. "이 문제를 좌우 대결로 만들려는 의식적인 노력이 있었지만, 사실 이는 말도 안 되는 해석입니다. 이는 대중적 인식과는 무관한 비밀 거래였습니다. 어딘가에 각본이 있습니다. 이 문제에 대한 대중적 토론이 어떻게 조작됐는지에 대한 각본이요."

건강보험 개혁을 통과시키려는 대단한 노력은 곧 대중이 역사적인 지지율로 표시한 신뢰를 뻔뻔스럽게 저버린 행위였다. 그리고 이는 스스로 빨간색과 파란색으로 갈라져 있다고 여기는 국민들이 이제 워싱턴의 낯을 주관하는 제3의 색깔―이런 식의 거래를 작당하고, 주로 워싱턴 관료주의의 지배력을 통해 성공을 거두는 일종의 토사물 색깔 정치―을 주목하기 시작해야 한다는 증거였다. 이 역겨운 정치를 규정하는 특징을 말하자면, (이것도 정부라면) 이 정부는 우리가 흔히 국가의 몫으로 여기는 기능 거의 전반에 걸쳐 고의적으로 무능하며 사실상 딱 한 가지 분야에서만 경쟁력이 있다. 그건 바로 선거 기부금을 받는 대가로 납세자들의 돈을 퍼주는 것이다.

2009년 여름, 나는 보험회사와의 지는 싸움에 말려든 한 병원을 찾았다. 뉴저지 베이온 메디컬 센터가 처한 곤경은 미국 건강보험 체계를 구속하고 있는 코믹한 수준의 잔인성과 비효율성과 불필요한 비용을 정확하게 상징하고 있다. 그리고 미국 대중들은 베이온이 경험하고 있는 것과 똑같은 종류의 문제에 거의 보편적으로 노출되어 있다. 2008년 대선에서 급진적 건강보험 개혁이 필승의 구호가 된 것은 바로 이 때문이었다.

베이온의 질척질척한 8월 오후, 나는 의료 센터 안의 한 검소한 회의실로 들어갔다. 중산층 동네에 위치한 작은 병원이었다. 근처 허드슨 강에서 풍겨 오는 애매한 냄새가 주변에 감돌았다. 존 딘스모어John Dinsmore라는 홍보 대변인을 대동하고 나타난 병원장 댄 케인Dan Kane은 자리에 앉아 두 손을 포개고 긴장한 눈으로 나를 바라보았다. 내 느낌에 이들은 다른 기자들과도 이런 비슷한 의식을 여러 번 거쳤고 결과가 좋지 못했던 것 같았다.

케인이 말을 시작했다. "우리는 한 환자를 받았습니다. 이 사람은 그렇게 심각한 문제는 없었지만 쿠마딘을 복용 중이었어요."

쿠마딘은 혈액을 묽게 하는 데 흔히 쓰이는 약으로, 그의 말에 따르면 이 환자는 이 약을 복용해야 하는 만성질환으로 집에서 치료 중이었다. 그런데 합병증이 생겨 그가 사는 지역의 병원에 가서 수술을 받아야 했다.

그래서 그가 내원했고, 의사들은 수술 전에 그에게 쿠마딘을 서서히 끊도록 했다. "우리는 그에게 아무 조치도 취하지 않고 쿠마딘을 끊을 시간을 주었습니다. 약 성분이 사라진 것을 확인한 후에 수술을 진행했고 모든 일이 순조롭게 끝났습니다." 케인이 말했다.

그리고 얼마 뒤에 보험사에서 전갈이 날아왔다. 수술이 '적시에' 행해지지 않았기 때문에 이 처치에 대한 청구 대금을 지불할 수 없다는 내용이었다. 만약 이 병원이 환자를 '적시에' 수술했다면 그는 물론 수술대 위에서 과다 출혈로 사망했을 것이다. 혈액 항응고제를 복용 중인 환자는 수술할 수 없기 때문이다. 뉴저지─이곳에서는 2007년 이후 10곳의 병원이 문을 닫았고 다른 6곳이 파산 신청을 냈다. 전국 의료망의 이 작은 단면은 미국 건강 보험의 숨이 끊기고 있는 최전선이라 할 수 있다─베이온의 의사들은 보험사인 '호라이즌 블루 크로스 블루 실드'를 상대로 이 조그만 문제를 지적했다. 대답은 불가였다.

"우리는 설명했습니다. 알다시피 만약 우리가 바로 수술했다면 이 사람을 죽일 수도 있었다고요. 하지만 보험사 측 보조 의사가 거부 쪽으로 손을 들었어요." 이 병원의 케이스 매니저case manager* 인 에일린 포폴라가 나중에 설명했다.

포폴라의 짐작에 따르면 그녀는 뉴저지에서 가장 큰 보험사인 이 회사에 보험금을 청구하는 일로 업무 시간의 대략 절반을 쓰고 있었다. 또 그녀가 속한 병원의 추산에 따르면 이곳 행정 직원의 족히 절반은 순전히 보험사로부터 진료비를 수금하기 위해 채용된 인력이었다.

이는 미국의 건강보험에 대해 우리가 확실히 알고 있는 한 가지 사실을 뒷받침한다. 전체 방정식 가운데서 아무도 눈곱만큼의 관심이 없으며 의회나 다른 어떤 곳에서도 당연히 지지하지 않는 분야에 대단히 많은 비용이

$$$

● 보험사와의 연락과 진료비 문제 해결 등을 비롯해 환자의 입원부터 퇴원까지 전반적인 행정·의료 서비스를 담당하는 직원.

소요되고 있다는 것이다. 그것은 바로 서류 작업이다.

우리는 단일 보험 체제가 아니고, 1300개의 보험회사 모두가 각기 다른 양식을 기입할 것을 요구하고 보험금 청구를 판단하는 방식도 다 다르기 때문에, 병원과 클리닉 내 비의료 인력 상당수가 진료비 청구 업무에 투입되고 있다. 행정 직원 절반이 청구 업무만을 전담하는 베이온 병원의 사례는 전혀 특이한 경우가 아니다.

미국의 건강보험은 흔한 표현을 빌자면 기업 비효율의 카프카적 패러디다. 한쪽 끝에서는 생존한 환자들 곁을 지키고 선 의사들이 분초를 다투며 긴급히 필요한 처치들을 승인하고 있는데, 다른 쪽 끝에서는 보험사가 지급을 거절한 청구 건들이 거대한 산을 이루며 이와 호각을 겨루고 있다. 앞의 처치들에 대한 진료비를 뽑아내기 위해 이 청구 건들을 나중에 어둠 속에서 다시 협상하는 일은 저임금에 시달리는 무력한 직원들 몫이다.

미국 건강보험 체계의 과잉 비용 대부분이 행정 업무에 기인한 것이라는 개념은 공식 연구로도 뒷받침되고 있다. 미국의 건강보험 비용이 세계 그 어느 나라보다도 높다는 사실은 이제 거의 모두가 알고 있다. 가장 최근의 연구에 따르면 미국의 건강보험 비용은 GDP의 16%가 넘는데, 이는 11% 전후인 프랑스(미국 다음으로 높다), 9.1%인 스웨덴, 8.4%인 영국 등 악명 높은 사회주의적 국가들과 비교해도 월등히 높은 수치다.

미국인들은 평균적으로 1년에 약 7200달러를 건강보험 비용으로 지출하는데, 그에 비해 OECD에 소속된 기타 시장경제 국가들의 평균은 약 2900달러다. 그런데도 우리의 신생아 사망률과 비만율이 더 높으며, 평균 수명도 더 짧고, 인구 1천 명당 의사 수도 더 적은 데다(OECD 평균은 1천 명당 3.1명, 미국은 2.4명), 응급 치료 병상 수도 더 적다(OECD 평균은 1천 명당 3.8개, 미국은 2.7개).

게다가 민간 보험은 그 가입자들을 위한 재정적 보호랄 만한 것을 거의 아무것도 제공하지 않는다. 미국 내에서 발생하는 파산의 무려 50%가 건강보험 비용과 관련 있으며, 파산자의 3분의 2는 사실상 건강보험에 가입된 사람들이다.

그러면 이 모든 추가 비용들은 어디서 온 것일까? 다른 무엇보다도 보험회사 시스템이 표준화가 안 된 탓에 추가된 서류 작업 때문에 생긴 것이다. 2003년 《뉴잉글랜드 의학 저널》의 연구에 따르면, 미국 전체 건강보험 지출의 31%를 행정 비용이 차지하고 있다. 그에 비해 캐나다는 16.7%에 불과하다. 게다가 미국의 행정 비용은 그냥 증가하는 게 아니라 폭증하고 있다. 1991년에 1인당 450달러였던 행정 비용은 2003년에 1059달러로 올랐다. 이 모든 추가 비용은 전체 시스템 중에서 환자 치료에 전혀 보탬이 안 되는 부문, 즉 진료비 청구를 놓고 싸우는 직원들 월급으로 들어간다.

베이온 병원은 2007년 이후 파산한 뉴저지의 6개 시설 중 한 곳이었다. 이곳은 회생 절차를 밟고 있었고, 오바마 정부가 건강보험 시스템 개혁 법안을 의회에 제출한 2009년 여름 무렵에는 서서히 재정 자립을 회복하는 중이었다. 그러나 이 병원은 '호라이즌 블루 크로스'와 전쟁을 치르고 있었다. 이 보험사는 그 이듬해를 목표로 임원들에게 앉은 자리에서 일확천금을 벌어 줄 신규 상장을 준비 중이었는데, 그해 초에 이 병원이 무례하게도 보험사 네트워크에서 이탈하여 수익 흐름에 막대한 지장을 초래했다는 이유로 발끈한 것이다.

현재 미국의 건강보험 체계는 연방 차원의 규제를 받지 않으며, 그 대신 막강한 주 단위 보험사들의 단단한 네트워크, 그리고 그들과 연줄로 맺어진 주 정부 규제 관료들에 의존하고 있다. 이 관료들과 관련 기업들은 서로 긴밀한 관계를 맺고 있다. 거대 보험사인 GEICO의 CEO로 수십 년을 일한 잭 번Jack Byrne은 이를 '카르텔' 체제라고 표현하며, 주 차원에서는 주 정부 규제관들과의 관계야말로 결정적이라고 말했다.

7년 전에 퇴직한 번은 기억을 더듬었다. "모르긴 몰라도 내 경력의 10% 내지 15%는 주 정부 규제관들과의 미팅에 소요됐을 겁니다. 이 사업이 돌아가는 데는 그게 대단한 비중을 차지하죠."

어쨌거나 '호라이즌 블루 크로스'는 그런 지역 보험사 카르텔의 전형이었다. 이 회사는 보호비를 갈취하는 마피아 조직처럼 영업하며 뉴저지 주를 지배했고, 일개 병원이 그들의 권력에 맞서는 것은 위험한 일이었다. 이 경우 베이온이 네트워크에서 이탈하기로 한 결정은 심각한 보복을 초래했다. 이 보험사가 베이온 병원을 지급 거절 서류의 바다에 빠뜨린 것이다.

이 회사는 베이온 병원에서 정맥 항생제를 투여받은 한 환자에 대한 보험금 지급을 거절했다. 거절 근거는 이 환자가 20년 전에 간호사로 일한 적이 있기 때문에 본인 집에서 자기 스스로 약을 투여할 수 있다는 것이었다.

"그럼 아빠가 외과의사고 엄마가 마취 전문의면, 자기 집 식탁에 누워서 심장 수술을 할 수도 있겠군요." 케인이 농을 했다.

요양원이나 기타 2차 보호 시설에 대한 일상적인 구급차 출동 요청은 업무 시간이 끝날 무렵이나 그다음 날 아침까지 승인이 지체되어 병원이 환자 치료 비용을 하루 더 부담해야 하는 경우가 허다했다. 포폴라에게는 지급 승인 이전에 진료 정보를 요구하는 건이 홍수처럼 밀려들었다. '이 건' '저 건' '그 건'에 대한 사본을 다 보내면 나중에 다시 연락 주겠다는 식이었다. 한편으로 비용은 쌓여만 갔다.

그리고 그중에서도 최악은, 베이온으로 이송되어 온 응급 환자들을 체계적으로 추적해서 다른 회원 병원으로 옮기라고 압력을 가한 일이었다. 때로는 호라이즌에서 파견한 용역이 경비원 몰래 병원 안까지 들어와, 침대에 누운 채 정신이 멍한 환자들에게 여기 계속 있으면 청구서 폭탄을 맞아 몇만 달러가 넘는 진료비를 더 부담하게 될 것이라고 협박하기까지 했다.

그리고 호라이즌은 용역을 들여보낼 수 없을 때는 환자 가족이나 그 당사자에게 전화 공세를 퍼부었다. 그들은 심장 발작을 일으키거나 사고를 당해 트라우마를 입은 환자들에게까지 이런 짓을 했다. 한 환자는 너무나 겁에 질린 나머지 심방세동 발작을 일으킨 다음 날에 자기 발로 벌떡 일어나서 병원 밖으로 걸어 나가기도 했는데, 이는 많은 경우 생명이 위험할 수도 있는 일이었다.

그 심방세동 환자가 정문 밖으로 걸어 나가는 것을 보았던 의사는(그도 호라이즌에 가입한 환자들에게 크게 의존하고 있었으므로 자기 이름을 밝히지 않았다.) 마치 환상적인 꿈 이야기를 하는 것처럼 그 사건을 회상했다. "말 그대로 내 눈을 믿을 수가 없었어요."

역시 자기 이름을 밝히길 거부한 또 한 환자는 폐렴으로 이 병원에 입원한 지 3일 만에 호라이즌에서 정맥 주사 바늘을 뽑고 일어나 나오라는 전화를 받았다. "호라이즌에서 말하기를, 내가 충분히 움직여서 옷을 입고 병원 밖으로 나갈 수 있다는 거예요. 헉, 했죠. 나는 숨 쉬기도 힘들었어요. 그래도 그 사람들 말대로 했어요." 그녀의 말이다.

혹자는 병원들이 이런 식의 전술에 대항해 어디 호소할 만한 데가 있으리라고 생각할 것이다. 그러나 호라이즌 블루 크로스의 행동은 미국 건강보험 체계가 설계된 방식과 정확히 궤를 같이하고 있다. 애초부터 이 체계는 정확히 이런 식으로 고객들을 강압하고 협박하며 부풀린 보험료를 강제로 징수할 권한을 지역 보험사들에게 주기 위해 고안되었다.

이런 일이 가능해진 것은 미국 사상 최악의 법률 중 하나인 '매캐런-퍼거슨법'이라는 괴물 덕분이었다. 아마 이 법은 우리 법률사에서 '짐 크로법'*보다도 더 부끄러운 부분일 것이다. 그리고 이번에 행해진 소위 건강보험 개혁의 숨은 의미를 파악하지 못한다면, 당신은 오바마케어가 얼마나 나쁜 거래인지를 정확히 이해할 수 없을 것이다. 그것은 바로 매캐런-퍼거슨법을 건드리지 않은 채 '건강보험 개혁 법안'을 통과시키려 한 것이다.

★ 괴물이 된 보험업계 ★

거의 모든 미국인들은 '셔먼 반독점법'에 대해 친숙하며 대다수 사람들은 이 법이 왜 제정되었는지에 대해서도 잘 알고 있다. 1890년 통과된 이 법은 미국의 비즈니스를 지배하기 시작한 거대 독점 기업들의 권한을 축소하기 위해 고안된 것이다.

최초 법안은 오하이오 주의 보험·탄광·철도·석유 산업에 대한 조사에서 유래되었다. 이곳 주 정부 관료들이 이 회사들 사이의 공모와 가격 담합 증거를 발견했기 때문이다. 그 회사들 중 한 곳이 존 D. 록펠러John D. Rockfeller의 스탠더드 오일이었다. 셔먼 반독점법(그리고 이와 관련된 선구적인 주 법률인 1898년 오하이오의 발렌타인 반독점법)과 관련해 실로 재미있는 부분은, 막강한 기업들이 일상적으로 모여 공급 긴축과 가격 인상을 공모했던 이 시기가 대다수 미국인들에게 지금은 상상할 수도 없는 석기시대의 유물로 취급받고 있다는 사실이다.

오하이오의 록펠러의 경우, 이 늙은 독수리는 20세기 전환기에 이르기

---
* 공공장소에서 흑인과 백인의 분리와 차별을 규정한 법으로 1965년 폐지되었다.

까지 여러 방면으로 손을 써서 오하이오 내 석유 공급의 거의 절대적 지배권을 쥐고 있었다. 그래서 그는 수요 대비 석유 공급을 줄여 자기 마음대로 가격을 올릴 수 있었다. 실제로 그는 핸콕 카운티 법원에서 발렌타인법 위반 혐의로 한 번 재판을 받았고, 록펠러의 유죄 판결에 적극적이었던 배심원단의 평결을 방해하기 위해 이 사건 배심원 중 한 명이었던 C. J. 마이어스C. J. Myers에게 두 번에 걸쳐 500달러의 뇌물을 제안했다. 눈 하나 깜짝 않고 돈을 받아 챙겼을 현대의 의원들과 달리, 마이어스는 이 뇌물을 거절하고 대신 록펠러의 심복들을 신고하여 기소 혐의를 추가했다.

처음에 셔먼법과 발렌타인법은 거의 효력이 없었지만 결국에 가서는 유명한 독점 기업들의 해체에 요긴하게 활용되었다. 스탠더드 오일은 엑손·모빌·셰브론·아모코로 쪼개졌고, 아메리칸 타바코는 'R. J. 레이놀즈'와 '리게트 앤 마이어스'가 되었다. 또 1893년 미국철도노동조합이 풀먼사에서 일으킨 파업은 이 회사에 정부의 개입을 끌어들인 계기가 되었다.

'풀먼 팰리스 카 컴퍼니'의 오너였던 백만장자 조지 풀먼George Pullman은 대대적 임금 삭감을 집행하기로 했다. 문제는 그가 거느린 종업원들 대부분이 그가 실질적으로 소유한 도시인 일리노이 주 풀먼에 살고 있었다는 점이다. 이는 이 노동자들이 그의 상점에서 물건을 사고 그의 집을 임대해 살아야 한다는 뜻이었다. 그가 풀먼 시의 물가는 내리지 않은 채 거듭 임금을 깎아 버리자 노동자들은 확 돌아 버렸고 유진 뎁스Eugene Debs의 주도로 파업에 돌입했다.

그러자 풀먼은 자기 회사의 풀먼 기관차에 미국 우편 공사 차량을 매단다는 천재적인 착안을 했다. 노동자들이 우편 열차를 운전하지 않았으므로 우편 업무가 중단되었고 파업 노동자들은 별안간 미국 우편 공사의 배달을 방해한 범죄자가 되어 버렸다. 그로버 클리블랜드Grover Cleveland 대통령은

2천 명의 군대를 파견하여 파업을 분쇄하고 열차 운행을 재개했으며, 뎁스는 6개월 징역형을 받았다.

그러나 그 뒤편에서는 셔먼법이 풀먼의 권력을 분쇄하는 데 이용되었다. 예전의 의회는, 존경받는 사업가라면 남북전쟁 이전의 플랜테이션 소유주들처럼 행동해선 안 된다는 것을 주지시키기 위해 이런 일을 해야 했던 것이다. 그리고 의회와 몇몇 대통령들(그중에서도 테디 루스벨트)이 이 법에 이빨을 달아 주고 이런 기업들을 해체하기 위해 열심히 싸웠다는 사실을 생각할 때, 과거 한때의 정부 모습과 현재의 정부 양태는 서로 극명한 대조를 이룬다.

그러나 셔먼법 이야기가 마냥 장밋빛만은 아니었다. 셔먼법에는 한 가지 중요한 예외가 있었던 듯한데 그 분야는 바로 보험업이었다. 보험업은 관습상, 그리고 많은 경우 법규상으로, 주간州間 통상 규제를 위해 고안된 독점 단속 법률에 의거한 '통상commerce'으로 취급되지 않았기 때문이다.

그래서 수십 년 동안 보험회사들은 기본적으로 록펠러나 풀먼과 똑같이 행동할 수 있는 백지 위임장을 쥐고 있었다. 그러던 중 1940년대 초 남부의 한 보험회사 카르텔이 너무 멀리까지 나가는 바람에 대법원에 끌려가게 된다.

이 사건에 연루된 이들은 주로 조지아에 본사를 둔 보험회사들의 그룹인 '남동부 보험사 협회'였다. 이들은 기본적으로 록펠러가 오하이오에서 저질렀던 것과 똑같은 낡은 강도짓을 했다. 시장 전체를 지배하는 철통같은 지역 카르텔을 결성해서 가격을 담합했을 뿐만 아니라, 부르는 값이 맞지 않으면 나가라고 협박하는 식으로 하청 업체와 고객들을 위협했다.(이 부분을 기억해 두시길 바란다. 이 테마는 곧 다시 등장할 것이다.)

이 사건을 맡은 '보험사 협회' 측 변호사들은, 보험업은 어쨌든 통상이 아니기 때문에 연방 정부는 보험업을 주간 통상으로서 규제할 권한이 없다는 다소 터무니없는 주장을 했다.

셔먼법이 보험회사에 적용할 의도로 만들어지지 않았다는 주장을 의회가 지난 수십 년간, 항상 직접적으로는 아니었지만, 단언하는 판단을 내려온 사실도 항고인들의 입장을 뒷받침했다. 그러나 휴고 블랙Hugo Black을 위시한 대법관 대다수는 이를 인정하지 않고 '미국 정부 대 남동부 보험사 협회' 건을 그들 면전에 도로 내던지며, 주 경계를 초월해서 영업하는 보험회사들은 주간 통상에 해당되며 따라서 연방 정부의 규제를 받을 수 있다고 최종적으로 선언했다.

대법원이 입장을 표명했지만 보험회사들은 포기하지 않았다. 그들은 곧바로 동맹군이 있는 상원으로 눈을 돌렸다. 그는 네바다 주 상원의원 팻 매캐런Pat McCarran으로, 믿을 수 없을 만큼 악질적인 인물이었다.

매카시가 더 언론의 관심에 목매는 인물이 아니었다면, 매캐런은 그의 시대의 조 매카시Joe McCarthy가 될 수도 있었다. 결국 그는 다른 쪽으로 유명세를 떨쳤지만 말이다. 그는 〈대부2〉에서 호색하고 강탈을 일삼는 캐릭터인 팻 기어리 상원의원의 실제 모델이었다. 그가 스크린에서 가장 빛난 순간은 그가 다음과 같이 말하며 도박장 면허를 갖고 마이클 콜레오네를 털어 먹으려고 했을 때였다. "당신네들 척하는 꼴 보기 역겨워. 당신과 그 빌어먹을 가족들까지."

이에 알 파치노는 다음의 고전적인 대사로 응수했다. "의원님, 원하신다면 지금 대답을 해드리겠습니다. 제 최종 제안은 이겁니다. 한 푼도 못 드립니다. 도박장 면허 수수료도 못 내겠습니다. 자비로 처리해 주신다면 감사하겠습니다."

어쨌거나 매캐런은 영화사에 남을 부패 정치인 아이콘 중 한 명에 영감을 준 인물임과 동시에, 공산주의 음모라는 풍차˙를 공격하는 데 그의 경력 대부분을 보냈고, 특정 유형의 이민자들에게 쿼터를 부과한 매캐런-월터법을 요란한 팡파르와 더불어 통과시켰다. 그는 또 미국공산당 같은 정당들을 연방 정부에 강제 등록시키는 내용의 '매캐런 국내 안전법'도 통과시켰다.

연방 권력 행사에 대한 그의 페티시가 무색하게도, 매캐런은 비즈니스에 대한 연방의 권한에 관해서는 매우 다른 견해를 가지고 있었고 정부가 보험회사의 등 뒤에서 손을 떼도록 하는 데 열을 올렸다. 1944년 그는 역시 경쟁을 저해하는 재주를 타고난 미시건 주 상원의원 호머 퍼거슨Homer Ferguson과 팀을 이루어 매캐런-퍼거슨법을 통과시켰다.

재미있게도 퍼거슨 역시 옛날 영화 속 부패한 상원의원 캐릭터에 영감을 주었다. 영화 〈터커Tucker〉를 보면 로이드 브리지스Lloyd Bridgs가 퍼거슨의 캐릭터를 연기하고 있다. 영화 속의 퍼거슨은 거대 자동차 회사 편에 서서, 무서운 신예 자동차 제작자이자 발명가인 프레스턴 터커Preston Tucker가 3대 자동차 회사에 도전할 만한 싸고 효율적인 차를 만들어 내지 못하게 방해하고, 각종 고소·고발로 소중한 시간을 허비하도록 만든다. 공교롭게도 현재 이 3대 자동차 회사는 기본적으로 모두 파산 상태다.

매캐런과 퍼거슨이라는 이 덤 앤 더머는 힘을 합쳐서 법을 통과시키는데, 이 법은 '미국 대 남동 보험사 협회' 사건 대법원 판결을 본질적으로 무효화시키고 보험사들의 수십 년 강도질을 뒷받침할 근거를 세워 주게 된다.

이 꼴사나운 엉망진창 법안이 통과된 방식 또한 민주주의란 개념 전체를 곤혹스럽게 만든 짓거리였다. 매캐런과 퍼거슨이 상원에 상정하고 하원에서도 통과시킨 이 법은 원래 보험 산업에 대한 주 정부의 권한을 유지한다는 내용이었지만, 한편으로는 주 법률이 부적합하다고 판명되었을 경우 서

$$
● 〈돈키호테〉에서 돈키호테가 풍차를 괴물로 착각하고 돌진하는 대목에 빗댄 것이다.

면법을 적용한다는 조항도 담고 있었다.

또 최초의 매캐런-퍼거슨법은 명백하게 한시적 용도로 제정된 것이었고, 원안에 따르면 1947년에 유효 기간이 만료되게끔 되어 있었다. 작성된 법안 내용은 그다지 논란의 여지가 없어 보였고 어쨌거나 한시적으로만 유효했으므로, 이는 하원(에서는 법사위원회에서 논쟁 없이 통과되었다)과 상원 양쪽에서 반대는 고사하고 최소한의 토론만을 거치며 순항했다. 심지어 프랭클린 루스벨트Franklin Roosevelt도, 이 법안에 서명하여 법률로 확정하면서 이것이 가까운 미래에 만료되도록 고안된 것임을 아주 분명히 했다. 법안 서명식 자리에서 루스벨트는 "일정한 유예 기간을 거친 후에 반독점법이 전면적으로 적용 가능해져 보험업에도 그 효력을 미치게 될 것"이라고 말했다.

하지만 여기에 의회와 관련한 중요한 사실이 하나 있다. 어떤 법안이 하원이나 상원에서 아무리 많은 토론을 거쳤더라도, 이 법안은 그것이 상하 양원을 통과한 이후 열리는 양원 협의회 과정에서 언제든 수정될 수 있다는 것이다. 심지어 반대되는 뜻으로 수정될 수도 있다.

이 경우 매캐런-퍼거슨법은 협의회에서 중요한 새 조항이 추가된 채로 그 모습을 드러냈다. 이 조항은 1948년 1월 1일부터 셔먼법, 클레이튼법, 연방거래위원회FTC법이 "보험업에 적용 가능한" 경우를 "해당 업종이 주 법률에 의해 규제되지 않는 범위 내"로 제한해 놓았다.

다시 말해서 최초의 것은 주 법률이 부적합하다고 판명됐을 때 셔먼법이 효력을 발휘할 수 있도록 명시적으로 허용한 한시적 유예 법률이었던 반면, 바뀐 법은 기존의 주 법률이 존재하는 경우 셔먼법, 클레이튼 반독점법(셔먼법의 연장으로 다른 형태의 공모와 협박을 금지하는 내용이다.), 연방거래위원회법의 적용을 무조건 명시적으로 배제한 영구적 법률이었다.

따라서 보험업계는 영구적인 절도 면허를 받게 되었다. 보험회사들이 연방 규제에 저촉받지 않고 가격 조작을 공모할 수 있는 길은 무궁무진했다. 개중에서도 그들은 손실 정보를 서로 취합해서 보험서비스사무국ISO 같은 카르텔을 통해 합법적으로 가격을 결정할 수 있었다.

커트 아이헨발트Kurt Eichenwald의 〈더 인포먼트The Informant〉* 같은 책에 첩보 영화처럼 자세히 묘사되어 있는 것과 똑같은 부류의 기업 범죄 활동이, 보험업계에서는 공개적·합법적으로 이루어지고 있는 것이다.

"만약 건설업자들이 무리를 지어 벽돌과 모르타르 가격을 담합하려 든다면 그들은 모두 감옥에 가겠죠. 하지만 보험에서는 이게 다 합법이에요." 미국소비자연맹 국장이며 포드 대통령 시절 연방 보험 담당 사무관으로 일했던 로버트 헌터Robert Hunter의 말이다.

또 보험사들은 ①그들의 시장 지분이 얼마나 큰가 ②그들이 상대하는 주의 규모가 얼마나 작은가, 다시 말해 지역 주민들의 약점을 얼마나 철저히 잡고 있는가에 따라 서로 공모해서 보이콧을 하겠다고 위협하거나 그보다 더한 행동도 할 수 있다. 보험업계에서 상시로 행해지는 이런 식의 공갈이 극단적으로 나타난 사례가 바로 미시시피 주다. 여기는 카트리나 이전에도 미국의 공갈·협박의 수도 중 한 곳으로 유명해진 전력이 있다.

2003년 전국을 떠들썩하게 했던 의료 과실 위기가 터졌을 때, 이곳으로 몰려든 신문과 TV 기자들은 불법행위 책임 제도tort system**가 남용되고 있다고 보도했다. 대규모 의료 소송—미 상공회의소 같은 집단들은 이를 '잭팟 소송jackpot justice'이라고 불렀고 미디어와 의회의 그 앞잡이들은 그

$$

* 농업 재벌들의 그룹이 FBI와 해외 경찰 기관들을 피해 라이신이라는 사료 제품의 가격 담합을 은밀히 공모하여 큰 이권을 취하는 과정을 서술하고 있다. -원주
** 환경오염, 불량식품, 의료 과실 등 민사적 불법행위로 발생한 손해에 대해 가해자에게 배상 책임을 물리는 제도.

말을 반복해 퍼뜨렸다—을 제기한 환자들이 의사들에게 가짜 합의를 종용한다는 것이었다. 이런 일들이 일부 행해졌다는 사실은 부인할 수 없지만, 그에 비해 훨씬 덜 알려진 사실은 바로 이 위기에 대한 보험업계의 독특한 반응이었다.

진 테일러 하원의원의 보좌관인 브라이언 마틴Brian Martin의 말이다. "미시시피에 의료 과실 위기가 터졌을 때 보험회사들의 말은 이랬습니다. '미시시피 주가 소송 개혁 법안tort reform*을 통과시키지 않으면 산부인과, 신경외과, 응급실 의사들에게 의료 과실 보험 발급을 중단하겠다.'"

결정적인 문제는 이런 위협을 한 회사에서만 한 것도 아니었고, 소송 전력이 있는 의사들의 보험만 취소하겠다는 위협이 아니었다는 데 있다. 소위 경쟁 관계에 있는 보험사들 전부가 집단으로 뭉쳐 한목소리를 냈고, 전력에 관계없이 의사 계층 전부를 내던져 버리겠다고 위협한 것이다.

테일러는 미시시피 주 의회의 상원의원으로 재직할 때, 실제로 과도한 합의금이 정말 문제라 여기고 이에 재갈을 물리기 위해 주 의회 의원 권한으로 소송 개혁을 지지한 바 있었다. 하지만 연방 의회에 들어간 뒤로 그는 이 문제가 뭔가 패턴을 띠고 있음을 인식하기 시작했다.

"주식시장이 가라앉기 시작하고 보험회사들이 예전만큼 돈을 못 벌게 되자마자, 갑자기 소송 개혁 위기가 옛날부터 심각했던 문제인양 대두되었죠." 그의 보좌관인 마틴의 말이다.

그리고 2005년 카트리나가 닥쳤고, 바로 여기서 반독점법 면제 특권의 송곳니가 진짜로 드러나게 된다. 정부 기관들은 폭풍 해일이 닥쳤을 때 허리케인을 동반한 바람이 최소한 4시간 이상 불었다고 판단했고, 피해의 상

$$$
● 개인 상해, 의료 과실 등 민사적 불법행위로 인한 손해 배상 소송을 제한하는 법안.

당 부분이 바람에 의한 것이었다는 사실은 이 지역에 있던 모두의 눈에 자명했다. 나 자신도 폭풍이 쓸고 간 직후에 빌록시에 있었고 내륙으로 수마일 떨어진 곳에 있는 집들이 말 그대로 바람에 쓰러진 광경을 보았다.

미시시피 걸포트의 공인중개사인 마빈 쿠리Marvin Koury는 당시 내게 이렇게 말했다. "집이 바람에 무너질 때 그 안에 갇힌 사람들도 있었어요. 그런데 보험회사들은 그게 홍수였다고 우겼죠."

게다가 루이지애나같이 더 크고 규제가 잘되는 주의 보험회사들은 바람 피해에 대한 거액의 보험금을 집주인들에게 지급했다. 그런 사실에도 아랑곳없이 미시시피의 지역 보험사 카르텔—이 경우에는 스테이트팜, 올스테이트, 네이션와이드, USAA, 기타 여러 회사들이 즉석에서 결성한 연합—은 바람 피해와 홍수 피해를 소유주가 구분해 입증할 수 있는 경우만 제외하고 바람 피해에 대한 보상금 지급을 집단으로 거부하기로 결정했다.

카트리나 재난 직후 스테이트팜이 발표한 내용은 다음과 같았다.

> 바람과 홍수가 동시에 작용하여 보험 자산에 피해를 입혔을 때, 그 손해 보상은 가능하다면 홍수해의 보상에만 한정한다.

네이션와이드도 비슷한 발표를 하면서 손해사정인들에게 "바람과 홍수에 의한 피해는 보상이 안 된다."는 지침을 내렸다.

그들은 왜 바람 피해를 홍수 피해로 전가했을까? 답은 쉽다. 국민 세금으로 지원받는 홍수 피해 보상 프로그램이 연방에 있었기 때문이다! 이 경우, 피해를 본 집주인들에게는 침수된 집을 수리할 수 있도록 '국가 홍수 보험 프로그램'에 의해 정부 명의의 수표가 발급되었다. 최고로 아이러니한 일은 바람 피해 보험금 지급을 거부하던 바로 그 민간 기업들이 연방 정부와 하청 계약을 맺고 이 홍수 피해 보상금 지급 업무를 맡았다는 것이다.

마틴의 설명이다. "그래서 스테이트팜에서는 '자, 이건 홍수 피해에 대한 정부 보상금 25만 달러입니다. 아, 그건 그렇고 우린 바람 피해는 보상해 드리지 않습니다.' 하고 말하고 다녔어요."

테일러의 집도 스테이트팜이 보상해 주지 않기로 결정한 집 중 한 곳이었다. 연방 하원의원을 함부로 취급한 것도 괘씸했지만, 간이 배 밖으로 나온 보험사들은 그 빌어먹을 트렌트 로트$^{Trent\ Lott}$●에 대한 보험금 지급도 거부했다. 그는 바로 얼마 전까지 상원 다수당 대표였으며, 의심할 여지 없이 (미시시피는 말할 것도 없고) 미국에서 가장 힘 있는 인물 가운데 하나였다.

트렌트 로트가 이 보험사에 자기 집에 대한 보상금 지급을 요구했을 때 스테이트팜은 뭐라고 했을까? 그 최종 답변은 이러했다.

> 한 푼도 못 드립니다. 도박장 면허 수수료도 못 내겠습니다. 자비로 처리해 주신다면 감사하겠습니다….

그리고 이것은 그저 농담이 아니었다. 결국 로트는 자기 집의 바람 피해에 대해 보상금 지급을 거부했다는 이유로 스테이트팜을 고소해야 하는 지경에 몰렸다. 나중에 그는 이런 성명을 발표했다.

> 오늘 저는 오래전부터 인연을 맺어온 제 보험사를 상대로 소송에 참여합니다. 이 회사가 허리케인 카트리나로 인한 바람 피해의 보상과 관련해, 저는 물론이고 남부 미시시피 주민들 수천 명과의 보험 계약을 이행하지 않았기 때문입니다.

$$$
● 미국 정계의 거물이자 공화당에서도 초보수 성향인 상원의원. 한때 인종차별 발언으로 물의를 빚기도 했다.

문제는 보험회사들이 보이는 이런 식의 행동에 대해 로트건 그 누구건 법적으로 손을 쓸 길이 없다는 것이다. 보험업계에 대한 연방 정부의 수사는 물론이고 이 분야에 대한 조사를 진행하는 것까지 기본적으로 불법화시킨 연방거래위원회법 수정 조항이 이미 1980년에 통과되었기 때문이다.

이런 개악이 이루어진 것은 연방거래위원회가, 신용 점수를 근거로 손해 및 생명 보험료를 인상하는 이 업계의 관행을 수사하겠다며 귀찮은 잡음을 일으키기 시작하면서부터였다. 업계는 거의 곧바로 이런 수사를 미연에 방지하려는 로비에 들어갔고, 연방거래위원회법의 제6조를 수정한 개정안이 통과된 것이다.

이 개정안에 딸린 보고서에는 "본 개정에 의하여 연방거래위원회는 보험업에 대해 수사 및 보고 권한을 적용할 수 없음이 명시되었다."라고 적혀 있다. 그리고 기본적으로 정부로부터 ①가격을 조작하고 ②법적 계약의 준수를 거부할 수 있는 면허를 받은 산업은, 경제 상황과 거의 무관하게 무조건 돈을 벌게 된다.

이렇게 보면 손해·생명보험업계가 2005년 미국 역사상 최악의 자연재해 중 하나였던 카트리나에 허를 찔렸으면서도 488억 달러의 세후 수익을 거둘 수 있었던 이유가 설명된다. 이는 그 이전 해 기록인 405억 달러를 뛰어 넘는 신기록이었다.

허리케인이 흙탕물을 일으키지 않은 2006년에 이 업계는 681억 달러라는 어마어마한 세후 수익을 거둬들였다. 그들은 두 현직 의원에게 똥바가지를 씌우고도 유유히 이런 보너스를 챙겨 갈 수 있었다. 두 의원은 그저 이들과 맞서서 이길 방법이 전혀 없음을 깨달았을 뿐이다.

이런 식의 짓거리를 막는 유일한 길은 매캐런-퍼거슨법 전체를 뒤집어엎는 것뿐이다. 다행히도 보험사들이 트렌트 로트를 작정하고 엿 먹인

2005년의 황당한 에피소드 덕분에, 반독점법의 폐지에만 열중하던 의회에서 유례없는 좌우 연합이 성사되기에 이른다. 2007년 테일러는 오레곤의 피트 디파지오Pete Defazio, 루이지애나 주 공화당 의원 바비 진달Bobby Jindal과 팀을 이루어 매캐런-퍼거슨법의 폐지를 제안했다. 한편 상원에서는 로트가 루이지애나의 매리 랜드류Mary Landrieu, 버몬트의 팻 리히Pat Leahy와 팀을 이루어 매캐런-퍼거슨법의 뒤를 쫓았다.

그들은 실패했다. 불쌍한 트렌트 로트의 유령이 부스스 일어나 자기가 스테이트팜에게 엿 먹은 눈물 나는 이야기를 구구절절이 들려주었지만 상원은 이 상황에 대해—심지어 기업에 대한 충성심의 발로에서도—한 일이 전혀 없었다.* 실제로 상원의 법안도 하원의 법안도 위원회를 통과하지 못했다. 기본적으로 전국 보험업계의 모든 로비 기관들이 이들 법안에 반발했다. 그리고 이때 보험회사들은 4600만 달러 이상을 정치 기부금으로 뿌렸다. 특히 당시 법사위원회 의장이었던 팻 리히 의원이 받은 돈은 도합 4500달러였는데 비해, 이 작전에 반대표를 던진 같은 위원회의 동료 의원 존 코닌John Cornyn이 보험사들에게서 받은 돈은 28만 7천 달러였다.

그리고 미국 건강보험을 개혁하라는 중대한 사명을 띠고 버락 오바마가 당선되었다. 분명 이번에는 뭔가가 이루어질 수 있었다. 그렇지 않은가? 이 모든 기대를 저버리고 보험업계의 반독점법 면제 특권을 건드리지 않은 채, 연방 정부에 건강보험 산업 규제 권한을 주는 대대적인 연방 건강보험 법안을 신규로 통과시키는 일이—이론적으로—어떻게 가능했을까? 매캐

$$$

* 로트의 구슬프기 그지없는 '내 집! 그놈들이 빌어먹을 내 집을 가져갔어요!' 연설이 행해진 것은 2007년 3월 7일이었다. "허리케인 카트리나가 닥치고 나서야 나는 보험업계가 우리의 반독점법에 대하여 포괄적 면제 특권을 갖고 있단 사실을 진정으로 이해할 수 있게 되었습니다. 그리고 카트리나에 대응하여 보험업계가 자행한 패씸한 행동을 보면서, 나는 그들이 연방의 감시를 그토록 광범위하게 면제받게 된 역사와 이유와 타당성이 궁금해졌습니다."—원주

런-퍼거슨법의 완전 폐지에 못 미치는 내용을 건강보험 법안에 담는 게 무의미하다는 명백한 요점은 잠시 밀쳐놓고, 어떻게 그토록 정신 나간 전략이 성공할 수 있었을까?

어쨌든 버락 오바마와 민주당은 한 가지 길을 찾아냈다. 그리고 그들이 이 문제를 처리한 방식은 이 모든 일이 애초부터 무엇을 위한 것이었는지를 완벽하게 상징하고 있다.

★ 정치적으로 승리하고 선거자금을 챙겨라 ★

이 과정이 처음 시작된 시점에 하원 쪽에서 건강보험 법안의 입안 작업을 할 세 위원회—에너지통상, 세입, 교육노동—의 보좌관 미팅이 열렸다. 이 회의에서 보험업계의 반독점법 면제 특권이라는 주제가 도마에 올랐다. 처음에 민주당 사람들은 이 면제 특권을 어떻게 할지에 대해 아무런 계획도 없었다.

테일러의 보좌관 마틴도 거기에 있었다. 그는 민주당 지도부들의 생각이 어땠는지를 이렇게 설명했다.

"음, 우선 그들의 생각은, 이건 법사위원회 이슈다. 그리고 우리는 세입, 에너지통상 등등이니까 이건 우리 문제가 아니다. 그게 한 가지였고요. 또 한 가지는 어차피 강력한 선택형 공공 보험public option●이 도입될 것이라는 생각이었죠. 그게 경쟁을 보장하는 그들의 방식이었어요."

$$

● 계약자들이 납부한 보험료를 가지고 국가가 비영리로 운영하는 건강보험회사를 만들어 시장에서 사보험과 경쟁시킨다는 아이디어. 결국 최종 통과된 건강보험 개혁 법안에는 반영되지 못했다.

민주당이 어떻게 생각하고—혹은 생각 안 하고—있었는지를 이보다 더 잘 보여 주는 예는 아마도 없을 것이다. 민주당은 60년 전에 사실상 실수로 통과된, 경쟁을 심대하게 저해하는 법률을 폐지하는 대신, 국가가 운영하는 보험 제도를 만들어서 건강보험 산업 내 민간 경쟁을 확보하려 한 것이다. "그들은 기본적으로 또 다른 싸움을 걸고 싶어 하지 않았어요."

이 발상만큼이나 멍청했던 것은 이것이 제대로 유지되지도 못했다는 사실이었다. 상하 양원의 법사위원회 의장들—하원의 존 코니어스John Conyers와 상원의 팻 리히—은 (원래 이 이슈를 다루기 위해 제정된 것이 아닌) 여러 건강보험 법안에 대한 개정안을 제출하기로 결정했다. 이런 식으로는 매캐런-퍼거슨법의 극히 일부분밖에 폐지할 수 없었다.

"두 개정안 모두 건강보험업계와 의료과실보험업계에만 적용되는 것이었습니다." 리히 상원의원의 보좌관 에리카 채보트Erica Chabot의 말이다.

마틴은 이렇게 말했다. "그뿐만이 아닙니다. 그들은 기타 모든 유형의 보험에 대해 면제 특권을 폐지하지 않았음은 물론이고, 기본적으로 이런 폐지 조치가 가격 조작, 입찰 담합, 시장 분할에만 적용된다고 명시한 조항을 넣었습니다. 이 범주에 들어가지 않는 행위들은 모두 여전히 합법인 셈이죠."

그러니까 리히와 코니어스가 따내려 한 것은 한 건의 조그만 승리였다. 그들은 보험 산업 전체에 대한 포괄적 통제권을 확립하는 대신에, 건강보험사와 의료과실보험사들이 가격을 조작하고 계약 입찰가를 담합하고 자기들끼리 시장을 나눠먹는 행동을 불법화한 법률이 통과되기만 하면 족했던 것이다. 경쟁을 저해하는 불공정 관행을 광범위하게 법으로 금지하는 일은 시도조차 하지 않았다.

"하지만 만약에, 예를 들어 어떤 보험회사가 고객들에게 '다른 상품을 같이 구매하지 않으면 이 상품을 살 수 없다.'는 식으로 나오면 어떡하죠? 이런 행위는 불법인가요, 합법인가요?"

여러분은 사기와 불공정 관행을 광범위하게 법으로 금지한 연방 법률들이 이미 여러 개나 있는 상황에서 이런 식의 법률이 애초에 존재할 필요나 있는 건지 의문을 품을지도 모르겠다. 문제는 이런 법률들이 존재하더라도 보험 산업을 합법적으로 관할하는 연방 기관이 없다는 것이다. 이것 역시 그놈의 연방거래위원회법 때문이다.

결국 요약하면, 최초에 건강보험 법안들을 취합한 의회 내 다섯 개 위원회(세 개는 하원에 있고, 상원의 두 개는 맥스 보커스 상원의원의 재정위원회와 톰 하킨 Tom Harkin 의원의 보건·교육·노동·연금HELP위원회다.) 중에서 건강보험업계가 누리는 반독점법 면제 특권에 대해 어떤 조치를 취하려는 시도라도 한 곳은 단 한 군데도 없었다.

지금 있는 카르텔 시스템 안에서 개별 소비자와 병원과 의사들은 제어받지 않는 기업들의 손에 똑같이 휘둘린다. 이 기업들은 내키는 대로 보상을 거부하거나 가격을 조작할 수 있다. 그리고 그 결과는 툭하면 고객을 위협하는 거지 같은 서비스와 부풀린 가격이었다. 이것이 애초에 건강보험 개혁 요구가 불거진 원인이며, 이 모두가 하나의 법률 때문에 벌어진 일이었다. 그런데 다섯 개 위원회에 군림한 민주당 소속 의장들은 건강보험 개혁 문제와 '대결'한다면서도 이 법률을 건드리는 일만은 신중치 못하다고 판단한 것이다.

이 다섯 개 위원회가 이 이슈를 흘려보내고 난 뒤, 리히와 코니어스는 (예의를 갖춰 말하자면) 가능한 한 가장 덜 공격적인 방식으로 이 문제를 다룬 수정안에 보조를 맞추었다. 그들은 면제 특권의 극히 일부분에 대한 폐지를 제안했다. 다시 말해서 이 온갖 과정에도 거침없이 제 갈 길을 가는 거대한 유조선 같은 법률에 조그만 고무보트를 매달려 한 것이다. 코니어스의 김빠진 수정안은, 하원 내 세 위원회에서 나온 세 개의 서로 다른 법안을 하나로 묶는 첫 번째 시도의 첫 번째 안(일명 '매니저의 수정안manager's amendment')에 포함되었다.

하지만 몇몇 하원 의원들이 반격에 나섰다. 8월에 민주당 의원들은 티배거 운동 때문에 지역구로 돌아가야 했다. 격렬한 타운홀 미팅에서 사회주의 강도로 매도되며 죽창을 든 우익들을 상대했던 힘든 한 달을 보내고 난 뒤, 좀 더 공격적인 몇몇 의원들은 오히려 더 대담해졌다. 민주당 코커스에서 디파지오는 더 강력한 법안을 얻어내기 위한 최후의 시도를 했다.

"나는 의회로 돌아와 모두에게 말했습니다. '이봐요, 우리 모두 8월 내내 마음고생이 많았지요.' 하지만 나는 이어서 이렇게 말했습니다. '내가 타운홀을 14차례 열어서 8천 명의 사람들을 만났는데, 티배거 열성분자들부터 국가 단일 의료보험을 지지하는 사람들까지 모두가 동의하는 한 가지, 딱 한 가지가 있었습니다. 그건 바로 보험업의 반독점법 면제 특권을 중지시켜야 한다는 겁니다.'"

이 연설은 하원 코커스 미팅에서 박수를 이끌어냈다. 그리고 수정안을 기초 중이던 루이스 슬로터Louise Slaughter를 비롯한 다른 의원들의 지원을 얻어 매캐런-퍼거슨법의 실질적이고 거의 전면적인 폐지가 법안에 첨부되었고, 통과까지 되었다. 다시 말하면 반독점법 면제 특권의 실질적 폐지가 전체 의회 앞에 모습을 드러냈고, 민주적으로 선출된 국민의 대표들에 의해 승인되었던 것이다.

상원에서는 리히가 다수당 대표 해리 리드Harry Reid의 지원을 받아, 그에 비하면 한결 약한 수정안을 그해 가을 내내 밀고 있었다. 첨언하자면 리드는 면제 특권의 폐지를 훨씬 더 공격적으로 시도했던 그 이전의 리히 법안을 공동 발의한 바 있었다. 그리고 많은 설득을 거친 끝에 리드는 마침내 리히가 12월 1일 수정안을 제출하고, 추수감사절 휴일 이후 표결될 상원 건강보험 법 초안에 이를 첨부하는 데 동의했다. 그런데….

"음, 그게 이 이야기의 끝이에요." 채보트의 말이다.

그게 끝이 되어 버린 것은 리히가 12월 1일 수정안을 제출하는 데 리드가 동의한 때부터 상원이 건강보험법 최종안을 표결한 크리스마스 휴일 사이의 어느 시기에, 전체 법안에서 리히의 수정안이 삭제되었기 때문이다. 실질적으로 중요한 것이 상원의 건강보험 법안임은 모두가 아는 사실이므로, 이는 사실상 반독점 면제 특권이 다시금 그 명줄을 유지했다는 뜻이었다.

무슨 일이 일어난 것일까? 최소한 내가 이야기 나눈 세 명의 의원들은 모종의 거래가 이루어졌다고 말했다. '센트럴 내셔널 인슈어런스 그룹'의 CEO를 지낸 네브라스카 주 상원의원 벤 넬슨Ben Nelson의 표를 사기 위해, 백악관이 반독점 면제 특권의 미약한 축소마저도 포기하는 데 동의했다는 것이다. 그리고 넬슨은 보험회사로부터 받은 선물로 따지면 전무후무한 선두주자였다. 그가 받은 돈은 현재까지 도합 125만 9천 달러가 넘는다. 그의 경력을 통틀어 그 어떤 업계에서도 이보다 더 많은 돈을 건네주지 않았다.

한 하원의원의 말이다. "넬슨은 보험업계와 인연이 깊어요. 그가 네브라스카 주 정부의 보험 담당관이었다는 사실을 기억해야 돼요. 그러니까 이건 그가 하는 돈값의 일부인 셈이죠."

넬슨이 푯값으로 뽑아 낸 뇌물은 이것뿐만이 아니라는 사실도 기억해야 한다. 민주당 지도부도 넬슨에게 1억 달러를 주었다. 네브라스카 주의 메디케이드 지급금 거의 전부를 다른 주로부터 보조받을 수 있도록 해준 것이다.

그런데 이보다 중요한 사실은 이 거래가 처음부터 끝까지 백악관과 민주당의 소관이었다는 것이다. 오바마의 건강보험 '이니셔티브'의 전반적 스타일은, 바로 핵심 이슈를 양보하여 관련 업계의 반발을 중화시킴으로써 법안을 순조롭게 통과시키려는 것이었다. 분명 백악관은 애초부터 건강보험업계에 반독점법 면제 특권을 양보할 의향이 있었다. 건강보험업계가 그 옛날 클린턴을 두들겨 팼던 식으로 광고 공세를 퍼부어 오바마를 두들겨 패지 않는다는 조건으로 말이다.

쿠시니치의 말이다. "이것은 거래였습니다. 그들은 미국산 약의 재수입을 막고* 메디케어Medicare** 처방약가를 일괄 협상하지 않겠노라고 phRMA(미국제약협회)에 약속했습니다.*** 그들이 보험업계에 건네준 것도 그런 겁니다. 반독점법 면제 특권 문제에서 손을 뗀 거죠."

한 민주당 의원 보좌관은 이렇게 말했다. "이상한 것은, 그들이 이런 일을 해줘서 업계의 지원을 얻은 것 같지도 않다는 점입니다. 그들은 자기들이 업계 반발을 중화했다고 생각했지만, 중화한 것이 아닙니다. 그들은 기나긴 전쟁의 개전 초기 전략으로 그냥 무조건 항복을 택한 것뿐입니다. 마치 몬티 파이슨의 코미디 영화에 나오는 정예 자살특공대 같죠. 그들이 일하는 방식이 그렇습니다."

앞에서 매캐런-퍼거슨법의 폐지를 제안한 바 있는 디파지오는 브라운이

$$$

- ● 미국 제약회사들이 미국 국내에서 높은 의약품 가격으로 폭리를 취하고 있어, 저렴한 캐나다 의약품을 수입하자는 움직임이 있어 왔다. 사실 이 캐나다 의약품의 대부분은 애초 미국에서 싼값에 수출된 것이므로 사실상 이를 재수입해 오는 것인데, 미국 제약회사들의 반발 때문에 이것이 법으로 금지돼 있는 실정이다.
- ●● 65세 이상 노인을 대상으로 미국 정부가 보조하는 의료보험.
- ●●● 우리나라에서는 건강보험이 적용되는 약의 경우 정부기관인 건강보험공단과 건강보험심사평가원에서 약값을 결정한다. 반면 미국에서는 공보험인 메디케어의 약값을 제약회사와 보험회사가 결정하며 정부가 제약회사와 약값을 협상하는 것도 금지되어 있다. 이는 미국 의약품 가격의 상승을 초래한 원인 중 하나였다.

매사추세츠에서 승리한 즈음인 2010년 초에 그가 민주당 코커스 미팅에서 오바마와 만나 개인적으로 대화를 나눈 이야기를 해주었다. 그는 오바마에게 반독점법 면제 특권 문제에 대한 그의 입장을 물었다.

디파지오는 이렇게 전했다. "그의 말은 자기도 보험업계가 그런 면제 특권을 갖고 있는 게 '이상하다'고 항상 생각한다는 겁니다. 하지만 자기는 60표가 필요하다는 말도 하더군요."

★ 리버럴과 진보는 왜 침묵했나? ★

민주당이 이런 전략을 좇은 이유는 정치적 경쟁의 장에 대한 그들의 인식에 거의 전적으로 기반하고 있다. 사실 당 지도부는 건강보험 문제를 실제로 해결하는 데 관심이 없었다. 그들이 그보다 훨씬 심혈을 기울인 일은, 자기들이 '건강보험 개혁'이라 일컬을 수 있는 아무것이나 통과시키고 그와 동시에 보험 및 제약업계의 선거 기부금이 공화당으로 가지 않도록 하는 것이었다.

이것이 바로 램 이매뉴얼의 통일장 이론이었다. 유권자들로부터 정치적 승리를 따내고 그와 동시에 대규모 선거자금을 챙겨라. 이 상호 연결된 큰 흥정의 고리는 최소한 두 차례 임기 동안 정권을 보장해 줄 것이다. 그리고 이를 달성하기 위해 그들이 해야 되는 일은 딱 관련 업계의 묵인을 얻기에 충분한 만큼만 타협하는 것이 전부였다.

이는 순수한 비즈니스 거래이며 현대 민주당은 이런 식의 밀실 타산에 매우 능란하다. 하지만 이 흥정의 다른 쪽 절반, 당 내부의 역학을 관리하는 일은 그에 비해 예측하기 힘들었고, 분명 이것은 처음부터 당 지도부를 가장 괴롭힌 문제였다.

이 모든 일의 초기 조건이 시작된 것은 조지 W. 부시가 9·11 이후 성층권까지 치솟은 지지율과 사실상 무한했던 정치 자본을 불과 7년간의 철저한 무능으로 탕진해 버렸을 때였다. 부시의 무모한 지출, 재난에 가까운 외교정책의 실패, 부자들에 대한 어처구니없는 세금 퍼주기 덕분에 민주당이 국가의 전반적 통제권을 장악할 무대가 마련되었고, 공화당은 건강보험 대실패의 조역으로 밀려났다. 민주당이 부시에 대한 반감을 우려먹은 덕분에 상원 의석이 의사 진행 방해를 막을 수 있는 60석에 바짝 다가서게 되자, 오바마케어를 실질적으로 막을 장애물은 그 자리에서 별안간 사라지게 되었다.

민주당이 상하 양원에서 철옹성 같은 다수 의석을 확보하게 되자, 이제 민주당의 주된 고민거리는 사회보장 수혜에 대한 우익의 반감을 극복하는 게 아니라 자기 부대의 대열을 정비하는 것이 되었다. 그리고 실제로 민주당 내 스펙트럼을 통틀어 유일한 진짜 이데올로기적 반발의 목소리는 바로 진보 진영에서 터져 나올 터였다. 이들은 진정한 건강보험 개혁에 높은 기대를 품고 있었고, 민간 산업에 대한 퍼주기로 인식될 수 있는 그 어떤 법안도 인정하지 않을 태세였다.

결국 공화당은 스스로의 무능으로 인해 사실상 변두리로 밀려났고, 법안 작성의 주체가 될 클린턴계 주류 민주당 의원들은 이에 반대하지 않을 가능성이 높은 상황에서, 건강보험 법안 통과를 위해 진짜 풀어야 할 문제는 바로 민주당 내 좌파·진보 세력을 이 프로그램에 참여시킬 방법을 찾는 것이었다. 버락 오바마는 이를 달성하기 위해 여러 가지 수단을 동원했는데, 그중에서도 첫손에 꼽을 만큼 중요했던 낡은 정치적 비상수단이 있다. 그건 바로 거짓말이었다.

오바마 집권 첫해가 마무리될 무렵, 몇몇 평론가와 (나를 포함한) 기자들은 그가 놀랄 만큼 많은 선거 공약을 깨버린 데 대해 물고 늘어지기 시작했고, 그 대응으로 전국 신문의 논설란에서는 작은 홍보 캠페인들이 꾸룩꾸룩 솟아 나왔다. 후보자가 선거운동 기간 거짓말을 전혀 안 할 것이라는 기대는 명백히 비현실적이므로 선거 공약을 깼다고 정치인을 비판하는 것 역시 비합리적이라는 주장이었다.

백악관 대변인은 이런 생각을 〈뉴욕 타임스〉의 한 기자에게 시각적으로 생생히 표현해 주기까지 했다. 활동가들이 오바마의 파기된 공약들을 계속해서 씹고 있다고 이 기자가 질문을 제기했을 때였다. 대변인은 이 비판자들이 "파자마를 벗고 정장을 갖춰 입은 다음, 완전히 둘로 분열된 나라를 다스리는 일이 간단치 않다는 사실을 깨달아야 한다."고 말했다.

하지만 버락 오바마의 경우, 파기된 공약에 대한—특히 건강보험 관련 공약에 대한—불평은 단지 파자마를 걸친 철없는 이상주의자들이 어른들의 세계가 얼마나 험하게 돌아가는지 알지도 못하고 징징대는 문제가 아니다. 여기에는 두 가지 중요한 이유가 있다.

첫째로, 오바마는 피 튀기는 예비 경선에서 상상할 수 있는 가장 근소한 표 차로 힐러리 클린턴을 눌렀다. 이는 많은 부분 그가 당내 리버럴·진보 진영을 장악하는 데 성공했기 덕분이었다. 2007년 말에서 2008년 초, 버락 오바마가 전통적으로 진보 성향인 오리건, 미네소타, 워싱턴 주의 민주당 경선 유권자 대다수에게 자신이 국내 정치 이슈 전반, 특히 건강보험 문제에 힐러리보다 진정성이 있음을 확신시키지 못했다면, 지금쯤 그는 이렇게 완전히 분열된 나라를 다스리는 힘든 도전을 즐기고 있지 못했을 것이라고 자신 있게 말할 수 있다.

선거 유세를 쫓아다니며 오바마를 취재했던 기자로서, 나는 버락 오바마가 아무 내용 없는 얘기를 할 때 최고의 연설 재능을 뽐냈지만, 그가 유세장 단상에서 두 번째로 훌륭한 모습을 보여준 주제는 바로 건강보험이었다고 말할 수 있다. 대통령 후보 오바마는 현 체제의 문제점에 대해 말할 때 놀랄 만큼 솔직하고 유창했으며, 건강보험을 이야기하다가 선거만 끝나면 마음이 바뀌는 정치인들을 그가 꼬집을 때 가장 많은 박수가 터져 나왔다.

"우리는 후보자들이 우렁찬 팡파르와 함께 상세한 건강보험 플랜을 제시하며 다짐했다가 선거가 끝나고 나면 워싱턴 정치와 제약 및 보험회사 로비의 무게에 짓눌리는 모습을 보는 데 진력이 났습니다." 2008년 버지니아 주 뉴포트 뉴스의 유세 청중들 앞에서 오바마는 이렇게 말했다.

이런 식의 대사로 미루어 볼 때, 오바마의 파기된 공약에 대한 두 번째로 중요한 사실이 드러난다. 이는 단순히 즉흥적이고 사소한 거짓말이 아니었다. 건강보험에 대해 오바마가 선거 때 했던 거짓말들은 믿기지 않을 만큼 구체적이고 고도의 연속성을 띠고 있었다. 그리고 이는 현실에 부딪혀 어쩔 수 없이 경로를 수정하는 이상주의적 정치인이 아니라, 공허한 약속으로 유권자를 사려는 포괄적·계획적 선거 전략의 주모자를 연상시킨다.

인터넷으로 여론조사를 하고 표적 집단을 추출하는 시대에 오바마 선본이 한편으로는 의약품 재수입을 지원하고 모든 협상을 국회 방송 채널 C-SPAN으로 생중계하고 메디케어 의약품의 일괄 구매를 추진하겠다고 약속하며, 또 한편으로 건강보험 급여에 세금을 매기지 않고 '개인별 의무' 제도를 도입하지 않으며 선택형 공공 보험이 포함되지 않은 건강보험 법안은 추진하지 않겠다고 맹세하는 동안, 자기들이 뭘 하고 있는지 정확히 몰랐다고 상상하기란 힘들다. 나중에 그는 이 모든 입장에 대해 자기가 한 말들을 완전히 뒤집어엎게 된다.

오바마는 이런 수많은 정책 공약들을 내세우면서 이것이 그에게 특별히 힘겨운 결단도 아닌 양 행세했다. 내가 개인적으로 최고로 꼽는 것은 2008년 2월 CNN과의 인터뷰 도중 그가 '개인별 의무'에 대해 말하면서 보였던 태도였다. 오바마는 이 '의무'에 대한 질문을 받았을 때 <u>웃음을 터뜨렸다</u>. "만약 개인별 의무가 해결책이라면, 노숙자 문제를 해결하는 데도 그 방법을 쓸 수 있겠군요. 모든 사람들에게 집을 사도록 의무화하면 되잖아요."라고 그는 킬킬 웃으며 말했다. 그로부터 대략 1년 뒤, 오바마는 보험 구매의 전면적 의무화를 미국 전 국민의 코앞에 들이대며 강요하고 있었다.

후보 시절의 오바마는 캐나다에서 저렴한 약을 재수입하는 것이 위험하다는 생각에 대해서도 비슷하게 웃음을 터뜨렸지만, 그가 대통령이 되었을 때 그의 행정부는 결국 안전상의 이유를 들어 재수입을 거부했다. 그의 캠페인은 (매케인 선본 측의 주력 이슈였던) '캐딜락' 보험●에 세금을 매기는 문제에 대해서도 비슷하게 설득력이 있었다. 대통령 후보 오바마는 이런 소위 '캐딜락' 플랜의 상당수가 노동조합들이 단체 협상에서 임금을 양보하는 대가로 따낸 복지 혜택임을 파악한 드문 정치인 중 한 명이었다.

2008년 10월 오바마는 이렇게 말했다. "존 매케인은 이런 보험을 '캐딜락 보험'이라고 부릅니다. 물론 기업 CEO들이 불공평하게 좋은 혜택을 누리는 경우도 있습니다. 하지만 여러분이 캐딜락같이 훌륭한 미국 차를 만드는 생산직 노동자라면 어떨까요? 혹은 여러분이 제철 노동자인데… 더 나은 건강보험 혜택을 위해 임금 인상을 포기했다면 어떡해야 할까요?"

선거를 앞두고 나 같은 유권자들이 깊은 인상을 받은 부분은 단순한 공약이 아니라, 바로 이슈에 대해 후보자가 내비치는 깊은 이해와 이런 문제에 대해 대중을 교육하려는 드문 의지였다. 오바마는 캐딜락 플랜에 세금

$$
● 연 2만 5천 달러 이상의 보험료를 내는 고액의 직장 의료보험을 일컫는 말로, 비싼 만큼 혜택도 많다.

을 매기면 노조 조합원들을 불공평하게 벌하는 꼴이 됨을 분명히 이해하고 있었다. 그런데 대통령으로서의 그는 완전히 돌변하여 건강보험이 결승점을 향해 가고 있는 시점에 바로 이 세금을 추진했다. 그 대안이 될 수 있으며 진짜로 진보적인, 백만장자에 대한 세금은 피해 가고 말이다.

아마도 이 모든 것 가운데 가장 냉소적인 반전은 부시 정부 시절인 2003년 처방약 보험급여법의 주요 입안자였던 전 루이지애나 주 하원의원 빌리 타우진Billy Tauzin에 대해 오바마의 마음이 극적으로 돌변한 일일 것이다. 이 법은 메디케어 의약품을 구매하는 데 정부가 도매가로 협상하지 못하게 금지함으로써 제약업계에 엄청난 특혜를 주었다. '빌리'라는 제목이 붙은 오바마의 한 선거 광고는, 오바마가 방에 나이 지긋한 시민들을 모아 놓고 이렇게 이야기하는 모습을 보여 주고 있다.

제약업계는 메디케어가 제약회사들과 협상할 수 없다는 내용을 처방약 법안에 집어넣었습니다. 그리고 이 법을 추진한 위원회의 의장은 지금 제약업계로 옮겨 가서 1년에 200만 달러씩 받고 있다는 거 아십니까? 상상이 안 되시죠. 이것은 워싱턴에서 항상 행해져 온 낡은 수법의 예입니다. 저는 이 수법을 더 잘 부리는 법을 배우고 싶지 않습니다. 저는 이 수법에 종지부를 찍고 싶습니다.

그다음에 벌어진 일을 알아맞혀 보시라. 빌리 타우진은 오바마가 백악관에 첫 번째로 초청한 인물 명단에 끼어 있었음이 드러났고, 그 뒤로도 오바마를 자주 만나는 사람 중 한 명이 되었다. 타우진은 2009년 2월 4일부터 7월 22일까지 백악관을 열한 번이나 방문했다. 평균 보름에 한 번꼴이다. 몇 건의 오바마 홍보 광고 비용을 지불해 주고 수십억 달러의 보조금을 받아 챙긴 악명 높은 거래도 이때 이루어졌다.

램 이매뉴얼이 정치적 뒷방에서 타우진의 제약회사 로비에 슬그머니 편승하기로 한 것은, 의회 소환에도 끄떡없었던 딕 체니와 에너지 산업의 관계를 거의 정확히 연상시킨다.

부시 시절의 부패를 흉내 낸 비슷한 사례로, 오바마 행정부는 건강보험 개혁을 선전하는 데 조너선 그루버Jonathan Gruber라는 MIT 경제학 교수의 연구를 거듭 인용함으로써, '암스트롱 윌리엄스Armstrong Williams 스캔들'●에 거의 정확히 대응하는 일을 벌이기도 했다. 그해 내내 그루버는 오바마케어를 극히 열성적으로 지지했는데, 행정부는 그가 보건복지부와의 컨설팅 계약을 통해 국민 세금 약 78만 달러를 받아 챙긴 사실을 은폐하는 데 실패했다.

"만약 이게 조지 부시였다면, 리버럴들은 피비린내 나는 살인 사건이라고 아우성 쳤을 겁니다. 하지만 그들은 잠잠했죠." 작가 겸 활동가 데이비드 시로타David Sirota의 말이다.

그들은 왜 잠잠했을까? 여러 가지 이유가 있겠지만, 무엇보다 백악관이 정기적인 접촉과 지시와 협박을 통해 리버럴 활동가 그룹들 전체를 용의주도하게 관리했기 때문이었다. 그 주된 포럼 중 한 곳은 '공동의 목표Common Purpose'라는 단체의 별로 알려지지 않은 모임이었다. 이 모임은 과거 딕 게파트Dick Gephardt의 보좌관을 지냈다가 로비스트로 전환한 에릭 스미스Erick Smith의 주도로, 일주일에 한 번씩 캐피톨힐튼 호텔에서 열렸다.

이런 주간 모임에는 '승리를 위한 변화Change to Win' '선거판을 뒤흔들자Rock the Vote' 무브온MoveOn 같은 리버럴 운동 단체들이 참석해 백악관

● 암스트롱 윌리엄스라는 보수 논객이 조지 부시의 '낙오 학생 방지법'을 대중적으로 홍보해 주는 대가로 교육부 보조금 24만 달러를 받은 사건.—원주

대표로부터 지침—혹자의 말에 따르면 출동 명령—을 전달받았다. 백악관 측 대표로 자주 참석한 인물은 맥스 보커스의 보좌관 출신으로, 워싱턴의 전설적인 냉혈한으로 알려진 초보수 성향의 짐 메시나Jim Messina였다.

"(메시나는) 이상한 선택이었어요." 오바마 정부 인수인계 시기 백악관 측의 진보 세력 접선책으로 일했던 마이크 룩스Mike Lux의 말이다.

중요한 것은 이런 자리에서 어떤 역학이 작동했는지를 이해하는 일이다. 이들 모임에서 백악관 측 대표는 가끔씩 중요한 기부자들을 대동한 채 나타났고, '민주주의 동맹Democray Alliance' 네트워크 같은 운동 단체 주요 자금줄에 대해 백악관이 영향력을 쥐고 있음을 모두가 암암리에 인식하고 있었다.

"'민주주의 동맹' 안에는 집단으로 돈을 출자하는 기부자 그룹이 있는데, 이 사람들이 백악관 측과 정기적으로 만나서 어디가 좋은 (운동) 단체인지에 대해 의견을 주고받는 게 확실합니다. 몇몇 사람들이 백악관의 심기를 거스르는 일을 두려워하는 이유 중 하나죠." 오바마의 전 보좌관의 말이다.

백악관은 말 그대로 기부자와 어깨를 나란히 하고 등장할 때가 많았다. 이 사실은 '공동의 목표' 모임 참석자들에게 회람된 한 이메일에서 노골적으로 표현되기도 했다. 이 메일은 래리 서머스 국가경제위원회 의장의 부관인 다이애나 패럴Diana Farrell과 재무부 차관보 마이클 바Michael Barr가 모임에 최초로 임석한다는 소식을 '잠재적으로 중요한' 기부자의 참석 뉴스와 나란히 과시하고 있다.

모두에게:

목요일 오후 3시 30분에 '공동의 목표' 모임이 열림을 재공지하며 참석을 요망하는 바입니다. 이번 주 모임에는 잠재적으로 중요한 한 기부자가… 참석키로 했으며, 마이클 바와 다이애나 패럴이 이 자리에 와서 최근의 광범위한 이슈에 대한 정보를 전달할 예정입니다.

이런 위협은 단순히 암시적인 수준에만 머물지 않았다. 참석자들에게 대고 말 그대로 고함을 치는 일도 있었다. 그중에서 가장 유명한 예는 램 이매뉴얼 자신이 그 자리에 나타나 민주당 내 보수 성향의 '블루 독' 의원들을 비판하는 광고를 계획 중이던 단체 회원들에게 호통을 친 일이었다. 그는 이 회원들에게 "빌어먹을 저능아들!"이라고 욕을 하면서 의회에서의 연승 행진(램은 여기에 대해 자부심을 갖고 있었음이 분명하다.)에 초를 치지 말라고 윽박질렀다. "지금 우리가 건강보험에서 13승 0패인데, 13승 1패를 만들 순 없어!"

이 이상한 호통은 소문이 빠른 벨트웨이 안에서 여러 입을 거쳐 빛의 속도로 퍼져나갔지만(한 전직 오바마 보좌관은 이렇게 말했다. "그 얘기가 내 귀까지 들어온 게 딱 5분 만이었어요."), 용케도 대다수 언론에 보도되지 않았다. 이를 보도한 몇 안 되는 기사 중 하나도 램의 실제 발언 내용을 좀 더 보편적인 정치 기사 양식에 맞게 잘라내고 다음과 같이 순화했다. "램 이매뉴얼 백악관 비서실장은 진보 단체들에게 이번 주 민주당 의원들을 공격하는 광고 집행을 중지하라고 경고했다."

이런 지시가 이매뉴얼에게서 나온 것은 별로 놀랄 일이 아니었다. DC 내 많은 평자들은 오바마 대통령의 영令이 사실상 비서실장 머리에서 나오는 것이 아닌지 의심하기 시작했고, 건강보험 개혁의 진행 상황은 이를 뒷받침하는 듯했기 때문이다. 이매뉴얼은 단시간 내에 엄청난 권력을 축적했고, 이는 많은 부분 벼락 오바마의 성격적 기벽 덕분이었다. 오바마의 보좌관을 지냈던 한 사람은 오바마를 자기가 모셨던 또 다른 대통령인 빌 클린턴과 비교했다.

"클린턴의 라이프스타일은… 음, 그는 많은 사람을 알고, 실제로 많은 사람의 말을 들었죠. 오바마는 달라요. 그는 기본적으로 램에게서 진군 명령을 받죠. 그는 램 모르게 새벽 4시에 온갖 사람들을 불러내서 이야기하는 스타일은 아니에요."

어쨌든 이매뉴얼이 무브온과 '유나이티 09' 같은 오바마 팬클럽 단체들을 노골적으로 협박한 사실을 알면, 건강보험 논쟁 와중에 '개인별 의무' 같은 것에서 파생될 문제점을 대중에게 교육시킨 좌파 세력이 없었던 이유가 많은 부분 설명된다.

"이런 숱한 문제점들에 대해 대중적 항의가 없었던 커다란 이유 중 하나는 바로 사람들이 그런 문제에 대해 듣지 못했기 때문이에요. 사람들이 그런 단체에서 이메일을 받지 못했으니 잘못된 점이 있다는 걸 알지 못했죠." 2009년 3월 민주당 '훼방꾼' 의원들을 비판하는 광고 캠페인에 직접 참여했던 '파이어도그레이크Firedoglake' 블로그 운영자 제인 햄셔Jane Hamsher의 말이다. 백악관은 이 운동을 찍어 누르는 데 거의 성공했다.

'미국의 미래를 위한 캠페인CAF'에서 주도한 이 운동이 원래 겨냥했던 대상은 인디애나 주 상원의원 에반 베이Evan Bayh가 이끈 보수 성향의 민주당 의원 모임이었다. 그는 '조정 과정'을 이용할 권리에 반대하는 주장을 폈다.

원래 CAF는 조정 과정이나 (파산한 모기지 대출자들이 협상을 해서 자기 집을 지킬 수 있도록 한) 강제 적용cramdown 법안 반대 등 여러 이슈에 대한 민주당 의원들의 입장에 비판적이었다. 그들이 이 캠페인을 발표한 것은 3월 24일 화요일 아침이었다. 하지만 바로 그날 오후 백악관으로부터 반대 입장을 전달받은 CAF는 주장을 굽히고 캠페인을 축소했다.

백악관이 진보주의자들의 반대를 억압하는 데 거의 성공했다는 것은 바로 우익 토크 라디오 청취자들이 자극한 놀랄 만큼 역동적인 반사회주의 외침에 대적할 조직적 풀뿌리 운동이 없었다는 뜻이었다. 그해 여름 이들은 자기들의 정치가 많은 민주당원들과는 달리 그저 티셔츠를 입는 행위에 그치지 않음을 다시 한 번 입증했다.

★ 일찍이 보지 못했던 규모 ★

민주당 기층의 대중적 저항 부재는 확실히 민주당의 법안 투표를 쉽게 만들어 주었다. 하지만 그럼에도 내키지 않아했던 몇몇 의원들에게는 마지막으로 한 번 더 미끼를 던져 주어야 했다. 스펙트럼의 양 극단을 통틀어, 표결을 주저한 민주당 의원들은 제3590호 법률안에 찬성표를 던져 주는 대가로 역사에 남을 만큼 엄청난 보조금과 특혜를 받았다. 그중에서도 가장 정신 나간 사례는 넬슨과 앞서 언급한 매리 랜드류였다. 넬슨은 자기 주의 메디케이드 지급금 1억 달러를 면제받고 랜드류는 추가 연방 지출을 통해 자기 주에 3억 달러를 지원받는 조건으로 법안에 찬성표를 던지는 데 동의했다.

이 거래는 오바마케어의 적용을 받는 평범한 납세자들의 의무를 한껏 늘려 이들에게 삼중의 최후통첩을 던졌다. 이제 우리 중 상당수는 ①내 몫의 민간 건강보험을 구매해야 하고, ②전국에 있는 저소득 시민들의 보험을 보조하기 위한 세금을 내야 하며, ③넬슨과 백악관 덕분에 자기들 몫을 부담할 필요가 없어진 네브라스카 주민들을 위한 통상적 메디케이드 지급금을 보조하느라 세금을 더 내야 한다. 여하튼 이것이 최초 거래의 내용이었다.

이런 식의 보조금 뇌물은 분석가들이 일찍이 보지 못했던 유형의 것이었다. '정부 예산 낭비에 반대하는 시민들'의 데이비드 윌리엄스David Williams는 이런 거래의 뒤편에 있는 이들을 '보조금 사업가pork entrepreneurs'라 일컬었다. "예전에 우리가 봤던 것은 찻주전자 박물관이나 타이거 우즈 재단 따위의 멍청한 소규모 프로젝트들이었는데, 이제 우리는 정부가 수억, 수십억 달러의 거금을 들여 메디케이드 수가를 뒤트는 것을 보고 있습니다. 이는 우리가 일상적으로 보아 온 특혜들과 똑같이 부패를 조장하는 효과가 있지만, 다른 부분은 그것이 일찍이 보지 못했던 규모라는 점입니다."

이제는 1억 달러가 기본 푯값으로 통용되는 듯 보인다. 넬슨은 메디케이드 비용 1억 달러를 면제받았고, 대니얼 이노우에Daniel Inouye 하와이 주 상원의원도 하와이 병원들을 위한 지원금으로 같은 액수를 받았다. 그리고 코네티컷의 누구도 '주 유일의 공립 의과대학과 치과대학을 보유한 공립연구대학의… 의료 시설'을 위해 1억 달러를 지원받았다.

★ 그들이 정부에게 원하는 유일한 것 ★

그래서 건강보험 개혁이라는 드라마는 거의 전적으로 민주당 안에서 상연된 끝에 결국 막이 내렸다. 이 과정은 여러 개의 막으로 이루어졌다.

제1막은 버락 오바마라는, 사람들을 끌어당기는 한 매력적인 지식인의 선거 캠페인이었다. 그는 제약 및 보험업계에 노골적으로 퍼주지 않고 비용을 줄일 수 있는 공공 보험이 포함된 건강보험 개혁을 약속함으로써 수백만 유권자들을 자기 캠프로 몰고 왔다.

제2막, 당선된 오바마는 이 과정 초기에 상기 업계들을 백악관으로 초대해서 이 법안에 대한 그들의 지지를 대가로 자기 선거 공약의 사실상 전부를 뒤집어엎는 개인적인 거래를 했다.

제3막은 이런 거래가 이루어지지 않은 척하며 (오늘 이때까지도 백악관은 타우진이 스스로 시인한 제약협회와의 거래 사실을 부인하고 있다.) 오바마가 지원한 법안이 업계 퍼주기가 아니라 그야말로 좋은 정책이라고 강변한 대목이다. 그리고 이를 입증하기 위해 그들은 제4막으로 이동하여 연방 정부로부터 거의 100만 달러를 받은 MIT 경제학 교수의 연구를 거듭 인용했다.

제5막은 자기네 당원들을 협박하여 당내 보수 성향 의원들을 비판에서 풀어주고, 완전히 멍청한 데다 맥락을 벗어난 공화당 주도의 저항 운동에 반박하는 홍보 캠페인 뒤에 몸을 숨긴 대목이다.

제6막부터 8막까지는 법안의 좋은 부분을 몽땅 들어내 버린 데 대해 상원 탓을 하고 남은 고집불통 의원들을 1억 달러씩 주고 매수한 다음, 수조 달러짜리 기업 보호 프로그램 위에 올라탄 채 석양 속으로 유유히 사라지는 대목이다. 이 기업 보호 프로그램은 이미 한 세대 전에 망가진 시스템을 더욱 망가뜨리겠지만, 램 이매뉴얼에게는 그 말마따나 향후 두 차례 선거를 치를 수 있는 선거 기부금을 지천으로 안겨 줄 것이다. 그다음인 9막은 테드 케네디Ted Kennedy의 의석을 잃고* 결국 조정 과정을 적용해야 하는 상황이 되지만, 이 과정을 이용해 법안을 그 어떤 의미 있는 방향으로도 개선하지 못하는 대목이다.

물론 이 괴물 같은 법안이 몽땅 민주당 작품이라고 말한다면 완전히 정확한 표현이 아닐 것이다. 이 정도 규모의 사기는 DC 동물원 내 모든 진영

$$
* 에드워드 케네디 상원의원의 별세로 보선이 치러진 매사추세츠 주 지역구에서 이 장 서두에 언급된 공화당의 스코트 브라운이 당선되었다.

의 부정적 도움이 필요하며, 외견상 헛발질을 한 것처럼 보이는 공화당도 중요한 역할을 한 것이 진실이다.

오바마케어를 겨냥한 존 베이너John Boehner, 미치 매코널Mitch McConnell 같은 말더듬이 머저리들의 저능하고도 턱없이 위선적인 반발은 결과적으로 이 법안에 대한 진보 진영 측 비판의 신용을 떨어뜨리는 데 한몫했고, 이 법안이 오줌도 제대로 못 가리는 철없는 아이들의 놀이방에서 통과되었음을 '의회 기록'에 영구히 남김으로써 이 역사적으로 부패한 법안을 더더욱 더럽히는 데 이바지했다.

공화당은 이 법안의 명명백백한 진짜 결함―특히 그들이 집착하는 자유 시장 원칙을 훼손하는 부분―을 겨냥해 실질적으로 설득력 있는 반대를 주도하기는커녕, 쉽게 탄로 날 거짓말을 줄줄이 내뱉고 마지막 순간에 의회 절차를 숨 참기 경연 대회로 전락시킴으로써 자기 얼굴에 먹칠을 했다.

매코널 외 기타 등등은 이 법안의 통과가 이미 피할 수 없는 결론이 되었으며 민주당이 60표를 확보한 사실을 무시한 채 의사 진행 방해 발언을 연이어 시도하고 발언이 중단될 때마다 30시간씩 토론을 해야 된다고 고집을 피움으로써 〈스미스 씨 워싱턴에 가다〉*를 C-SAPN 채널에서 라이브로 재상영했다.

이 무의미한 시간 끌기 전술 때문에 크리스마스 전주에 5일 연속 자정을 넘겨 표결이 이루어졌고, 두 번은 새벽녘에, 한 번은 자정에, 크리스마스 이브의 마지막 표결을 비롯한 두 번은 밤 1시에야 회의가 끝났다. 공화당은 이렇게 워싱턴에서 일하는 직원들 거의 전부의 크리스마스 휴가를 망쳐 놓

$$

● 프랭크 카프라 감독의 1939년작 고전 영화로, 주인공인 스미스가 댐 건설 법안 통과를 저지하기 위해 24시간 동안 의사 진행 방해 발언을 하는 유명한 장면이 나온다.

은 다음, 미디어를 향해 돌아서서 민주당이 한밤중에 자기들에게 더러운 짓을 하려고 했다며 대성통곡했다.

"다수당이 이 수정안을 비밀리에 조작하고, 그걸 눈보라 치는 날 발의하고, 상원 본회의 스케줄을 한밤중으로 잡고, 표결 스케줄을 새벽 1시로 미루고, 크리스마스 전까지 통과되어야 한다고 우긴 이유는 명백합니다. 이 안에 무엇이 들었는지 미국 국민들이 알기를 원치 않기 때문이죠." 테네시 주 라마르 알렉산더Lamar Alexander 상원의원의 말이었다.

그리고 일단 북이 울리기 시작하자 (머독이 소유한) 폭스TV의 바보스런 행진이 끼어든 것은 당연한 수순이었다. 하이힐을 신은 작은 괴벨스 미셸 맬킨Michelle Malkin은 민주당의 '뱀파이어 의회'에 대해 울분을 터뜨렸는데, 그녀는 그 말이 원래 공화당이 주도했던 의회를 비꼬기 위해 만들어진 것임을 잊어버렸음이 분명했다. 당시 하원 원내 대표였던 톰 딜레이Tom DeLay와 입법위원회 의장 데이비드 드라이어David Dreier는 1년 동안 입법위원회를 거쳐 간 191개 법안 가운데 78건의 표결을 저녁 8시 이후로 밀어붙였고, 그중 21건은 아침 7시까지 미룬 전력이 있다.

그래서 결국 이 끔찍스런 법안은 우리에게서 향후 몇 년 간 수십억 달러를 뜯어 가겠다고 협박했을 뿐 아니라, 우리의 선출된 대표들이 크리스마스 때 상원 회의실을 끽끽대는 원숭이 우리로 만들어 버리고, 폭탄 맞은 경제와 패전한 두 전쟁 사이에서 나라가 비틀거리는 동안 무의미한 교착과 입법을 둘러싼 말싸움을 최소한 몇 년 더 볼 수 있게 해주는 등 최선을 다하는 모습을 우리에게 구경거리로 선사했다.

건강보험에 대해서는 앞으로도 할 말이 무궁무진할 테지만, 여기서 가장 중요한 부분은 바로 정부가 사회 모든 부문의 관리에 극도로 무능하다는 사실이 입증된 점이다. 오바마 대통령이 미국에 입증한 것은 그의 정부가 국민의 역사적 명령을 등에 걸머지고도, 그가 흥정해야 하는 것들을 모조리 공짜로 내주고도, 심지어 징세 권한까지 양보하고서도 이 거대한 산업을 진짜로 규제할 권한을 되찾아 오지조차 못했다는 것이다. 어떤 세상에서는 오바마케어의 통과가 장래에 건강보험 가격을 인하하고 업계의 반독점법 면제 특권을 조금씩 잘라내는 법률적 수선으로 이어질 수도 있을 것이다. 하지만 이 법안의 통과가, 회사들이 가격과 품질이 아닌 정치적 영향력을 놓고 경쟁하며, 좋은 서비스로 소비자들을 유인하는 것이 아니라 국가권력을 동원해서 시장을 보호하고 소비자들을 강제로 밀어 넣어 수익을 취하는, 미국 산업 경제의 새롭고 혁명적인 전망을 예고하는 것일 가능성도 비등하다.

우리 정치인들이 이 업계 리더들에 대해 너무나 자주 범하는 실수는, 그들이 정부 권력에 관심이 있거나 그것을 존중한다고 생각하는 것이다. 그들이 원하는 것은 오로지 도둑질이다. 정부가 이에 대해 승인 도장을 찍어 준다면 그들은 가져다 챙길 것이다. 하지만 굳이 그렇게 하지 않더라도 어쨌든 뭐, 그들은 가져다 챙길 것이다.

7.
미국의 거대한 거품 기계:
골드만삭스

"고객들에게
이런 개쓰레기 딜을

계속해서

얼마치나

팔았습니까?"

★ 인류의 얼굴에 들러붙은 흡혈 오징어 ★

　2008~2009년 겨울 《롤링스톤》에 금융위기에 대한 기사를 처음 쓰느라 한창 헤매고 있을 때, 나는 한 가지 재미있는 사실을 깨닫기 시작했다. 주제를 막론하고 취재원과 대화를 트는 열쇠 중 하나는 바로 상대방의 유머 코드를 찾아내 의기투합하는 것이다. 나는 금융계의 여러 사람들과 통화하면서 어느 정도 감각을 익혔지만, 그들이 투자은행 골드만삭스를 언급할 때면 도무지 웃음의 단서를 잡을 수 없었다. 그냥 '골드만'이라고 지칭하는 사람은 단 한 명도 없었다. 대개는 '그 개새끼들' 혹은 '그 씨팔놈들' 혹은 '골드만삭스의 그 미친 씨팔 개새끼들'이라고 내뱉곤 했다. 그 이름을 입에 담을 때 그들이 품는 경멸감은 너무나 커서, 그들과 통화할 때는 뉴욕 길거리에서 개에게 똥을 누이고 변 봉투를 들어 올릴 때 하는 식으로 전화기를 얼굴에서 멀찍이 떨어뜨려 놓는다는 사람들도 있을 정도였다.

　몇 개월 뒤 나는 누군가 투자은행들이 저지르는 치사한 금융 사기의 사례를 대려고 할 때마다 골드만삭스를 예로 든다는 사실을 깨닫기 시작했다. 이 은행은 특정 기업들이 정부와의 커넥션을 이용해 사업상 리스크를 완충하는 방식을 보여 주는 표본으로도 꾸준히 꼽혔다. 그들 말에 의하면 골드만은 선거 기부금을 투자 위험 회피를 위한 일종의 시장 보험으로 활용하는 데 전문가였다. 내가 이야기 나눈 이들 상당수는 구제금융 시기 정부로부터 특별히 유리한 대우를 받지 않은 기업에 몸담고 있었고, 그래서 나는 이 위기와 골드만에 대한 그들의 입장에 그런 사실로 인한 편견이 들어가 있으리라 추측했다.

주로 AIG와 관련하여 금융위기를 다룬 기사 한 편을 탈고한 후, 나는《롤링스톤》의 편집인들에게 골드만에 대한 기사를 써보자고 제안했다. 이 기사를 창문 삼아 투자은행의 세계를 들여다보고 지난 수십 년 간 그들이 어디까지 이르렀는지를 가늠할 수 있을 것이라고 설득했다. 그래서 우리는 그 기사를 실었다. 지금 되돌아보면 참 많은 부분을 빼먹었는데, 이 책을 쓰면서 원래 기사에 부족했던 내용을 첨가하여 그 문제를 보완하려 노력했다.

하지만 그 최초 기사와 관련해 기사 자체보다 더 흥미로운 부분은, 아마도 그것이 게재된 뒤에 이 잡지와 내가 언론 홍보의 후폭풍 속으로 빨려 들어가면서 빚어진 일일 것이다. 그 후폭풍은 기괴하면서 동시에 교훈적이었다. 나는 CNBC의 논평가(찰리 가스파리노Charlie Gasparino의 호통은 "골드만삭스를 비난하지 말라!"였다. 그는 나를 '정신병자'라고 부른 또 한 명의 방송인이었다.)로부터《애틀랜틱》과 그 밖의 다양한 미디어에서 쏟아진 엄청난 비난들을, 처음에는 전형적인 미디어 내 영역권 다툼의 산물로 받아들였다. 한 무리의 내부자들이, 그들 전문 분야에 이렇다 할 배경도 없으면서(내가 그랬다.) 그들이 제 할 일을 방기하고 있다며 별로 섬세하지 못한 방식으로 고발한 놈을 화가 나서 두들겨 패고 있는 것이라고 말이다.

하지만 그것은 전모의 일부분일 뿐이었다. 만약 골드만삭스가 정말 우리가 앞에서 비유한 대로 보일러실에서 더러운 물을 퍼다 버리는 공정을 고급화시킨 기계에 불과했다면, 분명 그 일은 그 은행을 경제적 천재성의 기념비로 우러러보며 찬양하는 금융계 언론들의 비난으로 끝났을 것이다. 만약 찰리 가스파리노와 메건 매커들Megan McArdle 같은 그쪽 경제 기자들이 내 기사를 이런 식으로 받아들였다면, 좋다. 바로 그런 게 내가 기대한 바였다.

하지만 소동이 한 달 넘도록 이어지자—뉴스 순환 주기에 비춰 보면 영원과도 같은 시간이다—뭔가 다른 일이 벌어지고 있다는 게 분명해졌다. 지금 돌아볼 때 골드만 기사의 여파로 내가 경험했던 것은 바로 이 나라 계급 정치의 미묘한 진실에 대한 교훈이었다.

그것은 이렇다. 당신은 시트콤 〈못말리는 패밀리Arrested Development〉 식의 아이러니한 방식으로 부자들을 비난할 수 있다. 당신은 도널드 트럼프의 머리를 헝클어 놓을 수도 있고, 심지어는 '수입 격차' 같은 분석 용어를 써서 계급 경제학에 대해 추상적으로 이야기할 수도 있다. 하지만 부자들의 급소를 걷어차고 계급 전쟁의 언어를 사용하는 일은 우리 언론에서 허용되지 않는다. 이 금기는 어떤 주제를 다루느냐보다는 그것을 다루는 어조와 더 관련이 있다. 그들의 허위에 대해 얼굴을 찌푸리고 머리를 절레절레 흔드는 것은 허용되지만, 최소한 그들이 기소되거나 파산하기 전까지는 그들을 가리켜 사기꾼이라고 매도할 수 없으며, 그들이 다른 사람보다 더 낫거나 똑똑해서 돈을 많이 번 게 아님을 암시하는 말도 안 된다.

골드만은 이런 미디어적 특권이 궁극적으로 체현된 화신이었다. 이 은행의 모든 자산을 통틀어 가장 가치가 높으면서도 상대적으로 저평가되어 온 아이템은 바로 그 걸출함과 효율성에 대한 명성이었다. 골드만은 이를테면 아인 랜드와 앨런 그린스펀식 우화를 끊임없이 재확인하는 어떤 내러티브의 수혜를 항상 입고 있었다. 이 우화 속에서 그들의 부와 권력은 곧 그들이 사회적으로 가치가 있다는 충분한 증거가 된다. 또 그들은 많은 돈을 벌 뿐 아니라 하는 일마다 능하므로 아인 랜드의 표현을 빌면 '생산자'이며,

그들의 미심쩍은 부분은 선의로 해석되어야 마땅하다. 이 우화는 반대되는 그 어떤 암시도 그 내용에 상관없이 공격 대상이 되게 할 정도로 경제 언론들 속에 깊숙이 배어들어 있다.

그 골드만 기사를 내보낸 뒤 내가 들었던 험악한 말들은 미디어 내의 영역 다툼이라기보다는 오히려 이 내러티브에 대한 방어였다. 이제 나는 이 내러티브가 폭파되었을 때 일어날 일들을 그들이 진정으로 두려워하고 있다고 믿는다. 만약 우리가 이 부자들을 갈기리 찢어 흩뜨려 놓는다면, 그 자리에는 자기 돈이 도대체 어디로 가버렸는지 영문을 모르는 빈털터리들 한 무리만이 남을 것이기 때문이다. 그들이 밤에 잠을 이룰 수 있도록 마음을 달래줄 우화마저도 사라진 채 말이다.

실제로 이 세계에서 일하는 금융계 사람들, '그 개새끼들'에 대해 나와 농담을 주고받은 트레이더와 은행 직원들 자신은 이런 환상을 품고 있지 않았다. 만약 당신이 돈벌이 과정에 꼭 후광을 둘러야 된다고 고집한다면 당신은 돈을 버는 데 능숙해질 수 없을 것이다. 이 환상이 완전히 지속 불가능해진 그 순간까지 거기에 진짜로 집착한 사람들은 경제 평론가들뿐이었다. 그 기사가 나간 지 6개월 뒤, '흡혈 오징어'로서 골드만의 명성은 심지어 통신사들까지도 예의상 언급해 주어야 하는 것이 되었다.

하지만 그때 골드만의 임원들은 그들의 추락하는 명성에 대해 그렇게 걱정하고 있지 않았다. 그리고 나중에 돌아봤을 때 그것은 이 이야기에서 가장 흥미로운 부분이었다. 하지만 이에 대한 좀 더 더 자세한 이야기는 최초 기사•를 업데이트한 이 장의 마지막 부분에서 다시 하도록 하자. 내가 이

$$$

● 원래 기사인 '미국의 거대한 거품 기계The Great American Bubble Machine'는 《롤링스톤》 2009년 7월 9~23일자 1082~83호에 게재되었다.-원주

부분을 이 책의 마지막을 위해 아껴 두는 이유는, 골드만—가장 똑똑하고 영민한 기업으로서 그 명성을 쌓은 회사—의 역사가 바로 우리 정치·경제적 삶의 중심에 자리한 거대한 거짓말에 대한 이야기이기 때문이다. 골드만은 천재들의 회사가 아니라 범죄자들의 회사다. 그리고 이것은 민주주의·자본주의 사회 최고의 결실이 아니라 오히려 그 반대로 '사기꾼 시대 Grifter Era'의 정점이며, 미국 정부와 납세자들에게 착 달라붙어 뻔뻔스럽게도 우리 모두의 피를 빨아먹은 기생충 기업이다.

★ 조직된 탐욕이 조직되지 않은 민주주의를 이긴다 ★

골드만삭스에 대해 여러분이 알아야 할 첫 번째 사실은 이것이 어디에나 있다는 것이다. 세계에서 제일 막강한 이 투자은행은 인류의 얼굴에 들러붙은 거대한 흡혈 오징어로, 돈 냄새가 나는 모든 곳에 그 흡혈 깔때기를 가차 없이 쑤셔 넣는다. 실제로 최근 금융위기의 역사는 곧 골드만삭스 졸업생들의 인명록과도 같으며, 이는 어느 날 갑자기 사기를 당해 몽땅 털려버린 미 제국의 급속한 쇠망사와 궤를 같이한다.

그 대표 주자들은 우리 대부분이 익히 알고 있다. 조지 부시의 마지막 재무장관인 헨리 폴슨은 골드만의 경영자였고, 재무부 돈 수조 달러를 월가에 있는 자기 오랜 친구들 몇 명한테 대주는 플랜을 설계하여 자기 잇속을 차린 혐의가 농후한 인물이다. 빌 클린턴의 재무장관이었던 밥 루빈은 26년을 골드만삭스에서 보낸 다음 시티그룹 회장이 되었고, 결국 폴슨에게서 국민 세금으로 3천억 달러의 구제금융을 받았다.

그리고 자기 회사가 파산 위기에 처한 시점에 2만 8천 달러짜리 커튼 세트와 8만 7천 달러짜리 양탄자를 사들여 자기 사무실을 꾸민 메릴린치의 괘씸한 최고경영자 존 테인John Thain이 있다. 골드만 은행가 출신인 그는 폴슨에게서 수십억 달러의 지원금을 받았다. 테인의 가련한 회사를 구제한 뱅크오브아메리카를 돕기 위해 폴슨이 납세자 돈 수십억 달러를 써준 까닭이다. 그리고 역시 골드만 출신으로 와코비아 은행의 최고 경영자였던 로버트 스틸Robert Steel은 회사가 붕괴되는 와중에 자신과 동료 임원들 몫으로 2억 2500만 달러의 거액 퇴직금을 챙겼다. 또 캐나다와 이탈리아의 국립은행 총재들을 비롯해, 세계은행 총재, 뉴욕증권거래소장, 현직 재무부 수석 보좌관, 가장 최근에 뉴욕 연방준비은행 총재를 지낸 (그래서 공교롭게도 이제 골드만을 규제하는 일을 담당하게 된) 두 명의 인사, 기타 등등 골드만 동창생들의 명단은 끝없이 이어진다.

하지만 영향력 있는 위치에 포진한 골드만 출신 인사들을 전부 아울러 어떤 내러티브를 구축하려는 시도는, 마치 세상 모든 것들의 목록을 만드는 일처럼 곧바로 우스꽝스럽고 무의미한 작업이 되고 만다. 따라서 여러분이 알아야 할 것은 큰 그림이다. 즉, 미국이 배수구 주위를 맴돌며 종말을 향해 다가가고 있다면, 골드만은 바로 그 배수구가 되는 방법을 찾아냈다는 사실이다. 이는 서구의 민주주의적 자본주의 체제에 뚫린 지극히 불운한 구멍이다. 자유시장과 자유선거에 의해 수동적으로 통치되는 사회에서는 조직된 탐욕이 조직되지 않은 민주주의를 언제나 이긴다는 사실을, 이 체제는 예견하지 못했다.

이 은행, 이 시장, 저 시장이 붕괴하는 동안 주사위 게임을 옮겨 가며 여러 해 동안 전체 경제 부문을 한꺼번에 조작할 수 있었던 것은 그 유례없는 영향력과 권력 덕분이었다. 또 그들은 높은 기름값, 소비자 신용 금리 상승, 반 토막 난 연기금, 대량 해고, 미래의 세금으로 충당한 구제금융 등 전국

곳곳에서 가계를 파탄 내고 있는 눈에 보이지 않는 비용들을 가지고 줄곧 배를 채웠다. 여러분이 잃은 이 모든 돈은 지금 어딘가로 향하고 있으며, 문자적인 동시에 비유적인 의미에서 이 돈들이 향하는 곳은 바로 골드만삭스다. 이 은행은 유용하고 효율적으로 이용되는 사회의 부를, 지구상에서 가장 무용하고 가장 낭비가 심한 불용성 물질, 즉 부유한 개인들의 순수한 이익으로 변환하는 거대하고 고도로 정교한 엔진이다.

이 은행이 이런 경지에 오른 것은 똑같은 전술을 계속 반복한 덕분이다. 이 은행은 무시무시한 거품 광란의 한가운데 자리 잡고 앉은 거대한 로또 시스템처럼 작동하며, 사회의 중하층으로부터 엄청난 돈을 빨아들였다. 한편 정부는 이 은행이 정치 후원금으로 던져 주는 비교적 푼돈을 대가로 그들이 규칙을 마음대로 바꾸게끔 방조함으로써 이를 지원했다. 이 은행은 이러한 역학에 힘입어 경제에서 부를 빨아들이는 동시에 민주주의에서 생명력을 빨아들였고, 그 결과 우리를 궁핍과 동시에 과두 지배로 내모는 퇴행 현상이 눈덩이처럼 가속화되었다.

그들은 이 똑같은 계책을 수십 년간 반복해 왔으며 이제 또다시 그것을 준비하고 있다. 우리가 어쩌다 이런 위기 속에 빠졌는지 알고 싶다면, 먼저 이 모든 돈이 어디로 갔는지를 알아야 한다. 그리고 그것을 알려면 우선 골드만이 과거에 저지른 일들을, 정확히 세 개의 거품이 부풀었다 사라진 기간의 역사를 알 필요가 있다.

★ 골드만은 어떻게 악마가 되었나 ★

골드만이 언제나 월가의 불사하는 대마이자, 스테로이드를 맞은 약육강식 자본주의의 사과할 줄 모르는 무자비한 얼굴이었던 것은 아니다. 거의 언제나 그랬을 뿐이다. 이 은행은 실질적으로 1882년 마커스 골드만Marcus Goldman이라는 독일계 유태인 이민자가 그의 사위인 새뮤얼 삭스Samuel Sachs와 함께 창립했다. 그들은 상업 어음을 처음으로 사용한 선구자였는데, 이는 그들이 맨해튼 시내의 소규모 자영업자들을 상대로 단기 차용증을 거래하고 돈을 벌었다는 사실을 복잡한 방식으로 일컬은 것이다.

아마도 여러분은 골드만이 사업을 이끌어 온 최초 100년간의 기본 스토리를 짐작할 수 있을 것이다. 한 용감한 이민자가 이끄는 투자은행이 불리한 여건을 극복하고 자력으로 일어서서 엄청난 돈을 벌었다는 이야기다. 이 초기 역사에서, 좀 더 최근의 사건들에 비추어 현대에 진짜로 검증할 수 있는 에피소드는 하나뿐이다. 그것은 골드만이 월가 붕괴 이전 1920년대를 휩쓴 투기 광란에 발을 디밀어, '골드만삭스 트레이딩 코퍼레이션' '셰넌도어 코퍼레이션' '블루리지 코퍼레이션' 등 오늘날 악명을 떨치게 된 '투자신탁'들을 출범시켰다가 결국 재난을 맞이한 사실이다.

이 거대한 금융사적 힌덴부르크 참사●의 심오한 세부사항까지 파고들 필요는 없겠지만, 그중에는 오늘날 우리 귀에도 익숙하게 들리는 것들이 몇 가지 있다. 투자신탁은 현대의 뮤추얼 펀드와 비슷하게, 크고 작은 투자자들의 현금을 가져다 (최소한 이론적으로는) 그것을 월가의 잡다한 증권에 투자하는 회사였다. 하지만 어떤 증권에 얼마나 투자되는가는 외부에 공개하지 않는 경우가 많았다. 그래서 평범한 사람이 10달러나 100달러를 신탁에 투자해 놓고 자기가 큰손인 양 행세할 수도 있었다. 1990년대에 데이 트레이딩과 e-트레이딩 같은 새로운 수단이 도입되어 부자가 되고픈 이들

$$
● 대공황기의 금융시장 붕괴를 1939년 독일의 비행선 힌덴부르크가 추락한 사건에 비유한 것.

가운데서 새로운 호구들을 대거 유인했던 것처럼, 이 투자신탁들은 그 시대의 개미 투자자들을 투기 게임으로 끌어들였다.

처음에 골드만은 투자신탁 게임에 약간 늦게 발을 들여놓았다가 곧 첨벙 뛰어들어 물 만난 고기처럼 날뛰었는데, 이는 그 후 수없이 반복될 패턴의 시작이었다. 그 최초의 시도가 '골드만삭스 트레이딩 코퍼레이션GSTC'이었다. 이 은행은 먼저 주당 100달러에 100만 주의 주식을 발행한 뒤, 그 주식 전부를 자기 돈으로 샀다가, 그중 90%를 갈급한 대중들을 상대로 104달러에 팔았다.

GSTC는 자기 혼자서 줄기차게 주식을 사들여 가격을 점점 더 높여 놓았다. 그러다가 결국 그 자산의 일부를 떼어 새로운 신탁회사인 셰넌도어를 세운 다음, 그 자금으로 수백만 주를 추가 발행했다. 그런 다음 그 돈을 가지고 이번에는 블루리지라는 또 다른 신탁을 세웠다. 이 마지막 신탁은 사실 골드만 뒤에 골드만이 숨고 또 그 뒤에 골드만이 숨는 끝없는 투자 피라미드의 또 다른 위장막에 불과했다. 블루리지의 최초 발행 주식 725만주 중에서 625만 주가 사실상 셰넌도어 소유였고, 셰넌도어의 대주주는 물론 골드만 트레이딩이었다.

그 최종 결과물은 빌린 돈들의 꽃 사슬이었고, 이 중 어느 한 곳의 수익만 떨어져도 이 사슬은 절묘하게 끊어져 버릴 수 있었다. 이는 복잡하게 들리지만 그 기본 아이디어를 따라가기란 어렵지 않다. 먼저 1달러를 가져다 그 돈을 담보로 9달러를 빌린다. 다음으로 이 10달러의 자금을 가지고 다시 90달러를 빌린다. 그런 다음 이 100달러의 자금을 갖고 아직 돈을 빌릴 데가 있으면, 900달러를 빌려 투자한다. 만약에 이 줄줄이 엮인 자금 중 마지막 것의 가치가 떨어지기 시작한다면 모두에게 상환할 돈이 사라져 버리고 결국 모두가 떼죽음을 맞게 된다.

유명 경제학자 존 케네스 갤브레이스John Kenneth Galbraith는 이 블루리지·셰넌도어 사건을 레버리지에 기반한 투자 광란을 보여 준 고전적 사례로 기록했다. 이 은행이 블루리지와 셰넌도어 같은 신탁회사들을 통해 입은 손실을 다 합치면 지금 달러 가치로 약 4850억 달러에 이르며, 이는 1929년 금융시장 붕괴의 주요 원인이었다.

그 후 65년은 빨리감기 버튼을 눌러서 대충 보도록 하자. 주로 시드니 와인버그Sidney Weinberg(그는 건물 청소 보조원에서 출발해 회사 사장 자리까지 오른 것으로 유명하다.)라는 전설적인 시니어 파트너senior partner(골드만삭스에서 회사 대표를 일컫는 명칭—옮긴이) 덕분에 붕괴를 딛고 살아남은 골드만은 계속해서 번창했고 월가 증권업계의 제왕이 되었다. 70년대와 80년대의 골드만은 지금처럼 무소불위의 정치적 영향력을 휘두르며 행성을 집어삼키는 '죽음의 별'까지는 아니었지만, 월가에서 가장 똑똑한 인재들을 끌어들이는 것으로 명성을 떨쳤던 최상급 기업이었다.

이상하게 들리지만 이 은행은 비교적 건전한 윤리와 장기적 사고로도 명성이 높았다. 이곳 임원들은 이 회사의 좌우명인 '장기적인 욕심Long-term greedy'을 취하도록 교육받았다. 골드만에서 은행가로 일하다가 90년대 초반 이곳을 떠난 한 사람은, 그의 상관들이 장기적으로 손해라는 이유로 매우 수익성 높은 거래를 포기하는 것을 본 적이 있다고 회상했다. "우리는 우리와 (그들 입장에서) 나쁜 계약을 맺은 '성숙한grown-up' 기업 고객들에게는 돈을 돌려주었습니다. 우리는 합법적이고 공정한 일만 했습니다… '장기적인 욕심'이란, 우리는 시장을 더럽혀서 고객들에게 집합적인 손실을 입혀 가며 그런 이득을 취하길 원치 않는다는 뜻이었습니다."

그런데 뭔가 일이 일어났다. 그게 정확히 무슨 일이었는지를 말하기란 힘들다. 어쩌면 90년대 초반에 이 회사 CEO였던 로버트 루빈이 빌 클린턴을 따라 백악관으로 들어가서, 새로 꾸린 국가경제위원회의 의장을 거쳐 마침내 재무 장관이 된 일이 그것이었을 수도 있다. 미국 언론들은 베이비부머이자 60년대의 자식들이고 플리트우드 맥의 팬인 이 두 여피가 백악관에 둥지를 틀게 된 스토리에 흠뻑 취했으며, 이 기분 나쁜 루빈에 대해 공개적인 연정을 품고 그를 지금껏 지구상에 존재한 이들 중에 가장 똑똑한 사람으로 한껏 추켜올려 주었다.

루빈은 전형적인 골드만 은행가였다. 그는 마치 태어날 때부터 4천 달러짜리 수트를 빼입고 나온 듯 보였고, 내가 당신들보다 훨씬 똑똑해서 뭐라 드릴 말씀이 없다는 표정이 영구히 굳어 버린 듯한 얼굴을 하고 있었으며, 마치 〈스타트랙〉의 스포크 같은 감정 중립적 외양을 유지했다. 그가 경험할 법하다고 상상할 수 있는 유일한 인간적 감정이라면 강제로 비행기 일반석을 타야만 하는 악몽 정도랄까? 언론은 이성을 잃고 그를 추종했으며, 그의 머리에서 나온 경제정책은 무조건 옳을 것이라는 확신은 거의 국민적 클리셰가 되었다. 이런 현상이 최악의 경지에 다다른 것은 1999년, 루빈이 '세계를 구원할 위원회'라는 표제 하에 앨런 그린스펀과 당시 재무장관 래리 서머스와 함께 그 유명한 《타임》 표지에 등장한 일이었다.

그리고 '루빈의 머리에서 나온' 생각은 주로, 미국 경제와 특히 금융시장의 규제가 과도하며 이를 자유롭게 풀어놓아야 한다는 것이었다. 그의 재임 기간 클린턴 백악관이 시행한 일련의 조치들은 극적인 결과를 초래했다. 루빈이 규제 환경에 몰고 온 구체적 변화들은 그가 클린턴 백악관을 떠난 이후, 특히 주택·신용·상품 버블 시기의 경제에 엄청난 영향을 미치게 된다. 하지만 그가 남긴 또 하나의 잔재는, 인터넷붐이 일면서 골드만이 터무니없는 단기 수익을 미친 듯이 좇던 시기에 그가 월가를 규제하는 데 철저하게 무관심했고 또 실패했다는 점이다.

인터넷 시대에 벌어진 금융 사기의 기본 개념은 금융 문외한이라도 아주 쉽게 파악할 수 있다. 그러니까 이는 골드만 같은 은행들이 수박에 리본을 두르고 그것을 15층 창문 밖으로 내던진 다음 안내 전화를 열고 입찰 신청을 받은 것과 같았다. 이 게임에서 당신은 수박이 보도에 부딪치기 전에 재빨리 돈을 빼내야만 승자가 될 수 있다. 지금 들으면 들으나마나 한 얘기 같지만, 당시 평범한 투자자들은 은행들이 게임의 규칙을 바꾸어 이 딜이 실제보다 더 좋아 보이게끔 꾸미고, 사실상 두 등급으로 나뉜 투자 시스템을 마련해 놓았다는 사실을 알지 못했다. 첫째 등급은 진짜 정보를 아는 은행가와 내부자용이고 둘째 등급은 폭등하는 가격을 추종하는 일반 투자자용이었다. 은행 스스로도 그 가격이 비이성적임을 알고 있으면서 이들을 불러들인 것이다. 규제 환경의 변화를 기회로 활용하는 것이 골드만이 후기에 취한 패턴이라면, 인터넷 시대에 그들이 이룩한 가장 중요한 혁신은 바로 그 경영진들이 자기 업계의 품질 관리 기준을 내다 버린 것이었다.

한 유력한 헤지펀드 매니저의 말이다. "사람들이 잘 알지 못하는 부분은 대공황 이후 은행들이 엄격한 주식 발행 기준을 채택했다는 사실입니다. 수십 년 동안, 일정 조건을 맞추지 못하는 기업에 대해서는 그 어떤 은행도 기업공개IPO를 진행하지 않았습니다. 상장이 되려면 회사 설립 뒤 최소한 5년이 경과해야 했고요. 최소한 3년 연속 이익을 낸 실적이 있어야 했습니다. 그리고 IPO 시점에 흑자를 내고 있어야 했습니다.

골드만은 이 규칙을 받아다 그냥 창문 밖으로 내던져 버렸습니다. 그들은 '휴지조각 닷컴'과 계약서에 서명하고 설립 5분 만에 IPO를 했습니다. 일반인들은 거의 몰랐죠. 이 회사들이 은행 나름의 기준을 통과했으리라고 짐작했죠."

제이 리터Jay Ritter 플로리다 대학 교수는 주식 발행 기준의 후퇴가 80년

대부터 시작되었다고 말했다. "80년대 초에 주요 증권사들은 3년 연속 수익이라는 기준을 고수했습니다. 그러다가 이것이 1년으로 줄고, 그다음엔 1분기가 되었죠. 인터넷 거품 시기가 되자 이듬해의 수익성은 물론 예측 가능한 미래의 수익성마저도 묻지 않는 정도까지 후퇴했습니다."

골드만은 인터넷붐 시기에 주식 발행 기준을 변경했다는 사실을 거듭 부인하고 있지만, 통계를 보면 이 은행의 주장이 거짓임을 알 수 있다. 투자신탁붐 때 그랬던 것처럼, 인터넷붐 때도 골드만은 뒤늦게 시작했다가 미쳐 날뛰면서 끝냈다.

이 은행은 1996년 '야후!'라는 이름의 재정이 취약한 한 무명 기업을 상장시킨 뒤 급속도로 인터넷 시대 IPO의 제왕 주관사가 되었다. 내가 입수한 자료에 따르면 1997년 상장된 인터넷 회사는 24곳인데 그중 3분의 1은 IPO 시점에 적자를 보고 있었다. 그 이듬해인 1998년 인터넷붐이 최고조에 이르렀을 때, 골드만은 첫 4개월 동안에만 18개의 회사를 상장시켰는데, 그중 14개 회사가 역시 IPO 시점에 적자 상태였다.

이듬해 4월이 되자 월가의 인터넷 IPO 건수는 1998년 1~4월과 비교해 9배로 치솟았고, IPO로 모아들인 돈의 전체 액수는 450억 달러 이상으로 껑충 뛰었다. 이는 1996년 한 해 전체 기록보다 많은 것이다. 그 시점에 골드만은 전체 인터넷 IPO의 5분의 1을 주관하고 있었고 1999년 47건의 신규 상장을 진행했다.

1999년에 상장된 기업들 중에서 (웨브밴과 이토이즈처럼 중간에 유산된 사례를 포함해) 무려 5분의 4가 인터넷 회사였으므로, 골드만은 붐이 인 시기 인터넷 IPO를 주도하는 주관사가 되었다. 이 회사의 IPO는 경쟁 업체들이 취급한 신규 상장사들에 비해 언제나 변동성이 컸다. 1999년 골드만이 기업공개를 주관한 회사들의 그해 주가는 공모가 대비 평균 281%나 뛰어오른 반면 월가 평균은 183%였다.

그들은 어떻게 이런 비상한 결과를 낼 수 있었을까? 그 한 가지 답은 그들이 '래더링laddering'이라는 관행을 이용했다는 것인데, 이는 그들이 신규 상장사의 주가를 조작했다는 사실을 어려운 말로 표현한 것이다. 그 작동 방식은 이렇다. 당신이 골드만삭스인데 '휴지조각 닷컴'이 당신에게 와서 자기 회사의 IPO를 대행해 줄 것을 요청한다. 당신은 다음과 같은 조건하에 이에 동의한다. 주가를 얼마로 할지, 몇 주를 발행할 것인지는 당신이 결정한다. '휴지조각 닷컴' CEO를 데리고 '로드 투어'를 돌며 투자자들을 만나 수다를 떨어 준다. 그리고 그 대가로 상당한 수수료를 받는다.(이는 대개의 경우 공모 금액의 6~7%로, 수억 달러까진 안 되도 수천만 달러에 달하는 거액이다.)

그런 다음 당신은 당신의 최우수 고객들에게 연락해 이 IPO의 상당 몫을 낮은 공모가—'휴지조각 닷컴'의 최초 주가를 15달러라고 하자—에 살 수 있는 권리를 주겠다고 약속하고 그 대신 나중에 다시 입찰에 참여해 공개시장에서 주식을 사겠다는 약속을 받는다. 이제 당신은 이 IPO의 미래에 대한 내부정보를, 그러니까 기업 설명서 한 장 달랑 든 당일치기 매매 호구들에게는 은폐된 정보를 갖게 된다. 즉, 당신은 15달러에 X만큼의 물량을 매수한 그 특정 고객이 나중에 20 혹은 25달러에 Y만큼의 물량을 추가 매수할 것임을 알고 있다. 이렇게 되면 주가가 25달러를 넘겨, 혹은 그보다 훨씬 높이 치솟으리란 것은 사실상 보장된 셈이다. 이런 식으로 이 은행은 신규 회사의 주가를 인위적으로 끌어올릴 수 있었고, 이는 물론 고스란히 은행 수익으로 들어왔다. 5억 달러나 7억 5천만 달러짜리 IPO의 6% 수수료란 웃어넘길 액수가 아니었다.

골드만은 이런 래더링 관행을 주도한 혐의로 웹밴과 넷제로를 비롯한 여러 신규 상장 인터넷 회사 주주들로부터 여러 차례 고발당했다. 나아가 '크레이머 앤 컴퍼니'—역시 골드만 동창생으로, 지금은 텔레비전에 자주 나와 떠들어서 유명해진 짐 크레이머Jim Cramer가 당시 운영했던 헤지펀드—의 신디케이트 매니저였던 니컬러스 마이어Nicholas Maier도 골드만의 이런 행태를 폭로했다. 마이어는 1996년부터 1998년까지 크레이머에서 일하는 동안, 골드만과의 IPO 거래에서 래더링 관행에 가담할 것을 여러 차례 강요받았다고 주장했다.

나중에 마이어는 이렇게 말했다. "내가 목격한 바에 따르면 골드만은 최악의 범죄 집단이었습니다. 그들이 거품을 전적으로 부채질했습니다. 바로 이런 식의 행위가 시장 붕괴를 초래한 겁니다. 그들은 이 주식들을 불법적 기반 위에 세우고 가격을 조작해서 끌어올렸어요. 그래서 결국 맨 마지막에 뛰어든 것은 실질적으로 어리숙한 일반인들이었죠."

터무니없이 적은 벌금을 내고 책임과 법적 문제를 용케 회피하는 것은 하나의 패턴이 되었다. 2005년 골드만은 래더링 행위에 대해 증권거래위원회와 겨우 4천만 달러의 벌금을 내는 데 최종 합의했다. 이는 관련된 거래 규모에 비하면 명백히 미미한 액수였다. 이 은행은 래더링이란 범법 행위를 즐기면서도 이 잘못을 공식적으로 시인하지 않았는데, 이것도 그들이 처벌을 피해 간 전형적인 패턴이었다.

인터넷붐이 인 시기 골드만이 가담했으면서 용케 심각한 처벌을 면했던 또 다른 관행은 '스피닝spinning'이었다. 스피닝이란 투자은행이 신규 상장할 기업의 임원들에게 주식을 낮은 공모가에 안겨주고 그 대가로 향후 발행 업무 위임 등을 약속받는 것이다. 스피닝에 관여한 투자은행들은 해당 주식의 최초 공모가를 낮게 평가했다. 이렇게 '핫'한 시가의 주식은 더 빨리 오를 가능성이 높고 따라서 첫날 거둘 수익을 더 높일 수 있기 때문이다.

한 사례를 들면, 골드만이 이베이 CEO 메그 휘트먼Meg Whitman과 이베이 설립자 피에르 오미디야르Pierre Omidyar에게 공모주 수백만 달러어치를 배정해 주고 그 대가로 이베이가 향후 인터넷 뱅킹 사업에 골드만을 참여시키기로 약속했다는 주장이 제기되기도 했다.

게다가 이것은 유일한 사례가 아니다. 2002년 하원 금융위원회 보고서에는, 골드만이 IPO를 주관한 회사의 최고 경영자들이 골드만에게서 공모주를 배정받았고 그 대부분은 이를 재빨리 팔아 막대한 수익을 올렸다는 21건의 사례가 기록되어 있다. 이 보고서에 따르면 골드만에게서 이런 특혜를 받은 기업 임원들 중에는 야후! 설립자 제리 양Jerry Yang과 금융 스캔들 시대의 거물 악당 두 명—타이코의 데니스 코즐로우스키Dennis Kozlowski와 엔론의 켄 레이Ken Lay—이 포함되어 있었다.

골드만은 이 보고서를 놓고 길길이 뛰며 당시 위원회 의장이던 마이크 옥슬리Mike Oxley와 기타 의원들에게 맹공을 퍼부었다. 골드만삭스 대변인 루카스 반 프라그Lucas van Praag는 이것이 "터무니없는 사실 왜곡"이며 "골드만삭스가 IPO 주식 배정과 관련해 스피닝이나 기타 부적절한 관행에 가담했다는 의견은 완전히 틀린 것"이라고 말했다.

그러나 뉴욕 검찰총장 엘리엇 스피처(참고로 이때는 아직 그가 불법 매춘 사건으로 물의를 빚기 전이었다)와 11개 회사들은 골드만을 스피닝 혐의와 더불어 주식에 거짓으로 매수 등급을 부여한 혐의로 기소했고, 그해 말 골드만은 결국 합의하는 데 동의했다. 여기서도 골드만은 벌금 5천만 달러라는 가벼운 제재만 받고 빠져나갔다. 또 골드만은 합의 내용의 일부로 다시는 스피닝에 관여하지 않겠다는 데 동의했다. 그 대가로 골드만은 모든 혐의에 대한 공식적 유죄 인정을 다시금 피해 갔으며, 규제관들은 당시 헨리 폴슨 등을 비롯한 골드만 최고경영자들에 대한 기소를 취하하는 데 동의했다.

뭐, 이런 일들에 대해 누가 관심이나 있을까? 부자들 몇 명에게 값싼 공모주 몇 개 주는 게 뭐 대단하다고 그리 시샘할까? 사실 그럴 만한 이유가 많이 있다. 첫째로 이것은 뇌물이다. 둘째로 스피닝 같은 관행들은 최초 공모가를 인위적으로 낮추는 데서 끝난 게 아니라 일반 투자자들로부터 중요한 정보를 박탈했다. 일반인들은 골드만이 다른 일감을 확보하기 위해 신규 상장 기업의 주가를 가지고 장난을 치고 있다는 사실을 알 길이 없었다.

게다가 하원 금융위원회는, 주식 가치가 떨어진 지 오래인데도 골드만의 분석가들이 계속 '매수' 추천을 하고 있었으며 일부의 경우 이는 향후 비즈니스에 대한 약속을 대가로 한 일이었다는 결론을 내렸다. 플로리다 대학 교수인 리터는 IPO 당시 스피닝 대상이 된 기업들은 평균적으로 그들 몫의 약 5분의 1을 빼앗겼다고 결론지었다. "우리가 계산해 본 결과, '스피닝'된 IPO 주식은 그렇지 않은 IPO 주식에 비해 상장 첫날 수익률이 평균 22.68% 높았다. 이는 공모가가 22.68% 싸게 매겨졌다는 뜻."이라고 그는 말했다. 다시 말해 기업공개를 할 때 '스피닝'을 거친 회사는, 공모 금액이 1억 달러라면 그중 2천만 달러를 손해 본 셈이다.

더 나쁜 것은 '소프트 달러 수수료soft dollar commission'라는 관행이었다. 여기서 골드만은 대형 기관 투자 고객들—보험회사, 연기금, 뮤추얼 펀드, 저축 금융기관 등등—에게 접근하여, 향후 자기 은행과의 거래에서 추가로 수수료를 지불하는 만큼 인터넷 IPO 공모주를 배정해 주겠다고 제안한다. 이 관행 역시 최초 공모가를 인위적으로 끌어내리고, 투자자들이 상장 첫날의 단기 수익을 좇도록 유도하며, 외부 투자자들에게 관련 정보를 숨김으로써 시장을 가지고 논 것이었다.

《인터넷 버블》의 저자 토니 퍼킨스Tony Perkins는 이렇게 말했다. "기본적으로 일이 돌아가는 방식은 이렇습니다. 투자은행 직원이 투자자에게 전화를 걸어 이렇게 말합니다. '우리가 이 회사의 IPO를 주관하고 있는데, 고객님한테만 특별히 공모가에 드리려는데요. 1천 주 사실 의향 있나요?' 그리고 말합니다. '그런데 이번에 제가 특별히 해드렸으니까, 대신 다음번에 일감이 있을 땐 저희 쪽으로 특별히 신경 좀 써주시죠.'"

1998년 증권거래위원회가 이 문제를 '수사'했지만 결국 이 이슈를 다루지 않고 방기했다. "기본적으로 증권거래위원회는 이를 못 본 척 넘겨 버렸습니다. 투자은행과 규제관들끼리 통했던 암호문은 '관계 유지 차원에서 그런 것은 괜찮다'는 것이었죠. 여기서 '관계'란 뇌물의 다른 말이었습니다." 리터의 말이다.

이 모든 변수들이 공모하여, 인터넷 거품을 세계사 최대의 금융 재난으로 바꾸어 놓았다. 나스닥에서만 5조 달러 이상의 부가 쓸려 나갔다. 최근 우리가 겪은 일들에 비추어 볼 때 그렇게 불가해한 수준의 재앙으로 보이지는 않는다. 그러나 막대한 공적 부가 증발하고 그만큼이나 많은 일자리가 사라진 원인의 상당 부분이 추호도 의심할 여지 없이 IPO 윤리에 대한 이 은행의 무관심 탓이었음에도, 골드만의 임직원들은 붕괴 기간 내내 별일 없이 건재했다.

1999년 이 은행은 1만 5361명의 임직원들에게 총 64억 달러 상당의 급여 및 복지 혜택을 주었고(직원 1인당 평균 42만 달러에 육박한다), 2000년에는 임직원 2만 2627명에게 77억 달러(1인당 평균 34만 달러)를 지급했으며, 2001년에는 임직원 2만 2677명에 대해 77억 달러(1인당 33만 9천 달러)를 유지했다. 심지어 이 은행이 시장 붕괴로 가장 큰 피해를 입은 2002년에도 임직원 1만 9738명의 급여는 총 67억 달러였고, 1인당 평균으로 환산하면 34만1천 달러로 붕괴 이전과 사실상 같은 수준이었다.

이 수치들이 중요한 이유는 버블 덕택에 은행가들이 거액의 개인 보너스를 받을 수 있게 되면서 경제가 이들 개개인의 보너스 추구 동기에 의해 움직이게 되었기 때문이다. 이것은 인터넷붐 시대가 남긴 핵심적 유산이었다. 수박이 떨어져 보도에 부딪치기 전에 수표 찾아 챙기기로 게임이 변질되면서 '장기적인 욕심'이란 개념은 허공으로 사라져 버렸다.

그러니 당신이 50개 인터넷 IPO 주식을 '래더링'하고 '스피닝'해서 그중 45개가 1년 안에 휴지조각이 되었다 한들, 또 증권거래위원회에 적발되어서 당신 회사가 4천만 달러의 벌금을 물었다 한들 까짓 뭐가 대수겠는가. 증권거래위원회가 돌고 돌아 당신 회사에 벌금을 물릴 때쯤이면 IPO 보너스를 가지고 사들인 요트의 연식이 족히 5~6년은 되었을 것이다. 게다가 아마도 그때쯤이면 당신은 골드만에서 나와 재무부나 뉴저지 주를 주무르고 있을 것이다.(1997년부터 1999년까지 골드만을 경영한 뒤 IPO를 해서 살찌운 골드만 주식 3200만 달러어치를 받고 나온 뉴저지 주 지사 존 코진John Corzine은, 2002년 "나는 '래더링'이란 말은 처음 들어 본다."고 말했다. 이는 최근 미국 금융 붕괴의 역사에서 진정 코믹한 순간이었다.)

그래서 인터넷 거품이 터진 뒤에도 골드만은 굳이 이 전략을 재검토하려 들지 않았다. 또 새로운 거품을 찾아 주변을 두리번거렸을 뿐이다. 그리고 결국 일이 터졌을 때, 마침 준비된 재료가 하나 있었다. 이는 많은 부분 루빈의 공이었다.

★ 주택 거품 우려먹기 ★

주택 거품이라는 전면적 글로벌 재앙에서 골드만이 수행했던 역할을 추적하기란 어렵지 않다. 주택 거품이 정점에 올랐던 2006년, 골드만은 한

해 445억 달러 물량의 모기지 기반 투자 기구(주로 CDO)를 발행하고 있었으며 그중 상당수를 연기금과 보험사 같은 기관 투자자들에게 팔았다. 물론 우리가 이미 본 것처럼 그중 엄청난 물량은 사기와 거짓 정보의 피라미드에 의거하여 심사된 대출로 순전한 쓰레기 뭉치였다. 은행은 어떻게 이런 D등급 쓰레기의 거대한 패키지를 팔아서 돈을 벌 수 있었을까? 답은 쉽다. 물건을 팔면서 뒤로는 그 물건의 가격 하락에 베팅한 것이다! 골드만과 관련해 진짜로 놀라운 사실은 주택 비즈니스를 취급하면서 그들이 보였던 순전한 만용이었다. 우선 그들은 이 끔찍스럽고 철저히 무책임한 모기지 대출을 '컨트리와이드' 같은 밑바닥 조폭급 업체들로부터 가져다가, 이것을 연기금과 지자체와 (세상에나!) 노인들에게 팔아넘기고는 끝까지 그것이 독성 폐기물이 아닌 척했다. 또 그러는 동시에 그들은 똑같은 시장 안에서 매도 포지션을 취했다. 그러니까 자기가 팔아넘긴 바로 그 쓰레기의 가치 하락에 베팅한 것이다. 설상가상인 일은 그들이 이 사실을 공개적으로 떠벌렸다는 점이다.

한 헤지펀드 CEO의 말이다. "다른 은행들과는 달리 골드만과 관련해 내가 골머리를 앓았던 한 가지 문제는, 다른 은행들은 전부 다 바보였다는 거죠. 그들은 그 물건을 매수하면서 그걸 실제로 믿었어요. 하지만 골드만은 그게 쓰레기라는 걸 알았죠."

실제로 2007년 골드만 CFO(최고재무책임자) 데이비드 비니어David Viniar는 골드만이 시장 하락에 베팅함으로써 모기지 분야의 손실을 충당했다고 자랑했다. 다음은 그가 한 말이다. "모기지 부문에 대한 도전이 계속되고 있습니다. 그 결과 우리가 보유한 매수 포지션의 가치도 상당히 축소되었습니다… 그러나 이 시장에서 우리의 리스크는 매도 쪽에 편중되어 있으며 순매도 포지션은 수익을 거두었습니다."

나는 그 헤지펀드 CEO에게, 특히 해당 상품의 약점을 고객보다 더 많이 알고 있는 상황에서, 어떻게 자기들이 하락에 베팅한 물건을 고객들에게 팔 수가 있는가, 이것이 어떻게 증권 사기가 아니란 말인가 하고 물었다.

"당연히 증권 사기죠. 그것이 바로 증권 사기의 핵심입니다." 그의 말이었다.

피해를 입은 많은 투자자들도 마침내 그의 말에 동의하게 되었다. IPO를 둘러싸고 벌어졌던 소동이 재연되어, 거품 붕괴 뒤 골드만은 주주들의 집단 소송 물결에 휩쓸렸고 이 주주들 상당수는 이 은행이 발행한 CDO 내 모기지의 품질에 대해 적절한 정보를 제공하지 않은 혐의로 골드만삭스를 고소했다.

일례로 2009년 뉴욕 시와 주 정부 감사관들은, 컨트리와이드사의 부실 모기지를 시와 주 정부 연기금에 대량 판매한 혐의로 골드만에 소송을 제기했다. 이 모기지로 인해 투자자들은 1억 달러에 달하는 손실을 입었다. 원고 측은 골드만이, "컨트리와이드사가 엄격하고 선별적인 대출 심사를 하고 있으며… 풍부한 유동성… 을 보유하였고… 보수적인 접근을 취하고 있다고 거짓으로 소개함으로써" 투자자들을 오도했다고 주장했다.

비니어가 모기지 하락에 베팅했다고 떠벌렸을 때 그가 가리킨 것은 아마도 이 은행이 AIG 같은 회사에서 사들여 보유하고 있던 CDS였을 것이다. AIG의 구제금융이 엄청난 민폐였던 이유의 일부는 이 때문이다. AIG에 구제금융으로 건네진 최소한 130억 달러의 국민 세금은 결국 골드만으로 갔는데, 볼 것도 없이 그 돈의 일부는 골드만이 노인들과 시와 주 정부에게 팔고 있던 그 물건의 가격 하락에 베팅한 비용을 메꾸는 데 들어갔을 것이다. 다시 말하면 골드만은 주택 거품을 두 번에 걸쳐 우려먹은 셈이다. 먼저 자기들이 팔아치운 부실 상품의 가치 하락에 판돈을 걸어 그 부실 CDO

를 산 투자자들을 엿 먹였고, 돌아서서는 그 판돈을 납세자들이 지불하게 만듦으로써 국민을 엿 먹였으니 말이다.

2006년에 이 은행 주위의 세상 곳곳이 무너져 내렸지만, 그해 임직원 2만 6천 명의 총급여는 인상되어 165억 달러(1인당 평균 63만 4천 달러)가 되었다. 골드만 대변인은 이를 이렇게 설명했다. "여기서 우리는 매우 열심히 일합니다."

★ 구제금융 우려먹기 ★

2008년 가을, 앞서 봤듯이 많은 부분 골드만이 기획한 또 하나의 금융 사기였던 상품 버블이 터진 이후로는 경기를 띄울 만한 새로운 거품이 나타나지 않았다. 이번에는 정말로 돈이 말라 버린 것 같았고, 전 세계적 불황이 온 것 같았다. 전 골드만삭스 대표였고 당시 재무장관이던 폴슨은 잇따른 중대한 결정을 내린다. 그는 이미 그해 봄에 베어스턴스의 구제를 진행했고 준민간 대출업체인 패니메이와 프레디맥의 구제금융을 지원한 바 있었지만, 리먼브러더스—마지막 남은 골드만의 진짜 경쟁사—만은 외부 개입 없이 붕괴하도록 놔두는 편을 택한 것이다.

그해 9월 16일(그날은 주말이었다.) 그는 AIG에 대한 800억 달러의 막대한 구제금융을 승인한다. 이 불구가 된 보험업계의 거인은 공교롭게도 골드만삭스에 약 200억 달러의 빚이 있었다. 시장에 선별적으로 개입한다는 폴슨의 결정은 월가의 경쟁 구도를 급격히 재편성했다. 재무부가 중매를 선 강제 결혼으로 메릴린치가 뱅크오브아메리카에 매각되었던 것처럼, 골드만의 주요 경쟁사인 리먼브러더스도 완전히 쓸려나갔다. 베어스턴스는 이미

6개월 전에 JP모건에 매각됨으로써 사망했다. 그래서 AIG의 잔해 위에 먼지가 내려앉고 있는 지금, 월가의 5대 투자은행 중 남아서 버티고 있는 곳은 골드만과 모건스탠리 2곳뿐이다.

한편 AIG의 구제금융 이후 폴슨은 금융업계에 대한 그의 연방 구제금융 계획—'부실자산구제 프로그램'이라는 7천억 달러짜리 플랜—을 발표하고, 곧바로 이 기금의 관리를 지금까지 무명이던 35세의 골드만 금융가 닐 카시카리Neel Kashkari에게 맡긴다. 골드만은 구제금융 돈을 받을 자격 요건을 맞추기 위해 투자은행에서 은행지주회사로의 전환을 발표한다. 이 조치로 이들은 부실자산구제 프로그램 기금 내의 100억 달러뿐만 아니라, 공적 지원을 받으며 눈에 덜 띄는 무수히 많은 돈줄—그중에서도 특히 연방준비은행의 재할인 창구를 통한 대출—에 접근할 수 있게 되었다. 골드만의 남은 주요 경쟁사인 모건스탠리도 같은 날 같은 조치를 발표한다.

이 두 은행이 연준에게서 얼마나 많은 돈을 빌려 갔는지는 아무도 모르지만, 그해 말까지 연준은 여러 가지 신규 구제금융 프로그램 명목으로 3조 달러 이상을 대출해 주게 된다. 그리고 연준이 대부분의 의회 감사를 차단할 수 있도록 허용한 눈에 잘 안 띄는 어떤 법률 덕분에, 이 돈들의 정확한 액수와 수혜자는 거의 완전히 비밀로 덮여 있다.

게다가 골드만의 관점에서 봤을 때 뜻밖의 재미있는 사실은, 골드만이 은행지주회사로 전환하면서 그 주무 규제기관이 이제 뉴욕 연방준비은행으로 바뀌었다는 것이다. 당시 뉴욕 연준 의장인 스티븐 프리드먼Stephen Friedman이 과거 어떤 회사의 상무이사였는지는 뭐, 지금쯤 여러분도 눈치챘을 것이다.

프리드먼은 골드만삭스를 규제하고 있어야 할 시기에 이 회사의 이사직을 유지하고 있었는데 이는 엄밀히 말하면 연준 정책 위반이었다. 이 문제를 바로잡기 위해 그는 뉴욕 연준 법률자문관인 토머스 백스터Thomas Baxter에게 이해 상충 포기 각서를 신청했고, 물론 승인받는다.

또한 골드만이 은행지주회사가 된 뒤에 프리드먼은 자기가 보유한 골드만 주식을 포기해야 했음에도 자산을 처분하지 않았음은 물론, 2008년 12월에는 3만 7천 주를 추가로 사들이기까지 했다. 이로써 그는 자기 친정 기업 주식을 거의 10만 주나 갖게 되었는데, 당시 가치로 1300만 달러가 넘는 액수였다.

위기가 진행된 기간 내내 골드만은 정부 기관의 살가운 손길 없이는 단 1인치도 움직일 수 없었다. 바로 그 시기인 2008년 9월 말, 골드만 CEO 로이드 블랭크페인과 모건스탠리 CEO 존 맥John Mack은 자기들 회사를 공격하고 있던 공매도자short seller들을 규제해 달라고 정부에 로비를 벌였다. 그리고 9월 21일, 증권거래위원회가 800여 개 금융주에 대한 공매도를 금지하기로 결정한 덕분에 바라는 바를 쟁취했다. 이 금지 조치가 발표된 첫 주에 골드만의 주가는 약 30%나 올랐다.

이 공매도 금지가 괘씸한 이유는 명백하다. 불과 1년 전 주택 거품 시기에 다른 증권의 하락에 베팅해서 수익을 남겼다고 떠벌렸던 바로 그 은행이, 이제 자기가 아쉬운 때가 되니까 정부 내의 친구들을 동원해 공매도자들로부터 보호막을 친 꼴이었기 때문이다.

이 모든 일들—AIG 구제금융, 은행지주회사 전환의 신속한 승인, 부실자산구제 프로그램 기금, 공매도 금지—이 한 묶음으로 전달하는 메시지는 골드만삭스가 있는 곳에 자유시장은 없다는 것이다. 정부 권력은 시장의 다른 주자들이 죽는 것을 내버려 두었지만, 골드만삭스만은 그 어떤 조건에서도 실패하도록 놔두지 않았다. 골드만삭스의 암묵적인 시장 우위는 어느 날 갑자기 노골적인 최고 권력 선언이 되었다.

"정부가 언제나 골드만을 구제해 주리라는 건 이제 암묵적인 가정도 아닙니다. 노골적인 가정이 되었죠." 현 MIT 경제학 교수이며 전 국제통화기금IMF 관료였던 사이먼 존슨Simon Johnson의 말이다. 그는 이런 구제금융들을 자신이 저개발 국가에서 보았던 정실 자본주의에 비교했다.

이 모든 정부의 지원들은 세계에서 가장 영리한 고양이들의 집단이라는 골드만의 신화가 거짓임을 드러내고 있다. 이런 온갖 일들은 언뜻 대단히 복잡하게 들리지만, 에둘러 보지 않고 직시하면 그렇지 않다. 만일 누군가 당신에게 1주일에 10억 달러씩을 공짜로 건네준다면, 돈을 버는 일이 얼마나 어려울 것인지 스스로에게 물어 보라. 이제 여러분은 골드만삭스와 정부와의 관계가 어떻게 돌아가는지에 대해 대략의 감을 잡을 수 있을 것이다.

매릴랜드 대학의 피터 모리치Peter Morici 교수는 이렇게 말한다. "3% 금리로 돈을 빌려다가 이것을 다시 5% 금리로 빌려 주면서 수익을 내려면 기술이 필요합니다. 하지만 2%로 빌려다가 5%에 빌려 주면서 수익을 내는 데는 그보다 기술이 덜 필요하죠. 지금 벌어지는 일이 바로 그런 겁니다."

모리치는 이런 프로그램들 덕분에 골드만과 기타 은행들이 아무것도 모르는 일반 소비자들을 등쳐먹으며 돈을 벌 수 있게 되었다고 덧붙였다. 정부 돈을 저리로 엄청나게 많이 갖다 쓸 수 있기 때문에 이제 개인 예금자들의 돈을 끌어들이기 위해 프리미엄을 지불할 필요가 없어진 은행들은 (개중에서도) 양도성 예금 증서CD 금리를 크게 내렸다. 상당수 노인들이 CD 금리에 수입을 의존하고 있었지만, 정부가 가난하고 나이든 사람들이 아닌 부자 은행가들을 골라서 구제금융해 주는 시대에 이들에게는 운이란 게 따르지 않았다. "할머니들한테 세금을 걷어서 골드만한테 갖다 주는 격이죠."

모리치의 말이다.

바로 여기에 귀 기울일 대목이 있다. 세 차례의 역사적인 버블 재앙에 결정적 역할을 하고, 2000년 전반기에만 나스닥에서 5조 달러의 부를 허공에 날리는 데 일조하고, 수천 건의 부실 모기지를 연기금과 시 정부에 떠넘기고, 기름값을 반년 만에 갤런당 4.6달러가 넘도록 폭등시키고, 전 세계 1억 인구를 기아선상으로 새로이 떠밀고, 잇따른 구제금융을 통해 수백억 달러의 국민 세금을 확보한 골드만삭스는 2008년 한 해 동안 미국 국민들에게 과연 얼마를 돌려주었을까?

바로 1400만 달러였다.

이것은 2008년 이 회사가 납부한 세금 액수다. 실질 세율이 정확히 1%다. 그해 이 은행은 급여와 보너스로 100억 달러를 지급했고 20억 달러 이상의 수익을 거두었지만, 정부에 지불한 돈은 2008년 로이드 블랭크페인이 개인적으로 받아 챙긴 4290만 달러의 3분의 1에도 못 미쳤다.

어떻게 이런 일이 가능했을까? 골드만의 연례보고서에 따르면, 이런 낮은 세금은 많은 부분 이 은행의 '지리적 수익 구조' 변화에 기인한다. 그러니까 이 은행이 자기 돈을 다른 곳으로 옮겨 놓아, 세율이 낮은 다른 나라에서 그 모든 수익이 발생했다는 말이다. 완전히 엿 같은 우리의 법인세 체계 덕분에 골드만 같은 기업들이 수익을 해외로 빼돌리고 이 수익에 대한 세금 납부를 무기한 연기하면서 한편으로는 세금을 내지 않은 바로 그 소득을 근거로 선불 공제를 요구할 수 있는 것이다.

회계사들이 어쩌다 한 번씩만 정신을 차려 주어도 대개의 기업들이 용케도 전혀 세금을 안 내는 방법을 찾아내는 이유가 바로 이것이다. 실제로 연방회계감사원의 보고서는 1998년부터 2005년 사이 미국에서 활동한 전체 기업의 3분의 2가 전혀 세금을 내지 않았음을 밝혀냈다.

이는 응당 죽창을 치켜들고 분노해야 할 차원의 일이다. 하지만 골드만이 구제금융 수혜 이후 세금 명세를 발표했을 때, 거의 모두가 입 한 번 벙긋하지 않았다. 그나마 로이드 도지트Lloyd Doggett 텍사스 주 하원의원이 이 음란 행위에 대해 한마디 내뱉은 몇 안 되는 인물이었다. 그는 이렇게 말했다. "오른손으로는 구제금융 돈을 구걸하면서, 왼손으로는 그것을 해외로 숨기고 있다."

★ 충격적인 급여와 보너스 잔치 ★

2008년 검은 여름의 출혈이 멎자 골드만은 곧바로 새로운 책략을 꿈꾸면서 평소 비즈니스로 복귀했다. 자기들이 버블에 취해서 벌인 햄버거 도둑질로 인해 불과 얼마 전에 파산의 심연을 엿봤던 일은 아랑곳없는 듯했다. 이 은행은 마치 마약 과다 복용으로 쓰러졌다가, 깨어나자마자 환자복을 입은 채 다시 약을 구하러 응급실 밖으로 뛰쳐나가는 중독자 같았다.

포스트 AIG 시대에 그들이 취한 첫 번째 조치는 회계 보고 캘린더를 한 달씩 뒤로 민 것이었다. 여러 해 동안 골드만은 12월 1일부터 2월 28일까지의 3개월을 1분기로 칭해 왔다. 그런데 2009년에 그들은 1분기를 1월 1일에 시작해서 3월 31일에 끝냈다. 문제는 그 직전 해의 4분기가 2008년 11월 30일에 끝났다는 점이었다. 그러면 2008년 12월 1일부터 12월 31일까지의 1개월이란 기간은 어떻게 되었을까? 골드만은 이 기간을 어느 회계연도로도 귀속시키지 않은 채 '고아'로 만들어 버렸다. 이 은행의 회계사들은 세전 손실로 13억 달러, 세후 손실로 7억 8천만 달러를 이 '고아가 된' 달에 포함시킨 다음 간단히 마술 지팡이를 휘둘러 손실을 없애 버렸고,

이로써 손실은 엔론식으로, 존재하지 않는 달의 웜홀 속으로 사라져 버렸다. 이는 마치 미식축구 경기 중간의 휴식 시간에, 남들 다 보는 앞에서 지들끼리 볼을 차고 10야드를 전진하여 퍼스트 다운fisrt down•을 얻는 상황을 회계상으로 재현한 것과 같았다.

이렇게 그들은 10억 달러 이상의 손실액을 고아로 만들어 버린 동시에, 2009년 1분기에 18억 달러의 수익을 냈다는 대단히 의심스런 발표를 했다. 그리고 (이 은행은 1분기 보고서에서 "AIG가 수익에 끼친 전체적 영향은 어림잡아 제로"라는 아리송한 주장을 하긴 했지만) 그 수익의 상당 부분은 AIG 구제금융을 통해 국민 세금으로 주입된 돈에서 나왔을 것으로 추정되었다. "그들은 이 1분기 실적을 놓고 갖가지 방법으로 꿍꿍이를 쳤습니다. 고아가 된 달로 손실을 감추고 구제금융 돈을 수익이라고 했죠." 한 헤지펀드 매니저의 말이다.

1분기에 거둔 뜻밖의 실적 호전과 관련해 눈여겨 볼 수치가 두 가지 더 있다. 첫째로 이 은행은 1분기에 47억 달러라는 깜짝 놀랄 거액을 보너스와 급여로 나눠 주었는데, 이는 2008년 1분기 대비 18%나 인상된 것이다. 두 번째는 이 은행이 1분기 실적을 발표한 직후에 신주를 발행해 50억 달러를 벌어들였다는 사실이다. 이 수치들을 모아 놓고 봤을 때 의미하는 바는 다음과 같다. 요컨대 골드만은 위기가 한창인 시점에 국민 세금으로 수십억 달러 구제금융을 받은 지 불과 몇 개월 뒤에, 어설픈 회계 자료로 투자자들을 유인해서 50억 달러를 빌려가지고 그걸로 임원들 봉급을 올려준 것이다.

$$$

• 미식축구에서 공격팀이 공을 갖고 10야드를 전진하면 다시 네 번의 공격 기회를 갖게 되는데 이를 퍼스트 다운이라고 한다.

게다가 구제금융을 받은 은행들에 대해 정부가 실시한 '스트레스 테스트(자본 건전성 심사)' 결과를 대외적으로 암시하는 어떤 행동도 삼갈 것을 연준이 지시했음에도, 골드만은 심사 결과가 발표되기 직전에 50억 달러어치 주식 공모에 나섰다. 이 50억 달러 유상 증자는 2009년 4월 15일 발표되었고, 나중에 57억 5천만 달러로 늘어났다. 골드만은 또 2주 후인 4월 30일에 20억 달러어치의 채권을 발행했다. 5월 첫째 주 끝 무렵에 자본 건전성 심사 결과가 발표되었고 골드만은 이를 의기양양하게 통과했다.

이 주식 공모와 채권 발행은 골드만이 심사를 통과할 것임을 알고 있다는 거의 공개적인 신호를 시장에 보낸 것이었다. 이는 내부자적 특권을 노골적으로 드러낸 행동이었고 월가의 모든 이들이 그 의미를 알아차렸다. 다음의 4월 30일자 블룸버그 기사에는 이 은행 홍보부서가 내뿜는 능글맞은 웃음이 거의 눈에 보일 정도다.

> 4월 30일 (블룸버그) — 어제의 채권 및 주식 판매를 통해 골드만삭스 그룹 주식회사는 다음 주로 예정된 정부의 자본 건전성 심사 결과 공개에서 놀랄 만한 일이 없으리란 신호를 보낸 듯하다.
> 증권법에 따르면 주식이나 채권을 판매하려는 회사는 그전에 미공개 중요 정보를 밝혀야 한다. 이에 대해 골드만삭스 뉴욕 본사 대변인 루카스 반 프라그는 코멘트를 사양했다.

게다가 이 은행은 정부가 부실자산구제 프로그램 대출금 상환을 허용하기도 전에 연준이 어떤 상환 조건을 내걸지 정확히 알았던 듯하다. 정부는, 적어도 이론적으로는 부실자산구제 프로그램 수혜 기관이 돈을 너무 빨리 갚는 것을 원치 않았으므로 이 과정을 조심스럽게 관리해야 했다. 아직 상환할 능력이 안 되는 은행들에게 이는 부정적인 압력으로 작용할 수도 있기 때문이다.*

그래서 6월 1일 연준은 상환 기준의 개요를 다음과 같이 밝혔다. 돈을 갚고자 하는 은행들은 연방예금보험공사의 보증 없이 채권을 발행해서 상환해야 하며 기타 여러 가지 조건을 만족시켜야 한다는 내용이었다. 골드만삭스는 이 모든 내용을 미리 알고 있었던 것으로 보인다.

'JMP 시큐리티'의 마이클 헥트Michael Hecht는 이렇게 말했다. "그들은 자본 건전성 심사 결과가 공개되기 전에 자기들이 무슨 일을 해야 할지 전부 알고 있는 것 같았습니다. 다른 은행들은 모두 발표 때까지 기다려야 했는데 말이죠. (정부는) 자본 건전성 심사의 일부로, 부실자산구제 프로그램 기금을 상환하고 싶으면 만기가 5년 이상이고 연방예금보험공사의 보증을 받지 않는 채권을 발행해야 된다고 했는데, 골드만삭스는 이미 1~2주 전에 채권 발행을 마쳐 놨거든요."

(유령이 된 12월 회계로 손실분을 집어넣어 고아로 만들지 않았고 2009년 1분기에 사상누각의 수익을 발표하지도 않았던) 모건스탠리와 달리, 골드만은 부실자산구제 프로그램 상환을 시작하기에 충분할 정도로 건전하다고 스스로 선언했다. 골드만의 CFO 데이비드 비니어는 "우리는 (부실자산구제 프로그램의) 보호 밑에서 나오고자 한다."고 말하면서, 부실자산구제 프로그램의 상환이 마치 이 은행의 애국적인 '의무'인 것처럼 말했다.

물론 그럴 수도 있겠지만 이는 구제금융 돈에 따라붙은 임직원 급여 제한에 종지부를 찍기 위해 필요한 마지막 수순이기도 했다. 일단 이 은행이

$$
● 당시 미 재무부와 의회는 부실자산구제 프로그램 자금을 지원받은 금융사들에 대한 규제 장치를 만들고 있는 중이었고, 나아가 이 기업들을 국영화해야 한다는 주장도 있었다. 그래서 골드만삭스를 비롯한 금융사들은 이런 규제 장치들이 통과되기 전에 되도록 빨리 부실자산구제 프로그램 돈을 갚은 뒤 빠져나가고 싶어 했다.

그 '의무'를 다 하고 나면, 그 임원들은 다시금 정부 간섭 없이 가당찮은 봉급을 마음껏 받을 수 있게 될 것이었다.

그리고 정확히 그런 일이 벌어졌다. 골드만은 2분기에 34억 4천만 달러의 깜짝 놀랄 수익을 거두었다고 발표했다. AIG가 폭파되어 죽을 뻔한 경험을 한 지 채 1년도 안 되어—당시 이 은행이 하룻밤 새 은행지주회사 지위로 전향한 것은, 돈을 빌리기 위한 의무 대기 기간인 단 5일도 버틸 수 없음이 명백했기 때문이다—140년 역사상 최고의 수익을 거둔 것이다. 또 그들은 동시에 2009년 급여와 보너스로 114억 달러를 챙겨 놓았다고 발표했다. 위기 이후에 절제가 필요하다고 말한 이들을 완전히 엿 먹인 것으로밖에는 해석하기 힘든 충격적인 액수였다.

★ 거대한 미국의 거품 기계 ★

나중에야 드러난 사실이지만 이 2분기 수익은 골드만이라는 악당 집단이 올라선 최고 정점이었다. 이 시점 이후 그들은 새로운 영토로 들어서게 된다. 그들이 거의 통제하지 못한 어떤 미디어 내러티브 속의 원치 않는 캐릭터가 되어 버린 것이다. 당시 사람들의 일반적인 인식에 따라 설명하자면 이 은행은 버블 도적질의 대표 주자로 떠오르면서 주류 미디어의 왕따로 본의 아니게 데뷔했고, 그 데뷔 무대에서 최악의 모습을 보였으며 그 임원들은 이 도적질에 대한 대중의 분노에 거의 코믹할 정도로 무감각함을 스스로 입증했다.

이상이 당시 일어난 일에 대한 한 가지 해석이다. 내가 개인적으로 이 사건에서 일정한 역할을 했던 관계로 내 나름의 해석을 여기에 덧붙여 보겠다. 2009년 말 골드만의 미디어 커밍아웃 파티는, 많은 사람들이 그렇게 만들려고 하긴 했지만, 사실 거의 재난도 아니었다. 물론 원치 않는 조명을 약간 받았을 때, 로이드 블랭크페인 같은 사람들이 입이 딱 벌어질 정도로, 아니 TV 수상기에 주먹을 날리고 싶어질 정도로 불쾌한 작자들임이 만천하에 증명된 것은 사실이다.

그러나 그들은 실제로 전혀 사과하지 않았고, 그들의 랜드주의적 신념 체계를 버리겠다고 선언하지도 않았으며, 그 온갖 비난이 무색하게도 130억 달러에 이르는 수익의 마지막 한 푼까지 알뜰히 챙기며 그해를 마감했다. 이는 이 나라의 나머지 사람들에게 하나의 강렬한 메시지를 전달했다. 국민 정서 따위는 금융계에서 하찮은 물건임이 드러났다는 것이다.

그해 여름 골드만에 잇따라 닥친 악재의 포문을 실질적으로 연 것은 바로 스티븐 프리드먼의 주식 매입에 관한 〈월스트리트저널WSJ〉의 폭로 기사였다. 이 〈WSJ〉 기사는 2009년 5월 첫째 주 자본 건전성 심사 결과 발표와 사실상 거의 동시에 나왔다. 당시 그때까지도 뉴욕 연방준비은행 의장이던 프리드먼은 연준의 모든 지부를 통틀어 가장 막강한 인물이었고 월가의 주무 규제관이었는데, 〈WSJ〉 기사가 터진 지 불과 며칠 뒤에 사임했다.

그와 거의 동시에 세 건의 언론 기사가 나옴으로써 이 은행에 대한 매우 부정적인 관심의 소용돌이에 초점이 모이게 된다. 내 기사가 그중 하나였고, 또 하나는 《뉴욕 매거진》의 조 헤이건Joe Hagan이 쓴 기사였고, 세 번째는 '제로 헤지Zero Hedge'라는 블로그에서 '타일러 더든Tyler Durden'이라는 필명으로 활동하던 (그때까지는) 무명 블로거의 시리즈 글이었다.

더든의 블로그는 해독 불가능한 월가 전문용어로 쓰여 있었고, 그 자신은—나중에 그는 한 집요한 기자에 의해, FINRA(증권업규제청) 인가를 받은 동유럽 출신의 한 트레이더로 밝혀졌다 — 월가 내부인들에게까지 협박을 서슴지 않았다. "제로 헤지, 아, 그 인간 때문에 머리가 아파요."가 월가의 내 취재원들 입에서 나온 전형적 코멘트였다.

2009년 초부터 더든은 골드만에 대한 성전聖戰을 벌여 오고 있었다. 매매 데이터를 샅샅이 조사해서, 이 은행의 고빈도 매매 혹은 '플래시' 트레이딩팀이 뉴욕증권거래소NYSE에 대한 일종의 대규모 조작에 관여했음을 입증하는, 그의 주장에 따르면 빈틈없는 사례를 찾는 일이었다. 더든은 NYSE에서 매주 공개하는 매매 데이터를 주의 깊게 분석해서 이런 결론을 이끌어냈다. 그래서 무슨 일이 일어났을까? 당연하게도 NYSE는 6월 24일 규정을 변경하고 데이터 공개를 중단했는데, 이는 제로 헤지의 참견으로부터 골드만을 보호하기 위한 조치로 보였다. 다음은 NYSE의 메모 내용이다.

이 '인포메이션 메모'의 목적은 모든 회원 기관들에게, NYSE가 이전에 증권거래위원회에서 승인한, '일일 프로그램 매매 보고DPTR'를 통한 프로그램 매매 활동 보고 의무 규정을 종료할 예정임을 알리기 위한 것임.

제로 헤지가 골드만을 상대로 벌인 전쟁은 전설이 되었다. 도저히 믿기지 않게 들렸던 그의 음모 이론이 그해 여름 진실로 밝혀져 세상을 떠들썩하게 한 것이다. 그것은 세르게이 알레이니코프Sergey Aleynikov라는 러시아 출신의 한 골드만 직원이 이 은행의 전산화된 트레이딩 코드를 유출시켰다는 주장이 제기됐을 때였다. 알레이니코프는 제로 헤지의 주장에 따르면 대규모 조작에 관여한 바로 그 팀에서 일하고 있었다.

그리고 실제로 알레이니코프가 체포된 뒤 재판 과정에서 연방 검찰청의 조지프 파치폰티Joseph Facciponti 검사는 이렇게 전했다. "이 은행은 이 프로그램의 사용법을 아는 누군가가 이것을 이용해 시장을 부당하게 조작할 위험성이 있다고 문제를 제기했다." 맞다. 그럴 수 있다.

한편 헤이건의 기사는 다른 각도에서 타격을 입혔다. 특히 이 기사는 골드만이 AIG 재난의 여파로 거의 개점휴업 상태에 이르렀다고 보도했다.

골드만과 긴밀한 관계를 유지하고 있는 이곳의 한 전직 임원은 시장이 계속해서 곤두박질치고 골드만의 주가도 거꾸로 처박히면서 이 회사 사람들이 '겁에 질려' 있다고 말했다.

상당수 임원들이 파크 애비뉴의 아파트, 햄튼스의 주말 별장, 기타 골드만식 라이프스타일 유지에 필요한 요건들을 갖추기 위해 골드만 주식을 담보로 대출을 받아 놓은 상태다. 그런데 마진 콜●이 발생하여 위아래 사무실을 막론하고 여러 직원들을 압박하고 있는 것이다. 공포가 너무나 커서, 주가가 장중 초단타 매매로 47달러까지 폭락했을 때는 블랭크페인과 최고운영책임자 게리 콘Gary Cohn이 중역실에서 장내로 내려와 트레이더들 사이를 서성거리는, 좀처럼 보기 힘든 행동을 함으로써 사람들을 놀라게 했다. 그들은 직원들이 자체 보유한 주식 자산을 현금화하여 주가를 더 폭락시키지 않기를 바랐다.(그럼에도 많은 직원들이 이에 가담했고, 위기 첫 9개월 동안 임직원 보유 주식 7억 달러가 유동화되었다.)

헤이건이 쓴 기사의 중요성은 무엇보다도 골드만이 최근에 거둔 성공이 얼마나 철저히 납세자들에게 의존한 것이었는지를 여실히 드러낸 데 있다. 이곳 임원들이 겁에 질려 해변의 부동산들을 팔아치운 지 채 1년도 되지

$$
● 대출받은 담보의 자산 가치가 떨어져 원금 손실이 예상되는 경우 추가로 증거금을 납입하라는 요구.

않았는데, 지금 그들은 다시 수십억 달러의 수익을 굴리고 있다. 이 모든 것이 여러분과 나와 기타 이 나라의 모든 납세자들 덕택이다.

한편 여기에서 내가 기여한 부분은 명망 있는 주류 언론사가 로이드 블랭크페인을 공공연히 '개새끼'라고 지칭하는 것이 적절한지 아닌지에 대한 논쟁을 촉발시킨 것이었다. 사실 이것은 '흡혈 오징어'를 둘러싸고 벌어진 논란 대부분의 핵심이었다. 주류 경제 기자들과 이 은행 스스로는 《롤링스톤》 기사를 놓고 경기를 일으켰지만 그 내용은 대부분 기이하게도 구체적이지가 않았다. 루카스 반 프라그 골드만 대변인은 이 기사가 '막연히 흥미 위주'이며 '히스테릭한 음모론의 집합'이라고 말했다. 심지어 반 프라그는 "골드만삭스가 (존 F. 케네디를 암살한) 제3의 저격수이며 최초의 달 착륙을 조작한 장본인이라는 말도 들어갔어야 했는데 빠졌다."라며 유머를 구사하려 시도하기까지 했다.

그러나 이 은행은 이 기사에 나온 그 어떤 정보도 대놓고 부인하지 않았다. 그들이 트집 잡은 유일한 사실은 그들이 모기지 시장의 메이저 기업이었다는 주장과 관련된 것이었다. 이 은행은 이제는 증발해 버린 베어스턴스 같은 '과거 경쟁사들'이 이 시장에서는 훨씬 큰 기업이었다고 다소 의기양양하게 지적했다.

사실 이 은행은 나를 전혀 귀찮게 굴지 않았지만—그럴 필요가 뭐 있겠는가?—다른 경제 기자들이 그랬던 것은 분명하다. 그들 비판의 테마는 내 기사의 사실관계가 틀렸다는 게 아니라, 황공하게도 내가 그보다 훨씬 큰, 메타-랜드주의적 진실을 놓쳤다는 것이었다. 골드만이 부패했을 수도 있고 구제금융을 받는 데 정부 영향력을 이용했을 수도 있지만, 그 어떤 대가를 무릅쓰고라도 우리 중 가장 우수하고 똑똑한 이들을 구제해 줘야 되기 때문에 이는 국가를 위해 필요한 일이었다는 것이다. 그러지 않는다면 누가 우리 식탁 위에 빵을 놓아 줄 것인가? 이 주장을 가장 훌륭히 설파한 사람은 바로 CNBC의 찌나풀 가스파리노였다.

그리고 폴슨과 버냉키가 《롤링스톤》 편집자들이 아닌 블랭크페인에게 도움을 청한 것은 천만 다행한 일이다. 이 사실을 저 밖의 모든 사람들에게 계급 전쟁 분위기로 폭로하기는 싫지만, 만약 AIG가 붕괴했고 당신이 정부인데 이 회사를 구조조정하거나 정부가 이 문제의 해결책을 궁리해 내는 데 도움이 필요하다면, 골드만의 도움으로 시작하는 것이 최선일 것이다.

가스파리노가 중간에 이 말을 쓴 문제의 기사는 이례적일 만큼 시인으로 가득 차 있었다. 글을 맺을 때쯤에 그는 내가 썼던 거의 모든 내용에 동의하고 있었다. 다음은 그 예시다.

이 시스템의 구제 방법을 그들이 논의할 때 로이드 블랭크페인도 그 방에 있었을까? 물론 그랬다. 그 과정에서 골드만이 멸종에서 구제받았는가? 당연히 그렇다… 구제금융(그것은 신속하고 더러웠지만, 필요한 것이었다…)에 대해 여러분은 무엇을 바라는가. 물론 이 회사는 AIG가 보증한 채권에 대한 이 회사의 익스포주어와, 이 회사의 모든 정부 내 커넥션을 고려할 때 이해관계가 충돌되는 부분이 있었다. 그러나 이런 지저분한 상황에서는 다른 기업들도 다 마찬가지였다… 합리적인 사람이라면 골드만이 정부 보호를 받는 은행이라는 지위로 혜택을 입었다는 사실을 부인할 수 없다. 큰돈을 벌었고(2분기에만 30억 달러) 연준의 구제를 받으면서 헤지펀드처럼 행동했으며, 상업은행으로서의 위치를 이용해 저리로 대출받아 채권시장에 거액을 베팅한 일 등이 그것이다… 골드만의 힘이 너무 큰가? 어쩌면 그럴 것이다. 9월에 이 회사가 대마라서 불사했는가? 대차대조표의 규모로 봤을 때, 골드만이 몰락한다면 리먼의 그것은 하찮아 보일 것이다.

나와 《롤링스톤》을 두들겨 팬 사람들이, 내 주장에서 사실과 관련된 부분을 계속 인정하면서도 내가 이끌어 낸 결론만은 잘못됐다고 주장한 예는 이 밖에도 많았다. 《애틀랜틱》의 메건 매커들은 그걸 이런 식으로 표현했다.

아니다. (타이비가 제시한) 사실은 틀렸으며 그의 결론도 틀렸다. 맞는 것은 오로지 우리 공적 삶에서 골드만삭스가 하는 역할에 대해 그가 느끼는 불편한 감정뿐이다… 혹은 그가 제시한 사실은 옳지만, 그 작은 내러티브는 터무니없이 틀렸으며 이 때문에 그 메타 내러티브까지 의심스럽다고 하는 것이 이를 더 잘 표현하는 방식일지도 모른다.

그리고 물론 그 메타 내러티브에서 내가 빠뜨린 부분은, 어쩌면 골드만삭스가 부패했고 정부와 너무 친밀한 관계이며 국민 세금으로 너무 많은 지원을 받았을 수도 있지만, 그럼에도 우리 배가 침몰을 면하려면 그들이 너무나 절실히 필요하기 때문에 분노를 발산할 목표물로는 적절치 않다는 것이었다. 일단 이런 주장이 나오자, 미국적 통념의 제사장 데이비드 브룩스David Brooks가 〈뉴욕타임스〉 칼럼에서 이를 공식화하는 건 시간문제였다. 브룩스는 금융위기의 원인이 여러 가지인데도(예컨대 그는 정색을 하고 중국의 부상을 주장했다) 쉬운 길만 골라간다는 것—"포퓰리즘적 내러티브를 따라가면 그저 골드만삭스만 비난하면 된다."—이 나 같은 비판가들의 문제라고 주장했다.

브룩스 역시 골드만삭스에 불리한 사실과 관련된 이슈는 전혀 문제 삼지 않았다. 사실 그는 그것들을 시인하고, 정확히 그런 추한 사실에도 불구하고 우리는 골드만이 세상을 갖고 마음껏 배를 채우게 내버려 두어야 한다고 주장했다. 그는 이런 견해를 다음의 비범한 구절로 요약했다.

> 정치적 포퓰리스트들이… 파악하지 못하는 것은 더 교육 수준이 높은 노동력을, 더 많은 투자를, 더 많은 혁신을, 그 밖에 진보와 성장에 필요한 것들을 생산하지 않는 엘리트를 처벌하는 것이 바로 정치의 근간이라는 사실이다.
> … 해밀턴이 자본시장을 옹호하고 링컨이 은행을 옹호한 것은 그들이 트레이더와 은행가들을 사랑해서가 아니었다. 그것은 활기찬 자본주의 경제가 자기들 같은 가난한 소년들의 기회를 극대화한다는 사실을 알았기 때문이다. 그들이 트레이더들의 지나친 행동을 기꺼이 관용한 것은, 활발한 금융시장 이외의 그 어떤 제도도 새로운 집단과 새로운 인물에게 더 많은 기회를 열어 주기 힘듦을 이해했기 때문이다.

그리고 기본적으로 바로 이것이, 이 논설이 최종적으로 하려는 말이었다. 이는 계급적 특권에 대한 주장으로 요약되었다. 그렇다. 골드만은 여러 가지 죄를 저질렀는지도 모른다. 심지어 그들은 당신이 힘들게 번 수십억 달러의 세금을 훔쳐서 그 돈으로 요트와 여자 따위를 샀을지도 모른다. 그러나 우리는 아기를 목욕물과 함께 내다버려선 안 된다!

그런데 상황이 약간 바뀌었다. '내러티브'가 상처 입은 것이다. 주류 미디어의 행동은 마치 동물 무리에 대한 고전적 연구 결과를 보는 것 같았다. 무리의 절반 이상이 뛰려고 움직이기 시작하면 그 즉시 모두가 따라서 뛰는 것 말이다. 그것이 바로 2009년 여름에 벌어진 일이었다. 프리드먼과 알레이니코프 스캔들을 비롯한 여러 가지 원인이 작용하여, 여론의 흐름이 골드만에 적대적으로 바뀐 것이다. 이제 이 은행은 조지 부시가 임기 말에 느꼈던 것, 즉 미디어가 자기들 앞에 무릎을 꿇었다가 어느 날 갑자기 자기들 목을 겨냥하는 반전을 경험하고 있었다. 그리고 그때부터 그다음 해 무렵까지, 골드만의 행동에 대한 기나긴 폭로의 합창이 다음과 같이 이어졌다.

★ 2009년 8월, 〈뉴욕타임스〉는 AIG 구제금융이 진행된 기간에 폴슨 재무장관과 로이드 블랭크페인이 정기적으로 전화 통화를 했다고 보도하며, 골드만이 전 자사 CEO인 폴슨에게 접근이 용이하다는 점을 이용해 AIG 구제금융을 통해 최종적으로 130억 달러를 확보한 사례를 들었다. 웃기게도 이 〈타임스〉 기사가 나온 시점은 가스파리노가 "2008년의 암흑기, 리먼이 붕괴한 직후 AIG가 죽음의 문턱에 있을 때, 블랭크페인이 수화기를 들고 그의 옛 파트너인 당시 재무장관에게 전화를 걸어 구제금융을 요청했다."는 생각을 '모든 음모론의 어머니'라고 조롱한 지 불과 몇 주 뒤였다.

★ 2010년 초 금융계는 골드만이 그리스 국민들을 위해 고안해 준 금리 스와프 폭탄이 터지면서 또 다른 잠재적 재앙에 직면했다. 그리스 스캔들은 골드만과 JP모건 같은 은행들이 여러 해 동안 미국 지방 정부들을 '양털 깎기' 하는 데 써먹어 온 약탈적 금융 사기의 변형이었다. 도시와 지자체와 국가들은 이 스와프에 힘입어 2000년대 중반 약탈적 대출업자들이 동원했던 모기지 재융자 방식과 매우 비슷한 방식으로 부채를 재융자할 수 있었다. 금리스와프는 규제받지 않는 파생상품의 또 다른 유형으로, 이를테면 변동금리를 지불하고 있는 채무자가 골드만 같은 은행에 수수료를 내고 안정적인 고정금리로 갈아타는

것이 그 기본 개념이다. 사례를 단순화해서 당신이 주택담보대출을 받고 변동금리 이자를 지불하고 있다고 치자. 당신이 골드만에 가서 수수료를 내고 이 변동 리스크를 떠맡기면, 그들은 이것을 새로운 고정금리와 맞바꿔(스와프) 준다. 이런 수를 쓰면 정치인들은 부채를 몇 년 뒤로 차버릴 수 있고, 어떤 경우(이를테면 그리스의 경우)에는 스와프를 함으로써 사실상 현금을 선불로 받을 수도 있다. 그리스 역시 시민들 모르게 공항과 고속도로 수익권을 골드만에 팔아넘기고 현금을 선불로 받았다. 여기서의 노스트라다무스 역은 바로 매커들이었다. 그리스가 터지기 반년 전, 그는 골드만이 규제받지 않는 파생시장을 공격적으로 약탈하고 있다는 내 서술이 너무 막연하다며 나를 괴롭히고 있었다. 그는 이렇게 썼다. "어쨌든 이 파생상품들 중에서 CDO나 CDS와 크게 관련 있는 것은 하나도 없다. 만약 그렇다고 한다면 주식과 채권도 하나로 뭉뚱그릴 수 있을 것이다. 둘 다 '증권'이니까. <u>내가 아는 한, 금리스와프의 이용을 규제할 필요가 있다고 제안하는 사람은 한 명도 없다.</u>"

★ 금리스와프 재앙의 초기 사례는 앨라배마 주 제퍼슨 카운티다. 이곳은 JP모건과 체결한 잇따른 스와프 딜로 인해 2008년에 사실상 파산했다. 이 딜 때문에 카운티는 대량 해고와 무급 휴가를 실시해야 했고, 이곳 주민들은 앞으로 한 세대 동안 엄청나게 부풀어 오른 하수도 요금 고지서를 받아야 하는 처지가 되었다. 골드만이 이 제퍼슨 카운티와의 스와프 딜에 실제로 관여하지 않은 것은 절제심을 발휘한 희귀한 사례 같지만, 이는 그들이 먹잇감을 포기하고 JP모건의 단독 계약을 묵인하는 대가로 모건에게서 300만 달러를 받았기 때문이다. 앨라배마 재앙과 관련해 골드만이 뒷돈을 받았다는 폭로는 많은 공분을

일으키진 못했지만, 이는 이 은행이 무엇에 혈안이 되어 있는가를 보여 주는 대표적 사례가 되었다. 지방채 업무 감독 기관의 책임자였던 크리스토퍼 테일러Christopher Taylor는 이를 일러 '반경쟁적 행위의 단순 명쾌한 사례'라고 말했다.

마지막이자 가장 중요한 사건은 2010년 봄에 일어났다. 골드만은 월가 전체에 충격파를 일으키며 대대적으로 보도된 한 사건으로 증권거래위원회로부터 기소를 당하게 된다. 이 스캔들을 요약·정리하면 다음과 같다. 때는 2007년으로 거슬러 올라간다. 하버드 출신의 헤지펀드 제왕인 존 폴슨John Paulson(전 골드만 CEO 헨리 폴슨과는 무관함)은 주택 거품이 신기루라 판단하고 그 하락에 베팅할 방법을 찾았다. 그래서 그는 골드만에게, 그가 하락에 베팅할 10억 달러어치의 부실 서브프라임 투자 상품들을 취합하여 바스켓을 구성하자고 제안했다. 이에 응한 골드만은 1500만 달러의 수수료를 받고 계약을 맺은 뒤 이 포트폴리오 내의 부실 모기지 중 일부를 폴슨이 직접 고르도록 했다. 이 포트폴리오에는 '아바쿠스ABACUS'라는 이름이 붙게 된다.

폴슨은 특히 변동금리모기지, 신용등급이 낮은 채무자들에게 대출된 모기지, 최근에 집값이 폭등한 플로리다·애리조나·네바다·캘리포니아 같은 주의 모기지들을 골라서 이 '아바쿠스' 안에다 쑤셔 넣었다. 비유하자면 폴슨은 골드만이라는 매음굴을 찾아올 손님들의 섹스 파트너로 마약 주사 상용자와 혈우병 환자들을 잔뜩 골라 넣은 셈이다.

그런 다음 골드만은 돌아서서 이 모기지 기반 독극물을 훌륭하고 건전한 투자 상품으로 위장하여 고객들—그중에서도 IKB라는 독일 은행과 ABN-AMRO라는 네덜란드 은행—에게 팔았다.

증권거래위원회가 밝힌 골드만의 규정 위반 사항은, 이 딜에 폴슨이 어떤 식으로 관여했는지를 두 고객에게 알리지 않았다는 것이었다. 투자자들은 그들이 매수한 딜을 취합한 장본인이 바로 금융 방화범이며 그는 이것이 잿더미가 되기만 빌고 있단 사실을 알지 못했다.

지나가는 김에 재미있는 얘기 하나를 덧붙이면, '아바쿠스'가 폭로되면서 찰리 가스파리노의 노스트라다무스적 행동도 덤으로 부각되었다. 그는 "골드만은 '증권 사기'를 저질렀을 가능성이 농후하다. 자기들이 다년간 발행해 온 수십억 달러의 채권이 잘못되리란 것을 알고, 뒤에 가서는 서브프라임 대출에 연동된 바로 그 모기지 채권의 가격 하락에 베팅했기 때문"이라는 내 기사의 주장을 비웃으며 "그런 예를 하나라도 증명해 보라."고 코웃음 친 바 있었다.

어쨌든 증권거래위원회의 소송은 최초로 일반 대중들 앞에 악당의 얼굴을 보여 주었다. 그것이 파브리스 투르Fabrice Tourre라는 프랑스인—'아바쿠스'를 취합한 골드만 측 금융가—의 얼굴로 귀결된 것은 뜻하지 않게 기막힌 일이었다. 거의 모든 면에서 그는 만평에 등장하는 거만한 부자 놈들의 캐리커처와 닮은 모습을 하고 있었다. 손질한 헤어스타일, 흰족제비 같은 깔끔한 매너, 값비싼 수트, 그리고 뭐, 프랑스인 특유의 분위기 등등을 두루 갖춘 인물이었기에 모든 미국인들이 그를 처음 본 순간 마치 썩은 치즈를 봤을 때처럼 역겨워서 움츠러들었을 것이었다. 그리고 미국인들이 그를 정말로 처음 보게 된 아바쿠스 청문회장에서 미 상원은 과연 투르와 그 밖의 골드만 임원들을 텔레비전 무대 위로 끌어내 시청자들 앞에서 타르를 칠하고 깃털을 붙였다.•

이 청문회를 통해 미국인들은 골드만 직원들이 그들만의 환경에서 어떤 식으로 행동하는지에 대해 많은 것을 알게 되었다. 그들은 이 딜이 곧 폭발하여 네덜란드 은행 ABN-AMRO 같은 고객들이 얼굴에 거대한 오믈렛을 뒤집어쓸 것임을 투르가 알고 있으면서 그 딜로 자기가 얼마나 많은 돈을 벌 것인지 이메일로 떠벌렸음을 알게 되었다. 그는 이렇게 썼다. "이 시스템은 레버리지가 점점 불어나고 있어. 지금 당장이라도 빌딩 전체가 무너져 버릴 거야… 생존 가능성이 있는 유일한 인간, 이 전설의 파브리스 투르 님이… 그가 창조한 이 모든 복잡하고 진귀하고, 엄청난 레버리지로 버티고 있는 트레이드의 한가운데 서 계신 거지!"

미국인들은 '아바쿠스'와 비슷한 다른 딜에 대해 골드만 직원들끼리 주고받은 이메일에서 그들이 아무것도 모르는 고객들에게 성공적으로 덤터기를 씌웠다는 사실도 알게 되었다. 그중에는 서브프라임 쓰레기로 가득 찬 '팀버울프'라는 딜도 있었는데 골드만의 고위급들은 영업 직원들에게 이를 열과 성을 다해 처분하라고 지시했다. 2007년 6월 22일 날짜가 찍힌 이메일에서 톰 몬태그Tom Montag라는 한 골드만 임원은 이 은행 모기지 부문 책임자인 대니얼 스파크스Daniel Sparks에게, "팀버울프는 개쓰레기shitty 딜"이라고 썼다.

놀랍게도 그로부터 불과 1주일 뒤 골드만 영업 직원들은 이 개쓰레기 딜을 '최우선순위로' 팔라는 지시를 받는다.

이 모든 서신 교환 내용은 금융위기 조사를 위한 상원 상설 소위원회에서 공개되었다. 이 위원회 의장 칼 레빈Carl Levin이 이 '개쓰레기 딜'을 판매한 데 대해 스파크스를 계속 몰아붙인 것은 골드만의 역사에서 결정적 순간이 되었다.

"이게 개쓰레기 딜이라는 걸 당신은 알았죠. 당신 이메일에서 나온 겁니

$$

● 타르를 칠하고 깃털을 붙이는 것은 식민지 시대 미국에서 자주 행해지던 린치의 한 형태다.

다." 레빈은 호통 쳤다. "고객들에게 이런 개쓰레기 딜을 계속해서 얼마치나 팔았습니까?"

스파크스는, 청문회에 나온 골드만 측 증인들 대부분이 그랬듯이 뻔뻔스럽게 말을 얼버무리면서 답변을 거부했다. 그는 계속해서 레빈—그가 분명 상원에서는 최초로 '개쓰레기'라는 말을 12번이나 반복할 때, 그의 명물인 옆으로 빗어 넘긴 머리카락은 분노로 인해 말 그대로 떨리고 있었다—의 말을 끊고 '모종의 맥락some context'을 고려해 줄 것을 요구하면서 폭로의 충격을 완화하려 했다.

"모종의 맥락을 고려해야 할 것입니다…." 스파크스가 중얼거렸다.

스파크스가 계속해서 맥락을 들먹이자 상원 청문회장의 청중들마저도 수군거렸다. 팀버울프를 '최우선순위'로 판매할 것을 골드만 영업팀에 지시하는 2007년 7월 1일자 이메일을 레빈이 낭독할 때 청중들은 말 그대로 키득키득 웃었다. 이 웃음에 주목해야 하는 이유는 1년 전이었다면 상원 위원회 청문회장의 기자와 참관인들이, 자기들이 얼마나 '개쓰레기 같은' 상품을 만들었는지 임원들이 이메일로 농담을 주고받은 지 겨우 1주일 뒤에, 그 진귀한 모기지 기반 증권을 처분하라고 영업 직원을 밀어붙이는 은행의 무도함에 '웃음을 터뜨릴 정도로' 월가의 관행에 훤한 것을 상상하기조차 힘들었기 때문이다. 바로 그 순간, 골드만과 그 동류 은행들이 무슨 짓을 해서 돈을 버는지에 대한 진실이 주류로 올라왔다.

골드만은 이 스캔들을 둘러싼 최초의 소란을 뚫고 살아났다. 실제로 이 회사의 주가는 증권거래위원회의 기소 당일 12.8% 폭락했다가 그다음 거래일에 도로 회복되었다. 그로부터 며칠 뒤, 골드만은 1분기 수익이 34억 6천만 달러라고 발표했다. 이 은행은 분명히 명성에 타격을 입긴 했지만 여전히 순항 중이었다. 그런데 그다음 달부터 투자자들이 조금씩 이 회사를 탈출하기 시작했다. 그들이 납세자나 장삼이사 투자자들만이 아니라 자기 '고객'들까지 엿 먹인 사실이 폭로되었기 때문이다. 결국 골드만은 기소 사실이 발표된 날부터 2010년 여름 증권거래위원회와 5억 5천만 달러─기록적 벌금이었지만, 골드만의 그해 1분기 수익하고만 비교해도 미미한 액수였다─에 최종 합의한 날까지 거의 80억 달러의 주가 손실을 입었다. 하지만 실질적으로 증권거래위원회 벌금이 크지 않다는 뉴스는(많은 분석가들은 벌금이 10억 달러 이상일 것으로 예상했다) 골드만의 주가를 하루 동안 다시 9%나 끌어올렸다. 벌금 액수가 발표된 날 이 은행은 주식 가치로 5억 5천만 달러 이상을 회복한 셈이다.

하지만 상원 회의장에서 금융규제개혁 법안에 대한 논쟁이 오가는 동안 이 은행의 이미지는 상당한 타격을 입었다. 양당 상원의원들이 이 법안을 폄하하는 수단으로 이 회사 이름을 들먹였기 때문이다. 그때 나는 상원 회의장에 있었는데, 개미의 뇌를 가진 와이오밍 주 공화당 의원 마이크 엔지Mike Enzi가 월가 은행들이 바라던 것이라는 이유로 이 규제 법안을 (부정확하게, 이건 지적해야겠다) 매도하는 발언을 듣고 있었다. "아니, 골드만삭스가 이 법안을 좋아한다니까요!" 그는 우렁차게 내뱉었다. 1~2년 전이었다면, 골드만삭스가 바라는 것은 나쁜 것이라고 공화당 상원의원이 말하는 광경을 상상하기란 불가능했을 것이다.

이 모든 폭로들은 기만적이고 과시적이고 거만한 버블 시대 범죄의 궁극적 상징으로서 골드만의 위치를 굳히는 데 한몫했다. 마이클 무어Michael Moore의 영화 〈자본주의: 러브 스토리〉에서 무어가 브로드 스트리트 85번가에 있는 골드만 본사에 범죄 현장을 알리는 노란 테이프를 두르는 장면이 등장했을 때, 대중문화에서 그들의 위치는 공식화되었다.

이 모든 현상에 대한 골드만의 반응은 놀랄 만큼 무감각했다. 처음에 그들은 다양한 공격을 비웃으며 묵살해 버림으로써 자족했지만, 시간이 지나면서 몇몇 임원들이 이런 비판에 정말로 상처를 입었다는 것이 점차 분명해졌다. 그들은 이해하지 못했다. 그들은 정말로 자기들이 옳은 일을 하고 있다고 생각했던 것이다. 숨 닿는 곳에 있는 모든 돈을 향해 탐욕스럽게 돌진함으로써 말이다.

아바쿠스 딜에 대한 이 은행 주요 임원들의 상원 증언은, 한 집단이 너무 많은 돈을 너무 빠른 시간 내에 벌었을 때 얼마나 외부와 단절되고 개념을 상실하게 되는가를 보여주는 주목할 만한 사례였다. 이 회사의 대중 홍보 역사상 가장 중요했던 순간은 블랭크페인이 상원에 우뚝 서서 자기 생각에는 자기 회사가 파는 상품에 결함이 있음을 고객에 알릴 의무가 없는 것 같다고 큰소리로 말했을 때였다. "나는 고지 의무가 있다고는 생각지 않습니다."라고 블랭크페인은 그런 질문이 제기되었다는 것 자체를 믿을 수 없다는 표정으로 말했다.

모기지 부문 책임자인 스파크스의 반응은 그보다 더 나빴다. 자신의 행동을 후회하느냐고 칼 레빈이 물었을 때 그는 이렇게 말했다. "내게 있어 후회란 잘못된 일을 했다는 느낌이 든다는 뜻인데, 그런 건 없습니다." 프랑스 바보 투르는 비슷한 질문을 받았을 때 잠시 생각한 뒤에 대답했다. "나는 그런 이메일을 쓴 것을 후회합니다. 그것 때문에 회사와 나에 대한 인식이 매우 나빠졌습니다. 그리고 음, 그걸 보내지 말았어야 했습니다."

그들은 하룻밤 1천 달러짜리 매춘부들과 놀아나다 들켰는데 나중에 부인들이 추궁하자 그저 들킨 게 유감스러울 뿐이라고 강변하는 남편들 같았다. 자기들이 잘못했고 자기들이 틀렸음을 알고 있으며, 고객들에게 말하지 않은 채 '개쓰레기 딜'을 판매한 것이 문제였음을 골드만 임원들이 상원 앞에서 인정할 수 없었던 것은 명백히 단 한 가지, 법적인 이유 때문이었다.

그래서 그들이 시인을 거부했을 때 아무도 놀라지 않았다. 그들에게 시인이란 소송에서 항복하는 것과 마찬가지일 것이다. 그러나 대부분의 사람들을 놀라게 만든 것은 바로 그 어조였다. 만약 다른 여자와 함께 있는 것을 아내에게 들켰다면, 설령 진심으로 미안하지 않더라도 미안한 듯이 행동해야 한다는 것은 모든 남자들의 상식이다. 아내를 빤히 쳐다보면서 "당신이 뭐 때문에 열 받았는지 모르겠는걸." 할 수는 없다.

바로 그것이 골드만 임원들의 행동방식이었다. 그들이 거짓말을 했다는 것은 대수가 아니었지만, 그들은 자기가 진실을 말한다고 생각하는 듯 보였기에 더 문제였다. 그들은 정말로 자기가 옳다고 믿는 듯했다. 청문회가 끝난 후 내가 이야기 나눈 한 상원의원 보좌관은 몇 주가 지난 뒤까지도 그때를 떠올리며 웃음을 터뜨렸다. "마치 바지 앞 지퍼를 연 채로 밖에 나와 물건을 덜렁대면서 길거리를 걸어 다니는 사람 같았어요." 그의 말이다. "그걸 보면 속으로 이런 생각이 들죠. 저 사람은 자기가 얼마나 꼴사나워 보이는지 귀띔해 줄 친구나 부인이 없나? 그 사람들은 정말로 모르는 것 같았어요."

심지어 상원 청문회 이전에도 그런 증거는 많이 있었다. 2009년 말 골드만삭스 국제 고문 브라이언 그리피스Brian Griffiths는 런던 세인트폴 성당의 청중들 앞에서 "네 이웃을 네 몸같이 사랑하라는 예수의 명령은 이기심을 인정한 것"이며 "우리는 모두를 위한 더 큰 번영과 기회를 성취하기 위해 불평등을 감내해야 한다."고 말함으로써 최악을 갱신했다.

그리피스의 뒤를 이은 것은 로이드 블랭크페인 자신의 매우 짧은 한마디였다. 영국 〈타임스〉와의 놀라운 인터뷰에서 그는 아마도 올해의 명언이 될 만한 말을 하사했다. 다음은 그 기사의 일부다.

돈을 너무 많이 벌어서 문제가 될 수도 있을까? "야망을 너무 크게 가지면 문제가 됩니까? 너무 성공하면 문제가 됩니까?" 블랭크페인이 되받아쳤다. "나는 우리 회사 사람들이, 이만하면 이룰 만큼 이루었다고 생각하고 휴가나 가길 바라지 않습니다. 주주 이익의 수호자로서, 더불어 사회를 위해서 그들이 지금 하는 일을 지속하길 바랍니다. 나는 그들의 야망에 상한선을 긋고 싶지 않습니다. 그들이 받는 보상에 한도를 정해야 한다고 주장하기란 나에게 있어 힘든 일입니다."

그러니까 그것은 늘상 해오던 비즈니스란 말인가? 대다수 사람들이 분노에 차서 달을 향해 울부짖든 말든 상관없이? 자유시장의 기둥이자 슈퍼 시민들의 요람이며 시기와 경외의 대상인 골드만삭스는 계속해서 떼돈을 긁어모아 신보다 부유해질 것인가? 블랭크페인의 얼굴에 장난스런 미소가 번진다. 그를 향해 대중을 무시하는 살찐 고양이라 해도 좋다. 그를 사악하다 일컬어도 좋다. 마음대로 일컬어도 상관없다. 그는, 그의 말을 빌리면 '신의 일을 하는' 은행가일 뿐이다.

이제는 악명 높아진 이 '신의 일' 인터뷰는 마지막 지푸라기였는지도 모른다. 이를 저버림으로써 골드만이 최소한 가까운 미래에 일반 대중들 사이에서 명성을 회복할 희망은 스러져 버렸다. 하지만 바로 여기에 흥미로운 부분이 있다. 그래서 어떡하라고?

돌이켜 보면 세상의 브룩스들은 한 가지 점에서 옳았다. 그냥 골드만삭스를 손가락질하기란 극도로 쉽다는 것이다.(앞에서 인용한 데이비드 브룩스의 칼럼 내용을 가리키는 것임-옮긴이) 이 점에서 이 은행을 상대로 한 대중적 홍보전에서 이기기란 쉽다. 이는 스탈린, 찰리 맨슨, 유니언 카바이드, 매독을 상대로 싸우는 대중 홍보전에서 이기기 쉬운 것과 같은 이치다. 이 은행이 하는 짓은 변명의 여지가 없기 때문이다. 그들은 범죄자다. 그리고 그들이 하는 짓을 충분히 많은 사람이 보는 앞에 펼쳐 놓는다면, 심지어 미국인들도 이를 못 깨달을 리가 없다.

이제 우리는 이 사실을 알고 있다. 그래서 어떡하라고? 이제 우리의 모든 카드는 테이블 위에 놓였고, 미국과 월가는 서로 비밀이 없는 부부 사이처럼 그윽한 눈길로 마주보고 있다. 그러나 무엇에 대해 아는 것과 무엇을 할 수 있는 것은 전혀 별개의 문제다.

골드만 같은 은행들은 여론의 영향으로부터 많은 부분 차단되어 있다. 이는 대중이 권력과 접하는 유일한 통로가 바로 선거라는 어설프고도 매우 불완전한 수단인 반면, 이 정도 규모의 은행은 정책에 직접 접근하는 긴밀한 커넥션의 그물망을 치고 있기 때문이다. 많은 경우 관련 직위에는 그들의 인맥이 포진해 있다. 그리고 대중은 기껏해야 그들이 뽑은 (이런 은행들로부터 어쩔 수 없이 거액의 자금을 받는) 의원들에게 압력을 넣어 옛날에 행해진 범법 행위를 수사하거나 고발하라고 요구할 수 있는데, 그때쯤에 이 은행들은 벌써 대여섯 가지의 새로운 계책을 개발해 놓은 데다 그 하나하나를 복잡한 장막으로 가려 놓아, 대중이 이를 간파하는 데만 다시 수년이 걸리는 것이다.

그러나 최소한 환상은 깨졌다. '거대한 미국의 버블 기계'를 운전하는 자들은 생산자가 아니라 약탈자이며, 이제 우리는 이 사실을 알고 있다. 남은 질문은 하나다. 이에 대해 우리는 무엇을 할 것인가?

★

에필로그

    2010년 여름, 워싱턴에서 금융위기에 대한 추가 청문회가 열렸다. 이번에는 시장 붕괴를 초래하는 데 파생상품이 어떤 역할을 했는지에 관한 것이었다. 덕슨 빌딩 5층의 커다란 상원 대회의장이 거의 꽉 들어찼지만 청중들은 대개가 로비스트들이고 기자는 별로 없었다. 이제는 걸프 만의 원유 유출이 큰 재난 드라마가 되었고, 금융 기사에 대한 세간의 관심도 거의 뜸해졌다. 1년 전의 의회 금융 청문회에는 선거 유세를 쫓아다니는 기자들이 눈에 많이 띄었는데, 이제 청중 가운데 내 눈에 띄는 정치 기자는 나 하나뿐이었다.

    금융위기조사위원회에 출석한 증인은 전직 캘리포니아-버클리 대학 교수인 스티브 콜하젠Steve Kohlhagen이었다. 1990년대부터 2000년대 초반까지 그는 와코비아의 전신인 '퍼스트 유니언'의 파생 및 리스크 관리팀 책임자였다. 와코비아는 많은 부분 모기지 기반 파생 자산의 실패 덕분에 2년 전 지구상에서 사라진 거대 은행이었다.

    와코비아 사람, 나는 <u>그가</u> 이 난장판에 대해 무슨 말을 할지 궁금했다.

    웰스파고와 와코비아의 합병이 발표된 것은 지난 2008년 10월 12일이었다. 버락 오바마가 오하이오에서 새뮤얼 '배관공 조' 우젤바커와 악명 높은 조우를 한 바로 그날이었다.* 그 3일 뒤 뉴욕 햄스테드에서 매케인과 오바마의 마지막 토론이 열렸을 때 어느 후보가 중산층 미국 배관공들의 진정한 친구냐에 대해 많은 이야기가 오갔지만, 바로 그 주에 전국 4위 규모의 상업은행이 갑자기 사라진 사건에 대해서는 둘 중 누구도 굳이 언급하려 하지 않았다. 사실 금융위기와 관련해 그 내용이 대중에게 충분히 전달되지 않은 거대한 사건들이 여럿 있는데, 이 와코비아 딜도 그중 하나였다. 또 붕괴 이후 제3세계 스타일의 과두적 방식으로 공익과 사익이 밀실에서 융합되는 일이 흔해졌는데, 이 은행은 그 완벽한 상징이기도 했다.

2008년 가을, 주택 거품의 붕괴로 인해 와코비아의 포트폴리오가 연기 속으로 증발하기 시작하자 예금자들은 은행에서 돈을 빼가기 시작했다. 이를 본 정부 관료들, 그러니까 나중에 오바마 정부의 재무 장관이 된 팀 가이트너(당시 뉴욕 연준 총재)와 연방예금보험공사 실라 베어 의장 등은 이 은행이 '시스템적으로 중요한' 기관이라 선언하고, 이 은행을 구제해 줄 매수자를 미친 듯이 찾아 헤매기 시작했다.

JP모건체이스-베어스턴스 딜과 뱅크오브아메리카-메릴린치 딜이 국민 세금을 갖고 거대 합병 기업들을 보조해 주는 것으로 귀결되었으며, 은행 부문을 이전보다 덛 집중되고 위험하게 만들어 놓았듯이, 와코비아의 진창 속에서 가이트너와 베어 같은 규제 관료들은 시티 그룹과 웰스파고 같은 잠재적 매수자들에게 국민 세금으로 뇌물을 먹여 이 문제의 은행을 집어삼키게 만들 방법을 짜냈다. 처음에 그들은 연방예금보험공사 기금으로 시티 그룹의 구제를 보조해 주는 플랜을 세웠지만, 10월 초 밀실 협상이 방향을 틀면서 웰스파고가 와코비아를 구제하겠다고 발표하기에 이른다.

처음에 웰스파고는 와코비아 구제에 뛰어들기를 주저했다. 그런데 두 가

$$
● 오바마와 배관공 조의 만남에 대해서는 70쪽 각주 참조.

지 일이 일어나면서 이 은행의 심경이 바뀌었다. 하나는 당시 재무 장관이 던 헨리 폴슨이 세제를 변경한 것인데, 이는 웰스파고에 거의 250억 달러 의 세금 감면을 약속하는 조치였다. 다음으로 의회가 부실자산구제 프로그 램 구제금융을 통과시키면서 웰스파고는 250억 달러의 현금을 주입받게 되었다. 구제금융이 통과된 당일인 10월 3일, 웰스파고는 결국 정부를 도 와 127억 달러의 헐값에 와코비아를 인수하기로 결정한다. 이 딜은 그로부 터 일주일가량 뒤에 공식으로 발표되었다. "물론 이는 와코비아와 웰스파 고의 긴 역사에서 매우 흥분되는 순간"이라고 웰스파고 회장 리처드 코바 세비치Richard Kovacevich는 말했다.

요약하면 미국 4위 규모 은행이 모기지 도박을 하다 파산했고, 웰스파고 는 구제금융 현금과 세금 감면으로 500억 달러를 받아 챙긴 뒤 이 은행을 127억 달러에 인수한 것이다. 이 합병으로 탄생한 은행은 현재 미국 제2의 상업은행이며, 짐작컨대 예전의 와코비아보다 훨씬 더 '시스템적으로 중요 한' 기관이 되었다. 여기에다 공교롭게도 구제금융 현금까지 먹어서 배를 불린 합병 이후의 웰스파고는, 총 9억 7700만 달러의 보너스 잔치를 벌이 며 2008년을 마무리하게 된다.

금융위기조사위원회 청문회 증인으로 나온 스티브 콜하겐은 물론 이런 온갖 일들과 무관했다. 그는 이미 오래전 조지 W. 부시의 첫 번째 임기 때 '퍼스트 유니언'을 떠났기 때문이다. 그러나 미국 최대 파생 거래 기관 중 1곳의 파생상품팀을 책임졌던 사람으로서 그의 말은 분명 경청할 가치가 있었다. 콜하겐이 직접적으로 유죄는 아니더라도 어쨌든 울먹이며 고백하 리라고 나는 생각했다. 자기가 와코비아의 회계 장부에 치명적인 모기지 기반 CDO를 꽉꽉 채워 넣음로써 이 은행을 파멸의 길로 떠밀었음을 시인 하면서 말이다. 어쩌면 그는, 완전히 거덜 나 망가진 와코비아를 제단에 올리기 위해 미국 납세자들이 웰스파고에 수백억 달러를 갚아줘야 했던 것에 대해 와코비아를 대신해 사과할지도 모른다.

혹은 뭐, 안 할지도 모른다. 금융위기조사위원회 의장 필 안젤리데스가 콜하겐을 소개하다가 실수를 하자—그는 '박사'라는 말을 빼먹었다— 이전 와코비아 책임자는 몸을 앞으로 기울이고는 짐짓 너그럽게 고개를 흔들었다. "'미스터'라고 해주시면 되겠습니다." 그는 말했다.

그런 다음 그는 금융위기의 원인에 대해 말을 풀기 시작했다. 콜하겐이 첫 번째로 강조한 논점은 와코비아를 침몰시킨 모기지 기반 CDO와 AIG를 살해한 CDS 같은 장외 파생상품들이 "금융위기가 초래되는 데 절대적으로 그 어떤 역할도 하지 않았다."는 것이었다.

오호, 저 사람은 저렇게 말할 자격이 있겠지. 나는 짐작했다. 그러나 그는 말을 이었다. "금융위기의 원인은 아주 간단합니다. 미국 정부가 과거 자기 소유의 집을 가질 능력이 없었던 차순위 집단 사람들에게 주택 소유권을 주겠다고 약속했기 때문입니다."

그렇다. 금융위기는 영향력을 부풀린 거대 금융기관들이 (여러분이 이미 보았듯이) 자기들이 무너지면 정부가 날아와 구제해 주어야 한다는 점을 알고 염병할 막대한 돈을 빌려서 그 전부를 도박으로 날려 버린 사실과는 무관했던 것이다. 천만에, 경제가 침몰한 것은 가난한 흑인들이 정부 도움을 받아 지들이 감당도 못할 집을 사려고 몰려든 탓이었다.

당신이 한때 책임졌던 은행이 정부로부터 500억 달러의 구제금융을 받은 뒤 상원 청문회장에 섰는데, 그 자리에서 금융위기의 원인을 복지 혜택에 의존하는 빈민들 탓으로 돌리려면 당신은 정말로 대단한 배짱을 지녀야 될 것이다. 콜하겐이 하고 있었던 일이 말하자면 그런 거였다.

몇 분 뒤 다음 증인이 나왔다. 매릴랜드 대학 재정학 교수인 앨버트 카일

Albert Kyle이 이번 위기에 대한 분석을 제시했다. 그는 위기의 주요 원인 중 하나로 '주택 자가 보유에 대한 정부의 의무감'을 들고, 그 해결책으로 우리는 "주택 자가 보유를 강조하며 그것 자체를 본질적으로 바람직한 사회적 목표로 상정하여 다뤄야 한다는 생각을 완화할 필요가 있다."고 말했다.

이런 식으로—여러 증인들과 심지어 몇몇 위원들이 비슷한 주제의 말을 하면서—몇 시간이 흐르자 나는 급기야 실소가 나오기 시작했다. 미국에서 모든 정치 이슈들은 그것이 얼마나 복잡하든 관계없이 궁극적으로 똑같은 수사적 미끄럼틀에서 똑같은 한심한 미끄럼질을 반복하게 된다. 복잡한 사회·경제적 현상들도 착착 썰려서 소화가 잘되는 한 쌍의 '사운드바이트sound bite'●로 요리된다. 하나는 폭스 뉴스 시청자들이 입을 티셔츠 문구, 또 하나는 민주당원들이 입을 티셔츠 문구로 말이다. 그리고 위기가 터진 지 2년이 흐른 지금, 이곳 금융위기조사위원회 청문회장에서, 양 진영이 마침내 금융 붕괴 시대에 대한 나름의 티셔츠식 해석에 안착했다는 생각이 불현듯 내 머리에 떠올랐다.

공화당원들은 세상의 콜하겐들이 대중을 짓밟는 얼빠진 논리, 즉 게으르고 가난한 사람들이 분수에 안 맞는 집에 살아서 금융위기가 초래되었다는 논리를 따르고 있었다. 2년 뒤 공화당이 내세운 수사는 사실 그 얄팍한 표피가 전부였다. 그들은 1977년 (빈곤층 거주 지역에 대한 대출을 활성화한) 지역재투자법과 국책 모기지 기업 패니메이와 프레디맥에 대해 엄청나게 불평하며, '사회공학'을 소수자에 대한 정부 지원을 뜻하는 그들만의 암호로 만들었다. 앨라배마 주 상원의원 리처드 셸비Richard Shelby는 금융소비자보호

$$$
● 10~15초 내로 분량이 짧으며 내용도 귀에 착 감기도록 잘 다듬어진 방송용 멘트 혹은 정치적 구호를 의미한다.

청법이 "민간사업을 사회공학과 짬뽕시켰다."며 성토했다.

민주당 쪽 논리는 이보다 약간 더 복잡했다. 그들은 골드만삭스 같은 기업들을 이 아수라장의 주범으로 공공연히 손가락질하는 데 별 어려움이 없었다. 물론 그동안에도 뒷방에서는 가이트너 같은 민주당 관료들이 와코비아 인수와 시티그룹 구제금융(가이트너의 이전 상관이었던 클린턴 정부의 전 재무장관 밥 루빈이 이 거대 시티그룹의 최고경영자였다.) 같은 달콤한 거래들을 주선하면서 월가에 계속 물을 날라주고 있었지만 말이다. 벼락 오바마는 월가에서 맹수 사냥을 하겠다고 말했지만, 정작 당선된 후에는 그의 백악관에서 나온 경제정책을 운영하는 데 골드만과 시티 임원들을 대거 고용했고, 그의 개혁 법안은 말도 안 되는 구멍들이 숭숭 뚫린 스위스 치즈로 귀결되었다. 월가의 월권행위에 대한 민주당 인사들의 반응은 이라크 전쟁에 대해 그들이 취했던 태도와 비슷했다. 이론적으로는 반대했지만, 실제로는 그에 대해 별다른 일을 하려 들지 않았던 것이다.

그 금융위기조사위원회 청문회가 끝나고 몇 주 후, 금융위기의 역사에 구두점을 찍은 순간들이 몇 차례 더 있었다. 앞서 언급한 도드-프랭크 금융개혁법—대마불사 기업들이 미국의 돈을 갖고 도박하는 행태를 속수무책으로 내버려둔 대실패작—이 통과되어 법률로 제정되었다. 그리고 증권거래위원회가 그 악명 높은 아바쿠스 사건과 관련해 골드만삭스와 5억 5천만 달러에 합의했다. 월가에서는 이 조치가 위기 이후에 취해진 단속과 처벌의 마지막 끝마무리라는 해석이 지배적이었다. 합의 내용이 발표된 날 시장은 100포인트 하락했다가 도로 잽싸게 기어올라가 장 마감 때에는 7포인트만 남겨 놓고 지수를 회복했다. 더 이상의 사법 집행은 없으리라는 인식이 월가 전반에 퍼지면서 시장이 들떠 오른 것이다. 우리는 평소 비즈니스로 복귀하고 있었다.

이 이야기가 끝나기를 모두가 바라는 듯했다. 그 이유는 명백했다. 금융 위기는 통상적인 좌/우파의 슬로건으로 우겨 넣기에 너무나 복잡하고 지저분했던 것이다. 이 이야기는 짧지만 명확한 기간 동안 미국의 과두 지배라는 괴물을 대양 밑바닥에서 해변으로 밀어 올렸고, 모두가 그 모습을 목격했다.

경제가 폭발했을 때, 잠시 동안 미국 국민들은 철저히 당파를 초월하는 정치적 재난의 드문 구경거리를 선사받았다. 공화당과 민주당은 수십 년간의 규제 철폐 노력 끝에 사기꾼 시대의 문을 연 공로를 똑같이 나눠가졌다. 그리고 이 위기로 인해 정치적 결정은 4년에 한 번씩만 하면 된다고 여기는 데 익숙해진 미국 국민들은 사실상 처음으로 금리, 휘발유값, ATM수수료, 신용 점수 같은 일상적인 것들의 정치적 의미를 생각하게 되었다.

기존 권력자들은 민중이 이런 문제에 대해 생각하는 것을 달가워하지 않는다. 정 민중이 정치 활동을 해야 한다면 적절한 영역—선거 때에 한해, 월가의 지원을 받는 민주당과 월가의 지원을 받는 공화당 사이—을 벗어나지 못하게 해야 한다. 나라의 절반은 티파티처럼 거만한 정부 권력에 반대하는 줄에 서고, 나머지 절반은 〈허핑턴 포스트〉 회원들처럼 기업의 월권에 반대하는 줄에 서는 것이야말로 그들이 바라는 바다. 그러나 양 진영이 더 큰 그림을 생각하며 '정부와 기업, 이 둘의 결합이야말로 진짜 문제가 아닐까' 의심하기 시작하도록 놔둬선 안 될지어다.

미국인들은 그들의 정치가 단순한 것을 좋아하지만, 그리프토피아를 파악하기란 지극히 힘들다. 그것은 금융 규정과 세칙들로 이루어진 거대한 미로이며, 그 속에 있는 고작 수천 명의 금융가와 경영자들은 저녁 뉴스에서 설명하기에는 너무나 복잡한 금융 수단들을 동원해서 수백만 소비자들의 피를 남김없이 빨아먹고 있다. 이 난장판을 항해하려면 엄청난 노력과 주의와 집중이 요구되는데, 양당 정치인 중에 평범한 사람들을 돕기 위해 이 여정을 기꺼이 감수하려는 이는 거의 없다. 사실 상황은 정확히 그 반대다. 2008년에 일어난 일에 대해 그들은 흑인 집주인들 탓이라는 둥 불운 탓이라는 둥, AIG 같은 기업 내의 몇몇 썩은 사과들 탓이라는 둥, 속이 뻔히 들여다보이는 멍청한 임시변통식 설명에 매달려 있다.

이 책이 서점에 꽂힐 때쯤이면 2010년 중간선거가 우리 앞에 다가올 것이다. 그때쯤이면 금융 재앙의 대중적 인식에 대한 이런 우민화 과정이 어느 정도 완료된 뒤일 것이다. 티파티와 그 부류들은 국민들이 나누는 대화를 그들이 바라는 어리석은 방향으로 유도할 길을 찾을 것이다. 또 우리는 위기 때 이루어진 그 모든 합병 이후 불과 4곳의 은행이 현재 이 나라 모기지의 절반과 신용카드 계좌의 3분의 2를 장악하고 있는 사실에 대해 무엇을 할 것인지를 이야기하는 대신, 불법 이민자가 미국에서 낳은 아이에게 지금처럼 계속 자동으로 시민권을 부여해도 되느냐 마느냐, 혹은 애리조나 주가 이민단속법 같은 것을 수립하도록 놔둬야 하는가 따위를 논쟁하고 있을 것이다.

한편 제대로 알려지지 않은 사실이지만 지구의 반을 돌아 스위스 바젤에서는 세계 금융가들의 회의가 열리는데, 이 자리에서 금융 산업은 전 세계 은행들에 적용될 새로운 자본 기준을 수립하게 될 것이다. 그리고 이곳 미국에서도 상품선물거래위원회와 재무부 같은 기관들이 "신설될 금융소비자보호국의 규제를 정확히 누구에게 적용할 것인가?" "자기자본 거래의 부분 금지 대상에는 어떤 종류의 활동을 포함시킬 것인가?" 같은 규제 문제에 대한 고도로 전문적인 결정을, 느리고 고통스럽게 내리게 될 것이다.

현대 비즈니스에 대한 규칙을 어떻게 설정할 것인가에 대한 이런 핵심적 질문들에 대해 대다수 평범한 사람들은 아무런 목소리를 내지 못한다. 심지어 그들은 이런 결정이 내려진다는 것조차 인식하지 못한다. 그러나 업계 로비스트들은 이미 이런 새로운 규정들에 대해 막후에서 영향력을 행사할 만반의 채비를 갖추고 있다. 우리들이 중간선거를 앞두고 멕시코 아기들에 대해 논쟁하는 동안 스캐든, 알프스, 슬레이트, 미거 앤 플롬 같은 DC의 유능한 로펌에서는 100명에 가까운 변호사들이 도드-프랭크 법안의 미해결 문제에 매달려 있을 것이다. 그것도 한 로펌에서만이다. 게다가 수천 명의 로비스트들이 고용될 것이며, 수백만 달러의 로비 자금이 쓰일 것이다.

이것이 미국이 돌아가는 방식이다. 우리의 진짜 정부는 그 대부분이 우리 시야로부터 가려져 있으며, 우리 사회가 어디로 가며 어떤 규칙하에 살게 될 것인가에 대한 정말로 묵직한 결정들은 대부분 은밀하게 익명의 법률가와 관료와 로비스트들의 집단에 의해 이루어진다. 그리고 이 집단에는 정·재계 인물들이 엇비슷하게 섞여 있다.

위기가 대중의 기억으로부터 점점 희미해지면서 지난 몇 년간 일어난 사건들로 인해 제기된 이 모든 무섭고도 불편한 질문들이 대답 없이 묻혀 버릴 가능성은 점점 높아지고 있는 듯하다. 와코비아 딜은, 연기 자욱한 밀실에서 주 정부 관료 수십 명이 민간 비즈니스 측 파트너 몇 명과 연합하여 소위 민간 경제에 대대적 개입을 실행한 몇몇 사례들 중 하나에 불과하다.

2008년의 짧은 몇 달간, 특히 다음과 같은 일들이 벌어졌다.

★ 2008년 3월, 재무장관 헨리 폴슨은 죽어가는 베어스턴스의 머리에 엽총을 대고, 이 회사를 주당 2달러라는 어처구니없는 헐값에(나중에 주당 10달러로 올렸다) JP모건체이스에게 강제로 매각시켰다. 또 체이스는 이 딜을 수용하면서 연방의 보증으로 300억 달러를 받았다. 주당

2달러가 너무 낮은 가격이었기에 이 뉴스를 들은 모건스탠리 CEO 존 맥John Mack은 이것이 20달러의 오타가 아닌지 의구심이 든다고 공개적으로 말했다. 몇 달 뒤, 연방예금보험공사는 워싱턴 뮤추얼 주식회사라는 파산 위기에 몰린 상업은행을 압류해 이를 곧바로 19억 달러라는 상대적으로 터무니없는 가격에 체이스에 매각했다. 나중에 워싱턴 뮤추얼은 모건에 대한 자사의 매각 가격을 연방예금보험공사와 모건이 공모해서 낮추었다며 소송을 제기했다.

★ 한때 골드만삭스에 몸담았던 폴슨은, AIG 구제금융 협상 기간 동안 골드만의 신임 CEO 로이드 블랭크페인과 꾸준히 전화 통화를 했다. 이 과정에서 AIG의 주요 거래사였던 골드만삭스에 130억 달러가 직접 전달되었음은 물론이다.

★ AIG 딜이 체결된 9월 즈음에 뱅크오브아메리카는 정부 지원을 받아, 붕괴 중이던 메릴린치를 인수하는 협상을 시작했다. 메릴린치의 경영자는 역시 골드만 출신의 악명 높은 인물인 존 테인이었는데, 그는 자기 회사가 무모한 모기지 도박으로 인해 급속히 파산 위기에 몰리고 있을 때 자기 사무실을 장식할 8만 7천 달러짜리 깔개를 사들였다.

몇 달 뒤인 2008년 12월, 뱅크오브아메리카의 수장 켄 루이스Ken Lewis는 메릴린치가 사전에 보고하지 않은 수십억 달러의 손실이 있는 것을 발견하고 딜을 취소하려 했다. 그는 워싱턴으로 가서 이 문제를 폴슨과 의논했는데 폴슨은 그가 이 딜을 체결하지 않으면 회사 경영권을 뺏고 임원진까지 갈아치우겠다고 노골적으로 위협했다. 게다가 뱅크오브아메리카는 부실자산구제 프로그램을 통해 현금 250억 달러를 받은 상황이었으므로, 폴슨을 만나고 나온 켄은 돌연 마음을 바꿔 이 강제 결혼을 그냥 추진하기로 결심한다. 그로부터 약 한 달 뒤, 뱅크오브아메리카 주주들은 메릴린치에 수십억 달러 손실이 있으며, 마지막 순간 테인이 메리린치 경영진에게 수백만 달러씩의 보너스를 나눠준 사실에 대해 처음으로 알게 된다. 그 한 예로 테인은 메릴린치가 파산하기 직전에 과거 골드만삭스 임원을 지낸 피터 크라우스Peter Krause에게 2500만 달러의 보너스를 주었는데, 크라우스가 메릴린치에 재직한 기간은 불과 몇 달이었다.

그 이후 루이스는 검찰 조사를 받았다. 뉴욕 검찰총장 앤드류 쿠오모Andrew Cuomo는 루이스가 폴슨과 벤 버냉키 연준 의장의 지시를 받고, 메릴의 손실에 대한 정보를 주주들에게 알리지 않은 혐의로 그를 기소했다. 루이스는 "'우리는 공시를 원치 않는다'는 지시를 받았다."고 말했다.

다른 이야기들도 있다. 2008년 9월 말 파산 위기에 몰려 있던 골드만삭스에 우연히도 행운이 겹쳤다. 워런 버핏Warren Buffett이 골드만에 50억 달러를 빌려 주기로 결정한 바로 그 주, 골드만이 하루아침에 은행 지주 회사 지위로 전환할 수 있도록 가이트너가 승인해 주어 이 은행이 파산할 수도 있는 상황에서 기적적으로 구제받게 된 것이다. 가이트너의 결정 덕분에 골드만은 연준에게서 공짜 현금을 산더미로 빌릴 수 있게 되었다. 또 버락 오바마는 현직 시티그룹 임원(마이클 프로맨)에게 그의 경제 인수팀을 맡겼는데, 바로 그 시점에 가이트너는 시티그룹에 대한 (터무니없이 너그러운) 연방 구제금융 협상을 진행 중이었다. 시티의 구제금융이 발표된 바로 그날 가이트너가 재무장관으로 임명된 것은 이 이야기의 결론이었을까?

이런 이야기들을 한데 묶어서 볼 때 나타나는 미국 경제의 기괴한 스냅샷 속에서, 기업들이 그 진가에 따라서 성공하거나 실패하며 그 자산 가격은 전적으로 시장에 의해 결정되는 옛 애덤 스미스식 자본주의 개념은 창문 밖으로 버려진 지 오래다. 그 자리를 대체한 것은, 시장이 아니라 폴슨과 가이트너와 버냉키 같은 정부 관료에 의해 합병과 파산이 중개되며, 자산 가격은 투자자들이 얼마를 지불할 의향이 있는가가 아니라 회사 대표의 정치적 영향력에 의해 결정되는 시스템이었다.

2008년 초엽에 미국 최대의 5개 투자은행은 모건스탠리, 골드만, 베어스턴스, 리먼브러더스, 메릴린치였다. 그해가 끝날 무렵 모건과 골드만은 하루아침에 상업은행 지위로 전환하여 구제받았고, 베어스턴스는 JP모건체이스의 손에 직접 인계되었으며, 내놓은 자식 메릴린치와 그 도박 손실 수십억 달러는 한심한 뱅크오브아메리카가 강제로 떠안았고, 리먼브러더스는 헨리 폴슨에 의해 죽음을 허락받았다. 그 결과 금융계 지형은 투자은행 부문(베어, 메릴, 리먼이 붕괴하고 모건과 골드만이 부상했다)과 상업은행 부문(위기 이후 체이스, 웰스파고, 뱅크오브아메리카 모두 미국 전체 예금액수의 10%라는 법적 기준을 초과했다) 모두 이전보다 훨씬 집중이 심해졌다.

그로부터 몇 년이 흘렀다. 일각에서는 이 나라 시민들이 정부 권력의 증대를 미친 듯이 반대하며 들고 일어난다고 하는데, 아직까지도 이 나라는 국가가 뒷골목에서 중개한 연속적 기업 합병으로 경제 전체가 개조되어 버린 일련의 기괴한 사건들에 대해 할 말이 없는 것 같다. 이로써 미국의 금융 권력은 가장 무책임한 극소수 월가 기업들의 손에 들어갔다. 아직까지도 우리는 이 시기에 정말로 무슨 일이 벌어졌는지, 누가 누구에게 전화했고 어느 은행이 무슨 약속을 했는지에 대해 거의 알지 못한다. 우리는 통화 기록과 이메일과 서신과 회의록을 볼 필요가 있다. 우리는 폴슨과 가이트너와 버냉키 같은 부류들이 2008년의 결정적 한 해 동안 무슨 짓을 했는지 알 필요가 있다.

그러나 아마도 우리는 절대로 그러지 못할 것이다. 이런 일들이 벌어졌다는 사실을 이 나라가 점점 잊어버리고 있기 때문이다. 이곳 시민들이 대단히 빨리 초점을 상실하고 르브론매니아˙부터 이민 논쟁에 이르기까지 만사에 주의가 흐트러지는 능력이 있는 까닭에, 이런 특정 유형의 기업 범죄가 미국에서 그토록 악취를 뿜고 있는 것이다. 우리는 주의를 기울이지 않는 유권자들, 핵심 주제를 무시하거나 고의로 오도하는 뉴스 미디어, 그리고 로비와 선거자금 제공에 쉽게 굴복하는 규제 환경을 갖고 있다. 그리고 우리는 아직까지 약탈할 여지가 있는 초강대국의 축적된 부를 갖고 있다. 이 모든 것을 아울러 봤을 때 드러나는 것은, 바로 도적들의 천국이다. 그것이 그리프토피아다.

$$$
● NBA 농구 스타 르브론 제임스의 열성 팬.

★ 이 책에 인용한 정보의 출처에 대해 ★

　이 책에 나오는 상당수 정보들은 업계 전문인, 정부 규제 관료, 국회의원과 그 보좌관들과의 인터뷰에 의한 것이다. 이 사람들 대부분은 책 속에 이름을 밝혔지만 몇몇은 그렇지 않다. 익명 출처를 활용한 경우는 대개 지엽적인 문제 때문이다. 예를 들어 3장 '뜨거운 감자'에 나오는 '앤디'와 '미클로스'라는 인물들은 업계의 일반적 관행을 서술하고 있으며, 그들의 신상을 익명으로 유지한 이유는 어디까지나 직업상 미래에 닥칠 수 있는 곤란으로부터 그들을 보호하기 위한 것이다. 이와 비슷하게 5장 '외국에 팔아넘긴 고속도로'에 나오는 취재원을 익명으로 처리한 것도, 비록 내가 그들에게서 얻은 정보의 상당 부분은 매우 일반적인 내용이며 엄청나게 민감한 성격을 띤 것이 아니었지만, 자기 부하 직원이 나와 이야기한 사실을 그들의 상관이 알게 된다면 불쾌하게 여길 것이 분명했기 때문이다.

　금융업계에서는 정보가 대단히 큰 가치를 지니기 때문에 누가 기자와 이야기한 사실이 알려지면 젊은 은행 직원이나 트레이더의 경력에 치명적일 수 있다. 그래서 나는 오로지 취재원들이 자기 업계 상황을 솔직하게 말하는 데 편안함을 느낄 수 있도록 신상을 비밀로 처리해 주기도 했는데, 이 책에는 그런 사례들이 많다. 거의 모든 상황에서, 즉 상품 버블에 관한 4장에서 상품 트레이더들과 이야기하고, 모기지에 대한 3장에서 수십억 달러의 모기지 딜을 다루었던 앤디, 미클로스 같은 이들과 이야기하고, 골드만 삭스를 다룬 7장에서 이 은행과 일했던 헤지펀드 매니저 및 트레이더들과 이야기하며 내가 얻으려 했던 정보는, 이를테면 이 업계의 일상적인 비즈니스가 돌아가는 방식 등 일반적인 과정에 대한 것이었다. 이 책에서 내가 이전에 보도되지 않은 내용에 대한 새로운 정보를 제공하기 위해 익명 취재원에 의존한 경우는 4장 '뜨거운 감자'의 뒷부분에서 AIG에 대해 서술한 내용이 유일하다.

이 부분에서 내가 인용한 취재원들은 AIG 계열 보험사들의 지불 능력을 유지하고 주 보험 당국의 압류를 막기 위한 협상에 관여했던 고위급 인사들이었다. 이 부분의 글에서 나는 내가 이 책에서 전달하는 내용이 이 사건에 관여한 특정 인물들의 시각임을 강조하려 했다. 그들은 AIG 내 CDS 사업부의 거래 파트너였던 일부 기업들이 AIG의 증권 대여 사업부에 대한 거액의 담보 요구 위협을(이는 수천 명의 개인 보험 계약이 연루된 광범위한 '메인 스트리트'• 재앙을 야기할 수 있었다.) AIG와 (나중에는) 연준에 지불을 강제하는 지렛대로 동원했다고 인식하고 있었다. 이 취재원들 중에서 이름이 거명된 사람은 전 뉴욕 주 보험감독청장 에릭 디날로 한 명이지만 다른 고위급 취재원들도 내게 비슷한 이야기를 들려주었다. 물론 AIG 구제금융에 관여했으면서 이 일을 다르게 바라본 사람들도 있다. 그러나 이 사건의 핵심 관계자들이 이 책에서 전한 방식으로 사태를 인식했음은 엄연한 사실이며, 나는 그것이 이 책의 더 큰 요지와 부응하기 때문에 의미심장하다고 믿는다. 그 요지란 바로 우리 사회의 질서와 금융 안정을 유지할 책임이 민간 금융 재벌들의 손으로 이전되었다는 점, 정부 최고위 관료들마저도 그들이 능히

$$$
• 미국 중산층을 의미함.

자기 이익을 위해 평범한 납세자들을 인질로 잡을 수 있다고 믿는다는 점이다.

이 책 나머지 부분의 출처는 실명을 밝힌 취재원과의 인터뷰나 공개적으로 발표된 자료에 의한 것으로 대부분 따로 설명이 필요 없을 것이다.

★ 옮긴이의 말 ★

이 책은 저자인 매트 타이비가 2009년 7월 《롤링스톤》에 썼던 기사에서 출발했다. 투자 은행 골드만삭스의 행태를 고발한 이 기사는 바로 커다란 반향을 일으켰고, 이 책 마지막 장의 초고가 되었다.(이 기사가 일으킨 반향은 저자 자신이 이 책에서 자세히 소개하고 있다.) 특히 골드만삭스를 '인류의 얼굴에 들러붙은 흡혈 오징어'에 비유한 표현은 국내 언론에도 소개될 만큼 유명세를 탔고 골드만삭스와 저자 모두에게 지워지지 않는 강렬한 이미지를 입혀 주었다.

역시 책에서 밝히고 있듯이, 저자는 원래 대선 유세장을 쫓아다니던 정치 기자 출신으로 "복잡한 금융 거래에 대해서는 쥐뿔도 아는 게 없었다."고 말한다. 바로 그 때문에 경제 전문지 기자들은 그가 금융위기의 전모를 제대로 이해하고 있는지 의심스럽다고 비판했고, 스스로도 이를 민감하게 의식할 수밖에 없었다. 하지만 거꾸로 저자가 비전문가였기 때문에 보통 사람들 눈높이에 맞춰 금융위기의 본질을 추려낼 수 있었다고도 할 수 있다. CDS니 CDO니 하는 전문용어의 지뢰밭을 헤치고 금융 문제를 일반인이 알기 쉽게, 유머와 비유를 섞어 가며 직설적으로 풀어냈다는 점이 이 책의 큰 장점이다.

하지만 이 책이 일으킨 가장 큰 논란은 금융 회사와 그 뒷배를 봐준 정치인들에 대해 원색적인 욕설을 거침없이 퍼부은 데 있었다. 골드만삭스를 오징어에 비유한 유명한 구절 말고도, 이 책에서 저자는 전 연준 의장 앨런 그린스펀을 '우주 최고의 악질The Biggest Asshole in the Universe'로, 현 연준 의장 버냉키가 두 번에 걸쳐 실시한 '양적 완화'를 '완전히 정신 나간utterly insane' 프로그램으로, 2008년 대선 공화당 부통령 후보였던 세라 페일린과 하원의원 미셸 바크먼은 '멍청이dingbat'로 깎아 내리기를 서슴지 않는다. 언론 서평에는 이런 막말이 저자가 공들여 취재한 사실 증거의 신뢰성을 깎아먹는다는 비판이 대부분이지만, 개인 블로그들을 보면 오히려 '대단히 적절한 표현'이라는 등, 하고 싶은 말을 시원하게 해주었다는 등의 긍정적 반응이 많다. 이렇게 취재 대상에 적극적으로 개입하면서 감정을 마음껏 드러내는 그의 글쓰기 스타일은 그가 몸담은 《롤링스톤》의 선배 기자였던 헌터 S. 톰슨의 '곤조 저널리즘'을 계승한 것으로 평가되기도 한다.

이 책에 대해, 저자가 자기주장에 부합하는 증거만 취합 선별했다거나 복잡한 현상을 너무 단순화했다는 등의 비판도 있다. 특히 이 책에서 골드만삭스와 앨런 그린스펀은 마치 만악의 근원처럼 묘사되는데, 이 점에 대해 저자는 "문학적인 견지에서, 이야기가 사람들에게 먹히려면 제임스 본드식 악당을 만들고 거의 소설적 작법을 동원해야 한다."고 인정하면서도 "하지만 이 모두는 사실에 근거한 것"이라고 강조했다.●

대한민국이 세계에서 제일 한심한 줄 알았는데 미국도 별 수 없었다는 것이 이 책을 읽고 드는 첫 번째 느낌이다. 대공황 이후 가장 큰 경제위기

● 'The Father of the Squid', Max Abelson, The New York Observer, 2010. 10. 20.

의 그림자가 아직 걷히지 않은 지금, 이 책에서 고발하는 미국 경제의 병리들은 바로 지금 우리 경제의 문제이기도 하다. 1%와 99%의 양극화, 서민들에게서 빼앗은 부를 극소수 부자들에게 집중시키는 정교한 메커니즘, 국가와 지자체의 재정 파탄, 해외 투기 자본을 통한 국부 유출, 전 국민이 얽힌 부동산 거품의 피라미드 사슬, 독점 재벌의 시장 독식 등은 우리 사회와도 정확히 겹친다. 그리고 작년부터 진행 중인 남유럽 재정위기의 양상을 보면, 유럽의 지도자들도 한 치 앞을 못 내다보기는 매한가지인 것 같다. 우리가 IMF 외환위기 때 자조했던 '아시아적 현상'은 사실 전 세계적 현상이었음이 2008년 금융위기를 거치면서 드러난 셈이다.

"우리 세계의 관건은 더는 이데올로기가 아니라 바로 복잡성"이라는 저자의 말은 곱씹어 볼 만하며 인용할 가치가 있다. "그리프토피아를 파악하기란 지극히 힘들다. 그것은 금융 규정과 세칙들로 이루어진 거대한 미로이며, 그 속에 있는 고작 수천 명의 금융가와 경영자들은 저녁 뉴스에서 설명하기에는 너무나 복잡한 금융 수단들을 동원해서 수백만 소비자들의 피를 남김없이 빨아먹고 있다. 이 난장판을 항해하려면 엄청난 노력과 주의 집중이 요구되는데, 양당 정치인 중에 평범한 사람들을 돕기 위해 이 여정을 기꺼이 감수하려는 이는 거의 없다." 여기에 '한미 FTA'를 끼워 넣어 읽어보자. 이 역시 그 전모를 이해하기 힘든 복잡한 법률 규정의 미로이고, 그것이 우리 평범한 사람들의 삶을 어떻게 바꾸어 놓을지 아무도 확실히 답하지 못하며, 여당이나 야당이나 신뢰할 수 없긴 마찬가지 아닌가?

이 암울한 상황의 해결책에 대해 이 책에서는 별다른 대답 없이 매우 비관적으로 끝을 맺고 있다. 하지만 지금 뉴욕에서는 "우리가 99%다."라는 구호 아래 "월가를 점령하라"라는 시위가 일곱 달째 이어지고 있다. 이제는 그 세가 한풀 꺾였지만, 월가 시위는 1%의 금융가와 정치인들이 99%의 보통 사람들을 고도로 복잡한 방식으로 등쳐먹고 있으며 그것이 2008년부터 이어지고 있는 경제위기의 본질이라는 이 책의 기본 주장을 정확히 반영하는 운동이라 할 수 있다. 실제로 여기 참여하거나 동조하는 이들 중 이 책을 읽고 동기가 생겼다거나 나아가 이 책을 운동의 필독서로 꼽는 사람들이 많다. 저자 자신은 한 인터뷰에서 "지금의 월가 시위와 같은 대중적 저항을 수년 전부터 고대해 왔다."고 고백했고, 요즘에는 《롤링스톤》 블로그(http://www.rollingstone.com/politics/blogs/taibblog)에 매주 후속 기사를 실어 의견을 펼치고 있다. 하지만 격앙된 어조와는 달리 저자의 입장은 의외로 온건하다. 한 인터뷰에서 저자는 "사회주의자라고 비난받는 사람이 하는 말로는 이상하게 들릴지 모르지만, 우선 무엇보다도 자본주의의 훌륭한 가치를 회복해야 한다. 애덤 스미스의 기본으로 돌아가야 한다는 뜻"이라고 말했다.

　자본주의에 대한 입장과 전망은 저마다 다르겠지만, 한 가지는 확실하다. 현재 우리와 아이들의 경제적 미래가 뿌연 안개 속에 놓여 있고 저 강대국의 높은 사람이나 많이 배운 사람들조차도 이에 대해 확실한 해답을 내놓지 못하고 있다는 것이다. 우선 우리는 당장 이 자리에서 가능한 작은 일들을 해 나갈 수 있을 뿐이다. 이 책을 번역하는 동안 틈틈이 아이들을 돌봐준 남편에게 감사의 마음을 전한다. 그의 헌신적인 도움이 없었으면 절대로 마감을 지킬 수 없었을 것이다.

2012년 4월

옮긴이 유나영